랜덤워크 투자수업

A RANDOM WALK DOWN WALL STREET, 13TH EDITION
Copyright© 2023, 2019, 2016, 2015, 2012, 2011, 2007, 2003, 1999, 1996, 1990, 1985, 1981, 1975, 1973 by W. W. Norton & Company, Inc.

The article on page 364~365 entitled "Red Faces in Park" appears courtesy of Thomson Reuters. All rights reserved. Republication or redistribution of Thomson Reuters content, including by framing or similar means, is expressly prohibited without the prior written consent of Thomson Reuters. Thomson Reuters and its logo are registered trademarks or trademarks of the Thomson Reuters group of companies around the world. c Thomson Reuters 2009. Thomson Reuters journalists are subject to an Editorial Handbook, which requires fair presentation and disclosure of relevant interests.

All Rights Reserved.

Korean translation copyright © 2023 by GOLDEN AFFAIR BOOKS
Korean translation rights arranged with W. W. Norton & Company through EYA Co., Ltd

이 책의 한국어판 저작권은 EYA Co., Ltd를 통해
W. W. Norton & Company, Inc.와 독점계약한
'골든어페어'에 있습니다.
저작권법에 의하여 한국 내에서 보호를 받는 저작물이므로
무단 전재 및 복제를 금합니다.

랜덤워크
A RANDOM WALK DOWN WALL STREET
투자수업

버턴 말킬 지음 · 박세연 옮김 · 이영구 감수

골든어페어

일러두기

1. 이 책에서 제공하는 모든 정보는 투자 시 참고용으로만 활용하기 바라며, 투자 손실에 대한 귀책사유는 독자에게 있으니 신중히 결정하기 바랍니다.
2. 환율은 편의상 1달러당 1,200원으로 계산했습니다.
3. ••• 표시와 감수인이라고 명시해놓지 않은 각주는 저자의 글입니다.

낸시와 파이퍼에게

CONTENTS

'50주년 특별 개정판' 서문   10
감수인의 글 : 투자 지혜를 더 잘 얻고자 하는 주린이에게   21

1부. 투자와 가치

1장. 투자란 무엇인가
투자에 관한 생각   34
투자에 관한 이론   37

2장. 집단 광기
튤립 구근 열풍   46
남해기업 거품 사건   50
월스트리트 대참사   59

3장. 1960~1990년대의 투기 거품
비상하는 60년대   70
멋진 70년대   81
포효하는 80년대   83
일본의 주식과 부동산   88

4장. 21세기의 거대한 거품

인터넷 거품   94
주택시장 거품   109
밈주식과 스팩 거품   116
암호화폐 거품   120

2부. 투자 기술 분석

5장. 기술적 분석과 기본적 분석

기술적 분석   139
기본적 분석   147

6장. 기술적 분석 대 랜덤워크

주식시장에 모멘텀이 존재하는가?   165
랜덤워크란 정확하게 무슨 뜻인가?   166
기술적 분석 기법   171
별난 이론과 기술적 분석의 대가들   176
무작위를 받아들이기 어려운 이유   181
기술적 분석과 랜덤워크   184

7장. 기본적 분석 대 효율적 시장 가설

증권 분석가는 예언자인가?   190
수정구슬이 흐린 이유   192
증권 분석가의 실적   204
기본적 분석과 효율적 시장 가설   214

3부. 새로운 투자 기술 검증

8장. 위험을 낮추는 새로운 접근 방식

위험의 정의와 측정	224
위험에 대한 장기 분석	228
위험을 낮추는 새로운 방법	231
분산투자	236

9장. 보상을 높이는 새로운 접근 방식

베타, 그리고 체계적 위험	245
자본자산 가격결정 모형에 따른 위험과 수익률	248
베타의 유용성에 관한 평가	252
보상을 높이는 새로운 방법	258

10장. 투자 심리에 관한 새로운 해석

투자자의 비합리적 행동	267
시장 효율성에 대한 행동재무학자의 입장	284
행동재무학에서 투자자가 얻을 수 있는 교훈	288

11장. 최신 투자 트렌드

스마트베타	299
위험균등	316
ESG 투자	326

4부. 실전 투자 가이드

12장. 실전 투자 준비

과제 1: 당장 저축을 시작하자   339
과제 2: 삶의 보호막을 만들자   342
과제 3: 현금성 자산을 관리하자   347
과제 4: 세금 피하는 방법을 배우자   351
과제 5: 자신에게 맞는 투자 목표를 수립하자   358
과제 6: 부동산에 관심을 가지자   365
과제 7: 채권에 관해 알아두자   369
과제 8: 낯선 투자 대상을 조심하자   378
과제 9: 비용을 통제하자   382
과제 10: 분산투자를 하자   384

13장. 실전 투자 수익률 예측

무엇이 주식과 채권의 수익률을 결정하는가   387
과거 수익률 리뷰   391
미래 수익률 전망   403

14장. 생애주기를 고려한 실전 투자

자산배분 기본 지침   409
생애주기별 포트폴리오   423
노후자금 관리   429

15장. 일반 투자자를 위한 실전 주식투자

    단순한 방식   440

    DIY 방식   453

    대리인 방식   458

맺는 글   467

감사의 글   471

덧붙이는 글   473

부록: 주요 펀드, ETF, 채권   476

'50주년 특별 개정판' 서문

『랜덤워크 투자수업』 초판을 낸 지 50년이 지났다. 초판에서 제시한 투자 조언은 간단하다. 개별 주식을 사고팔거나 액티브펀드를 보유하는 것보다는 인덱스펀드를 사서 보유하는 편이 투자자에게 훨씬 유리하다는 점이다. 같은 차원에서 나는 개별 기업의 전망에 영향을 미치는 모든 정보는 그 기업의 주식 가격에 빠르게 반영된다고 대담하게 말했다. 그런 상황에서라면 눈을 가리고 주식 목록에 아무렇게나 다트를 던지는 원숭이라도 전문가만큼이나 훌륭한 포트폴리오를 선택할 수 있다. 물론 말 그대로 다트를 던지라는 뜻은 아니다.

더 정확하게 말하자면 주식 종목을 고르기보다 전체 주식시장 지수를 구성하는 모든 종목으로 이루어진 포트폴리오를 매입하여 보유하라는 뜻이다. 즉, 주식을 자주 사고팔면서 생기는 거래 비용과 세금, 전문가에게 맡기면서 발생하는 수수료로 인해 이익이 잠식되는 액티브펀드보다 인덱스펀드가 더 나은 성과를 거둘 수 있다는 말이다.

50년이 지난 지금 나는 이 주장을 더욱 굳게 믿게 되었다. 일곱 자릿수의 이익으로 나의 주장을 뒷받침해보겠다. 모든 배당금을 재투자한다고 가정할 때 (최초로 인덱스펀드를 이용할 수 있었던) 1977년 초에 10,000달러 1,200만 원를 인덱스펀드에 투자했다면 2022년 초에는 2,143,500달러 25.7억 원 가치가 되어 있을 것이다. 이에 반해 액티브펀드에 투자했다면 1,477,033달러 17.7억 원 까지만 늘어났을 것이다. 둘 사이의 차이는 놀라울 정도다. 인덱스펀드 투자자는 액티브펀드 투자자에 비해 666,467달러 8억 원, 다시 말해 100만 달러의 3분의 2에 육박하는 압도적인 차이로 앞서가고 있다.

이와 같은 이유로 오늘날 인덱스펀드 투자는 최적의 투자 전략으로 널리 인정받고 있으며 주식형 뮤추얼펀드의 투자 자금 절반 이상이 인덱스펀드에 투자되고 있다. 상장지수펀드ETF, 거래소에 상장되어 주식처럼 거래할 수 있는 인덱스펀드에도 수조 달러 이상이 투자되고 있다. 하지만 처음에는 인덱스펀드에 투자한다는 생각이 어리석고 경솔하다며 조롱받았다. 『랜덤워크 투자수업』이 초기에 그다지 긍정적인 반응을 얻지 못했다고 말한다면 이는 정말 부드러운 표현일 정도다.

「비즈니스위크」의 주식시장 전문가가 이 책 초판에 대해 서평을 썼는데, 아예 책을 쓰레기 취급했다. 그 전문가는 책에서 제시한 아이디어들을 좋게 보면 세상 물정을 모르고 한 말이고, 나쁘게 보면 경솔하다고 썼다. 또 투자자가 '보장된 평범함'에 만족하는 이유를 도무지 받아들일 수 없다고도 썼다. 서평을 올린 다른 전문가들은 금융 시장이 꽤 효율적이라는 생각에 대해 '경제적 사유 역사상 가장 주목할 만한 오류 중 하나'라고 기술하기도 했다.

다행히도 나는 그다지 괘념치 않았다. 그 누구도 싫어하지 않는 글이라면 아무런 가치도 없지 않은가. 아무 말도 하지 않고 아무 일도 하지 않으면 비난은 언제나 피할 수 있는 법이다.

책이 출판된 지 3년 후, 뱅가드 그룹의 CEO인 존 보글은 일반인들도 투자할 수 있는 최초의 인덱스펀드를 출시했다. '최초의 인덱스펀드'에 대한 시장의 반응은 『랜덤워크 투자수업』보다 그리 나을 게 없었다. 뱅가드는 인덱스펀드를 출시하며 2억 5천만 달러 치까지 팔려고 했지만 겨우 1,100만 달러 규모밖에 팔지 못했다. 뱅가드는 수수료까지 면제해주며 인덱스펀드를 더 많이 팔아 보려 했지만 매수자들은 여전히 냉담했다. 존 보글과 나는 우리 둘만이 인덱스펀드 주주라고 농담을 던지곤 했다. 모두가 인덱스펀드를 실패작이라고 했고, '보글의 어리석음', '실패할 운명', 심지어 '비미국적'이라고도 했다. 그 후 여러 해가 지나도록 인덱스펀드는 자본을 거의 끌어들이지 못했다. 그래도 존은 인덱스펀드에 대한 낙관적인 입장을 버리지 않았다. 하지만 그조차도 인덱스펀드가 결국 수조 달러에 이르는 투자를 끌어들일 것이라고는 상상하지 못했다.

인덱스펀드가 투자 포트폴리오의 핵심이 되어야 한다는 생각을 뒷받침해주는 이론은 그 이름도 화려한 '효율적 시장 가설 Efficient Market Hypothesis'이며, 줄여서 EMH라고 한다. 앨버트 아인슈타인이 가설과 이론에 관해 "만약 여섯 살짜리 아이에게 설명할 수 없다면, 제대로 이해하지 못하고 있는 것이다"라고 말한 것처럼 나도 이 가설을 되도록 간단히 설명하려 한다. 또한 언론에서 흔히 어떻게 잘못 해석하는지 언급하려 한다.

효율적 시장 가설에서는 공시정보가 지체 없이 주가에 반영된다고 주장한다. 이는 미래 가격에 긍정적인(또는 부정적인) 영향을 미칠 정보는 오늘 당장 주가에 반영된다는 뜻이다. 현재 주당 20달러를 기록하고 있는 제약회사가 내일 주당 40달러의 가치를 안겨줄 신약 승인을 받을 것이라면 주가는 시간이 지나며 천천히 움직이는 것이 아니라 곧바로 40달러가 된다. 40달러 미만의 가격으로 주식을 매입하면 즉각적인 이익을 얻을 수 있기에 시장 참여자들은 40달러까지는 망설이지 않고 매입하리라 예상할 수 있다.

시장이 새로운 정보를 지체 없이 처리한다는 생각은 주가가 시간이 지남에 따라 '무작위 행보(랜덤워크)'처럼 움직인다는 견해와 관련이 있다. '랜덤워크'는 사실 숫자의 연속에서 다음 수가 이전 수와 별개라서 이전 수로 다음 수를 예측할 수 없다는 수학적 개념이다. 이 용어는 1905년 「네이처」에 실린 논문에서 처음 사용되었다. 논문의 주제는 들판 한가운데 있는 만취한 사람을 찾는 최적의 수색 절차였는데, 바로 이 만취한 사람이 비틀거리며 무작위로 나아갔을 걸음이 랜덤워크다.

모든 시장 참여자의 기대치와 새로운 정보가 온전히 주가에 반영된다면 주가는 만취한 사람의 걸음걸이처럼 랜덤이(무작위가) 되어야 한다. 새로운 정보가 시장에 공개되면서 주가가 변하지만, 실제 뉴스는 랜덤으로(무작위로) 나오기 때문이다. 따라서 정보 차원에서 보면 효율적 시장에서 주가의 변화는 예측할 수 없다. 또한 주가가 랜덤워크를 보인다고 해서 주식시장이 변덕스럽다는 의미는 아니다. 랜덤(무작위)은 비합리적이기보다는 잘 작동하는 효율적 시장의 특징이기 때문이다.

MIT의 경제학자 앤드류 로는 어떤 엔진의 효율성을 측정할 때 완벽하게 효율적인지 아닌지를 테스트해 보려는 엔지니어는 찾아보기 힘들 것이라고 말한다. 현실에서는 완벽하게 효율적인 상태와 비교해 얼마나 효율적인지를 측정해보기 때문이다. 마찬가지로, 주식시장이 완벽하게 효율적인지 따지기보다는 얼마나 효율적인지 따져봐야 한다. 즉 주식시장은 '상대적'으로 효율적이라고 봐야 한다.

이렇게 효율적 시장 가설의 모호한 측면은 더 근본적인 주장을 불러들인다. 효율적 시장에서 특별한 위험을 감수하지 않고 특별한 이익을 얻을 가능성은 없다는 주장이다.

일부 투자자는 시장의 합의보다 더 정확한 판단을 통해 특정 기간에 큰 수익을 내지만 이런 수익이 남들은 모르는, 위험이라고는 전혀 없는 차익거래 덕분은 아니다. 사실 큰 수익을 내는 거래는 위험이 대단히 커서 시장에 대항해서 베팅한 많은 사람이 재정적 파멸에 직면한다. 가령, 2000년 초에는 전례 없이 가치평가가 치솟았다. 그 후 상승세를 앞장서 이끌었던 기업들의 주가는 90퍼센트 이상 하락했다. 2021년 1월에는 제정신이 아닌 한 무리의 인터넷 투자자들이 게임스탑이라는 회사의 주가를 주당 15달러에서 거의 500달러까지 밀어올려 주가는 성층권까지 치솟았다. 하지만 2월이 되자 주가는 다시 지상으로 내려왔다.

때때로 시장의 광기로 인해 (상대적 효율성이라는 면에서도) 효율적 시장 가설에 대한 믿음을 받아들이기 힘들 수도 있다. 그러나 효율적 시장 가설을 믿지 않더라도 인덱스펀드가 최적의 포트폴리오 투자라는 사실은 받아들여야 한다. 인덱스펀드는 시장이 비효율적일 때도 액티브펀드보다 계속해서 나은 성과를 거두고 있기 때문이다.

해마다 액티브펀드 중 대략 3분의 2가 인덱스펀드보다 못한 성과를 보인다. 그리고 시장보다 나은 성적을 보인 액티브펀드 3분의 1이 다음 해에도 시장보다 더 나은 성과를 거두는 경우는 극히 드물다. 실제로 액티브펀드의 10년, 20년 실적을 보면 90퍼센트는 시장보다 못한 성과를 거두고 있다.

또한 경쟁으로 인해 인덱스펀드에 부과되는 비용은 이제는 거의 제로가 되었다. 반면 액티브펀드 투자자는 연 1퍼센트에 가까운 보수(액티브펀드 투자자가 관리비 등의 명목으로 지불하는 비용)를 부담한다. 따라서 인덱스펀드 투자자는 액티브펀드 투자자보다 연평균 1퍼센트 포인트 가까이 높은 순이익을 얻는다. 게다가 이 차이는 종목을 갈아탈 때 발생하는 거래 비용과 세금을 고려하지 않은 상태다.

인덱스펀드보다 더 나은 성과를 내기가 불가능한 일은 아니지만 정말로 주식 종목 선택을 잘하는 액티브펀드를 찾기가 건초더미에서 바늘을 찾는 일만큼이나 어렵다는 뜻이다. 잘 알려진 월스트리트 격언이 있다. '시장을 앞서는 성과를 낼 수 있는 열쇠를 손에 쥐게 되었다고 확신하는 순간, 자물쇠는 이미 바뀌어 있다.'

시장은 효율적이고, 인덱스펀드야말로 투자자들에게 최선의 전략이라는 이 책의 기본적인 메시지가 당연한 사실이라면 도대체 왜 이 책을 50

년 동안 13판이나 출간했을까?

우선, 앞에서도 말했다시피 책을 처음 출간할 때는 인덱스펀드조차 존재하지 않았지만 그사이 대중이 이용할 수 있는 금융상품에 엄청난 변화가 있었다. 그래서 일반 투자자에게 종합적인 투자 지침을 안내하기 위해 이런 모든 금융상품에 관한 내용을 포함하고 더 축적된 근거들을 제시하려고 이 책을 계속 갱신하고 있다.

다음으로, 혼란스러운 주장이 난무하는 주식시장에서 일반 투자자는 학자나 시장 전문가가 제공하는 분석 자료를 보고 투자 수익을 올릴 수 있다. 따라서 주식시장에 대한 여러 주장과 분석 자료를 일목요연하게 정리하여 제시하기 위해 이 책을 계속 갱신하고 있다.

지난 50년 동안 우리는 물리적 환경에서 일어나고 있는 빠른 속도의 기술적 변화를 익숙하게 받아들이고 있다. 오늘날 우리는 영화관에 가거나 게임 디스크를 사기보다는 스트리밍 서비스를 통해 집에서 영화와 비디오 게임을 즐긴다. 코로나19 팬데믹이 완화되는데도 우리는 계속 가상현실을 통해 만나고 교제한다. 뉴스도 인터넷을 통해서 접한다. 의학 기술의 발전으로 우리의 삶의 질도 크게 나아졌다. 전기차와 자율주행차는 더는 공상과학의 영역이 아니다. 인공지능을 통해 우리의 학습 능력은 향상되었고, 클라우드 기술을 통해 기업은 혁신을 가속하고 민첩성을 향상시키며 비용을 절감하고 있다.

같은 기간 동안 금융도 마찬가지로 빠르게 혁신하며 발전했다. 1973년 이 책의 초판이 나왔을 당시에는 머니마켓펀드, ATM, 인덱스펀드, ETF, 비과세펀드, 신흥시장펀드, 타겟데이트펀드, 변동금리채, 변동성 파생상품, 인플레이션 보호 증권, 리츠, 자산담보 증권, 로스 IRA, 529 학자금 저축, 제로쿠폰 채권, 금융 및 상품 선물과 옵션, 새로운 거래 기법 등이 존재하지도 않았다. 그저 금융 환경의 변화를 설명하기 위해 몇 가지만 언급해도 이 정도다.

오늘날 우리는 수수료 없이도 주식을 거래할 수 있고 스마트폰으로도 주식 거래가 가능하다. 그리고 연간 제로에 가까운 비용으로 인덱스펀드와 ETF에 투자할 수 있다. 이 책 초판에 이은 후속 판들에서 많은 새로운 자료를 통해 금융 혁신을 설명하고 그중 어떤 것이 개인 투자자에게 도움이 될지를 보여주기도 했다. 그리고 50주년을 맞아 많은 자료를 추가하고 갱신했다. 그러므로 대학이나 경영대학원에서 이전 판을 읽은 독자라도 이 특별 개정판을 다시 읽으며 새로운 즐거움을 느낄 수 있을 것이다.

이 책은 근본적으로 개인 투자자를 대상으로 한 읽기 쉬운 투자 안내서다. 이 책에서는 정기적인 저축과 인덱스펀드가 부를 축적하는 유일하게 신뢰할 수 있는 방법이라고 강조한다. 분산투자와 리밸런싱이 위험을 제한하는 효과적인 기술임을 알려준다. 높은 비용률이 투자 수익을 어떻게 고갈시킬 수 있는지 이해관계가 얽힌 자산 관리자가 고객의 이익보다는 자신의 이익을 얼마나 우선시하는지 보여준다. 세금 관리의 중요성을 강조하며 세금을 회피하면서 시간이 지남에 따라 수익을 복리로 늘려갈 수 있는 다양한 방법을 알려준다.

무엇보다도 이 책을 통해 자신의 삶을 더 독립적으로 힘차게 살아갈 수 있도록 도움을 준다. 자신이 바라는 목표에 도달하고 재정적 안정을 구축하기 위해 정보에 근거해서 효과적으로 투자 결정을 내리는 일이 얼마나 쉬운지 알려준다. 또 주식시장이 어떻게 작동하는지도 알려주지만, 최선의 투자 결정을 내리지 못하게 하는 무력감 같은 감정도 극복할 수 있게 해준다. 때로 시장 전문가들은 투자는 너무 복잡하여 일반인이 스스로 잘 해낼 수 없다고 주장하기도 한다. 터무니없는 소리다. 최고의 투자 전략은 놀라울 정도로 간단하다.

스스로 할 수 없다는 통념부터 버리자. 자신의 재정 사정은 자기 자신의 손에 달렸다. 일단 저축과 투자에 대해 스스로 선택할 수 있다고 생각하면 행복감을 더 많이 느끼는 것은 물론이고 만족감과 자부심도 더 많이 경험하게 된다.

지레 겁먹을 필요도 없다. 약간의 어려움이 있다면 하늘이 무너지고 경제적 재앙이 필연적으로 뒤따른다는 뉴스 보도를 들었을 때도 소액을 정기적으로 저축하고 이 행동을 계속해서 유지하는 규율을 만들고 실천하는 일뿐이다. 사실 가장 수익성 있는 투자는 비관주의가 만연한 바로 그 시기에 이루어지는 경향이 있기 때문이다.

하나의 예로 뱅가드 주식시장 인덱스펀드의 실제 순수익률을 살펴보면 내 말이 어떤 의미인지 이해할 수 있을 것이다. 투자자가 투자를 일찍 시작하고 인덱스펀드를 투자의 유일한 수단으로 선택한다고 가정해보자. (나는 실제로 투자를 시작하는 젊은이들에게 부를 축적하기 위해서는 인덱스펀드를 선택하라고 추천한다.) 인덱스펀드를 처음 이용할 수 있었던 45년 전에 초기 투자금 500달러로 60만 원으로 시작해서 그 후 매달 100달러 12만 원 씩 인덱스펀드에 투자했다고 가정해보자. 그 투자자는 평생 5만 3,200달러 6,384만 원를 투자했을 것이다. 2022년 1월 1일까지 모든 배당금이 펀드에 재투자

된다고 가정하면 포트폴리오의 가치는 150만 달러 18억 원에 가깝다.

그동안 세상이 끝날 것처럼 보이는 사건들이 여럿 있었다. 1987년 주식시장은 단 하루 만에 가치의 20퍼센트를 잃었다. 2000년 닷컴 버블이 터졌을 때는 가장 잘 알려진 성장 기업 몇몇도 대부분의 가치를 잃었다. 애플 주가는 80퍼센트 이상 하락했고, 아마존은 가치의 90퍼센트 이상을 잃었다. 2007~2008년 금융 위기 동안에는 자본주의 체제 자체의 죽음을 선언하는 부고장이 발부되기도 했다. 그리고 2020년 코로나19 팬데믹이 악화일로를 걷자 많은 언론에서 세상이 근본적으로 회복할 수 없을 정도로 변했다고 확신에 찬 보도를 해댔다.

하지만 이젠 모두 그렇고 그런 똑같이 지겨운 소리다. 우리에게 중요한 것은 한 달에 100달러 12만 원씩 인덱스펀드에 투자한 투자자는 이제 백만장자가 되었다는 사실이다.

『랜덤워크 투자수업』이 이렇게 긴 시간 동안 사랑받아서 기쁘다. 나는 『랜덤워크 투자수업』을 통해 투자해놓고 신경쓰지 않아도 되는 패시브 passive 투자의 장점을 널리 알렸다. ETF의 등장과 더불어 새 시대의 막을 여는 데 일조하기도 했다. 또한 전 세계의 대학과 경영대학원에서 이 책을 활용하도록 했으며, 비용 최소화, 정기 저축, 분산투자, 리밸런싱, 세금 관리와 같이 시대를 초월한 포트폴리오 조언의 대중화에 이바지했다. 이 중 내게 가장 소중한 경험은 수많은 평범한 사람들의 재정적인 목표 달성에 도움을 주었다는 만족감이다.

『랜덤워크 투자수업』을 출간한 이후 50년 동안 내 조언을 따랐더니 무일푼에서 시작했는데도 상당한 부를 쌓을 수 있었다는 수많은 독자가 내게 편지를 보내주었다. 평생 쥐꼬리만 한 월급 이상 벌어본 적도 없던 사람이 매달 적은 돈을 저축하고 인덱스펀드에 투자해서, 이제 편안하고 걱정 없는 은퇴 생활을 즐기고 있다는 편지를 받을 때 가장 큰 만족감을 느낀다.

사람들은 항상 자신의 전문적인 활동이 사회의 복지에 실제로 좋은 영향을 미치기를 바란다. 유용한 조언서의 기준이 '그래서 이 책 덕분에 세상이 좀 더 좋은 쪽으로 바뀌었나요?'라는 물음이라면, 『랜덤워크 투자수업』은 틀림없이 그 기준을 넘어섰다고 생각한다.

감수인의 글

'투자 지혜'를 더 잘 얻고자 하는 주린이에게

　자동차를 구입하려 정보를 찾아보다가 해당 차량의 급발진 동영상을 보고는 구매가 망설여지는 경우를 가정해 보자. 이때 급발진 가능성을 좀 더 정확히 예측하려면 기저율 base rate 을 추정해 봐야 한다. 기저율은 어떤 사건이 발생하는 상대적 빈도나 최소한의 발생 확률을 뜻하는데, 차량 급발진의 경우 판매된 차량의 총 대수 대비 급발진 의심신고 건수로 나누어 비교해 봐야 한다. 그러면 유튜브에서 해당 차종의 급발진 영상을 몇 번 봤다고 급발진이 더 자주 일어날 것이라고 단순하게 예측하는 오류에 빠지지 않을 수 있다.

　같은 맥락에서, 투자를 할 때도 기저율을 고려해야 한다. 여러 미디어에 많이 소개되는 투자 스토리의 대부분은 기저율에서 많이 벗어난 아주 이례적인 사례들이다. 어떤 투자자든 놀라운 수익을 올리는 사람들은 어마어마한 노력을 하는 사람들이다. 이들은 앉은 자리에서 책 한 권을 다 읽거나 하루 종일 투자 관련 자료만 읽고 분석할 수 있다. 또한 머릿속에 수백 개 종목에 관한 지식을 넣어 두고 대부분의 시간을 재무제표를 분석하거나 차트를 살펴보며, 여러 분야 책과 보고서를 끊임없이 읽으며 트렌드를 파악한다. 이도 저도 아니면 기가 막히게 운이 좋은 사람들이다.

운전 솜씨든 사교성이든 자신은 남들보다 나을 것이라 착각하는 것처럼 우리는 대부분이 투자 성과에 관한 기저율(주식의 장기 수익률은 10% 정도, 1루타)은 따져보지도 않은 채, 뛰어난 타자처럼 홈런(연평균 수익률 1,000%, 10루타)을 치려고 한다. 하지만 대부분의 일반 투자자가 이렇게 '희망회로'를 돌리고 있을 때 버턴 말킬은 이 책에서 투기와 광기의 역사를 뒤돌아보고 장기간의 투자 기록을 근거로 들며 우리 일반 투자자가 투자 실력에서 원숭이보다 별로 나을 게 없다는 사실을 일깨워준다.

투자의 고수들도 하나같이 시장에 겸손해야 함을 강조하듯이, 버턴 말킬은 이 책에서 우리 대부분이 배트도 제대로 휘두르지 못하면서 10루타만 치려고 덤비는 '주린이'임을 끊임없이 상기시킨다. 그는 우리가 투자라는 경기에서 아웃되지 않고 계속 경기를 할 수 있도록 세월의 검증을 거친 특별한 조언을 해준다.

세월이 흐름에 따라 우리의 외모가 바뀌듯 우리의 생각도 바뀐다. 책의 가치도 마찬가지다. 10년 전, 20년 전에는 좋은 책이었더라도 지금은 부족한 점이 있을 수 있다. 이런 점에서 『랜덤워크 투자수업 (50주년 특별 개정판)』은 아주 특별하다. 50년간 4~5년에 한 번씩 자신이 쓴 내용을 점검해 보고 최신 정보를 반영하는 개정 과정을 거치고 있기 때문이다.

버턴 말킬은 자신이 쓴 글을 점검하며 오류가 있었는지 환경이 바뀐 지금도 의미가 있는지, 앞으로도 효과가 있을지 고민하며 끊임없이 업데이트해왔다. 미래연구자로서, 이렇게 자신의 과거 생각을 확인해 보고 오류를 바로잡는 방식이 예측의 정확성을 높이는 데 가장 효율적이라고 생각한다. 특히나 대중을 상대로 명확하게 풀어쓴 활자로 된 기록을 보면서 자신의 생각을 다듬는 일은 변명의 여지가 없다. 이런 이유로 나는 그 어떤 책보다도 이 책을 투자 길잡이로서 신뢰한다.

그런데 버턴 말킬을 단지 효율적 시장 가설의 대표적인 추종자라고 치부해버리며 이 책을 더 읽을 필요가 없다고 평하는 사람들이 간혹 있다. 아마 이들은 이 책을 제대로 이해하지 못한 사람이거나 다 읽지도 않은 사람일 것이다. 그리고 자신만의 좁은 시각에 갇힌 사람일 확률이 높다. 한 놈만 패면 된다는 식으로 행동했던 과거의 나처럼 말이다.

내가 주식시장에 발을 들여놓을 때 가치평가valuation 만 남보다 더 정교하게 할 수만 있다면 돈을 벌 수 있다는 근거 없는 생각에 사로잡혀 가치투자에 집착했다. 하지만 이 책을 읽고 예전에 거들떠보지도 않았던 인덱스 투자 방식이 얼마나 가치가 있는지 알게 되었다. 또한 내가 얼마나 무지했는지 깨닫게 되면서 다양한 투자 방식에 관심을 가지기 시작했다. 많은 투자의 고수들이 '유연한 사고'를 성공 조건으로 꼽는 이유를 이제야 조금 알 듯하다.

버턴 말킬은 효율적 시장 가설의 대표적 학자지만 학계에만 머물지 않았다. 그는 월스트리트의 투자은행에서 사회생활을 시작했고, 교수가 된 뒤에도 세계 최대 투자 기업 중 하나인 뱅가드에서 이사직을 오랜 기간 맡는 등 시장 전문가로서 경험도 풍부하다. 또 스스로 밝히듯이 투자를 즐기는 시장 참여자이기도 하다. 이 책에서는 학자로서 독자에게 자신의 이론을 설득하려고 애쓰기보다는 시장 전문가와 시장 참여자로서 자신의 경험을 바탕으로 개인 투자자에게 삶에 도움이 되는 진실한 투자 조언을 해주려고 노력한다. 또한 꼭 알아둬야 할 최신 투자 개념과 실제 성과에 대해서도 초보자를 대상으로 쉽게 풀어서 설명하려 하므로 투자에 기본적으로 쓰이는 용어와 개념을 배우고, 시장에 대한 현실적인 이해를 높일 수 있다. 물론 이론도 다루므로 어쩔 수 없이 교과서 같은 느낌이 들기도 하지만 유머와 비유를 섞어 설명하므로 지루하지 않다. 열린 마음으로 배우려고 하면 투자의 전환점이 될 만큼 큰 도움이 될 것이다.

이 책의 구성과 난이도

1부 '투자와 가치'와 2부 '투자 기술 분석'에서는 투자자라면 기본적으로 알아야 할 내용을 다루므로 초보 투자자도 재밌게 읽을 수 있을 것이다.

3부 '새로운 투자 기술 검증'의 8장 '위험을 낮추는 새로운 접근 방식', 9장 '보상을 높이는 새로운 접근 방식', 10장 '투자 심리에 관한 새로운 해석'에서는 이론적인 내용을 조금 더 깊이 있게 다루므로 난이도가 약간 올라가지만 이해하는 데는 큰 무리가 없을 것이다. 투자에 진지하게 임하는 사람이라면 반드시 알아야 하는 개념과 용어가 많이 나오므로 자신의 투자 지식수준을 한층 높이는 데 도움이 될 것이다. 조금 인내력을 가지고 읽으면 될 것이다.

하지만 3부의 11장 '최신 투자 트렌드'는 난이도가 조금 더 올라가서 중급 정도 수준이 되어야 제대로 이해할 수 있을 듯하다. 그러므로 주린이라면 나중에 다시 읽어볼 요량으로 그냥 한번 이런 게 있구나 하며 훑어보고 4부 '실전 투자 가이드'로 넘어가는 것도 좋을 듯하다.

4부에서는 투자에 관한 실전 지침을 다룬다. 주식투자뿐 아니라 채권, 부동산, 금융 상품 등 투자 전반에 대한 조언을 해준다. 4부에만 웬만한 책 몇 권에 해당하는 정보가 담겨 있으니 전체적으로 훑어본 후, 자신에게 필요한 부분을 다시 읽고 실천해 보며 자기의 지식으로 승화시키는 과정이 필요할 것이다.

참고로, 이 번 13판(50주년 특별 개정판)은 전면 개정판으로 저자가 각별히 심혈을 기울여 보완을 많이 했으므로 한결 명료하고 쉽게 읽을 수 있어 『랜덤워크 투자수업』의 가치를 제대로 느낄 수 있을 것이라 확신한다. 모든 독자 여러분의 투자에 이 책이 큰 도움이 되길 진심으로 바란다.

Futurist 이영구

감수인은 일반 투자자로서의 경험과 기업 내 M&A 담당자로서의 경험을 기반으로, 이 책을 좀 더 쉽게 읽을 수 있도록 윤문 작업을 했고 각주를 작성했다. (주)퓨처스비즈의 대표인 그는 시나리오 플래닝 전문가이자 세계전문미래학자협회 APF 정회원으로 활동하고 있는 전문 미래학자(미래연구가)로서, 투자를 더 잘 할 수 있는 방법에 관해서도 미래학 관점에서 해결책을 찾고자 연구하고 실험하고 있다.
옮긴 책으로『미래전략 시나리오 플래닝』『미래학자처럼 생각하라』『미래학 사용설명서』등이 있다.

RANDOM WALK

1부
투자와 가치

나는 이 책을 통해 독자를 월스트리트의 랜덤워크 세계로 데려갈 것이다. 그리고 그 과정에서 복잡한 금융 세상을 헤쳐 나갈 수 있는 지침과 더불어, 투자 기회와 전략에 대해 실질적인 조언을 제시해주고자 한다. 오늘날 많은 이들이 개인 투자자가 월스트리트 전문가를 이길 가능성은 제로에 가깝다고 주장한다. 월스트리트 전문가들은 복잡한 파생상품과 극초단타매매와 같은 전문적인 투자 전략을 사용하며, 회계 부정이나 대규모 인수합병 또는 대형 헤지펀드에 관한 최신 보고서를 접하기 때문이다. 이러한 복잡성을 고려하면 오늘날 시장에서 개인 투자자가 끼어들 자리는 없는 듯하다. 그러나 이런 주장만큼 진실과 거리가 먼 것도 없다. 우리 모두는 전문가만큼, 아니 어쩌면 그들보다 더 잘 할 수 있다.

2020년 3월 주식시장이 붕괴한 후 주식 가치가 회복되어 매력적인 수익성이 다시 모습을 드러내기 시작하는 장면을 끝까지 살아남아 목격한 이들은 다름 아닌 꾸준한 개인 투자자들이었다. 반면 전문가들은 종적을 감췄다. 2008년에 자신도 이해하지 못한 복잡한 파생상품을 무작정 사들였던 전문가들이나 2000년대 초반에 거품 가득한 IT 주식으로 포트폴리오를 구성했던 전문가들이 종적을 감춘 것처럼 말이다.

이 책은 개인 투자자를 위한 쉬운 안내서다. 보험에서 소득세에 이르기까지 다양한 주제를 다룬다. 그리고 어떤 보험에 가입해야 하는지 어떻게 해야 은행과 중개인에게 돈을 뜯기지 않을 것인지에 대해 설명한다. 또한 금과 다이아몬드, 암호화폐에 관한 이야기도 한다. 하지만 무엇보다 이 책은 지금까지 엄청난 수익률을 올렸을 뿐 아니라 향후에도 좋은 전망을 보일 투자 대상인 주식에 집중한다. 또한 4부에서는 생애주기 투자 지침을 통해 모든 연령대의 투자자를 위한 구체적인 포트폴리오를 추천하고, 각자 설정한 금융 목표를 달성하기 위해 퇴직연금을 어떻게 활용해야 하는지에 대해서도 빼놓지 않는다.

1장
투자란 무엇인가

> *냉소주의자란 누구를 말하는가? 모든 것의 가격을 알지만, 어떤 것의 가치도 모르는 사람이다.*
> ─오스카 와일드, 「윈더미어 부인의 부채」

랜덤워크Random Walk 란 과거를 통해 미래의 움직임을 예측할 수 없다는 개념이다. 주식시장의 관점에서 설명하자면, 랜덤워크란 주식 가격의 단기적 변화를 예측할 수 없다는 말이다. 그렇게 보면 투자 자문 서비스나 수익 예측 혹은 도표 분석이 모두 쓸모없다는 이야기다. 사실 월스트리트에서 '랜덤워크'는 일종의 금기어다. 이는 학계에서 만들어진 용어로 금융 예언으로 먹고사는 사람들을 조롱하는 의미도 담겨 있다. 이 개념을 논리적인 극단으로 밀어붙이면, 눈을 가린 원숭이가 주식 목록을 향해 다트를 던지는 방식으로 종목을 선택해도 전문가만큼이나 훌륭한 포트폴리오를 구성할 수 있다고까지 이야기할 수 있다.

물론 스트라이프 정장을 빼입은 금융 전문가는 원숭이와의 비교를 달가워하지 않을 것이다. 이에 대해 금융 전문가들은 학자들이 방정식과 그리스 문자, 진부한 이론에 지나치게 몰두한 나머지 장식품 가게에 있는 곰 도자기와 황소 도자기도 구분하지 못한다며 핀잔을 준다. 금융 전문가는 학자의 공격에 대해 두 가지 방식으로 대응한다. 이에 대한 자세한 내용은 2부에서 다뤄볼 것이다. 다른 한편으로, 학자들은 랜덤워크에 대해 세 가지 버전('약한', '준강', '강한')으로 어렵게 설명함으로써, 그리고 새로운 투자 기술들을 내놓음으로써 맞서고 있다. 나는 이 책에서 학자들이 내놓은 최신 투자 기술들의 타당성을 따져볼 것이다.

2000년대 초부터 일부 학자들조차 전문가 집단과 뜻을 같이하여 주식시장을 적어도 어느 정도 예측할 수 있다고 주장했다. 최근에는 이러한 주장을 둘러싸고 양보할 수 없는 치열한 논쟁이 벌어지고 있다. 그들이 그렇게 논쟁에 필사적으로 달려드는 이유는 학자에게는 종신임용권이 걸려 있고 금융 전문가에게는 상여금이 걸려 있기 때문이다. 나는 독자들이 이 논쟁을 즐거운 마음으로 관람할 수 있을 것이라 생각한다. 논쟁 속에는 극적인 드라마의 모든 구성 요소가 포함되어 있으며 성공과 실패, 그리고 그 원인에 대한 진부한 주장도 들어 있다.

본격적으로 이야기를 시작하기에 앞서, 먼저 나를 소개하고 조언자로서 내 자격에 대해 언급해야 할 것 같다. 나는 내 경력의 세 가지 측면을 중심으로 이 글을 썼다. 그리고 각각의 측면은 주식시장에 대한 서로 다른 관점을 드러낸다.

첫째 관점은 투자 분석과 포트폴리오 관리 분야에서 쌓은 경험에서 나왔다. 나는 월스트리트에서 유명 투자 기업의 시장 전문가로서 경력을 쌓기 시작했다. 이후에는 글로벌 보험회사에서 투자위원회를 이끌었고, 세계 최대 투자 기업에서 임원으로 오랫동안 활동했다. 이러한 경력을 통해 금융 세상을 바라보는 안목을 갖추게 되었다. 삶에서 어떤 부분은 경험해 보지 않고서는 제대로 알기가 어려운 법이다. 주식시장에 대해서도 마찬가지라고 생각한다.

둘째 관점은 경제학자이자 여러 투자위원회 의장으로서 맡고 있는 직책에서 비롯되었다. 주식시장과 투자 행동에 대한 집중적인 연구를 통해 나는 학술적인 세부 지식을 습득했고 투자 기회에 관해 새로운 것들도 발견했다.

셋째 관점은 투자자이자 성공적인 시장 참여자로 평생을 보낸 경험에서 얻었다. 나의 투자 실적에 대해서는 여기서 구체적으로 밝히지 않을 것이다. 그 이유는 교수가 큰돈을 벌어서는 안 된다는 암묵적인 편견 때문이다. 교수도 많은 돈을 상속받을 수 있고 부자와 결혼할 수도 있으며 많은 돈을 쓸 수도 있다. 하지만 많은 돈을 벌어서는 안 된다. 그러한 것은 학자답지 못한 일로 치부된다. 어쨌든 교수는 학문에 '헌신적이어야 한다.' 특히 이는 정치인이나 행정가들이 교수의 낮은 연봉을 정당화하려고 할 때 거론하는 주장이다. 그들은 학자란 무릇 경제적 보상이 아니라 지식을 추구하는 사람이어야 한다고 강조한다. 그렇기 때문에 내가 월스트리트에서 거둔 성공에 대해 밝히는 것은 오직 지식 추구와 관련된 부분에 한해서다.

이 책에는 많은 사실 관계와 구체적인 수치가 담겨 있다. 하지만 미리 걱정할 필요는 없다. 이 책은 일반인을 대상으로 하고 있으며, 실용적이고 검증된 투자 조언을 제시하는 것을 목표로 삼고 있기 때문이다. 사전 지식이 없어도 얼마든지 이해할 수 있을 것이다. 다만 독자에게 필요한 것은 투자에 대한 뜨거운 관심과 열망이다.

투자에 관한 생각

먼저 '투자'란 과연 무엇인지, 그리고 '투기'와는 어떻게 다른지 생각해보자. 내가 생각하는 투자란 자산을 구매하여 어느 정도 예측 가능한 소득(배당금, 이자, 임대료)을 얻거나, 혹은 장기간에 걸친 가치 상승에 따른 이득을 취하는 활동을 말한다. 투자 수익과 수익의 예측가능성을 평가하는 기간을 어떻게 정의하는가에 따라 투자와 투기를 구분하는데, 투기자는 며칠이나 몇 주 만에 이득을 취하기 위해 주식을 사는 반면 투자자는 몇 년 혹은 몇 십 년에 걸쳐 현금 소득과 자본 이득의 꾸준한 흐름을 만들어내기 위해 주식을 산다.

분명하게 밝히건대, 이 책은 절대 투기를 위한 책이 아니다. 또한 시시각각 변하는 주가를 놓고 도박을 벌이며 제로 수수료에 현혹되는 단타매매자를 위한 책도 아니다. 그래서 책의 부제를 '천천히 그러나 확실하게 부자 되는 법'이라 정하면 잘 어울릴 것이다.

기억하자. 현재 상태를 그대로 유지하기 위해서는 인플레이션에 상응하는 투자 수익률을 올려야 한다. 미국을 비롯하여 선진국 전반에 걸쳐 인플레이션율은 2000년대 초반에 2퍼센트 아래로 떨어졌으나 2020년대 초에는 다시 치솟았다. 그러나 많은 분석가는 상대적인 가격 안정성이 다시 회복될 것으로 확신한다. 그들은 인플레이션이 표준이 아니라 예외에 해당한다고 믿는다. 물론 앞으로 수십 년 동안 인플레이션이 거의 일어나지 않을 수도 있지만, 나는 투자자라면 뚜렷한 인플레이션이 미래를 특징짓게 될 가능성을 간과해서는 안 된다고 생각한다.

1990년대와 2000년대 초반에 걸쳐 급속하게 높아졌던 생산성이 최근 들어 주춤하고 있다. 역사를 보면 개선 속도가 항상 일정할 수 없다는 사실을 알 수 있다. 일부 서비스 중심적인 활동으로부터는 생산성 향상을 기대하기 힘들다. 가령 현악 사중주를 연주하기 위해서는 네 명의 연주자가 꼭 필요하다. 그리고 21세기에도 맹장수술을 하려면 외과의사가 있어야 한다. 이렇게 생산성 개선이 어려운 상황에서 연주자와 의사 연봉이 지속적으로 오른다면 콘서트 티켓과 맹장수술 비용도 함께 오를 수밖에 없다. 그렇기 때문에 우리는 가격 상승 압박을 항상 염두에 두고 있어야 한다.

향후 인플레이션이 1970년대와 1980년대 초보다 낮은 2~3퍼센트대에 머문다고 해도 구매력에는 파괴적인 영향을 미치게 될 것이다. 다음 도표는 1962~2021년 사이 연평균 4퍼센트에 가까운 인플레이션이 미친 영향을 보여준다. 조간신문 가격은 5,900퍼센트 상승했고, 내가 오후에 즐겨먹는 허쉬 초콜릿은 30배 넘게 올랐다. 크기는 내가 대학원생이던 1962년보다 훨씬 작아졌는데도 말이다. 인플레이션이 이러한 수준으로 앞으로도 지속된다면 2030년 즈음이면 조간신문 가격은 5.5달러가 넘을 것이다. 이처럼 무시무시한 인플레이션의 영향에 대비하려면 실질 구매력을 유지하기 위한 투자 전략을 실행에 옮겨야 한다. 그렇지 못할 때 삶의 질은 점차 하락할 것이다.

◀ 인플레이션의 영향 ▶

	1962년 평균	2021년 평균	상승률	연평균 인플레이션
소비자 물가 지수	30.2	273	804.0%	3.8%
허쉬 초콜릿	$.05	$1.00	1,900.0	5.2
뉴욕타임스	.05	3.00	5,900.0	7.2
1급 우편	.04	0.55	1,275.0	4.5
휘발유(갤런)	.31	3.18	925.8	4.0
햄버거(맥도널드 더블)	.28 *	4.79	1,611.0	4.9
쉐보레	2,529.00	27,500.00	987.4	4.1
냉장고	470.00	1,498.00	218.7	2.0

* 1963년 자료.
출처: 1962년 가격은 포브스(1977년 11월 1일자), 2021년 가격은 정부와 민간의 여러 자료 참조.

투자에는 노력이 필요하다. 이 점을 절대 간과하지 말자. 로맨스 소설에는 돈을 관리하는 방법을 모르거나 게을리함으로써 엄청난 재산을 탕진하는 가문의 이야기로 가득하다. 체호프의 위대한 희극에서 벚꽃 동산이 베어지는 장면을 어찌 잊을 수 있겠는가. 라네브키 가문을 몰락시킨 것은 마르크스주의가 아니라 자유 기업 제도였다. 그 가문의 사람들은 재산을 지키기 위해 아무런 노력을 하지 않았다. 자신의 전 재산을 투자 자문가나 뮤추얼펀드에 맡겨 놓았다고 해도 어떤 자문가나 펀드가 자신의 자산을 가장 잘 운용해 줄 것인지 알아야 한다.

여러분이 이 책에 담긴 정보를 잘 숙지한다면 틀림없이 좀 더 쉽게 투자와 관련된 의사결정을 내릴 수 있을 것이다.

그런데 무엇보다 중요한 사실은 투자가 재미있다는 점이다. 거대한 투자 세상에 맞서 개인이 능력을 발휘하여 재산 증식으로 보상받는다는 것은 무척이나 신나는 일이다. 가령 투자 실적을 확인하고, 그 소득이 봉급보다 더 빠른 속도로 쌓이는 흐름을 지켜보면 짜릿하다. 그리고 투자한 회사의 제품과 서비스, 혁신적인 아이디어에 대해 알아가는 일도 흥미로운 자극이 된다. 대개 성공적인 투자자는 본능적인 호기심과 왕성한 지적 욕구로 가득한 균형 잡힌 사람이다.

투자에 관한 이론

그 대상이 주식이든 다이아몬드든 모든 투자에 대한 수익은 미래 사건에 따라 달라진다. 이러한 사실은 투자를 흥미롭게 해준다. 투자는 미래를 예측하는 능력을 두고 벌이는 경기다. 일반적으로 투자 업계에서는 크게 두 가지 방식으로 가치를 평가한다. 그것은 견고한 토대 이론 firm-foundation theory 과 공중누각 이론 castle-in-the-air theory 이다. 어떤 방식으로 가치를 평가하느냐에 따라 수백만 달러가 생겨나기도 하고 사라지기도 한다. 게다가 이 두 가지 이론은 서로 배타적이다. 합리적인 투자 결정을 내리고자 한다면 이 두 가지 접근방식을 모두 이해해야 한다. 그래야만 어리석은 실수로부터 스스로를 지킬 수 있다.

앞에서 언급했던 새로운 투자 기술들에 대해서는 나중에 자세히 살펴보기로 하자.

견고한 토대 이론

견고한 토대 이론에서는 주식이든 부동산이든 모든 투자 자산은 그 내재가치 intrinsic value 라고 하는 견고한 닻을 갖고 있다고 가정한다. 그 가치는 현재 상태와 미래 전망에 대한 신중한 분석을 통해 결정된다. 이 이론에 따르면 시장 가격이 내재가치보다 떨어지면(혹은 올라가면) 견고한 토대로 돌아올 수밖에 없기 때문에 매수(혹은 매도) 기회가 증가한다. 이 이론에서 투자란 특정 자산의 시장 가격과 내재가치를 비교해서 매수와 매도를 판단하는 지루하고 단순한 활동이다.

존 버 윌리엄스 John Burr Williams 는 『투자 가치 이론 The Theory of Investment Value 』에서 주식의 내재가치를 결정하는 공식을 내놨다. 윌리엄스의 접근 방식은 배당 수익에 기반을 둔다. 영리한 윌리엄스는 문제를 결코 단순하게 만들지 않겠다는 속셈으로, '할인 discounting '이라는 개념을 도입했다. 할인이란 기본적으로 미래 소득을 앞당겨서 계산한다는 뜻이다. 즉, 내년에 얼마나 많은 돈을 벌어들일 것인지(말하자면 이자율이 5퍼센트인 상품에 1달러를 납입하면 1.05달러를 받을 수 있다는 점)가 아니라 미래에 예상되는 돈의 가치가 지금 시점으로 얼마에 해당하는지(내년의 1달러는 지금의 95센트에 해당한다. 내년에 1달러를 만들어내기 위해서는 약 5퍼센트 수익률로 투자해야 한다는 점)에 주목한다.

윌리엄스는 대단히 진지했다. 그는 주식의 내재가치는 미래의 모든 배당 수익의 현재(혹은 할인된) 가치와 동일하다고 주장했으며, 투자자에게 미래에 얻게 될 가치를 '할인'해야 한다고 조언했다. 안타깝게도 당시 이러한 개념을 이해한 사람은 거의 없었다. 그러나 오늘날 '할인'이라고 하는 용어는 투자자 사이에서 널리 사용되고 있다. 특히 예일대학교 교수이자 투자자인 어빙 피셔 Irving Fisher 는 그 개념의 활용 범위를 더욱 넓혔다.

이들이 정리한 견고한 토대 이론으로 주가의 움직임을 설명할 수 있는데, 이 이론에 따르면 기업이 배당이나 자사주 매입의 형태로 분배하게 될 이익의 흐름을 기반으로 주식 가치를 평가해야 한다. 현재 배당과 그 증가율이 높을수록 주식 가치가 올라간다는 것은 지극히 논리적인 생각이다. 그렇기 때문에 배당 증가율은 주식 가치평가에서 중요한 요소다. 여기에 미래에 대한 기대라는 미묘한 요소가 끼어든다. 증권을 분석할 때는 장기 성장률뿐 아니라 성장이 지속하는 기간까지 고려해야 하는데, 시장이 미래 성장에 대해 열광적일 때 대개 미래 성장 기간을 넘어서 사후까지도 계산에 넣으려고 한다. 중요한 사실은 견고한 토대 이론 자체가 미래의 성장 기간과 범위에 대해 까다로운 '예측'에 의존하고 있다는 점이다. 이러한 점에서 내재가치의 기반은 기대했던 것보다 그 신뢰성이 떨어질 수 있다.

견고한 토대 이론이 학자들만의 전유물은 아니다. 벤저민 그레이엄 Benjamin Graham 과 데이비드 도드 David Dodd 는 『증권분석 Security Analysis』을 통해 월스트리트 증권 분석가 전 세대에 영향을 크게 미쳤다. 이를 통해 분석가들은 건전한 투자 관리를 위해서는 가격이 일시적으로 내재가치보다 떨어져 있는 종목을 매입하고 일시적으로 올라가 있는 종목을 매도해야 한다는 간단한 사실을 배웠다. 그레이엄과 도드의 가장 대표적인 수제자는 아마도 종종 '오마하의 현인'이라고 불리는 미국 중서부 출신의 진중한 인물인 워런 버핏일 것이다.

공중누각 이론

공중누각 이론은 심리적 가치에 주목한다. 1936년 경제학자이자 투자자인 존 메이너드 케인스 John Maynard Keynes 는 공중누각 이론을 명쾌하게 정리했다. 그의 주장에 따르면, 투자자는 내재가치를 평가하는 작업이 아니라 투자에 나선 군중이 앞으로 어떻게 행동할 것이며 낙관적인 기간 동안 어떻게 공중누각을 지을 것인지 예측하는 작업에 집중해야 한다. 성공적인 투자자는 사람들이 어떤 상황에서 공중누각을 짓는지 미리 간파함으로써 한 발 더 앞서 나간다.

케인스는 견고한 토대 이론을 적용하기 위해서는 너무 많은 수고가 들고, 거기서 나온 가치의 근거 역시 의심스럽다고 지적했다. 케인스는 자신이 설파한 이론을 직접 실행에 옮겼다. 런던의 금융 전문가들이 번잡한 사무실에서 오랜 시간 힘들게 일하는 동안 케인스는 매일 아침 30분 동안 침대에서 게임을 벌였다. 그럼에도 케인스는 수백만 파운드를 벌어 자신이 몸담았던 캠브리지대학교 킹스 칼리지의 기금을 열 배로 불려 놨다.

경기 침체기에 경제를 자극해야 한다는 케인스의 주장은 많은 관심을 끌었다. 당시는 누군가 나서서 공중누각을 대신 지어주기를 기대하기 어려운 시절이었음에도 케인스는 자신의 책 『고용, 이자, 화폐의 일반이론 The General Theory of Employment, Interest and Money』에서 주식시장과 기대 심리의 중요성을 집중적으로 다루었다.

주식과 관련해서 케인스는 어떤 요인이 미래의 이익과 배당금에 영향을 미치게 될 것인지 정확하게 파악할 수는 없다고 말했다. 그래서 많은 이들이 "투자를 위해 평생에 걸친 장기적인 예측을 하기보다 일반 대중에 조금 앞서 종래의 근거에 기반해서 가치의 변화를 예측하는 일에 관심을 기울인다"고 지적했다. 다시 말해 케인스는 재무적 가치가 아니라 심리 원칙을 주식시장 연구에 적용하고자 했다. 그는 이렇게 썼다. "30의 가치를 생산할 것으로 예상하더라도 3개월 후 시장이 이를 20으로 평가한다면 여기에 25를 투자하는 것은 합리적 선택이라고 볼 수 없다."

케인스는 이해를 돕기 위해 쉬운 비유를 들어 주식시장의 원리를 설명했다. 그의 설명에 따르면, 주식 투자는 곧 신문사 주최로 열린 미인 사진 뽑기 대회에 참여하는 것과 같다. 백 장의 사진 중 가장 예쁜 얼굴 사진 여섯 장을 선택하는 게임에서 참여자들이 가장 많이 선택한 것에 가장 가까운 선택을 한 참가자에게 우승 상금이 돌아간다고 하자.

이 시합에서 똑똑한 참가자라면 미에 대한 자신의 기준은 별 의미가 없다는 사실을 알아차리고 다른 참가자들이 선택할 가능성이 높은 사진을 선택하려 할 것이다. 이러한 논리는 눈덩이가 불어나듯이 생각에 생각을 더한다. 다른 참가자들 역시 마찬가지 전략으로 게임에 참여할 것이기 때문이다. 결론적으로 최고의 전략은 자신이나 다른 참가자가 가장 예쁜 얼굴이라고 생각하는 사진을 선택하는 것이 아니라 참가자들이 대체적으로 선택할 것이라고 예상되는 사진이 무엇일지 예측해보거나 한 단계 더 나아가서 추측하는 것이다. 어쨌든 영국의 미인 대회는 이런 방식으로 이뤄진다.

신문사 미인 대회 사례는 가격 결정에 관한 공중누각 이론의 극단적인 형태를 보여준다. 투자자는 다른 누군가에게 더 높은 가격으로 팔 수 있다고 기대하기 때문에 자산을 매수하는 것이다. 다시 말해 투자란 다음 구매자가 향후 더 높은 가격으로 구매해줄 것이라는 기대가 무한 반복되면서 자동으로 굴러가는 것이다.

이러한 세상에서 잘 속아 넘어가는 사람은 계속해서 등장하기 마련이다. 그들은 앞선 구매자가 지불한 것보다 더 높은 가격으로 구매하고자 한다. 그리고 이러한 사람이 계속해서 등장하는 한 투자 흐름은 계속해서 이어진다. 이유는 없다. 다만 군중 심리만 존재할 뿐이다. 여기서 현명한 투자자가 해야 할 일은 남들보다 일찍 출발하는 것이다. 즉, 출발점에서 뛰어드는 것이다. 이 이론은 다소 노골적으로 '더 어리석은 바보' 이론이라고 불린다. 가치의 다섯 배를 지불하려는 순진한 사람을 발견할 수만 있다면 가치의 세 배를 지불해도 아무런 문제가 되지 않는다.

금융 분야와 학계에서 많은 이들이 이러한 공중누각 이론을 지지하고 있다. 노벨상 수상자 로버트 쉴러 Robert Shiller 는 자신의 책 『비이성적 과열 Irrational Exuberance』에서 1990년대 후반에 인터넷 분야와 첨단 기술 분야에서 일어난 주식 열풍은 오직 군중 심리를 통해서만 설명이 가능하다고 지적했다. 군중 심리를 특히 강조하는 소위 행동경제학이 2000년대 초 학계에서 많은 주목을 받았다. 대표적으로 심리학자 대니얼 카너먼 Daniel Kahneman 은 '행동경제학'[1]✦✦✦에 대한 중요한 기여로 2002년 노벨 경제학

---

1)✦✦✦ 저자는 행동경제학을 재무 분야에 집중해서 행동재무학 Behavioral finance이라고 표현했다. 우리나라에서는 좀 더 넓은 의미로 쓰이는 행동경제학 Behavioral economics이 대중에

상을 받았다. 이보다 앞서, 오스카 모겐스턴Oskar Morgenstern은 주식의 내재가치를 구하려는 노력은 도깨비불을 찾아서 돌아다니는 일이라고 주장했다. 그는 투자자라면 마땅히 다음의 라틴어 격언을 책상 위에 붙여놓아야 한다고 말했다.

Res tantum valet quantum vendi potest.
(다른 사람이 가격을 지불하려고 하는 것만이 가치가 있는 것이다.)

◆ ◆ ◆

지금까지 대략적인 소개를 마쳤으니, 이제 나와 함께 투자의 숲을 지나 월스트리트를 향해 거닐어보자. 내 첫 번째 과제는 가치평가에 관한 역사적 사례를 소개하고 그 사례가 가치평가에 관한 두 이론과 어떤 관계가 있는지 설명하는 것이다. 미국 철학자 산타야나Santayana는 과거로부터 교훈을 얻지 못한다면 앞으로도 똑같은 실수를 반복하게 될 것이라고 경고했다. 그래서 투기 열풍과 관련하여 오래 전 사례와 비교적 최근 사례를 모두 살펴볼 것이다. 일부 독자는 어쩌면 17세기 네덜란드에서 튤립 구근

게 널리 알려져 있으므로, 여기서는 이해를 돕기 위해 행동경제학으로 표기했다. 행동재무학에 대해서는 10장에서 별도로 다루고 있다. - 감수인

을 사기 위해 군중이 몰려들었던 사건이나 18세기 영국에서 일어난 남해기업 거품사건을 별로 대수롭지 않게 생각할지 모른다. 그러나 1970년대에 있었던 '니프티50' Nifty Fifty, S&P 500 지수에서 상위 50개 종목을 일컫는 용어-옮긴이 열풍, 1980년대 일본 주식시장의 활황, 1999년과 2000년 초에 있었던 '인터넷 열풍', 2006~2007년 미국 부동산 거품의 심각성을 무시하는 사람은 없을 것이다. 그리고 2020년대 소위 밈주식 meme stock, 온라인상에서 인기를 끌어 유행을 타게 된 종목-옮긴이 과 암호화폐에 대한 무모한 투기 현상에서 시장은 변해도 그 본질은 그대로 남아있다는 사실을 알 수 있다. 결국 이들 사례에서 개인 투자자와 전문 투자자 모두 과거의 잘못으로부터 결코 자유로울 수 없다는 경고음을 들을 수 있다.

2장

집단 광기

> 10월은 주식 투기에 특히 위험한 달이다. 그밖에도
> 7월, 1월, 9월, 4월, 11월, 5월, 3월, 6월, 12월, 8월,
> 그리고 2월이 위험하다.
>
> - 마크 트웨인, 『푸든헤드 윌슨』

미친 듯이 날뛰는 탐욕은 역사상 모든 경제 활황기의 특징이다. 그 광기 속에서 시장 참가자들은 공중누각을 지음으로써 성공할 수 있다는 의심스러우면서도 짜릿한 생각으로 견고한 가치 토대를 외면했다. 그리고 이러한 생각은 국가 전체를 뒤덮었다.

투기 심리는 광기를 주제로 한 연극과 같다. 나는 그러한 몇몇 작품을 소개할까 한다. 여기에 등장하는 공중누각은 네덜란드의 튤립 구근, 영국의 '남해기업', 미국의 월스트리트 위에 지어졌다. 각각의 사례에서 일부는

많은 돈을 벌었다. 그러나 대부분은 큰 피해를 입고 말았다.

이들 사례에서 오늘날 우리는 교훈을 얻는다. 그것은 변덕스러운 군중 심리를 예측하는 것이야말로 가장 위험천만한 게임이라는 사실이다. 1895년 프랑스 사상가 귀스타브 르봉Gustave Le Bon은 군중 심리를 주제로 한 글에서 이렇게 언급했다. "군중 속에서 쌓여가는 것은 본연의 지혜가 아니라 어리석음이다." 하지만 이 글을 읽은 사람은 그리 많지 않았던 것 같다. 오로지 군중 심리를 근간으로 치솟는 시장은 결국 금융 세상의 중력 법칙에 굴복할 수밖에 없다. 비현실적인 가격이 수년 동안 이어지지만 결국에는 폭락하고 만다. 이러한 일은 갑작스러운 지각 변동처럼 일어난다. 그리고 탐욕이 크면 클수록 충격도 심하다. 공중에 성을 쌓는 무모한 건축가들 중 폭락을 미리 예측하고 허물어지는 순간 탈출할 만큼 민첩한 사람은 찾아보기 힘들다.

튤립 구근 열풍

튤립 구근 사건은 역사상 가장 거대한 부자 되기 열풍 중 하나였다. 이 사건이 17세기 초 고요한 네덜란드에서 일어났다는 사실은 더 충격적이다. 투기 광풍으로 이어진 이 사건의 시작은 1593년이다. 당시 한 식물학 교수가 오스트리아 빈에서 네덜란드 서부의 라이덴으로 터키가 원산지인 특수 작물을 가지고 왔다. 네덜란드인들은 정원에 새로운 품종을 심을 수 있다는 사실에 기뻤지만 그 교수가 부른 가격은 결코 달갑지 않았다(그는 구근을 팔아 큰돈을 벌길 원했다). 그러던 어느 날 밤, 도둑이 교수의 집으로 침입해서 튤립 구근을 훔쳐가서는 그 교수가 부른 가격보다 훨씬 낮은 가격으로 팔아버렸다.

이후 십 년의 세월이 흐르는 동안 튤립은 네덜란드 사회에 널리 퍼졌다. 그러나 가격은 대단히 비쌌다. 그런 와중에 튤립이 모자이크라는 치명적이지 않은 바이러스에 감염이 되었는데, 바로 그 감염된 튤립이 투기를 촉발했다. 바이러스에 감염된 튤립의 꽃잎은 뚜렷한 띠무늬 혹은 '화염' 모양이었다. 네덜란드인들은 이렇게 감염된 특이한 구근의 가치를 높게 평가했다. 대중의 취향이 보다 극단적으로 발전하면서 희귀한 구근의 가격은 더욱 치솟았다.

그렇게 튤립 열풍이 시작되었다. 구근 상인들은 내년에 인기 있을 튤립의 색상과 무늬를 예측하고자 했다. 이러한 모습은 오늘날 패션업계가 내년에 유행할 의류의 재질과 색상, 길이와 관련된 대중의 취향을 예측하는 것과 흡사하다. 다음으로 상인은 가격 상승을 기대하면서 엄청나게 많은 튤립 구근을 사들였다. 그러자 구근 가격이 가파르게 상승하기 시작했다. 구근 가격이 높아질수록 더 많은 사람이 튤립 구근을 현명한 투자 대상으로 인정했다. 찰스 맥케이 Charles Mackay 는 네덜란드 튤립 열풍을 시대 순으로 기록한 『대중의 미망과 광기 Extraordinary Popular Delusions and the Madness of Crowds 』에서 튤립 구근에 대한 투기로 인해 국가 산업이 침체되었다고 언급했다. "귀족, 시민, 농부, 상인, 어부, 하인, 하녀, 심지어 굴뚝 청소부와 헌 옷가지를 판매하는 여인들까지 튤립에 투자했다." 이들 모두는 튤립 열풍이 앞으로도 지속될 것으로 확신했다.

가격이 더 이상 올라가지 않을 거라고 말했던 이들은 안타깝게도 친구와 친지가 엄청난 돈을 버는 것을 넋 놓고 지켜봐야 했다. 그 유혹을 거부하기란 대단히 힘든 일이었다. 대략적으로 1634년에서 1637년 초까지 이어진 튤립 열풍의 마지막 해에는 구근을 구하기 위해 많은 이들이 땅이나 보석, 가구를 내다팔았다. 덕분에 구근 가격은 천문학적인 수준으로 치솟았다.

금융 시장의 한 가지 놀라운 점은 투기 기회를 드러내는 자산에 대한 실질적인 수요가 형성될 때면 어떠한 방식으로든 이를 충족시켜준다는 것이다. 당시 튤립 투기꾼을 더욱 적극적으로 움직이도록 재촉했던 것은 '콜옵션call option'이라는 것이었다. 이는 오늘날 주식시장에서 사용하는 개념과 유사하다.

콜옵션을 산 투기꾼들은 특정 기간에 고정된 가격(일반적으로 대략 시장 가격)으로 튤립 구근을 살 수 있었다(즉, 인도를 요구할 수 있었다). 대신 옵션 프리미엄을 지불해야 했는데 이는 당시 시장 가격의 15~20퍼센트에 달했다. 예를 들어 튤립 구근 가격이 100길더 네덜란드의 예전 화폐 단위-옮긴이라면, 콜옵션 구매자는 20길더 정도를 더 지불해야 한다. 만약 구근 가격이 200길더로 뛴다면 콜옵션 소유자는 자신의 권리를 행사해서 100길더에 구근을 사서 동시에 새로운 시장 가격인 200길더에 팔 수 있다. 이렇게 옵션 구매자는 추가로 번 100길더에서 콜옵션 비용으로 지불한 20길더를 뺀 금액인 80길더의 이익을 챙길 수 있다. 결론적으로 네 배에 달하는 수익을 올린 것이다. 이처럼 투자자는 콜옵션을 통해 위험을 증가시켜 잠재적인 보상을 높일 수 있었다. 덕분에 더 많은 이들이 시장에 참여할 수 있었고 이는 오늘날도 마찬가지다.

당시 네덜란드의 역사는 희비극의 에피소드로 가득하다. 그중 하나는 새로운 상품을 실은 선박이 항구에 도착했다는 소식을 부유한 상인에게 알려준 한 선원에 관한 이야기다. 상인은 그 소식을 전해준 대가로 선원에게 값비싼 붉은 청어 요리를 아침으로 대접했다. 그런데 아침을 먹던 선원의 눈에 양파가 들어왔다. 그 양파는 판매대 위에 비단, 벨벳과 함께 놓여 있었다. 분명 상인이 잘못 얹어 놓았으리라 생각한 선원은 양파를 청어 요리에 곁들여 먹었다. 그 '양파'가 자신이 탔던 배의 선원 전체를 일 년 동안 먹여 살릴 만큼 비싼 물건이라는 사실을 상상조차 하지 못한 채. 그 양파는 다름 아닌 값비싼 셈퍼 아우구스투스 튤립 구근이었다. 선원은 결국 양파라고 생각한 것을 먹은 죄로 엄청난 대가를 치러야 했다. 그는 고마움을 잊어버린 상인의 고발로 수개월간 옥살이를 했다.

역사가는 종종 과거를 재해석한다. 여러 가지 거품 사례를 재해석했던 금융 역사가들은 과거의 가격에 어느 정도 합리성이 있을 것이라고 추측했다. 이러한 수정주의 역사가 중 한 사람인 피터 가버Peter Garber는 17세기 네덜란드의 튤립 구근 가격이 흔히 생각하는 것보다 훨씬 더 합리적으로 형성되었다고 주장했다.

가버의 지적에도 일리는 있다. 나 역시 구근 가격이 형성되는 과정에서 합리성이 전혀 없었다고 생각하지 않는다. 셈퍼 아우구스투스는 특히 희귀하고 아름다운 구근이었고 가버가 밝힌 것처럼 튤립 열풍 이전에도 그 가치가 높았다. 게다가 가버의 조사에 따르면, 희귀한 구근은 일반 구근 가격이 폭락한 이후에도 높은 가격을 유지했다. 물론 전성기에 비할 바는 아니었지만. 하지만 가버도 1637년 1월에 튤립 구근 가격이 20배 치솟았던 현상에 대해서는 논리적인 설명을 내놓지 못했다. 모든 투기 열풍에서 일어나는 일처럼 가격이 너무 높이 치솟자 일부 조심스러운 사람들은 구근을 팔기로 결정했다. 그리고 머지않아 다른 이들도 그 결정을 따랐다. 마치 눈덩이가 언덕 아래로 굴러가는 것처럼 구근 가격 하락은 점점 빨라졌고, 이윽고 공포가 사회 전체를 뒤덮었다.

정부 각료가 공식적으로 튤립 구근 가격이 떨어질 이유가 없다고 발표했지만 이 말을 곧이들은 사람은 없었다. 상인들은 파산하여 계약 이행을 거부했다. 결국 정부는 액면 가치의 10퍼센트로 계약을 마무리하는 방식으로 문제를 해결하고자 했지만 아무 소용이 없었다. 구근 가격이 10퍼센트 아래로 떨어졌기 때문이다. 가격은 이후로 계속해서 떨어졌고 결국 튤립 구근은 양파보다 못한 가격으로 떨어지는 지경에 이르렀다.

남해기업 거품 사건

당신과 거래하는 중개인이 전화를 걸어와 매출과 수익은 전혀 없으나 전망은 좋은 신생 기업에 투자하라고 조언한다고 해보자. 그러면 이렇게 물을 것이다. "무슨 사업을 하는 회사죠?" 중개인은 말한다. "무슨 사업을 하는지는 아무도 모릅니다. 그래도 엄청난 수익을 벌어들일 겁니다." 이렇게 말하는 사람은 사기꾼이다. 하지만 300년 전 영국에서는 그런 사기가 먹혀들었다. 그리고 충분히 추측할 수 있듯이 투자자들은 엄청난 피해를 입었다. 이 사례는 어떻게 투자자가 사기에 속아 돈을 몽땅 탕진하는지 잘 보여준다.

당시 영국인들은 돈을 갖다 바칠 만반의 준비가 되어 있었다. 국가 경제가 오랫동안 번영하면서 저축은 넘쳐났으나 투자 기회는 부족했다. 남해기업The South Sea Company은 투자 기회에 대한 사회적 욕구를 충족시켜 주기 위해 1711년에 설립된 회사로, 영국 정부는 이 회사를 통해 사회적 신뢰를 회복하고자 했다. 남해기업은 1천만 파운드 규모의 정부 부채를 인수하는 대가로 영국 남해South Sea에서 이뤄지는 모든 무역에 대한 독점권을 인정받았다. 영국인들은 이 무역으로부터 엄청난 부가 창출될 것으로 믿어 주식에 큰 관심을 보였다.

그러나 남해기업은 처음부터 다른 이들의 희생으로 수익을 거둬들였다. 남해기업은 정부 부채를 인수하면서 국채를 자사주로 교환해줬는데, 그 소식을 미리 접한 사람들은 55파운드라는 낮은 가격으로 국채를 조용히 사들였다가 회사 설립 후 액면가 100파운드짜리 남해기업 주식과 교환했다.

남해기업의 임원들 중에는 남미 무역을 경험한 이가 아무도 없었지만 노예무역에 필요한 선박을 서둘러 준비했다(당시 노예 매매는 남미 무역에서 가장 수익성이 높은 사업이었다). 그러나 그들의 도전은 아무런 수익을 올리지 못하고 헛수고로 돌아갔다. 이동 중 노예 사망률이 너무 높았기 때문이다.

한편 그 임원들은 회사 홍보에서 만큼은 뛰어났다. 그들은 런던에 있는 멋진 건물을 임대했고, 이사회 회의실에는 앉기에는 불편하지만 너도

밤나무와 금장 못으로 만든 스페인 스타일의 검정색 의자를 서른 개나 가져다 놓았다. 그러는 사이에 양모를 가득 실은 배를 실수로 양모가 꼭 필요했던 베라크루즈가 아니라 콜롬비아 카르타헤나로 보내고 말았다. 구매자가 나타나지 않아 양모는 부두에서 썩어버렸다. 또한 '보너스' 주식 배당으로 주식 가치가 희석되었다. 게다가 스페인과의 전쟁으로 무역이 일시 중단되기까지 했지만 남해기업의 주가는 떨어지지 않았다. 심지어 몇 년 동안은 살짝 오르기까지 했다. 훌륭한 역사서인 『남해기업 거품The South Sea Bubble』을 쓴 존 카스웰John Carswell 은 남해기업 임원이자 주요 홍보자인 존 블런트John Blunt 에 대해 이렇게 평했다. "그는 오른손에 기도서를, 왼손에 투자설명서를 끼고 살았다. 그리고 왼손이 하는 일을 오른손이 알지 못하게 했다."

영국해협 건너편에서는 존 로John Law 라는 영국인 망명자가 기업을 설립했다. 존 로의 일생일대 목표는 종이 증서로 동전을 대체함으로써 유동성을 높이는 것이었다(암호화폐 홍보자들 역시 오랜 전통을 따르고 있다). 이를 위해 그는 미시시피컴퍼니Mississippi Company 라는 버려진 회사를 인수해서 역사상 최대 규모의 복합기업으로 바꿔 놨다.

미시시피컴퍼니는 유럽 대륙 전역에 걸쳐 투기꾼들의 돈을 끌어모았다. '백만장자'라는 말도 이 시기에 등장했는데 어찌 보면 이는 당연한 일이었다. 미시시피컴퍼니의 주식 가격은 아무런 근거가 없었음에도 2년 사이에 100파운드에서 2,000파운드로 뛰어 올랐다. 한껏 부풀려진 미시시피컴퍼니 주식의 시장 가치는 그 기업이 있던 프랑스에 존재하는 모든 금과 은을 합한 것보다 여덟 배 이상 높았다.

다시 해협을 건너 영국으로 돌아와서, 당시 징고이즘jingoism 맹목적 애국주의-옮긴이이 영국 의회에서 고개를 들기 시작했다. 왜 국가의 부가 프랑스 미시시피컴퍼니로 넘어가야 하는가? 이를 막기 위해 영국 정부는 무엇을 했는가? 의회는 이러한 질문에 대한 답을 남해기업에서 찾았다. 당시 스페인과 평화 협정을 체결할 예정이었기 때문에 남미 무역길이 자유로워질 것이라는 기대에 남해기업의 전망은 더 밝아보였다. 게다가 멕시코 사람들은 그들의 금광을 팔아서라도 영국의 풍부한 목화와 양털 제품을 사려고 안달이 나 있었다. 남해기업이야말로 이러한 무역을 성사시킬 최고의 자유 기업이었다.

1720년 탐욕스러운 남해기업 이사회는 3,100만 파운드에 달하는 영국 정부의 부채 전부를 인수한다고 발표하며 기업의 명성을 높이는 기회로 활용했다. 이러한 대담한 행보에 대중은 열광했다. 이를 위한 법안이 의회에 제출되었을 때 남해기업 주식 가격은 130파운드에서 300파운드로 뛰었다.

법안 통과를 적극 도와준 지지자들에게는 가격이 올랐을 때 기업에 되팔아 수익을 올릴 수 있는 주식이 무상으로 제공되었다. 이러한 특혜를 받은 사람 중에는 조지 1세의 첩과 국왕을 빼닮은 '조카'들도 포함되어 있었다.

법안이 통과되고 5일이 흐른 1720년 4월 12일, 남해기업은 액면가 300파운드로 신주를 발행했다. 또한 신주를 할부로 매수할 수도 있었다. 가령 60파운드를 먼저 내고 나머지는 여덟 번에 걸쳐 천천히 지불하면 되었다. 그 유혹에는 국왕조차 버틸 수 없었다. 그는 총 10만 파운드의 신주를 신청했다. 너도 나도 이 주식을 사기 위해 몰려들었고 투자자 사이에서는 싸움도 벌어졌다. 이런 대중의 열망에 부응하기 위해 남해기업 경영진은 또 한 번의 신주 발행을 결정했다. 이번에는 액면가가 400파운드였다. 그럼에도 대중의 열기는 식을 줄 몰랐다. 그 주식은 발행 후 한 달 만에 550파운드로 뛰었다. 신주 발행은 6월 15일에도 있었는데, 이번에는 지불 조건을 좀 더 편리하게 했다. 즉, 10퍼센트의 금액만 먼저 내고 나머지는 일 년에 걸쳐 천천히 납부하도록 했다. 이후 주식 가격은 800파운드를 돌파했다. 상원의원의 절반과 하원의원의 절반 이상이 주식을 샀다. 결국 가격은 1천 파운드를 찍었다. 투기 광풍이 만개한 것이다.

그럼에도 남해기업은 기꺼이 돈을 갖다 바치려는 어리석은 투자자들의 요구를 모두 충족시키지 못했다. 이제 투자자들은 초기에 뛰어들 수 있는 다른 투자 기회를 모색했다. 오늘날 투자자들이 차세대 구글을 찾는 것처럼 1700년대 초 영국인들은 차세대 남해기업을 물색했다. 부족한 투자 기회에 목말랐던 투자자들의 갈증을 해소시켜주기 위해 곳곳에 설립된 회사들이 신주를 마구 뿌려댔다.

시간이 흐르면서 독창적인 것에서 황당한 것에 이르기까지 참으로 다양한 투자 제안이 등장했다. 스페인으로부터 당나귀를 대량으로 수입하거나(영국에는 이미 충분히 많은 당나귀가 있었다) 바닷물을 담수로 만드는 아이디어가 등장했다. 그리고 투자 홍보에는 톱밥으로 판자를 만드는 식의 사기성이 짙은 주장이 만연했다. 당시 100가지에 이르는 다양한 비즈니스 프로젝트가 제기되었다. 많은 신생기업이 자금을 끌어모으기 위해 다양한 목표를 내걸었는데, 제각각 모두 엉뚱하고 현혹적이었음에도 한결같이 엄청난 수익 전망을 내놓았다. 가령 해적을 막을 수 있는 선박을 개발하고, 영국 말의 혈통을 보존하고, 모발을 거래하고, 사생아를 위한 병원을 설립하고, 납에서 은을 추출하고, 오이에서 햇볕을 추출하고, 심지어 영원히 멈추지 않는 바퀴를 만들겠다고 공언했다. 대중은 어떤 투자 기회든 잡으려 했으나 이들 프로젝트는 머지않아 '거품'이라는 별칭으로 불리게 되었다. 아마도 이보다 더 적절한 이름은 없을 것이다. 이러한 거품들은 대개 일주일 만에 터져버렸다.

그러나 그중 최고상은 알려지지 않은 한 인물에게로 돌아가야 할 듯싶다. 그는 '막대한 수익을 올리고 있지만, 무슨 사업을 하는지는 아무도 모르는 기업'을 설립하고는 사업설명서를 통해 전례 없는 보상을 약속했다. 주식 신청을 받기로 했던 날 아침 9시에 여기저기서 몰려든 수많은 사람들이 사무실 문을 부수며 난입했다. 그리고 5시간 만에 1000명의 투자자가 주식을 받기 위해 돈을 넘겼다. 그렇게 탐욕적이지는 않았던 회사 설립자는 사무실 문을 닫고는 유럽 대륙으로 떠났다. 이후로 그의 소식을 들은 사람은 아무도 없다.

거품 기업에 돈을 넣었던 모든 투자자가 기업의 성공 가능성을 믿었던 것은 아니다. 그러기에 그들은 '너무 이성적'이었다. 그들이 믿었던 것은 '더 어리석은 바보' 이론이었다. 즉, 가격은 계속 올라가고 구매자는 항상 있을 것이기에 떼돈을 벌 수 있을 것이라 확신했다. 투자자들은 자신의 행동을 합리적인 판단으로 봤다. 그들은 신주 발행 후 유통이 이뤄지는 '애프터마켓 after market'에서 프리미엄을 받고 주식을 팔 수 있을 것으로 기대했다.

신은 파멸시키기 전에 먼저 조소를 보낸다. 끝이 다가오고 있다는 조짐은 남해기업의 트럼프 카드에서도 나타났다. 각 카드에는 거품 기업의 풍자화가 그려져 있고 그 아래에는 적절한 설명 문구가 들어 있었다. 이중 하나는 퍼클머신컴퍼니 Puckle Machine Company 라는 회사로 둥근 모양이나 네모난 모양의 대포나 총알을 발사하는 기계를 생산할 계획을 갖고 있었다. 그들은 자신이 개발한 기계로 전쟁 기술에 혁명을 가져올 것이라고 주장했다. 이 게임 카드 중 스페이드 8에는 다음과 같은 문구가 적혀 있었다.

해외의 적이 아니라 국내의 바보들을 대상으로
군중을 파괴시키는 희귀한 발명품
친구여, 이 끔찍한 기계를 두려워 말라
주식을 갖고 있는 사람만 상처를 입는다네

많은 거품이 터졌지만 투기 열풍은 사그라들 줄 몰랐다. 그러나 8월에 홍수가 밀어닥치면서 남해기업은 회복 불가능한 상처를 입었는데, 주식 가격이 기업의 실제 전망과 무관하다는 사실을 깨달은 회사 임원들은 그해 여름에 주식을 몽땅 팔아치웠다.

소문이 퍼지면서 주식 가격은 떨어졌다. 주식 가격이 무너지면서 공포가 시장을 지배했다. 다음 도표에서 투기에 따른 남해기업 주식의 상승과 하락을 확인할 수 있다.

◀ 영국 남해기업 주가, 1717-1722 ▶

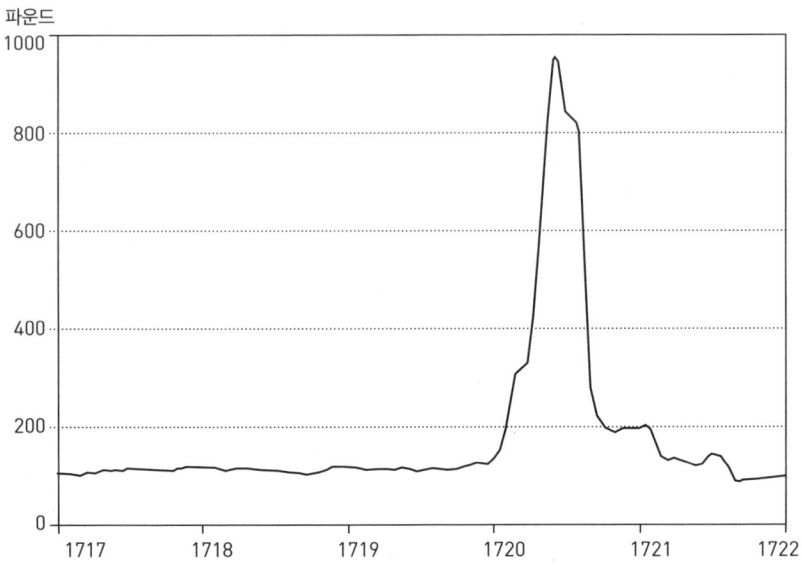

출처: 레리 닐(Larry Neal), 재정 자본주의의 부상(The Rise of Financial Capitalism) Cambridge University Press, 1990.

정부가 신뢰 회복을 위해 노력했지만 소용없었고 대중의 모든 신뢰를 잃어버렸다. 또한 종이 증서의 과도한 발행이 실질적인 부를 창출하지 못하고 인플레이션만 일으킨다는 사실을 대중이 깨달았을 때 프랑스의 미시시피컴퍼니 주식 역시 급락했다.

남해기업 거품 사건에서 큰 손해를 본 사람들 중에는 아이작 뉴턴도 있었다. 그는 이렇게 말했다고 한다. "천체의 움직임은 계산할 수 있다. 하지만 사람의 광기는 불가능하다." 그건 공중누각도 마찬가지다.

추가 피해를 막기 위해 영국 의회는 거품법 Bubble Act 을 통과시켰다. 그 골자는 기업이 주식을 발행하지 못하도록 하는 것이었다. 1825년에 그

법이 폐기될 때까지 한 세기가 넘는 동안 영국에서는 주식을 찾아보기 힘들었다.

월스트리트 대참사

물론 튤립 구근과 남해기업은 옛날 이야기다. 그런데 그 똑같은 일이 현대에도 일어날 수 있을까? 최근 사건으로 눈을 돌려보자. 기회의 땅이라고 하는 미국에서는 1920년대에 그런 일이 발생했다. 특히 자유와 발전을 강조했던 만큼 미국 사회는 문명이 시작된 이후로 가장 거대한 과열과 붕괴를 만들어냈다.

투기 열풍이 발생하기에 미국만큼 더 좋았던 곳은 없을 것이다. 당시 미국은 최고의 번영을 누리고 있었고 미국인들은 그들의 기업을 신뢰했다. 미국의 30대 대통령 캘빈 쿨리지는 이렇게 말했다. "비즈니스야말로 미국이 해야 할 일이다." 기업가는 선교사와 같은 수준으로 존경받았는데 이는 차라리 숭배에 가까웠다. 이러한 비유는 역으로 나타나기도 했다. 뉴욕의 광고회사 배턴바튼더스틴앤오스본Batten, Barton, Durstine & Osborn 의 브루스 바턴Bruce Barton 은 『예수의 인간경영과 마케팅 전략The Man Nobody Knows 』에서 예수는 '최초의 기업가'였으며, 그의 이야기는 '역사적으로 가장 인상적인 광고'라고 설명했다.

1928년에 주식시장 투기는 국가적 오락거리가 되었다. 1928년 초에서 1929년 9월 초까지 주식시장 상승률은 1923년에서 1928년 초에 이르는 전체 기간과 맞먹었다. 주요 기업의 주가는 때로 하루만에 10~15포인트 상승하기도 했다. 이러한 움직임은 다음 도표에 잘 나와 있다.

주식	시작가 (1928년 3월 3일)	고가 (1929년 9월 3일*)	상승률 (18개월)
AT&T American Telephone & Telegraph	$179½	$335⅝	87.0%
베슬리헴스틸 Bethlehem Steel	56⅞	140⅜	146.8
제너럴일렉트릭 General Electric	128¾	396¼	207.8
몽고메리워드 Montgomery Ward	132¾	466½	251.4
NCR National Cash Register	50¾	127½	151.2
RCA Radio corporation of America	94½	505	434.5

* 1928년 3월 3일 이후로 발생한 주식분할과 권리가치를 반영한 가격

물론 '모든 사람'이 투기에 참여한 것은 아니었다. 주식을 사들이기 위한 대출(신용매수)은 1921년 10억 달러에서 1929년에 90억 달러 가까이 증가했지만 1929년에 신용매수로 주식을 보유한 사람의 수는 백만 명에 불과했다. 하지만 투기 열풍만큼은 튤립 사례 못지않게 널리 퍼졌고 그 강도의 측면에서는 독보적이었다. 더욱 중요한 사실은 미국 사회에서 주식 투기가 문화의 중심부를 파고들었다는 점이다. 저자 존 브룩스John Brooks는 『골콘다Once in Golconda』[2]에서 뉴욕에 막 도착한 영국 특파원의 말을 인용했다. "금주령, 헤밍웨이, 에어컨, 음악, 말에 대해서 이야기를 나누다

---

2) 골콘다는 인도의 도시로 지금은 폐허로 남겨져 있다. 전설에 따르면, 이곳을 거쳐 간 사람들 모두 부자가 되었다고 한다.

가도 결국에는 주식시장 이야기로 흘러갔다. 그럴 때면 대화는 더 진지해졌다."

당시 몇 백 명에 달하는 작전 세력은 공중누각을 짓는 대중을 지켜보며 사악한 미소를 짓고 있었을 것이다. 주식시장 조작은 그 부도덕함에서 나날이 심해졌다. 주가조작에서 당시보다 더 극단적인 사례를 찾아보기는 힘들 것이다. RCA 주가는 주가조작으로 나흘 만에 61포인트나 치솟기도 했다.

작전 세력은 한편에서 대중과 긴밀히 협력해야 했지만 다른 한편에서는 대중을 철저하게 경멸했다. 일반적으로 작전은 몇몇 투기꾼이 손을 잡고 특정 주식을 선정함으로써 시작되었다. 그들은 기술자로 대우받았던 작전 관리자까지 따로 뒀고 절대 배신을 하지 않겠다는 서약까지 받았다.

작전 관리자는 몇 주일에 걸쳐 조용하게 엄청난 양의 주식을 사들였다. 또한 시가로 주식을 대량 매수할 수 있는 옵션도 사들였다. 다음으로 증권거래소 전문가들을 협력자로 끌어들였다.

작전 관리자는 증권거래소 전문가들과 함께 움직였다. 증권거래소 전문가는 중개인의 중개인으로서 기능한다. 어떤 주식이 50달러에 거래될 때 투자자가 중개인에게 45달러로 매수 주문을 내면 중개인은 그 주문을 증권거래소 전문가에게 넘긴다. 그리고 주식이 나중에 45달러로 떨어졌을 때 증권거래소 전문가가 해당 주문을 넣는다. 증권거래소 전문가는 시장가격보다 낮은 매수 주문이나 높은 매도 주문을 자신의 개인 '장부'에 모두 기록한다. 이것이 바로 작전 관리자가 그토록 증권거래소 전문가를 중요하게 생각한 이유다. 증권거래소 전문가의 장부에는 시가의 아래 위 가격으로 사고팔려는 주문 범위에 대한 정보가 담겨 있다. 상대의 카드 패를 알고 있으면 언제나 게임에서 유리한 법이다. 그러나 정말로 재미있는 대목은 아직 시작되지 않았다.

작전 관리자는 이 시점에서 작전 세력 구성원끼리 거래를 하도록 한다. 예를 들어 하스켈은 시드니에게 40달러에 200주를 판다. 시드니는 이를 다시 40⅛에 판다. 마찬가지로 400주가 40¼과 40½의 가격으로 거래된다. 다음으로 40⅝에 1,000주가 블록으로 거래되고, 다시 40¾에 블록 거래가 이뤄진다. 이러한 거래 내역은 미 전역의 주가 테이프(증권 시세가 찰칵찰칵 찍혀 나오는 기록지)에 기록되며, 그 테이프에 찍힌 숫자를 지켜보는 수많은 사람들이 그 주식에 대해 환상을 품게 된다. 결국 사람들은 전국 곳곳의 중개인 사무실로 몰려간다. 소위 위장매매로 만들어진 그러한 움직임은 지금 뭔가 중요한 일이 벌어지고 있다는 인상을 풍긴다.

다음으로 작전 관리자의 지휘를 받고 있는 주식 관련 잡지의 기자와 시장 평론가들이 흥미진진한 일이 벌어지고 있다는 식의 기사를 써댄다. 또한 작전 관리자는 기업 경영진을 재촉해서 긍정적인 기사가 외부로 흘러나가도록 한다. 이 모든 일이 순조롭게 돌아갔던 1928~1929년에는 투기 열풍을 만들어내는 데 실패의 여지가 없었다. 테이프 기록과 언론 조작이 결합하면서 대중이 움직이기 시작했다.

일단 대중이 유입되고 나면 무한 경쟁이 시작된다. 그러면 슬그머니 '발을 빼야 할' 시간이 다가온 것이다. 대중이 주식을 사들일 때 작전 세력은 판다. 작전 관리자는 처음에는 조금씩 시장에 매물을 내놓다가 대중이 알아차리기 직전까지 매도 규모를 점차 늘려나간다. 롤러코스터가 그렇게 운행을 마쳤을 때 작전 세력은 엄청난 수익을 거두고 대중은 갑자기 폭락한 주식을 떠안게 된다.

하지만 이러한 협력 없이도 대중을 속이는 데 성공했던 사람들이 있다. 특히 기업 임원들은 혼자 힘으로 잘 해냈다. 미국에서 두 번째로 큰 은행이었던 체이스Chase의 은행장 앨버트 위긴Albert Wiggin의 사례를 들여다보자. 1929년 7월 위긴은 주식시장이 지나치게 과열되었으며 투기 흐름에 편승하는 것은 상당히 위험한 선택이 될 것이라고 느꼈다. 위긴은 특히 전망을 어둡게 봤던 자사주를 4만 2천 주 이상 공매도했다. 공매도는 주가가 떨어질 때 돈을 버는 방법으로, 나중에 더 낮은 가격으로 사서 갚을 예상으로 지금 수중에 없는 주식을 빌려서 파는 기법이다. 결국 사고파는 순서만 바뀌었을 뿐이지 쌀 때 샀다가 비쌀 때 파는 것은 마찬가지다.

위긴의 시점은 완벽했다. 공매도 직후 체이스 주가는 떨어지기 시작했고, 그해 가을 공황이 시작되면서 주가는 곤두박질쳤다. 11월에 계좌가 폐쇄되기까지 위긴은 공매도로 수백만 달러의 수익을 올렸다. 그는 이해상충의 문제에 대해서는 신경 쓰지 않았다. 공평하게 말하자면, 그는 그 기간 동안 체이스 주식에 대해 순보유 포지션을 유지했던 것이다. 하지만 오늘날 규정에 따르면, 내부자가 자기 회사 주식을 거래함으로써 단기 수익을 올리는 것은 모두 위법이다.

1929년 9월 3일 시장 평균은 이후 25년 동안 넘어서지 못할 정점을 찍었다. '끝없는 번영의 고리'는 곧 끊어질 듯한 위기를 맞이하고 있었다. 전반적으로 경제 상황은 이미 몇 달 전부터 위축세로 돌아서 있었다. 다음 날 주식시장은 표류했고, 그 다음날인 9월 5일에는 '뱁슨 붕괴Babson Break'로 알려진 급격한 하락을 맞이했다.

뱁슨 붕괴란 허약해보이면서도 장난꾸러기 같은 표정에 염소수염을 한 매사추세츠 웰슬리 출신의 금융 자문가 로저 뱁슨Roger Babson 을 기리기 위한 용어다. 그날 오찬 모임에서 뱁슨은 이렇게 주장했다. "작년, 그리고 재작년에도 했던 말을 이번에도 또 해야겠습니다. 조만간 시장은 무너질 것입니다." 그러나 월스트리트 전문가들은 언제나 그랬듯 '웰슬리 현자'의 경고를 조롱으로 받아쳤다.

뱁슨은 지난 몇 년 동안 암묵적으로 주식시장 붕괴를 예언했었다. 하지만 그때까지는 현실이 되지 않았다. 그런데 그날 오후 2시에 뱁슨의 말이 '브로드broad' 테이프(모든 증권거래소의 필수 장비인 다우존스 금융뉴스 테이프)를 통해 보도되면서 시장은 급락했다. 광란의 마지막 시간에 AT&T는 6포인트, 웨스팅하우스Westinghouse 는 7포인트, U.S. 스틸은 9포인트 떨어졌다. 그건 예언적인 사건이었다. 뱁슨 붕괴 이후, 불과 한 달 전만해도 상상할 수 없던 붕괴 가능성이 갑자기 일반적인 대화의 주제가 되었다.

대중의 신뢰가 흔들리기 시작했다. 9월에는 좋은 날보다 나쁜 날이 더 많았다. 은행가와 정부 관료는 걱정할 이유가 없다고 국민을 안심시켰다. 내재가치 이론의 창시자 중 한 사람인 예일대학교의 어빙 피셔 교수는 주식시장이 "영원한 고원"에 도달했다는 역사적인 발언을 했다.

그러나 10월 21일 월요일, 주식시장 폭락을 위한 역사적인 무대가 마련되었다. 주가가 하락하면서 신용매수자들을 대상으로 추가 담보 요청이 쇄도하기 시작했다. 추가 담보 요구에 대처할 능력이나 의지가 없는 사람들은 주식을 팔아치웠다. 이러한 흐름은 주식 가격의 추가적인 하락과 더 많은 담보 요청으로 이어졌다. 그리고 마침내 매도 물결이 가속화하기 시작했다.

그날 하루에만 매도 물량은 6백만 주를 넘어섰다. 시장을 마감하고 마지막 거래 정보가 기록되기까지 한 시간 40분이 걸렸다. 주식 정보가 한참 늦게 도착하면서 전 세계 증권중개소에서 뉴스를 지켜보던 수만 명은 당황하기 시작했다.

그럼에도 피셔 교수는 굴하지 않고 그 하락을 "신용거래를 기반으로 하는 광적인 투기 열풍에 따른 일시적 동요"로 치부했다. 계속해서 그는 호황기 동안에 주식 가격이 실제 가치를 따라잡지 못했기 때문에 앞으로 더 올라갈 것이라고 주장했다. 피셔는 시장이 금주령의 긍정적인 효과를 아직 반영하지 못했다고 믿었다. 그는 금주령이 미국 근로자의 '생산성과 신뢰성'을 높였다고 확신했다.

나중에 검은 목요일로 알려지게 된 10월 24일에 거래량은 무려 1천 3백만 주에 달했다. 주가는 거래가 이뤄질 때마다 5달러나 10달러씩 떨어졌다. 많은 주식이 불과 몇 시간 만에 40~50포인트씩 빠졌다. 다음날 허버트 후버 대통령은 유명한 진단을 내놓았다. "미국의 비즈니스 근간은... 튼튼하며 번영을 이어가고 있습니다."

하지만 1929년 10월 29일은 뉴욕 증권거래소 역사상 가장 비극적인 하루였다. 시장에 미친 공포를 기준으로 비견할 수 있는 다른 날은 1987년 10월 19일과 20일 정도가 될 것이다. 29일 그날 하루에만 1천 6백 40만 주 넘게 거래되었다(상장된 주식 수를 감안할 때, 당시 1천 6백만 주는 오늘날의 수십억 주와 맞먹는다). 주가는 거의 수직 하강했고 그 추세는 계속해서 이어졌다. 다음 도표에서 1929년 가을을 시점으로 이후 3년 동안 이어진 하락세를 확인할 수 있다. 비교적 '안전한' AT&T(주가의 4분의 3이 빠짐)를 제외하고 우량주 대부분이 1932년에 이르기까지 95퍼센트가 빠졌다.

주식	고가 1929년 9월 3일 *	저가 1929년 11월 13일	저가 1932년
AT&T American Telephone & Telegraph	$340	$197¼	$70¼
베슬리헴스틸 Bethlehem Steel	140⅜	78¼	7¼
제너럴일렉트릭 General Electric	396¼	168⅛	8½
몽고메리워드 Montgomery Ward	137⅞	49¼	3½
NCR National Cash Register	127½	59	6¼
RCA Radio corporation of America	101	28	2½

* 1929년 9월 3일 이후 발생한 주식 분할 및 권리가치를 반영한 가격

이러한 폭락을 가장 잘 요약한 자료는 아마도 주간지 「버라이어티 Variety」에 게재된 "월스트리트 대참사 Wall Street Lays an Egg"라는 제목의 기사일 것이다. 투기의 호황기가 막을 내리면서 수십억 달러에 달하는 주식 가치와 함께 수백만 명의 꿈이 사라졌다. 게다가 주식시장이 붕괴한 이후로 역사상 가장 심각한 경기침체가 시작되었다.

여기서 다시 한번, 수정주의 역사가들은 1920년대 말 광적인 주식시장 열기에 대처할 수 있는 방안이 있었을 것이라고 주장한다. 가령 해럴드 비어먼 Harold Bierman Jr.은 자신의 책 『1929년 위대한 미신 The Great Myths of 1929』에서 1929년 당시 주가는 과대평가된 것이 아니라고 주장했다. 결국 어빙 피셔나 존 메이너드 케인스와 같은 지성인도 주가가 합리적으로 형성되었다고 믿었듯이, 비어먼은 정부가 부적절한 통화 정책을 실시하지

않았더라면 주식시장을 떠받치는 낙관주의가 힘을 발휘했을 것이라고 주장했다. 그의 분석에 따르면, 주식시장 붕괴는 연방준비제도이사회가 투기자를 벌하기 위해 실시한 금리인상 정책으로 인해 촉발되었다. 물론 비어먼의 주장이 완전히 틀린 것은 아니다. 오늘날 경제학자들 역시 1930년대 심각한 경기 침체에 대응하기 위해 통화 공급을 급작스레 줄여버린 연방준비제도이사회의 결정을 비난한다. 어쨌든 역사에서 주식시장이 급격히 상승한 후 완만하게 연착륙하는 경우는 없다는 사실을 알 수 있다. 설령 1930년대 말까지 경제 번영이 이어졌더라도 주가는 1920년대 말 수준을 유지하지 못했을 것이다.

더 나아가, (중도 해지나 추가 투자를 할 수 없는) 폐쇄형 펀드의 이상한 움직임은 1920년대 전반적으로 주식시장이 비합리적으로 움직였다는 사실을 분명히 드러낸다. (이에 대해서는 15장에서 다룬다.) 폐쇄형 펀드의 '기본' 가치는 펀드가 보유한 주식의 시장 가치로 이뤄지는데, 1930년 이후 대부분의 기간 동안 폐쇄형 펀드는 자산 가치 대비 10~20퍼센트 할인된 가격으로 판매되었다. 하지만 1929년 1~8월 사이에 폐쇄형 펀드는 오히려 50퍼센트의 프리미엄을 얹어서 판매되었다. 더군다나 일부 유명 펀드에 붙은 프리미엄은 천문학적인 수준이었다. 가령 골드만삭스트레이딩코퍼레이션Goldman Sachs Trading Corporation은 순자산가치의 두 배로 판매되었다. 그리고 트리컨티넨탈코퍼레이션Tri-Continental Corporation은 순자산가치의 256퍼센트에 달하는 높은 가격으로 거래되었다. 이 말은 중개인을 통해 AT&T와 같은 주식을 시장 가격으로 살 수 있는 상황에서 굳이 그 가격의 2.5배를 지불하고 펀드를 통해 매수한다는 뜻이다. 이처럼 펀드 가격이 이를 구성하는 개별 주식의 가치보다 훨씬 높게 평가된 것은 다름 아닌 비이성적인 투기 열풍 때문이었다.

◆ ◆ ◆

인간의 기억력은 왜 그리 짧은 것일까? 역사적 교훈에도 불구하고 투기 열풍은 왜 반복해서 일어나는 것일까? 나도 잘은 모르겠지만 투자자는 이러한 사건을 공부함으로써 생존에 도움을 얻을 수 있다는 미국의 금융인 버나드 바루크Bernard Baruch 의 지적에는 동의한다. 내 개인의 경험에 비춰보건대, 시장에서 계속해서 돈을 잃는 사람들은 튤립 구근과 같은 열풍에 쉽게 휩쓸리는 이들이다. 대단히 중요한 교훈임에도 많은 투자자들이 이를 외면한다.

3장
1960~1990년대의
투기 거품

> 찾으려고 든다면 도덕성은
> 어디서나 발견할 수 있다.
> - 루이스 캐럴, 『이상한 나라의 앨리스』

집단적 광기는 때로 어마어마한 일을 만들어낸다. 앞서 소개했던 사례를 비롯하여 그밖에 여러 사건을 겪고 난 뒤 사람들은 돈을 투자 전문가의 손에 맡겼다. 이 전문가들은 대규모 연금, 퇴직기금, 뮤추얼펀드, 투자 자문사를 운용한다. 설령 군중은 어리석은 열풍에 휘말린다 해도 이들 전문가는 그럴 위험이 없어 보였다. 좋다. 그렇다면 지금부터는 투자 전문가들이 정말로 그랬는지 들여다보자.

비상하는 60년대

새로운 '새 시대': 성장주와 신주 열풍

이 장의 여정은 내가 월스트리트에 입성했던 1959년에 시작된다. 당시 '성장'은 마법의 단어로 신비로운 의미가 담겨 있었다. IBM이나 텍사스인스트루먼트와 같은 성장주는 80배가 넘는 주가수익배수price earnings multiple, 주식 가격을 주당순이익으로 나눈 값으로 PER과 같은 뜻 -옮긴이로 거래되었다 (일 년 후에는 20~30배로 떨어졌다).

이러한 가치평가에 의문을 제기하는 것은 금기였다. 견고한 토대 이론으로는 이러한 평가를 설명할 수 없었음에도 투자 전문가들은 더 높은 가격에 매수할 새로운 구매자가 끊임없이 나타날 것이라고 믿었다. 케인스는 아마도 어딘가에서 이러한 광경을 흐뭇한 표정으로 바라보고 있었을 것이다.

당시 내가 일하던 기업의 한 고위급 파트너는 고개를 저으며 1929~1932년 주식시장 붕괴를 기억하는 사람들 중 고평가된 성장주를 사서 보유하려는 이는 한 명도 없다고 말했다. 하지만 급진적인 젊은이들은 달랐다. 「뉴스위크」 기사는 한 전문가의 말을 인용했다. "투기자들은 자기들이 사기만 하면 뭐든 밤새 두 배로 뛴다고 믿고 있더군요. 그런데 더 놀라운 일은 그런 일이 실제로 벌어진다는 겁니다."

이야기는 여기서 끝이 아니다. 1959~1961년 사이 투자에 굶주려 있던 투자 전문가들을 달래고자 역사상 그 어느 때보다 신주 공모가 많았다. 당시의 신주 열풍은 남해기업의 거품에 못지않았다. 그리고 안타깝게도 사기성 역시 마찬가지로 농후했다.

당시 이러한 움직임은 '트로닉스 붐tronics boom'으로 알려졌다. 그 이유는 전자산업과 아무런 관련 없는 기업조차 신주를 공모하면서 회사 이름에 '일렉트로닉스electronics'를 접미사처럼 갖다 붙였기 때문이다. 그리고 이러한 신주 공모에 참여한 투자자들은 실제로 그 기업이 무엇을 만드는 지에는 별 관심이 없었다. 그저 전자회사라는 느낌만 주면 그걸로 충분했다. 예를 들어 레코드판과 플레이어를 방문판매하는 업체인 아메리칸뮤직길드American Music Guild 는 '주식공개'를 앞두고 회사명을 스페이스-톤Space-Tone 으로 바꿨다. 그들은 주식을 2달러에 발행했고 몇 주 만에 14달러로 뛰었다.

드레퓌스앤컴퍼니Dreyfus and Company 의 잭 드레퓌스Jack Dreyfus 는 당시의 열풍에 대해 이렇게 말했다.

40년간 구두끈을 만들어 온 탄탄한 중소기업의 주식이 수익의 6배로 거래되고 있다고 해보자. 그들은 이제 그 이름을 슈레이스Shoelaces 에서 일렉트로닉스앤실리콘퍼스-버너스Electronics and Silicon Furth-Burners 라고 바꾼다. 최근 시장에서 '일렉트로닉스'와 '실리콘'이라는 명칭은 수익의 15배만큼 가치가 있다. 그러나 여기서 핵심은 '퍼스-버너스'라는 아무도 이해하지 못할 단어에 있다. 알쏭달쏭한 이름은 기업 가치를 두 배로 높여준다. 구두끈 비즈니스의 6배, 일렉트로닉스와 실리콘의 15배를 합하면 총 주가수익배수는 21이 된다. 여기에다가 퍼스-버너스가 가치를 2배로 높여주면, 새롭게 탄생한 이 기업의 주가수익배수는 42가 된다.

이와 관련하여 다음 도표에서 그 자세한 이야기를 들을 수 있다. 마더스쿠키Mother's Cookie 라는 기업도 상당히 좋은 실적을 올렸다. 하지만 그 이름을 마더트론스쿠키트로닉스Mothertron's Cookitronics 로 바꿨다면 그 영광은 더욱 대단했을 것이다. 그러나 10년 후 이런 주식 대부분은 휴지조각이 되어 오늘날에는 그 존재조차 찾아볼 수 없다.

주식	주식 공모일	공모가	호가 (거래 첫날)	고가 (1961년)	저가 (1962년)
분턴일렉트로닉 Boonton Electronic Corp.	1961년 3월 6일	$5 ½ *	$12 ¼ *	$24 ½ *	$1 ⅝ *
지오피직스 Geophysics Corp.	1960년 12월 8일	14	27	58	9
하이드로-스페이스 테크놀로지 Hydro-Space Technology	1960년 7월 19일	3	7	7	1
마더스쿠키 Mother's Cookie Corp.	1961년 3월 8일	15	23	25	7

* 1주 혹은 1워런트warrant 보통주를 특정 가격에 살 수 있는 권한-옮긴이 당

그렇다면 당시 미국 증권거래위원회Securities and Exchange Commission, SEC는 뭘 하고 있었던 것일까? 신주를 발행할 때는 증권거래위원회에 등록해야 하지 않았던가? 오해를 불러일으킬 만한 표현이나 잘못된 설명이 있다면 처벌받지 않는가? 모두 합당한 질문이다. 그때에도 증권거래위원회는 분명히 존재했다. 하지만 법률에 따라 침묵을 지킬 수밖에 없었다. 기업이 적절한 사업설명서를 마련해서 투자자에게 배부했다면 증권거래위원회가 투자자를 구제할 법적인 방법은 없었다. 당시 많은 사업설명서 표지에

는 굵은 글씨로 다음과 같은 문구가 담겨 있었다.

경고: 이 기업은 자산도 수익도 없으며 당분간 배당금도
지급할 수 없음. 대단히 위험한 주식임.

하지만 담뱃갑에 적힌 경고 문구로 흡연을 막을 수 없는 것처럼 투자의 위험성을 알리는 경고 문구는 기꺼이 돈을 갖다 바치려는 투기자를 막을 수 없었다. 다시 말해 증권거래위원회는 어리석은 투자 전문가들에게 경고할 수는 있었지만 그들이 돈을 내다버리는 것을 막을 수는 없었다. 게다가 신주 매수자들은 주가가 틀림없이 오를 것으로 확신했기 때문에 주식 발행 대행사들은 주식을 어떻게 팔 것인가가 아니라 흥분한 매수자들에게 어떻게 골고루 나눠줘야 할 것인가를 고민해야 했다.

그러나 사기와 시장조작은 위험성을 제대로 알리는 일과는 전혀 다른 문제다. 이에 대해서는 증권거래위원회가 강력한 행동을 취할 수 있었다. 실제로 신주 발행 과정에서 주가를 조작한 증권사들이 다양한 형태의 횡령 혐의로 영업정지 처분을 받았다.

1959~1961년 사이에 일었던 트로닉스 붐이 1962년에 다시 찾아왔다. 그러나 어제의 뜨거웠던 이슈에 대해 사람들은 애써 모른 척했다. 투자 전문가들은 그들이 무모한 투기에 참여했다는 사실을 인정하려 들지 않았다. 시간이 흐르고 난 뒤에 주가가 너무 높았는지 혹은 낮았는지 말하는 것은 너무 쉬운 일이라고 지적하는 사람도 많지 않았다. 그리고 특

정 시점에 적정 주가가 어떻게 되는지 알 수 없다고 말하는 사람은 더욱 적었다.

복합기업 시대: 시너지주 열풍

앞에서도 말했듯이 금융시장의 놀라운 능력은 수요가 있을 때 어떻게든 이를 충족시킨다는 점이다. 당시 투자자들이 바라는 것은 주당순이익의 성장이었다. 그런데 성장 전망을 발견할 수 없다면 시장이 해야 할 일은 전망을 인위적으로 만들어내는 것이었다. 1960년대 중반 창조적인 기업가들은 시너지 효과를 통해 그러한 전망을 만들어낼 수 있다고 주장했다.

시너지 효과란 2 더하기 2가 5가 되는 것이다. 다시 말해 2백만 달러의 수익을 올리는 두 회사가 있을 때 이 둘을 합병해서 5백만 달러의 수익을 창출하는 것이다. 마술과도 같은 이러한 획기적인 방법은 다름 아닌 복합기업 conglomerate 을 만드는 것이었다.

당시 대형 기업은 독점금지법 때문에 동종 업계의 기업은 인수할 수 없었지만, 다른 업종의 기업은 법무부 간섭 없이 얼마든지 사들일 수 있었다. 기업 합병은 시너지라는 명목 하에 활발하게 추진되었다. 일단 표면적으로 볼 때, 각각 독립 기업으로 있을 때보다 합병을 통해 복합기업이 될 때 매출과 이익이 증가하는 경향이 나타났다.

1960년대 복합기업 물결의 주된 원동력은 합병 과정 그 자체가 주당순이익의 성장으로 이어진다는 사실에 있었다. 복합기업 경영자들은 금융 지식만 있었을 뿐 인수한 기업의 수익성을 개선하기 위한 실질적인 경험은 없었다. 그래서 그들은 온갖 속임수를 동원해 잠재력이 부족한 기업을 사들여 주당순이익을 부풀렸다. 다음 이야기에서 이러한 일이 어떻게 진행되는지 확인할 수 있다.

에이블서킷스매셔Able Circuit Smasher Company 라는 전자회사와 베이커캔디Baker Candy Company 라는 초콜릿바를 만드는 회사가 있다고 해보자. 두 기업은 각각 200,000주의 주식을 발행했다. 1965년에 두 기업은 각각 1백만 달러의 이익과 5달러의 주당순이익을 기록했다. 두 기업 모두 성장하고 있지 않으며 이익은 합병 유무와 상관없이 같은 수준을 유지한다.

그런데 두 기업의 주식 가격은 다르다. 전자회사인 에이블서킷스매셔의 주식은 이익의 20배로 거래된다. 그 가격은 주당순이익 5달러에 20을 곱한 100달러다. 반면 상대적으로 매력도가 떨어지는 분야에 속한 베이커캔디의 주식은 이익의 10배로 거래된다. 그 가격은 주당순이익 5달러에 10을 곱한 50달러다.

에이블서킷스매셔 경영진은 복합기업을 만들기로 결정했다. 이를 위해 베이커캔디에게 2:3의 비율로 주식을 교환하자고 제안한다. 이에 따르면 베이커의 주주는 (총 150달러 가치가 있는) 그들의 주식 3주를 주고 (총 200달러 가치가 있는) 에이블 주식 2주를 받게 된다. 주주는 흔쾌히 제안을 수락한다.

두 기업의 합병으로 시너곤Synergon, Inc. 이라는 복합기업이 탄생한다. 이 기업의 주식 수는 총 333,333주이고 이익이 2백만 달러이므로 주당순이익은 6달러가 된다. 즉, 1966년 합병이 마무리되면서 시너곤의 주당순이익은 5달러에서 6달러로 20퍼센트 증가한다. 이는 20배의 주가수익을 충분히 뒷받침하는 것으로 보인다. 결과적으로 시너곤(전 에이블)의 주가는 100달러에서 120달러로 증가한다. 모두가 만족한다. 게다가 제안을 받아들인 베이커 주주들은 합병된 기업의 주식을 팔 때까지 자본 이득에 대한 세금을 낼 필요가 없다. 다음 도표 맨 위 세 줄을 보면 이 거래에 대해 잘 알 수 있다.

기업		이익	발행 주식수	주당 순이익	주가 수익배수	주가
합병 전 (1965)	에이블	$1,000,000	200,000	$5.00	20	$100
	베이커	1,000,000	200,000	5.00	10	50
합병 후 (1966)	시너곤 (에이블, 베이커)	2,000,000	333,333 *	6.00	20	120
두 번째 합병 전	찰리	1,000,000	100,000	10.00	10	100
두 번째 합병 후 (1967)	시너곤 (에이블, 베이커, 찰리)	3,000,000	433,333 **	6.92	20	138.4

* 에이블 주식 200,000주에 합병 조건에 따라 베이커 200,000주에 대해 지급한 133,333주를 더한 것
** 시너곤 주식 333,333주에 찰리의 주식에 대해 지급한 100,000주를 더한 것

일 년 후 시너곤은 찰리Charlie Company 라는 회사를 발견한다. 이 기업은 주당 10달러의 이익을 벌어들인다. 즉 발행 주식 10만 주에 이익이 100만 달러다. 찰리는 상대적으로 위험이 높은 군사·하드웨어 분야에 있었기 때문에 그 주식은 주당순이익의 10배에 해당하는 100달러에 거래된다. 시너곤은 주식 교환을 조건으로 찰리에 합병을 제안한다. 찰리의 주주들은 자신의 100달러 주식을 시너곤의 120달러 주식과 교환하는 조건에 만족한다. 1967년 말, 그 합병된 기업은 3백만 달러의 이익에 발행 주식

수는 433,333주이며, 주당순이익은 6.92달러가 된다.

이 시나리오 속에서 시너곤이라는 복합기업은 말 그대로 성장을 만들어냈다. 여기서 속임수는 에이블이 주가수익배수가 높은 그들의 주식을 주가수익배수가 낮은 기업의 주식과 교환한 방법에 있다. 베이커의 주식은 이익의 10배로 거래되었다. 하지만 두 회사의 이익을 섞자 (초콜릿바를 판매한 이익을 포함한) 총 이익의 20배로 주식을 거래할 수 있게 되었다. 게다가 시너곤이 한 번 더 합병을 시도하여 주당순이익이 또다시 증가했고, 높은 주가수익배수에 걸맞은 더욱 매력적인 종목이 되었다.

하지만 세 기업 중 실제로 성장한 곳은 하나도 없다. 그럼에도 이 복합기업은 합병을 통해 다음과 같은 실적을 기록했다.

◀ 주당순이익 ▶

	1965	1966	1967
시너곤	$5.00	$6.00	$6.92

시너곤은 그렇게 성장주가 되었다. 이 기업의 놀라운 실적으로 높은 주가수익배수를 보여주고 있으며 흐름은 계속해서 이어질 것으로 보인다.

그 전체 과정은 행운의 편지와 같다. 합병에 따른 성장이 이어지는 동안에는 아무도 피해를 입지 않는다. 그 흐름이 장기적으로 지속되기는 어렵겠지만 적어도 사람들은 흐름이 계속될 것으로 믿었다. 월스트리트의 투자 전문가들 역시 이를 믿었다고 할 수 있다. 다시 말해 공중누각 이론을 믿은 사람들처럼 투자 전문가들도 새로운 구매자가 계속해서 나타날 것이라고 확신했을 것이다.

또 다른 사례인 오토매틱스프링클러 Automatic Sprinkler Corporation (나중에 A-T-O로 이름을 바꿨다가 겸손한 CEO 피기Figgie의 제안에 따라 다시 피기인터내셔널Figgie International로 바꾼 기업) 건은 성장 조작 게임이 실제로 어떻게 진행되는지 생생하게 보여준다. 1963~1968년 동안 이 기업의 매출은 1,400퍼센트 넘게 급증했다. 그러나 그것은 단지 합병에 의해 만들어진 표면적인 성장이었다. 1967년 중반에는 25일 만에 네 건의 합병을 성사시키기까지 했다. 새롭게 합병된 기업들은 상대적으로 주가수익이 낮아서 주당순이익의 가파른 성장세를 만들어 내는 데 기여했다. 1967년에는 이러한 '성장세'에 따라 주가수익배수가 50을 넘어섰고, 1963년 8달러였던 기업 주가는 1967년에 73.6달러로 뛰었다.

오토매틱스프링클러 CEO 피기는 월스트리트의 투자 전문가들이 공중누각을 쌓도록 홍보 업무를 성실히 수행했다. 그는 자유로운 기업 에너지나 변화와 기술을 주제로 주술적인 말을 마구 쏟아냈다. 또한 20~30곳의 기업을 꼼꼼히 살펴본 후에 하나를 선택한다고 신중한 표정으로 말했다. 월스트리트는 그의 모든 말을 사랑했다.

월스트리트의 투자 전문가들을 속인 사람은 피기만이 아니었다. 복합기업 경영자들은 대부분 신조어까지 동원해서 투자자를 현혹했다. 가령 시장 매트릭스, 핵심기술 지렛대, 모듈식 구성요소, 핵심 성장 이론 등에 대해 떠들어댔다. 월스트리트 전문가 중 누구도 그 신조어의 정확한 의미를 알지 못했지만 이러한 용어를 사용함으로써 스스로 기술 흐름 안에 편입되어 있다는 신선한 안도감을 느꼈다.

또한 복합기업 경영자들은 그들이 사들인 기업을 새로운 방식으로 설명했다. 가령 조선업은 '해양 시스템'으로 이름을 바꿨고 아연 광산업은 '우주광물 사업부'가 되었다. 철강공장은 '재료 기술 사업부'가 되었으며 조명기구와 자물쇠를 생산하는 기업은 '보안서비스 사업부'로 들어갔다. 그리고 (하버드 비즈니스 스쿨이 아니라 뉴욕 주립대학 출신의) '매너 없는' 증권 분석가들이 용감하게도 철강공장이나 통조림 기업으로 어떻게 15~20퍼센트의 성장을 일구어냈는지 따져 물었을 때, 그들은 효율성 전문가가 수백만 달러의 비용을 절감하는 방법을 발견해냈다거나 마케팅 조사를 통해 경쟁 없는 새로운 시장을 발견해냈기 때문에 앞으로 2년 안에 수익률이 세배로 뛸 것이라는 식으로 설명했다. 복합기업의 주가수익배수는 한동안 계속해서 올랐다. 다음 도표에서 1967년 몇몇 복합기업의 주가와 주가수익배수를 확인할 수 있다.

주식	1967년		1969년	
	고가	주가 수익배수	저가	주가 수익배수
오토매틱스프링클러 A-T-O, Inc	73⅞	51.0	10⅞	13.4
리튼인더스트리 Litton Industries	120½	44.1	55	14.4
텔레다인 Teledyne, Inc	71½ *	55.8	28¼	14.2

* 이후에 발생한 주식분할을 반영한 값

그런데 1968년 1월 19일 이들 복합기업이 장단에 맞춰 춤을 추던 음악이 갑자기 느려지기 시작했다. 복합기업의 원조 격인 리튼인더스트리에서 그해 2분기 수익이 예상을 크게 밑돌 것이라는 전망을 내놨다. 리튼인더스트리는 십 년 가까이 연 20퍼센트의 성장세를 기록해왔다. 많은 이들이 리튼인더스트리의 연금술에 대한 확고한 믿음을 가졌었던 만큼 이들의 발표는 시장에 커다란 불신과 충격을 안겨다줬다. 이후 복합기업 주식에 대한 매도 흐름이 이어졌고 40퍼센트 정도 빠지고 나서야 소폭 회복세를 보였다.

나쁜 소식은 여기서 끝나지 않았다. 연방통상위원회는 복합기업의 합병 움직임에 대해 엄중한 조사를 실시하겠노라고 발표했다. 그러자 복합기업의 주가는 다시 한 번 곤두박질쳤다. 그 직후 증권거래위원회와 독점금지법을 담당하는 법무부도 점차 속도를 더해가는 합병 추세에 대해 강한 우려를 드러냈다. 증권거래위원회와 회계전문가들도 행동을 개시하여 인수와 합병에 동원된 회계 기법을 자세히 들여다봤다. 그러자 매도 주문이 홍수를 이뤘다.

이러한 투기 국면에서 두 가지 불안 요소가 모습을 드러냈다. 첫째, 복합기업이라고 해서 그들의 광활한 영토를 언제나 완전하게 통제할 수 있는 것은 아니라는 사실이다. 많은 투자자가 이들 복합기업의 새로운 수학에 환멸을 느꼈다. 2 더하기 2는 결국 5가 되지 못했다. 일부는 4에도 미치지 못한다고 생각했다. 둘째, 합병 속도와 합병 남용에 대한 정부와 회계전문가들의 우려 표명이다. 이러한 두 가지 불안 요소가 가시화되면서 합병에 따른 성장 효과를 기대하며 지불했던 프리미엄이 떨어지기 시작했고, 경우에 따라 완전히 없어지기도 했다. 이로 인해 연금술 게임을 더 이상 이끌어가기가 불가능해졌다. 시너지 전략이 성공하려면 적어도 인수기업의 주가수익배수가 피인수 기업의 주가수익배수보다 더 높아야만 했기 때문이다.

이 에피소드에 대해 흥미로운 사족을 덧붙이자면, 2000년대와 2010년대에는 거꾸로 탈복합화 흐름이 이어졌다. 계열사를 독립 기업으로 분사할 때 주가는 대개 상승했다. 원래의 복합기업을 두 개의 서로 다른 기업으로 분리했을 때 오히려 그 가치가 더 높아졌던 것이다.

멋진 70년대

1970년대에 월스트리트의 투자 전문가들은 '건전한 원칙'으로 돌아가기로 결심했다. 성장주와 신주, 복합기업의 시너지주가 사라지면서 그 빈자리를 우량주가 대체했다. 우량주는 1960년대 주식처럼 무너질 위험이 없어 보였다. 따라서 우량주를 사놓고 느긋하게 골프를 즐기는 것이야말로 가장 확실한 투자 전략인 듯했다.

당시 최고 등급의 우량주는 48개에 불과했다. IBM, 제록스, 에이본프로덕츠, 코닥, 맥도널드, 폴라로이드, 디즈니 등 모두 친숙한 이름이다. 이들은 '거대 자본' 주식이었다. 그래서 기관이 대량으로 주식을 매수한다고 해도 시장에 부담이 되지 않았다. 그리고 기관에 속한 투자 전문가들 대부분 정확한 매수 시점을 선택한다는 것이 불가능하지는 않더라도 대단히 힘든 일이라는 사실을 알고 있었다는 점에서 이러한 우량주는 사들이기에 좋은 종목이었다. 일시적으로 상승한 가격에 산다고 해도 문제될 게 뭐란 말인가? 우량주는 검증된 성장주고 조만간 가격 상승으로 존재감을 입증할 것이기 때문이다. 게다가 우량주는 쉽게 팔아치우기 힘든 가문의 유산과도 같은 종목이었다. 그래서 투자 전문가들은 이를 '한 번의 결정'이라고 불렀다. 이러한 우량주를 매수하기로 결정을 내리면 포트폴리오를 구성하는 문제는 끝나는 것이었다.

우량주는 또 다른 방식으로 기관에 속한 투자 전문가들에게 마음의 안정을 줬다. IBM에 투자했다면 동료들은 그 사람의 신중한 결정에 결코 의문을 제기할 수 없었다. 물론 IBM 주식이 하락하면 돈을 잃는다. 그렇다고 해도 그것은 전문가가 신중하지 못해서가 아니다. 그래서 대규모 연금펀드, 보험회사, 신탁기금 들은 마치 모형 토끼를 뒤쫓는 사냥개처럼 상위 50대 우량주니프티 50를 닥치는 대로 사들였다. 믿기 힘들겠지만, 기관에 속한 투자 전문가들이 우량주 투기에 나섰던 것이다. 투자 전문가들은 어떤 대기업도 80~90배에 달하는 주가수익을 유지할 수 있을 만큼 성장할 수 없다는 사실을 무시했다. 다음 도표에서 이러한 현상을 확인할 수 있다. 어리석음도 잘 포장하면 얼핏 지혜처럼 보인다는 격언을 투자 전문가들이 다시 입증해줬다.

◀ 50대 우량주의 몰락 ▶

주식	주가수익배수(1972년)	주가수익배수(1980년)
소니	92	17
폴라로이드	90	16
맥도널드	83	9
인터내셔널플레이버스	81	12
월트디즈니	76	11
휴렛패커드	65	18

멋진 50대 우량주 열풍도 다른 투기 열풍처럼 끝나고 말았다. 50대 우량주를 신봉했던 투자 전문가들이 주식이 과대평가되었다고 결론내리고는 행동에 옮겼다. 다시 말해, 즉각 매도했다. 이후 하락세가 이어지면서 최고 우량주들도 투자 전문가들의 관심 밖으로 완전히 사라지고 말았다.

포효하는 80년대

신주의 귀환

1983년 전반기 첨단 기술 분야에서 일어난 신주 붐은 1960년대의 완벽한 복사판이었다. 다른 점이 있다면 생명공학과 마이크로일렉트로닉스라는 생소한 분야가 추가되었다는 사실이다. 1983년과 비교하면 1960년대 주도 세력은 소심한 도박꾼에 불과했다. 1983년에 발행된 신주의 총가치는 이전 10년 동안의 누적 총가치보다 높았다.

개인용 로봇을 대량으로 생산하고 뉴저지에 스터프유어페이스Stuff Your Face, Inc.라는 레스토랑 세 곳을 열 '계획'을 세운 앤드로봇Androbot 이라는 기업의 사례를 살펴보자. 이 기업은 끓어오르는 열정을 주체하지 못하고 파인아트애퀴지션Fine Art Acquisitions Ltd.이라는 '품격 있는' 회사의 신주까지 발행했다. 이 회사는 싸구려 의류를 판매하거나 컴퓨터 하드웨어를 생산하는 그저 그런 기업이 아니었다. 그들은 진정으로 예술을 추구하는 조직이었다. 사업설명서에도 나와 있듯이 파인아트애퀴지션은 정교한 인쇄물과 아르데코 양식의 조각 복제품을 수집하고 판매하는 기업이었다.

그리고 그 기업의 주요 자산에는 브룩 쉴즈가 어릴 적부터 프린스턴대학교에 들어가기까지 찍었던 누드 사진이 들어 있었다. 그런데 원래 그 사진은 게리 그로스Garry Gross 라는 사람의 소유였다(이것은 분명한 사실이다). 파인아트의 입장과는 달리 브룩 쉴즈의 어머니는 사춘기도 지나지 않은 열한 살 소녀의 사진을 상업적으로 이용하는 것이 올바르지 않다고 생각했다. 이 이야기의 결말은 브룩 쉴즈의 입장에서 해피엔딩으로 끝났다. 하지만 파인아트와 광란의 시기에 그 기업의 주식을 사들였던 투자 전문가들은 전혀 행복하지 않았다. 결국 사진은 그로스에게 반환되어 파인아트는 이를 판매하지 못했기 때문이다. 이후 파인아트는 번쩍이는 트럼프타워에 갤러리를 내면서 이름을 디안센코퍼레이션Dyansen Corporation 으로 바꿨지만 1993년에 파산하고 말았다.

무함마드알리아케이드인터네셔널Muhammad Ali Arcades International 은 아마도 당시의 거품을 터뜨리는 데 결정적인 역할을 했을 것이다. 이 회사의 기업공개는 당시 등장했던 수많은 쓰레기를 감안할 때 특히 주목받을 사건은 아니었다. 그럼에도 1센트로 주식을 살 수 있다는 사실을 보여줬다는 점에서 특이한 사례다. 그 기업은 불과 1센트에 주식 한 주와 워런트 2개를 팔았다. 그럼에도 이 가격은 내부자들이 지불했던 금액보다 333배나 비싼 것이었다. 당시로서는 그리 예외적인 상황은 아니었다. 그러나 복싱 챔피언이 자신의 이름을 딴 기업의 주식을 사려는 유혹을 이겨냈다는 사실이 드러나면서 투자 전문가들은 비로소 주변 상황을 곰곰이 살펴보기 시작했다.

무함마드알리아케이드인터내셔널의 사업설명서 표지에는 전 챔피언이 쓰러진 상대편 선수를 내려다보고 있는 사진이 실렸다. 알리는 젊은 시절에 "나비처럼 날아서 벌처럼 쏜다"는 유명한 말을 남겼다. 그러나 알리 아케이드의 신주는 결국 날지 못했다(1983년 7월로 예정되었던 앤드로봇의 신주도 마찬가지였다). 이후로도 많은 기업들이, 특히 기술 관련 기업들이 기업공개에 도전하여 신주를 발행했지만 나는 데 실패했다. 여기서 벌에 쏘인 사람은 다름 아닌 투자 전문가들이었다.

거품 중의 거품, 지베스트

지베스트ZZZZ Best 사례는 투자자의 마음을 홀린 호레이쇼 앨저Horatio Alger 미국 아동문학가. 성실한 소년이 성공하는 이야기를 주로 썼다-옮긴이 풍의 믿기 힘든 이야기다. 하룻밤 새 벼락부자가 탄생하는 정신없는 비즈니스 세상에서 배리 민코프Barry Minkow는 1980년대의 진정한 전설이었다. 그의 가족은 보모를 둘 형편이 못 되었기 때문에 민코프는 어릴 적 어머니가 운영하는 카펫 세척 가게에서 지냈다. 거기서 그는 전화 받는 일을 했다. 열 살 무렵 민코프는 카펫을 직접 세척했다. 그는 방과 후 시간과 여름방학 동안 열심히 일해서 4년 만에 6천 달러를 저축했다. 그리고 열다섯 살에는 증기세척 장비를 사서 집안 창고에서 자신이 직접 카펫 세척 사업을 시작했다. 그 회사 이름이 바로 지베스트였다. 고등학교 때는 일꾼을 고용해서 카펫을 수거하고 배달했으며, 수업 시간에는 일꾼들에게 지급해야 할 주급을 걱정했다. 그렇게 밤낮없이 일하는 동안 회사는 번창했다. 민코프는 결국 자신의 아버지와 어머니까지 고용했고, 그 사실을 무척 뿌듯하게 여겼다. 그리고 열여덟 나이에 백만장자가 되었다.

비즈니스를 향한 민코프의 욕망은 자기 홍보로 이어졌다. 그는 빨강 페라리를 몰고, 바닥에 거대한 검은 글씨로 Z라고 써놓은 거대한 수영장까지 갖춘 화려한 저택에서 생활했다. 그는 『미국에서 성공하기 Making It in America』라는 책에서 요즘 십대들이 열심히 일하지 않는다고 지적했다. '오프라 윈프리 쇼'에도 출연해서 천재 소년의 이미지를 강조했고 "제 삶은 깨끗합니다. 당신은 어떤가요?"라는 슬로건으로 약물예방 공익광고도 찍었다. 그 무렵 지베스트는 애리조나와 네바나는 물론이고 캘리포니아 전역에 걸쳐 1,300명의 직원을 두고 있었다.

아무리 그래도 특별할 것 없는 카펫 세척 회사의 주가가 이익의 100배가 넘는다면 너무 지나친 것 아닌가? 그렇지 않다. 민코프와 같은 강인한 사업가가 성공적으로 운영하는 기업이라면 말이다. 그는 직원들에게 언제나 이렇게 말했다. "내 방식이 싫으면 떠나라." 그리고 자신의 방침에 반대하면 어머니라도 해고할 것이라는 말을 자랑스럽게 떠벌였다. 민코프는 월스트리트를 향해 자신의 기업이 IBM보다 나으며 '카펫 세척 분야의 제너럴모터스'가 될 것이라고 외쳤다. 그리고 투자 전문가들은 그의 외침에 귀를 기울였다. 한 증권 분석가는 내게 이렇게 말했다. "이건 꼭 사야 돼."

그러나 1987년 충격적이게도 지베스트의 거품이 터졌다. 지베스트가 세척한 것은 카펫만이 아니었다. 그들은 범죄 집단 자금까지 세척하고 있었다. 지베스트는 조직 범죄자들을 숨겨준 죄로 고소당했다. 범죄자들은 '검은' 돈으로 지베스트에 장비를 공급하고 합법적인 비즈니스로 벌어들인 '깨끗한' 돈을 가져가는 식으로 돈세탁을 했다. 결국 지베스트의 놀라운 성장은 허위 계약과 가짜 신용카드 거래로 이뤄진 것이었다. 지베스트의 운영 방식은 한 투자자에게 받은 돈을 다른 투자자에게 지급하는 전형적인 폰지 사기였다. 민코프는 또한 기업 자금 수백만 달러를 횡령한 것으로도 고소당했다. 민코프와 지베스트의 투자자들 모두 막다른 골목에 이르고 말았다.

지베스트가 파산 한 이후 1989년 당시 스무 세 살의 민코프는 57건의 사기 혐의로 25년 형을 확정받았다. 그리고 횡령한 2천 6백만 달러를 상환하라는 명령을 받았다. 민코프는 선처를 요청했지만 지방법원은 "화려한 언변술 때문에 특히 위험한 인물"이라고 판결을 내렸다. 판사는 이렇게 덧붙였다. "양심이 없는 인물이다."

민코프의 이야기는 여기서 끝나지 않았다. 그는 롬폭 연방교도소에서 54개월을 복역했다. 그동안 그는 기독교인으로 다시 태어나 제리 팔웰Jerry Falwell 목사가 설립한 리버티대학의 통신과정을 통해 학사와 석사 학위를 받았다. 그리고 1994년 12월 출소 후에는 캘리포니아 커뮤니티바이블 교회의 담임목사가 되었다. 그는 자신만의 독특한 설교 스타일로 많은 신도로부터 사랑을 받았다. 게다가 『클리닝업 Cleaning Up』, 『실패는 있어도 포기는 없다 Down, But Not Out』 등 여러 권의 책을 냈다. 또한 FBI에서 특별 자문으로 활동하면서 사기 사건을 조사했다. 2006년 민코프 사건을 담당했던 검사 제임스 아스퍼거 James Asperger 는 이렇게 썼다. "민코프는 완전히 다른 사람이 되었다. 그의 삶은 달라졌고, 자신이 저지른 것보다 더 많은 사기를 밝혀냈다." 2010년에는 영화 「민코프 Minkow」가 제작되었다. 그 영화의 홍보문구는 이랬다. "구원과 영감에 관한 감동적인 이야기." 하지만 아쉽게도 그 시나리오는 완전한 허구로 밝혀져 결국 개봉이 취소되었다. 2011년 민코프는 주식 사기에 연루되어 또다시 5년형을 받았다. 그리고 2014년에는 자신이 목사로 있던 커뮤니티바이블 교회에서 3백만 달러를 횡령했다는 사실을 시인했다. 민코프는 새로 태어나지 못했다. 그래도 그를 다룬 영화는 2018년 3월에 「콘 맨Con Man」이라는 다른 제목으로 개봉되었다.

일본의 주식과 부동산

지금까지는 미국의 투기 거품에 대해서만 살펴봤다. 그러나 거품은 미국만의 문제가 아니다. 20세기 말 일본 부동산과 주식시장에서도 세계적인 수준의 거품이 일었다. 1955~1990년 사이에 일본의 부동산 가치는 75배 넘게 뛰었다. 1990년 기준으로 일본 부동산의 총 가치는 20조 달러에 달했다. 이는 전 세계 부의 20퍼센트에 해당하며 세계 주식시장 전체 가치의 두 배가 넘는 수준이었다. 땅덩어리는 미국이 일본보다 25배나 더 넓었지만 1990년 일본 부동산의 가치는 미국 전체 부동산 가치의 다섯 배에 달했다. 이론적으로 일본은 도쿄 하나만 팔아도 미국 내 모든 부동산을 살 수 있었다. 그리고 왕궁과 그 토지를 감정가에 팔면 캘리포니아 주 전체를 사들일 돈을 마련할 수 있었다.

일본 주식시장 역시 바람 없는 날에 날아가는 헬륨 풍선처럼 하늘 높이 치솟았다. 1955~1990년 사이 주식 가격은 100배로 뛰었다. 그 정점인 1989년 12월에 일본 주식시장의 총 가치는 4조 달러에 육박했다. 이는 미국의 약 1.5배, 전 세계 주식시장의 45퍼센트에 달하는 규모였다. 견고한 토대 이론을 신봉하는 투자자들은 일본 주식이 이익의 60배, 장부가치의 약 5배, 배당의 200배 이상으로 거래된다는 사실에 경악했다. 당시 미국 주식은 이익의 약 15배, 영국 주식은 12배에 거래되고 있었다. 일본 통신 대기업인 NTT 코퍼레이션의 시장 가치는 AT&T, IBM, 엑손, 제너럴 일렉트릭, 제너럴모터스를 모두 합친 것보다 높았다.

일본 주식시장 지지자들은 논리적인 지적에 대해 답변을 미리 마련해 놓고 있었다. '주가수익배수가 지나치게 높은 것이 아닌가?' 이 질문에 대해 일본의 월스트리트라 할 수 있는 가부토초의 한 영업사원은 이렇게 답했다. "아닙니다. 일본 기업의 이익은 미국에 비해 상대적으로 저평가되어 있습니다. 감가상각은 과대 계상되었으며 이익에는 지분을 보유한 자회사의 이익이 빠져 있습니다." 이러한 요소를 반영하면 주가수익배수는 크게 낮아질 것이라는 점이 그의 주장이었다. 다음으로 '0.5 1/200 퍼센트도 안 되는 배당 수익률은 터무니없이 낮은 것이 아닌가?'라는 질문에 대해서는, 당시 일본의 저금리 상황을 반영한 것이라고 답했다. 또한 '주식 가격이 장부가치의 다섯 배나 되는 것은 위험한 수준 아닌가?'라는 질문에 대한 대답은 전혀 그렇지 않다는 것이었다. 그 이유는 장부가치에 일본 기업이 소유한 부동산의 급격한 상승분을 반영하지 않았기 때문이라고 했다. 또한 일본 부동산의 높은 가치는 높은 인구 밀도와 주거지 사용을 제한하는 다양한 규제와 세법으로 '설명'할 수 있다고 주장했다.

그러나 이러한 '설명' 중 어느 것도 이치에 맞는 것이 없었다. 이익을 수정한다고 해도 주가수익배수는 다른 나라에 비해 훨씬 높았다. 일본 역사와 비교해서도 극단적으로 부풀려진 상태였다. 또한 일본 기업의 수익성은 떨어지고 있었고 엔화 강세는 수출 산업을 더욱 힘들게 만들고 있었다. 물론 부동산이 일본 내에서 귀한 자산임에는 분명했지만 자동차 회사와 같은 주요 제조 기업들은 외국에서 보다 매력적인 가격에 공장 부지를 물색하고 있었다. 게다가 임대수익은 부동산 가치에 비해 훨씬 느리게 상승하고 있었다. 이 말은 곧 부동산 수익률이 떨어지고 있다는 뜻이었다. 그러던 1989년, 시장을 떠받치고 있던 낮은 금리가 상승하기 시작했다.

금융 세상의 중력법칙이 일본에는 해당되지 않는다고 주장했던 투자 전문가들에게는 안타깝지만 1990년에 중력법칙이 작동하기 시작했다. 흥미롭게도 사과를 떨어트린 것은 다름 아닌 일본 정부였다. 일본의 연방준비제도라 할 수 있는 일본은행은 대출 과열과 유동성 붐이 부동산과 주식시장을 밀어 올리는 가운데 인플레이션이 고개를 들기 시작하는 끔찍한 국면을 맞이했다. 이에 대해 일본은행은 대출을 규제하면서 금리를 인상했다. 이러한 방법으로 부동산 가격 상승을 막고 주식시장의 과열을 서서히 식히고자 했다.

하지만 이야기는 정부 전문가들의 의도대로 흘러가지 않았다. 주식시장은 연착륙하는 대신 폭락했다. 하락폭은 1929년에서 1932년 중반에 이르기까지 미국 주식시장이 경험했던 것만큼 극단적인 수준이었다. 일본 니케이 지수는 1980년대 마지막 거래일에 40,000포인트에 근접하면서 고점을 찍었다. 그러나 1992년 8월 중순에 14,309포인트를 찍으면서 약 63퍼센트나 폭락했다.

다음 도표에서 1980년대 중후반 가치평가 방식의 변화 때문에 주가가

극적으로 바뀌었음을 확인할 수 있다. 1990년부터 시작된 주가 하락으로 주가 대 장부가치 관계가 다시 정상적이었던 1980년대 초로 되돌아갔다. 이후 수십 년 동안 일본 주식시장은 침체를 벗어나지 못했다. 2020년 초 니케이 지수는 고점보다 훨씬 낮은 29,000포인트를 기록했다.

 1990년대 초반 부동산 거품도 꺼졌다. 토지 가격과 부동산 가치에 대한 평가 결과는 그 하락폭이 주식시장만큼 심각했다. 이처럼 금융 세상의 중력법칙은 국경을 초월해서 작동한다.

◀ 일본 주식시장 거품
주가-장부가치 비율, 1980~2000 ▶

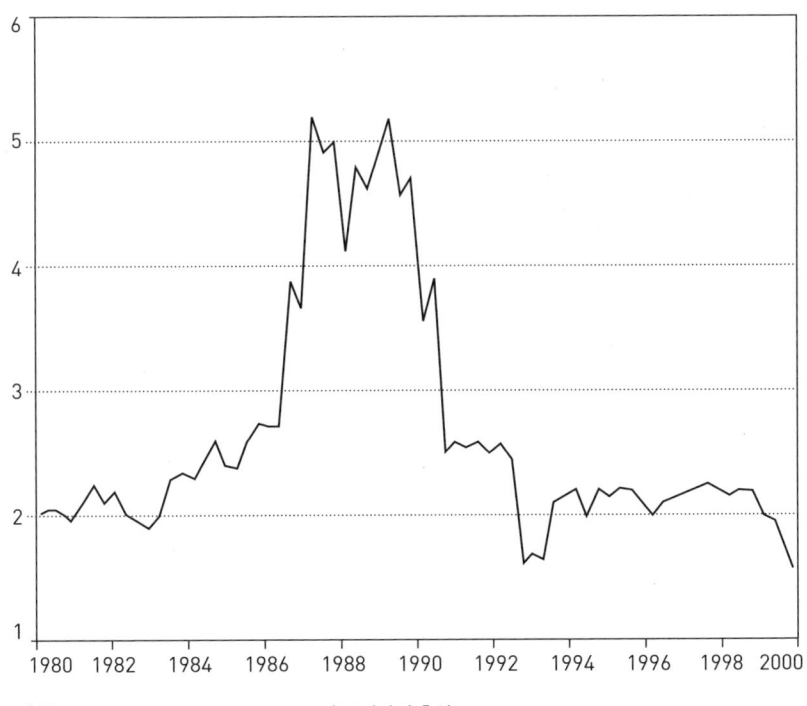

출처: Morgan Stanley Research, 그리고 저자의 추산

우리는 시장의 역사에서 분명히 교훈을 얻는다. 즉, 투자 전문가들이 주식을 평가하는 방식이 주식 가격에 결정적인 영향을 미친다는 사실 말이다. 공중누각 이론은 때로 주식시장과 잘 맞아 떨어진다. 그렇기 때문에 투자 게임은 매우 위험해질 수 있다.

우리가 주목해야 할 또 하나의 교훈은 각광받는 '신주'를 매수할 때 대단히 신중해야 한다는 사실이다. 기업공개로 발행한 대부분의 신주 실적이 시장 평균에 못 미치는 경우가 많다. 특히 거래가 시작된 신주를 다소 높은 가격에 매수할 경우 손실을 입을 가능성은 더 높다.

과거에 투자 전문가들은 기업공개를 통해 많은 공중누각을 지었다. 그러나 기업공개로 발행한 주식의 주요 매도자는 그 기업의 경영진이라는 사실을 명심하자. 그들은 실적이 절정에 도달했거나 투자자가 한창 관심을 가질 때 매도한다. 아무리 실적이 좋다고 해도 급박한 마음으로 뛰어든 투자자들은 이익을 얻지 못했다.

4장

21세기의
거대한 거품

> 모두가 미쳐 날뛸 때 홀로 이성을 지킬 수 있다면...
> 온 세상이 당신의 것이다.
> - 러디어드 키플링, 『만약에』

20세기 말 거품이 아무리 경제적으로 치명적인 영향을 미쳤다고 해도, 21세기 초반과는 비교할 수 없을 것이다. 인터넷 거품이 터졌던 2000년대 초에 8조 달러가 넘는 시장 가치가 증발했다. 이는 독일, 프랑스, 영국, 이탈리아, 스페인, 네덜란드, 러시아 경제의 한 해 생산량이 몽땅 사라진 것과 같다. 이후 미국 부동산 거품이 터졌을 때 전 세계 경제가 붕괴했다. 그리고 장기적인 침체가 시작되었다. 2020년대 초반에는 밈주식과 암호화폐에서 엄청난 거품이 일었다. 이러한 거품을 튤립 구근 열풍과 비교한다면, 튤립 입장에서 상당히 억울한 처사일 것이다.

인터넷 거품

대부분의 거품은 트로닉스 붐처럼 '새로운 기술'이나 남해기업이 수익성 좋은 새로운 무역 기회를 열어놓았을 때처럼 '새로운 비즈니스 기회'와 더불어 일어난다. 인터넷 거품은 이 두 가지와 모두 관련이 있다. 인터넷은 새로운 기술을 의미한다. 동시에 사람들이 정보를 얻고 제품과 서비스를 구매하는 방식을 혁신적으로 바꿔 놓을 것이라고 약속했던 새로운 비즈니스 기회를 선사했다. 실제로 인터넷 기술의 전망은 역사적으로 최대 규모의 시장 가치를 만들어내기도 했고 파괴하기도 했다.

로버트 쉴러는 자신의 책 『비이성적 과열』에서 거품 현상을 설명하면서 '양의 피드백 고리'라는 용어를 사용했다. 특정 분야의 주식이(여기서는 인터넷 열풍과 관련된 주식이) 상승하면서 거품은 시작된다. 이러한 상승은 더 많은 사람이 해당 주식을 사도록 부추기고, 이는 다시 더 많은 TV와 인쇄 매체가 그 주식을 다루도록 만든다. 그러면 더 많은 사람이 그 주식을 사게 되고 그 과정에서 인터넷 관련주를 초기에 매수한 사람이 큰 수익을 올린다. 그렇게 많은 돈을 번 투자자는 부자가 되는 게 얼마나 쉬운 일인지 떠들고 돌아다니고, 그 이야기를 들은 더 많은 사람이 투자에 뛰어든다. 하지만 이러한 시나리오의 전체 구조는 일종의 폰지 사기와 같아서 점점 더 많은 순진한 투자자가 나타나 초기 투자자로부터 주식을 사줘야 한다. 그러나 순진한 투자자 집단은 언젠가 씨가 마르기 마련이다.

그렇게 거품을 부풀리는 과정에 널리 알려진 월스트리트의 투자회사도 참여했다. 세계적인 투자회사 골드만삭스는 2000년대 중반에 닷컴 기업의 수익성 악화는 그저 '투자 심리'에 따른 문제일 뿐이지 그 분야의 '장기적 위험'을 나타내는 것은 아니라고 주장했다. 그리고 머지 않은 몇 달 후 수백 곳의 인터넷 기업이 줄도산을 하면서 골드만삭스 보고서가 어쨌든 완전히 틀린 것은 아니라는 사실을 입증했다. 이들 기업의 수익성 악화는 장기적인 것이 아니라 단기적인 위험이었던 것이다.

이때까지만 해도 '신경제New Economy'의 가능성을 비웃는 이들은 비관적인 러다이트영국 산업혁명 초기에 신기술을 거부하며 기계파괴 운동을 벌였던 노동자들-옮긴이로 취급받았다. 다음 도표에서 알 수 있듯이 최첨단 신경제 기업의 상황을 잘 보여주는 지표인 나스닥NASDAQ 지수는 1998년 말에서 2000년 3월까지 세 배 이상 뛰었다. 나스닥에 포함된 주식 중 이익을 올린 종목들의 주가수익배수는 100을 훌쩍 뛰어 넘었다.

◀ 나스닥 종합주가지수 1999년 7월~2002년 7월 ▶

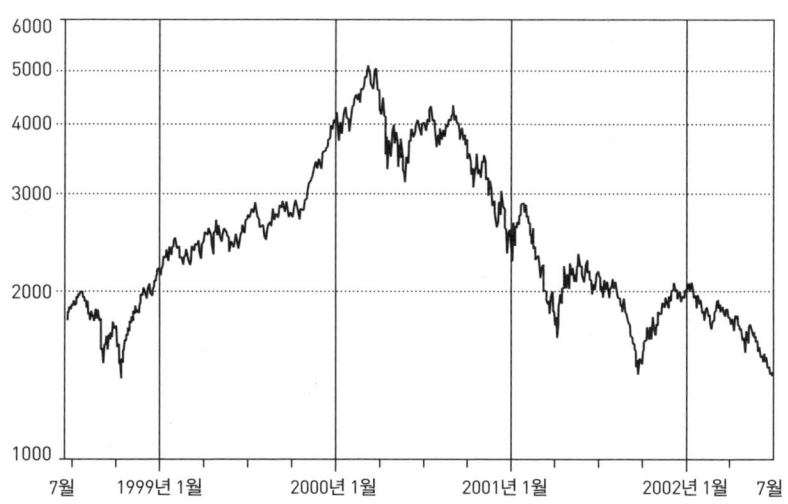

2000년 초 투자자를 대상으로 한 설문조사 결과를 보면 투자자들은 미래 수익률을 연 15~25퍼센트 이상으로 전망하고 있었다. 실제로 투자자들은 '인터넷의 근간'을 이루는 기업이라고 널리 알려진 시스코Cisco 같은 회사의 경우 연 15퍼센트 수익률은 당연한 것으로 여겼다. 당시 시스코의 주가수익배수는 세 자리 수를 기록했고 시장 가치는 6천억 달러에 달했으므로, 만약 시스코의 이익이 연 15퍼센트씩 성장한다면 십 년 후에도 그 주식은 시장의 평균 주가수익배수보다 훨씬 높은 가격으로 거래될 것이었다. 게다가 시스코의 이익이 향후 25년간 15퍼센트씩 성장하고 미국 경제가 같은 기간 동안 5퍼센트 성장률을 이어간다면 시스코는 미국 경제의 전체 규모를 넘어서는 말도 안 되는 상황이 벌어질 참이었다. 이처럼 주식시장 가치평가와 미래 성장에 대한 합리적인 기대 사이에 완전한 단절이 일어나고 있었다. 결국 나중에 거품이 꺼졌을 때 우량주인 시스코조차 시장가치의 90퍼센트 이상을 잃었다. 이후 20년 동안 시스코의 이익은 빠르게 늘어났다. 그런데도 2022년 초 시스코의 주가는 거품이 한창이던 2000년보다 더 낮았다.

앞에서 언급했다시피, 트로닉스 붐 기간 동안 벌어진 명칭 게임에서 많은 기업이 매력도를 높이기 위해 회사명에 '트로닉스'라는 접미사를 붙였다. 그와 똑같은 일이 인터넷 열풍 시대에도 벌어졌다. 인터넷과 아무런 관련이 없는 기업조차 닷컴, 닷넷, 인터넷 등 웹과 관련된 표현을 갖다 붙였다. 이렇게 이름을 바꾼 기업은 주식 가격에서 이득을 봤다. 이들 기업의 주가는 명칭을 바꾼 뒤 10일 동안 다른 경쟁사보다 125퍼센트 더 높이 상승했다. 그러나 이후 시장이 하락하면서 이들 기업의 주식 가치도 하락했다. 다음 도표에서 알 수 있듯이 대표적인 인터넷 기업에 투자했던 사람들은 막대한 손해를 떠안았다.

◀ 주요 신경제 기업이 투자자에게 미친 피해 ▶

주식	고가 2000년	저가 2001~2002년	하락률
아마존	$75.25	$5.51	92.7%
시스코시스템즈	82.00	11.04	86.5
코닝	113.33	2.80	97.5
JDS 유니페이스	297.34	2.24	99.2
루슨트테크놀로지	74.93	1.36	98.2
노텔네트웍스	143.62	.76	99.5
프라이스라인	165.00	1.80	98.9
야후	238.00	8.02	96.6

그중에 PDA 개발업체 팜파일럿PalmPilot 은 비이성적인 광기를 보여주는 전형적 사례다. PDA가 디지털 혁신의 핵심 제품으로 널리 알려지면서 팜파일럿 주식은 특히 많은 관심을 받을 것으로 기대를 모았다.

팜파일럿의 모기업 쓰리콤3Com 은 팜파일럿의 분사를 결정했다. 2000년 초 쓰리콤은 팜파일럿 주식 5퍼센트를 기업공개를 통해 매각했고 나머지는 쓰리콤 주주들에게 분배할 것이라고 발표했다. 이후 팜파일럿은 급속도로 성장했다. 급기야 시가 총액이 쓰리콤의 두 배가 되었다. 쓰리콤이 보유했던 팜파일럿 주식 95퍼센트의 가치는 쓰리콤의 시장 가치보다 250억 달러나 더 높았다. 다시 말해 팜파일럿 주식을 제외한 쓰리콤의 나머지 자산의 가치는 마이너스 250억 달러라는 뜻이다. 만약 팜파일럿을 사들이고자 쓰리콤을 산다면 쓰리콤의 나머지 비즈니스를 주당 마이너스 61달러에 소유할 수 있었다는 얘기다. 시장이 미쳐 돌아가는 동안 이처럼 말도 안 되는 상황이 벌어진 것이다.

또 한 번의 신주 열풍

2000년 1/4분기에 916곳의 투자회사가 신생 인터넷 기업 1,000곳에 총 157억 달러를 투자했다. 1960년대 신주 열풍 때처럼 주식시장은 마치 스테로이드 주사를 맞은 듯했고 어처구니없는 기업까지 투자 유치에 성공했다. 물론 대부분은 닷컴 재앙으로 끝이 났다. 다음 사례를 살펴보자.

- 디지센츠Digiscents는 웹사이트에 접속하거나 컴퓨터 게임을 하면 향기가 나게 해주는 컴퓨터 주변장치를 개발하겠노라고 선언했다. 이 기업은 그 장치를 개발하는 데 수백억 달러의 투자금을 몽땅 써버렸다.
- 플루즈Flooz는 친구와 가족에게 이메일로 보낼 수 있는 플루즈라는 대체 통화를 들고 나왔다. 플루즈닷컴은 비즈니스 홍보를 위해 "1달러 지폐를 80센트에 파는 것은 바보들이나 하는 짓이다"라는 오랜 속담에 주목했다. 그들은 아메리칸익스프레스 플래티넘 카드 소지자를 대상으로 1천 달러 플루즈 화폐를 800달러에 구매할 수 있는 특별 행사를 실시했다. 그러나 필리핀과 러시아 갱단이 훔친 신용카드 정보로 플루즈 통화 30만 달러를 사들이면서 파산을 맞이했다.

인터넷 벤처기업들의 경우 그 이름만으로도 신뢰하기가 어려웠다.

Bunions.com(발가락 염증), Crayfish(가재), Zap.com(해치우다), Gadzooks(빌어먹을), Fogdog(안개 무지개), FatBrain(살찐 뇌), Jungle.com(정글), Scoot.com(마시고 떠들기), mylackey.com(나의 하인) 등이 있었고, 그중 이지보드닷컴ezboard.com 이라는 기업은 '화장지'라는 웹 페이지를 만들어서 사용자가 온라인 커뮤니티에 '똥 싸는' 일을 도와줬다. 이들은 비즈니스 모델이 아니었다. 비즈니스 실패를 위한 모델이었다.

신주 열풍과 관련하여 1998년 11월 어느 이른 아침의 기억이 생생히 떠오른다. 그날 나는 TV 프로그램에 참여할 예정이었다. 정장에 넥타이 차림으로 '대기실'에 앉아 십대처럼 보이는 청바지 차림의 두 젊은이와 함께 있으려니 어색한 느낌이 들었다. 나는 두 사람이 인터넷 붐의 1세대 슈퍼스타로 그 프로그램의 주인공이라는 사실을 알지 못했다. 스티븐 패터놋Stephan Paternot 과 토드 크리즐먼Todd Krizelman 은 코넬대학교 기숙사에서 함께 더글로브닷컴TheGlobe.com 을 설립했다. 그들은 온라인 게시판에 배너 광고를 판매함으로써 큰돈을 벌고자 했다. 그때만 해도 기업공개를 하려면 실제 매출이나 수익이 있어야 했다. 그러나 더글로브닷컴은 둘 다 없었다. 그럼에도 크레딧스위스퍼스트보스턴Credit Suisse First Boston 의 도움으로 주당 9달러에 신주 발행에 성공했다. 그 가격은 즉각 97달러로 치솟으면서 역사상 최고의 첫날 수익을 기록했다. 이로써 기업의 시장가치는 십억 달러에 달해 두 설립자는 억만장자가 되었다. 그날 투자자들은 불과 5년 전이었으면 일반적인 자산실사도 통과하지 못했을 신생 기업에 막대한 돈을 갖다 바쳤다.

◀ 둔스버리 미국 만화가 게리 트뤼도의 연재만화-옮긴이 ▶

출처: Doonesbury © 1998 G. B. Trudeau.
UNIVERSAL UCLICK의 허락을 받아 게재. 무단 전재 금지.

파티가 한창이던 2000년 초, 유명 투자 기업인 클라이너퍼킨스Kleiner Perkins의 벤처 자본가 존 도어John Doerr는 인터넷 관련주의 상승을 "역사상 가장 거대한 합법적인 부의 창조"라고 표현했다. 그러나 2002년이었다면 역사상 가장 거대한 합법적인 부의 파괴라고 했을 것이다.

거품을 키운 조력자들

증권 분석가. 세간의 시선을 끌었던 월스트리트 증권 분석가들은 인터넷 거품에 뜨거운 바람을 불어넣었다. 대표적으로 모건스탠리의 메리 미커Mary Meeker, 메릴린치의 헨리 블로짓Henry Blodgett, 살로몬스미스바니의 잭 그럽먼Jack Grubman은 유명 증권 분석가로 슈퍼스타 반열에 올랐다. 미국 투자 전문지 「배론즈Barron's」는 미커를 "인터넷의 여왕"이라 칭했다. 블로짓은 "국왕 헨리"라는 애칭으로 널리 알려졌으며, 그럽먼은 "텔레콤 구루"라는 별명으로 불렸다. 증권 분석가들은 스포츠 스타만큼의 인기와 더불어 엄청난 연봉을 받았다. 하지만 그들이 그럴 수 있었던 것은 탁월한 분석 능력 때문이 아니라 수익성 높은 기업금융 사업을 주도하는 뛰어난 능력 때문이었다. 증권 분석가들은 기업공개 이후에도 우호적인 분석 자료를 계속해서 내놓음으로써 끝까지 지원을 하겠다는 약속을 암묵적으로 했다.

금융계에서 '만리장성Chinese Wall'투자회사 내 사업부서 사이에서 미공개 정보의 흐름을 차단하기 위한 일련의 절차와 기준을 뜻한다-옮긴이의 원래 목적은 투자자의 이익을 위해 일하는 사업 부서의 '리서치 기능'과 기업 고객을 위해 일하는 수익성 높은 '기업금융 기능'을 분리하기 위함이었다. 그러나 거품이 커지는 동안 만리장성은 마치 스위스 치즈처럼 녹아내리고 말았다.

증권 분석가들은 강세 시장에서 공식 치어리더로 활약했다. 블로짓은 기존의 가치평가 방식은 더 이상 "산업의 빅뱅 단계"에 어울리지 않는다고 주장했다. 그리고 미커는 「뉴요커」를 통해 이렇게 아첨을 늘어놓았다. "합리적으로 과감해질 때가 왔다." 그들이 언급한 종목은 즉각 가격이 치솟았다. 또한 그들은 종종 야구 용어를 가지고 설명했다. 가령 네 배로 뛸 것으로 예상되는 종목은 '4루타'였다. 그리고 가장 주목할 만한 주식은 '10루타'였다.

증권 분석가들은 낙관적인 전망에 대해 언제나 그럴듯한 근거를 제시했다. 그리고 대체로 '매도' 종목을 한 건 언급할 때마다 '매수' 종목은 열 건을 언급했다. 이 비율은 거품이 이는 동안에 1:100까지 벌어졌다. 그러나 거품이 터졌을 때 이들 유명 분석가들은 살해 협박과 소송에 직면했다. 또한 이들을 고용했던 투자 자문사는 증권거래위원회로부터 감사를 받고 벌금을 물었다. 「뉴욕포스트」는 블로짓의 별명을 "광대 왕자"로 바꿨다. 그럽먼은 월드컴WorldCom 주식을 집요하게 언급한 것에 대해 하원위원회에서 질책을 받았다. 또한 기업금융 사업을 돕기 위해 주식 등급을 임의로 조정한 것에 대해 조사를 받았다. 결국 블로짓과 그럽먼 모두 회사에서 쫓겨났다. 「포천」은 표지에 메리 미커의 사진과 함께 다음과 같은 문구를 게재함으로써 모든 이야기를 요약했다. "이제 다시 월스트리트를 믿을 수 있을까?"

새로운 가치평가 기준. 증권 분석가들은 인터넷 관련주의 고공행진을 합리적 차원에서 설명하기 위해 주식의 가치를 평가하는 '새로운 기준'을 이용했다. 어쨌든 신경제의 주식은 새로운 증권이었다. 그렇기에 기존 기업의 가치를 평가하기 위해 이용했던 주가수익배수와 같은 케케묵은 기준을 적용하기는 곤란했다.

새로운 인터넷 세상에서 중요한 것은 매출이나 수익이 아니었다. 인터넷 기업을 평가하기 위해 분석가들은 '눈동자'에 주목했다. 다시 말해 웹 페이지를 '방문'한 사람의 수에 집중했다. 여기서 특히 중요한 것은 '열정적인 구매자'의 수였다. 열정적인 구매자란 특정 웹사이트에서 3분 이상 머무는 소비자를 말한다. 메리 미커는 드러그스토어 Drugstore.com 를 방문하는 사람들 중 48퍼센트가 '열정적인 구매자'라고 주장했다. 하지만 이러한 열정적인 구매자들이 정말로 돈을 지불하는지에 대해서는 아무도 관심이 없었다. 매출은 그렇게 빛바랜 기준으로 전락하고 말았다. 거품이 한창이던 2000년, 드러그스토어 주식은 67.50달러를 기록했다. 하지만 일 년 뒤 눈동자들이 다시 수익에 주목하기 시작했을 때는 '싸구려' 주식이 되고 말았다.

다음으로 '관심 점유율'은 투자자들이 집단적으로 이성을 잃도록 만든 또 다른 인기 있는 비금융적 기준이었다. 예를 들어 모건스탠리는 온라인 부동산 사이트인 홈스토어 Homestore.com 를 강력하게 추천했다. 그 이유는 인터넷 사용자들이 부동산 웹사이트를 둘러볼 때 전체 시간의 72퍼센트를 홈스토어에 올려놓은 매물을 구경하는 데 할애했기 때문이다. 그러나 '관심 점유율'이 높다고 해서 인터넷 사용자들이 사이트에 올라온 매물을 많이 사는 것은 아니었다. 홈스토어 주식은 2001년에 고점을 찍었다가 이후 99퍼센트가 빠지고 말았다.

텔레콤 시장에서도 또 다른 새로운 기준이 등장했다. 증권 분석가들은 실제로 트래픽에 사용되는 광섬유의 일부가 아니라 지하에 매설된 광섬유 전체 길이를 애써 측정했다. 그 때문에 텔레콤 기업 모두 마구잡이로 돈을 빌려다가 지구를 1,500바퀴나 감을 정도의 광섬유를 깔았다. 그러자 텔레콤 주식 가격이 고공행진을 이어갔다. 텔레콤 및 인터넷 서비스 기업인 PSI 넷PSI Net 은 시대를 상징하려고 볼티모어 레이븐스 풋볼 경기장에 회사 이름을 새겨 넣기까지 했다.

텔레콤 기업이 월스트리트에서 쉽게 자금을 구하게 되면서 엄청난 규모의 과잉 공급이 나타났다. 너무 많은 장거리 광섬유 케이블, 너무 많은 컴퓨터, 너무 많은 텔레콤 기업이 모습을 드러냈다. 하지만 결국 거품 기간 동안에 텔레콤 시장으로 유입되었던 수조 달러의 자금 대부분이 증발했다.

이런 일이 벌어지는 동안 증권 분석가들이 한 일은 그들이 하던 대로 슬그머니 평가기준을 바꾼 것뿐이었다.

언론. 언론 역시 거품을 부풀려 미국을 투기장으로 바꿔 놓았다. 주식 시장과 마찬가지로 언론도 수요와 공급 법칙에 따라 움직인다. 먼저 많은 투자자가 인터넷 관련 투자 기회에 대해 더 많은 정보를 원했다. 이 수요를 충족시키기 위해 많은 잡지사가 뛰어들었다. 독자는 우울하고 비관적인 분석에는 관심이 없었기 때문에 잡지사들은 쉽게 부자가 되는 방법과 같은 주제에 집중했다. 투자 잡지들은 "몇 달 후 두 배로 뛸 인터넷 주식"과 같은 제목의 기사를 실었다. 금융 기자 제인 브라이언트 퀸Jane Bryant Quinn 의 표현대로 그것은 "투자 포르노"였다. "하드코어가 아니라 소프트코어이기는 하지만, 그래도 포르노임에는 분명하다."

더 많은 정보를 갈망하는 대중의 요구를 충족시키기 위해, 많은 비즈니스 잡지와 기술 잡지가 인터넷 시장에 주목했다. 「와이어드Wired」는 디지털 혁명의 선구자로 자처했다. 「인더스트리스탠더드Industry Standard」의 기업공개 상황실은 많은 이들의 관심을 받았다. 「비즈니스 2.0 Business 2.0」은 '신경제의 예언자'였다. 잡지 비즈니스의 번성은 투기 거품을 입증하는 전형적인 상징이었다. 역사가 에드워드 챈슬러Edward Chancellor의 설명에 따르면, 1840년대에 열네 개의 주간지와 두 개의 일간지가 새로운 철도산업을 다뤘다. 그러나 1847년 금융위기가 발발하면서 상당수가 폐간했다. 2001년 「인더스트리스탠더드」가 폐간되었을 때 「뉴욕타임스」는 사설을 통해 이렇게 평했다. "와글와글 떠들던 소리가 잠잠해졌으니 이제 무너질 때가 왔다."

온라인 증권사에서 언론사에 낸 광고 역시 인터넷 붐에 크게 한몫했다. 할인 증권사들은 엄청나게 광고를 해댔고 시장을 이기는 일이 별것 아니라는 식으로 이야기했다. 한 광고에서는 여성 고객이 등장해서 시장을 이기는 것을 넘어서서 "땅바닥에 쓰러뜨리고는 목을 졸라서 목숨을 구걸하도록 만들겠다"고 호언장담했다. 다른 유명 TV 광고에서는 우편실에서 근무하는 자칭 컴퓨터 전문가가 유행에 어두운 상사에게 온라인으로 주식을 구매해보라고 권하면서 이렇게 말한다. "그냥 한번 해보세요." 상사는 주식에 대해 아는 바가 없다며 거절하지만 남자는 다시 이렇게 말한다. "알아보세요." 상사는 컴퓨터 앞에서 클릭을 해보고는 금방 알겠다는 듯 처음으로 100주를 구입한다.

「CNBC」나 「블룸버그」 같은 케이블 방송은 하나의 문화적 현상이 되었다. 전 세계 수많은 헬스클럽, 공항, 술집, 레스토랑이 TV 채널을 아예 「CNBC」에 고정시켜 놓았다. 사람들은 주식시장을 스포츠처럼 시청했다. 개장 전에는 그날 시황에 대해 예측하고, 개장 시간 동안에는 실황 중계를 했으며, 폐장 후에는 하이라이트를 보여주면서 투자자들이 다음 시합에 대비하도록 했다. 「CNBC」는 그들의 프로그램을 주의 깊게 시청하면 "남들보다 앞서 갈 수 있다"고 넌지시 말했다. 방송 진행자들 대부분 공격적이었다. 특히 「CNBC」 앵커들은 아기를 문 개가 머지않아 집에서 쫓겨나듯 우울한 회의주의자는 시청자에게 좋은 점수를 얻지 못한다는 점을 잘 알고 있었다. 시장은 섹스보다 더 뜨거웠다. 성인방송 진행자인 하워드 스턴Howard Stern 조차 포르노 배우와 신체 부위에 대한 이야기를 나누다가도 주식시장에 관한 이야기를 하거나 특정 인터넷 주식을 추천하기도 했다.

사기. 인터넷 거품과 같은 투기 열풍은 자본주의 시스템의 가장 추악한 측면을 드러내보였다. 분명한 사실 한 가지는 자본주의 시스템의 근간을 흔든 일련의 비즈니스 스캔들을 촉발한 것이 다름 아닌 신경제의 광기였다는 점이다. 대표적 사례로 한때 미국의 7대 기업이었던 엔론Enron 의 성장과 몰락을 꼽을 수 있다. 650억 달러의 시장 가치가 사라진 엔론 사태는 신경제 속에서 주식시장이 만들어낸 비정상적인 거품으로밖에 설명할 길이 없다. 당시 엔론은 에너지 산업을 넘어서서 광대역 통신, 광범위한 전자상거래, 유통에 이르기까지 모든 시장을 장악하게 될 완벽한 신경제 주식으로 각광받았다.

엔론은 분명하게도 월스트리트 분석가들이 좋아하는 기업이었다. 「포천」은 기존의 공익기업 utility company 전기, 가스, 수도, 전신, 교통 등 사회적으로 필수적인 서비스를 제공하는 기업-옮긴이 과 에너지 기업을 '가이 롬바르도 노래에 맞춰 춤추는 유행에 뒤떨어진 부부'에 비유했다. 반면 엔론은 몸에 달라붙는 화려한 의상을 입고 '빛에 둘러싸여 하늘에서 내려오는' 젊은 엘비스 프레슬리로 묘사했다. 그러나 그들은 엘비스가 과식으로 세상을 떠났다는 이야기는 빼먹었다. 엔론은 획기적인 사고의 기준을 세웠다. 그들은 핵심적인 첨단 기술을 도입함으로써 비즈니스의 패러다임을 바꿨다. 하지만 안타깝게도 엔론은 동시에 현혹과 사기의 새로운 기준도 세웠다.

속임수는 엔론의 존재 방식이었다. 「월스트리트저널」 보도에 따르면, 엔론의 최고경영진인 켄 레이와 제프 스킬링은 월스트리트 증권 분석가들에게 강한 인상을 심어주기 위해 직원들이 '더스팅 The Sting'이라고 불렀다고 알려진 가짜 트레이딩 룸을 만드는 일에 직접 관여했다. 이를 위해 두 사람은 첨단 장비를 들여놨고 직원들에게는 가짜 거래를 지시했다. 게다가 사무실 인테리어를 위해 전화선을 검은 색으로 칠하는 치밀함까지 보였다. 그러나 이 모두는 정교한 속임수에 불과했다. 2006년 레이와 스킬링은 공모와 사기로 기소되었다. 그리고 얼마 후 레이는 파산한 상태로 세상을 떠났다. 엔론이 무너지면서 일자리와 퇴직연금을 모두 날려버린 한 직원은 "엔론에서 짤렸다"라고 적힌 티셔츠를 온라인으로 판매하기도 했다.

그러나 엔론은 순진한 투자자를 대상으로 저지른 수많은 회계부정 기업 중 하나에 불과하다. 텔레콤 기업들은 광섬유 용량을 인상된 금액으로 바꿔치기 하는 방식으로 부풀려서 매출을 과대 계상했다. 월드콤은 이익에서 차감해야 할 경상비를 자본 투자로 잡으면서 70억 달러에 달하는 이익과 현금흐름을 부풀렸다.

기업의 CEO들은 최고경영자chief executive officer가 아니라 최고횡령책임자chief embezzlement officer로서 활동했다. 그리고 CFO들은 최고재무책임자chief financial officer가 아니라 최고사기책임자corporate fraud officer 역할을 맡았다. 증권 분석가들이 엔론이나 월드콤과 같은 기업의 주식을 입이 마르도록 칭찬하는 동안 이들 CEO는 EBITDA라는 용어를 '이자, 법인세, 감가상각비 차감 전 영업이익earnings before interest, taxes, depreciation, and amortization'이 아니라 '멍청한 감사를 속이기 전 영업이익earnings before I tricked the dumb auditor'이라는 의미로 사용하고 있었던 것이다.

사기는 어쩔 수 없다고 해도 투자자들은 시장에 대해서 더 많은 것을 알았어야 했다. 그들은 혁신적인 기술에 대한 투자가 때로는 보상으로 돌아오지 않는다는 사실을 깨달았어야만 했다. 1850년대에 철도 산업은 통신과 상업의 효율성을 극적으로 높여줄 것으로 널리 기대를 모았다. 그건 사실이었다. 하지만 기술이 철도 주식의 가격을 뒷받침하지는 못했다. 철도 주식은 엄청난 투기 수준으로 성장했다가 1857년에 무너지고 말았다. 그로부터 한 세기가 흘러 항공사와 TV 제조사들도 미국 사회를 완전히 바꿔놓았지만 초기 투자자 대부분은 많은 돈을 잃었다.

투자 성과는 특정 산업이 사회에 얼마나 많은 영향을 미칠 것인가 혹은 얼마나 많이 성장할 것인가가 아니라 얼마나 꾸준하게 이익을 낼 것인가에 달렸다. 그리고 역사에서 과열된 시장이 결국 중력의 법칙 앞에 무률을 꿇고 만다는 사실을 알 수 있다. 내 개인적인 경험에 비춰볼 때, 튤립 구근과 같은 투기 열풍의 유혹을 이기지 못했던 이들은 결국 돈을 잃었다. 시장에서 돈을 벌기란 그리 어렵지 않다. 앞으로 살펴보겠지만 잘 분산된 주식 포트폴리오를 매수하고 보유함으로써 장기적으로 상당한 수익을 누릴 수 있다. 정말로 힘든 것은 쉽게 부자가 되기 위해 단기적인 투기 열풍에 돈을 내던지려는 유혹을 뿌리치는 일이다.

그런 끔찍한 실수를 피하는 것이야말로 재산을 지키고 키우기 위한 가장 중요한 능력이다. 그 교훈은 명백하지만 잊어버리기 쉽다.

주택시장 거품

인터넷 거품은 미국 주식시장 역사상 최대의 거품이었다. 그리고 새천년 초반의 주택시장 거품은 미국 부동산 역사상 최대의 거품이었다. 주택시장 붐과 이후의 붕괴는 주식시장 거품보다 평범한 미국인의 삶에 훨씬 더 심각한 피해를 입혔다. 주택은 개인 투자자의 포트폴리오에서 가장 큰 자리를 차지한다. 그렇기 때문에 주택시장 붕괴는 가정의 부와 행복에 직격탄으로 작용했다. 주택시장 거품이 꺼지면서 미국과 전 세계 금융 시장이 추락했고 고통스러운 침체기가 이어졌다. 부동산 거품이 어떻게 일었는지 그리고 어떻게 광범위하게 피해를 줬는지 이해하기 위해 우리는 먼저 금융 시스템에서 나타난 근본적인 변화를 알아야 한다.

심장마비를 겪은 한 중년 여성에 관한 이야기를 해볼까한다. 응급실에 실려 간 그 여성은 죽음 직전까지 갔다가 회복되면서 신을 만난다. 그녀는 묻는다. "이제 끝인가요? 저는 죽게 되는 건가요?" 신은 그녀가 살아날 것이며 앞으로 30년 더 살 것이라고 안심시켜준다. 정말로 그녀는 살아났다. 스텐트를 삽입해 막힌 혈관을 뚫고 건강을 되찾았다. 그리고 이렇게 생각했다. "30년을 더 살 수 있다니 앞으로는 인생을 더 누리며 살아야겠어." 그리고 마침 병원에 온 김에 전신 성형수술을 받았다. 달라진 모습에 기분도 좋았다. 그녀는 가벼운 발걸음으로 병원을 나선다. 하지만 급히 달려오던 앰뷸런스에 치여 그 자리에서 사망하고 만다. 그녀는 천국의 문으로 들어가 다시 한번 신을 만나 이렇게 묻는다. "대체 어떻게 된 거죠? 삼십 년 더 남았다고 하셨잖아요?" 신이 대답했다. "부인, 미안하군요. 당신인 줄 몰랐어요."

새로운 금융 시스템

1970년대 금융 전문가가 낮잠이 들어 2000년대 초에 깼다면 그는 아마도 금융 시스템을 알아보지 못했을 것이다. '일으키고 보유하기 originate and hold'라고 불리던 옛날 금융 시스템 하에서 은행들은 담보대출을 해주고 상환될 때까지 대출을 보유했다. 이러한 환경에서 은행은 대출에 대단히 신중했다. 만약 대출이 채무불이행으로 이어질 경우, 누군가 대출 담당자를 찾아와 그가 했던 신용 판단에 대해 의문을 제기했다. 그래서 은행에서 돈을 빌리기 위해서는 일정한 자기자금이 있어야 했고 수많은 서류를 제출함으로써 본인의 신용을 입증해야 했다.

그러나 이러한 대출 시스템은 2000년대 초 '일으키고 나눠주기 originate

and distribute'라는 시스템으로 완전히 바뀌었다. 은행과 대부회사는 여전히 담보대출을 일으키지만 며칠 동안만 대출을 보유한 뒤 투자은행에 판매한다. 그러면 투자은행은 이러한 담보대출을 패키지로 묶어서 담보에 의해 '증권화된 securitized' 파생증권, 즉 주택저당담보부채권 mortgage backed bond, MBB 을 발행한다. 이 채권에 대한 이자 지급은 기초 모기지로부터 나오는 이자 납부금 및 원금 상환액에 의존한다.

문제는 이보다 더 복잡하다. 담보 패키지에 대해 발행된 채권은 하나가 아니었다. 그중 주택저당채권은 기초 담보의 납부금과 신용도에 따라 '트랑쉐 tranche'라는 작은 단위로 쪼개진다. 이런 것을 '금융 엔지니어링 financial engineering'이라 부른다. 기초 담보 대출의 품질이 낮음에도, 채권평가 기관은 납부금에 대한 우선청구권을 근거로 그 채권에 기꺼이 AAA 등급을 부여했다. 이러한 금융 시스템은 차라리 '금융 연금술'이라고 불러야 마땅할 것이다. 게다가 이러한 연금술은 담보 대출뿐만이 아니라 신용카드 대출과 자동차 대출 등 모든 형태의 대출에도 마수를 뻗쳤다. 그리고 그렇게 탄생한 파생증권은 다시 전 세계 시장으로 팔려나갔다.

이제 이야기는 한층 깜깜한 국면으로 접어든다. 주택저당담보부채권을 기반으로 2차 파생상품이 판매되었다. 가령 신용부도스왑 Credit-default swaps 은 주택저당담보부채권을 기반으로 발행된 보험증권이다. 간단하게 말해서, 스왑 시장에서 카운터파티 counterparty 라고 부르는 당사자들이 담보부채권을 비롯하여 제 삼자가 발행한 채권의 부도 여부를 놓고 내기를 벌이도록 한 것이다. 예를 들어 내가 제너럴일렉트릭이 발행한 채권을 갖고 있는데 이 기업의 신용도에 대해 걱정이 된다면 신용부도스왑의 최대 발행자인 AIG와 같은 보험사에 보험을 들어 놓으면 부도가 날 때 보상을 받을 수 있다. 그러나 문제는 이 시장에서 사고가 터졌을 때 AIG와 같은 보험 발행자가 이를 처리할 충분한 보유고를 갖고 있지 않다는 사실에 있다. 게다가 기초 채권을 소유하지 않고서도 국적을 불문하고 누구라도 그 보험증권을 살 수 있다. 그렇게 전 세계 투자 기관의 뜨거운 수요에 힘입어 신용부도스왑의 거래액은 기초 채권 가치의 열 배만큼 성장했다. 이러한 특성은 세계 금융 시스템을 더욱 긴밀하게 연결시켰고 그만큼 위험성도 높였다.

한층 느슨해진 대출 기준

이 위험한 이야기의 마지막 단계로, 투자은행은 자신의 장부에서 파생증권의 존재를 없애버리기 위해 구조화 투자전문회사structured investment vehicle, SIV 즉 SIV를 설립했다. 따라서 정부 규제기관은 이들 투자은행 장부에서 파생증권을 찾아볼 수 없었다. SIV가 돈을 조달해서 파생증권을 사들였기 때문에 투자은행의 대차대조표에는 SIV 지분에 대한 소소한 투자밖에 나타나지 않았다. 옛날이었다면 정부 규제기관이 나서서 엄청난 레버리지와 그에 따른 위험을 경고했을 것이다. 그러나 신경제에서는 그러한 위험에 신경 쓰지 않았다.

이 새로운 금융 시스템은 은행과 대부업체의 대출 기준을 한층 더 느슨하게 만들었다. 대출 기관이 지게 되는 유일한 위험은 담보대출이 투자은행으로 넘어가는 며칠 사이에 상황이 악화되는 것뿐이기 때문이다.

내가 처음으로 주택담보대출을 받았을 때만 해도 30퍼센트의 자기자금은 있어야 했다. 그러나 새로운 금융 시스템은 주택 가격이 영원히 상승할 것이라 기대하며 아무런 자금 요건도 요구하지 않았다. 게다가 소위 닌자 대출NINJA loan (소득, 직장, 자산이 없는 사람을 대상으로 한 대출)도 유행했다. 대출 기관은 채무자의 상환 능력을 입증하는 증빙 자료를 점차 요구하지 않았다. 이러한 대출은 '무서류대출NO-DOC loan'이라고 불렸다. 주택을 사기 위해 누구든 쉽게 돈을 빌릴 수 있었던 덕분에 주택 가격은 급격하게 치솟았다.

주택시장 거품이 커지는 과정에서 정부도 적극적인 역할을 했다. 대출 기준을 완화하라는 의회의 압박이 거세지는 가운데 연방주택관리청Federal Housing Administration은 저소득층 대출자의 담보를 보증하는 역할을 떠안았다. 2010년 초 금융 시스템에서 발생한 악성 담보대출의 3분의 2는 정부 기관에서 매입했다. 자격 없는 수많은 이들이 주택담보 대출을 받을 수 있도록 해준 것은 '탐욕적인 대출 기관'이 아니라 정부였다는 사실을 인정해야 할 것이다.

주택 가격 상승과 하락

정부 정책과 달라진 대출 관행이 만나면서 주택시장의 수요가 급증했다. 그리고 한층 느슨해진 대출 기준에 힘입어 주택 가격은 급속도로 상승했다. 이러한 움직임은 더 많은 사람의 심리를 자극했다. 주택 가격이 지속적으로 상승하면서 사람들은 주택이나 아파트를 위험이 전혀 없는 투자 대상으로 바라보기 시작했다. 그리고 거주 목적이 아니라 미래의 구매자에게 더 비싼 가격으로 팔아치울 목적으로 주택을 사들였다. 다음에 나오는 두 도표에서 주택시장의 거품과 꺼짐을 확인할 수 있다.

◀ 인플레이션을 감안한 주택가격 지수 ▶

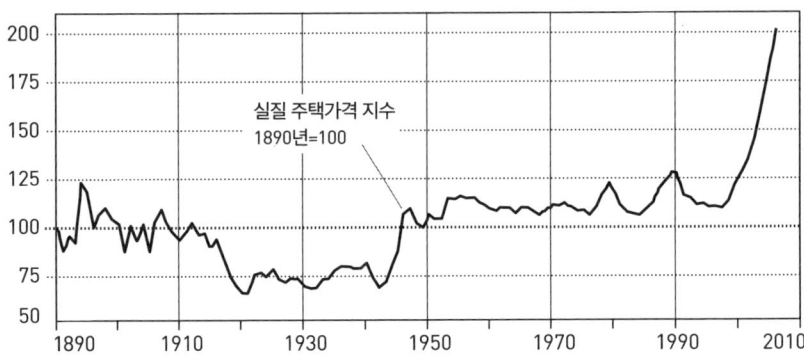

실질 주택가격 지수
1890년=100

출처: 케이스-실러Case-Shiller

◀ 거품의 꺼짐 ▶

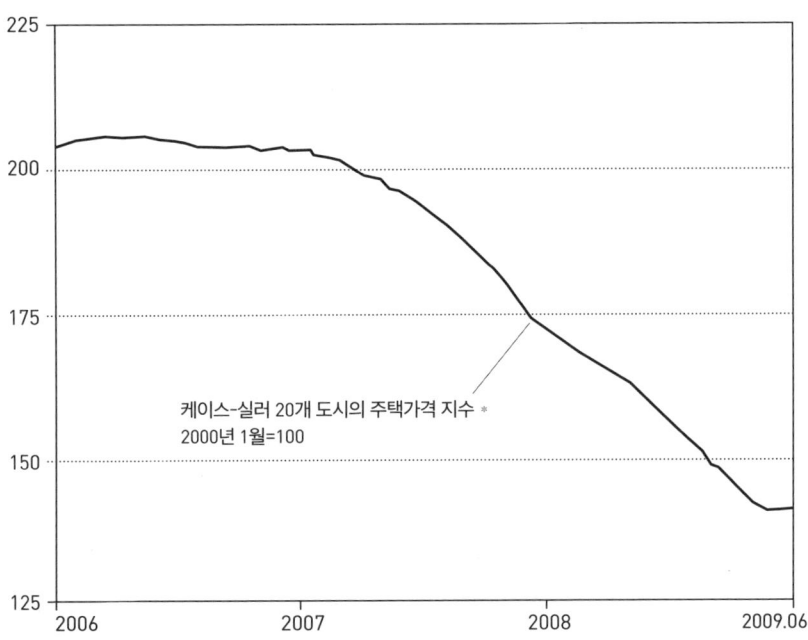

케이스-실러 20개 도시의 주택가격 지수 *
2000년 1월=100

* 계절 단위로 조정
출처: 스탠더드앤푸어스Standard and Poor's

두 도표에서 사용한 지수는 인플레이션을 반영한 실질 주택가격 지수 Case-Shiller Home Price Index다. 이 지수가 의미하는 바는 물가가 5퍼센트 올랐을 때 주택가격이 5퍼센트 상승했다면 인플레이션을 감안한 주택가격은 그대로라는 것이다. 또 주택가격이 10퍼센트 상승했다면 인플레이션을 감안한 주택가격은 5퍼센트 올랐다는 것이다.

첫 번째 도표를 보면 1800년대 말에서 1900년대 말에 이르기까지 백년의 세월 동안 인플레이션을 감안한 주택가격이 비교적 안정적이었다. 또한 1930년대 대공황 시기에 떨어졌다가 20세기 말 다시 원래 수준으로 회복되었다. 주택가격은 오르긴 했지만 상승폭은 일반적인 물가 수준에 머물렀다. 그러나 2000년대 초 주택가격 지수는 두 배로 뛰었다. 조금 다른 지수20개 도시를 대상으로 한 지표를 사용한 두 번째 도표를 봐도 두 배 이상으로 올랐다. 도표에는 나오진 않지만 일부 도시의 경우 상승폭은 훨씬 더 높았다.

분명한 사실은 모든 거품은 언젠가 터진다는 점이다. 거품이 터졌을 때 주택가격은 대체로 대출금 아래로 떨어졌다. 많은 이들이 이자도 제대로 갚지 못하다가 결국 집 열쇠를 은행에 넘겨야 했다. 은행가들은 이러한 사태를 섬뜩한 농담으로 열쇠 소리가 짤랑 난다고 하여 '짤랑 메일jingle mail'이라 불렀다.

거품 터짐은 경제에 치명적인 타격을 입혔다. 주택가격이 떨어지면서 소비자들은 소극적으로 변했고 이는 소비 위축으로 나타났다. 그리고 주택담보 대출에 이어 홈에쿼티론home equity loan 담보대출을 제외한 주택의 순 가치를 담보로 받는 2차 대출-옮긴이까지 받은 사람들은 기존의 생활수준을 더 이상 유지할 수 없게 되었다.

주택가격 하락은 주택저당증권의 가치는 물론이고 증권을 직접 발행했거나 혹은 빌린 돈으로 위험한 증권을 보유했던 금융기관의 가치를 파괴했다. 줄도산이 이어졌고 최대 금융기관 중 몇 곳은 정부로부터 구제금융을 받았다. 금융기관들은 다시 제자리를 찾았지만 개인과 중소기업에 대한 대출은 막혀버렸다. 이후 경기 침체가 길게 이어졌는데, 그 고통은 1930년대 대공황 다음으로 강했다.

밈주식과 스팩 거품

밈주식

밈 meme 이란 인터넷에서 모방하여 널리 퍼져나가는 이미지나 아이디어, 혹은 행동을 말한다. 유명한 밈은 소셜 미디어를 통해 '바이러스처럼 널리 퍼져나간다.' 밈주식의 가격은 기업의 재무 상태가 아니라 오로지 사회적 분위기에 따라 결정된다. 이러한 밈주식 열풍의 중심을 차지하는 플랫폼 중 하나로 레딧의 월스트리트베츠 WallStreetBets, WSB 를 꼽을 수 있는데, 수백만 명의 팔로워를 거느리고 있다. 또한 페이스북이나 유튜브와 같은 플랫폼 역시 밈주식 열풍에 중요한 역할을 했다.

밈주식 최고의 사례로 비이성적인 성장과 폭락을 겪은 게임스탑 GameStop, GME 을 들 수 있다. 게임스탑은 오프라인으로 게임을 판매하는 유통 기업이다. 그러한 게임스탑에 대한 대중의 관심을 촉발한 인물은 레딧에서 'Deep F---ing Value'라는 닉네임으로, 그리고 유튜브에서는 '로어링 키티Roaring Kitty'로 잘 알려진 34세의 리처드 길Richard Gill이다. 길은 게임스탑을 판을 뒤집는 게임으로 홍보했는데, 향후 그 주식에 대한 어마어마한 규모의 매수가 예상된다는 몇 가지 근거를 제시했다. 그 근거는 헤지펀드들이 게임스탑을 대량으로 '공매도'했다는 사실이었다. 공매도는 미래 시점에 더 싼 가격으로 다시 매입함으로써 수익을 창출하기를 바라면서 자신이 소유하지 않은 주식을 매도하는 것을 말한다. 헤지펀드들은 게임스탑에 대해 대단히 부정적인 전망을 하고 있었기에 그들이 공매도한 주식의 수는 실제 발행된 주식의 수를 넘어섰다. 여기서 '로어링 키티'는 이들 헤지펀드가 숏포지션을 '처리'하기 위해서는 어쨌든 주식을 매입해야 한다는 사실을 정확히 알고 있었다. 또한 열광적인 구매자를 동원해서 주가를 끌어올릴 수 있다는 사실도 알았다. 그렇게 가격이 상승하면 헤지펀드들의 손실은 늘어날 것이고, 구매 압박을 점점 더 받으면서 주식 가격은 더욱더 올라가게 될 것이었다. 일부 레딧 사용자는 단지 '공매도 세력fat cat'을 골탕 먹이기 위해서 게임스탑 주식을 사들이기도 했다. 그리고 또 다른 열광적인 구매자들은 주가가 오를수록 더욱 엄청난 수익을 취하려고 게임스탑 주식 관련 옵션을 지렛대로 이용하는 방법도 알아냈다. 게임스탑 거래자들은 "인생은 한번 뿐You Only Live Once"이라는 주문을 따르는 경향이 있었다. 그 약자인 YOLO욜로는 동사로도 쓰인다. 가령 트위터에 "평생 모은 5만 달러를 게임스탑에 욜로YOLO 했어"라고 썼고, 실제로 로빈후드 계좌의 스크린 샷을 함께 올렸다.

어떤 논리가 인터넷 군중을 선동했든 게임스탑 주가의 움직임은 도무지 이해할 수 없는 수준이었다. 게임스탑 주가는 2021년 1월에 주당 17달러로 시작했다가 1월 말에 400달러에 육박했다. 그러나 2월에는 40달러 아래로 떨어졌다. 이후 2021년 한 해 동안 주가는 계속해서 요동쳤다. 일부 거래자, 특히 그 게임에 일찍이 참여했던 이들은 큰 수익을 거뒀다. 하지만 대부분은 돈을 잃었다. 헤지펀드 금고에서 1달러를 뜯어낼 때마다 20달러 정도가 불쌍한 한 거래자에게서 다른 거래자의 손으로 넘어갔다.

큰 손실을 보고 격분한 게임스탑 거래자는 트위터에 다음과 같은 글을 올렸다. "게임스탑 투자는 이혼보다 더 나쁘다. 돈을 절반이나 잃었는데도 아내는 여전히 곁에 있다." 그러나 안타깝게도 유머로 위로할 수 없는 참담한 결과로 이어진 일도 있었다. 한 거래자는 옵션거래로부터 73만 달러 손실에 직면했을 때 자살을 선택하고 말았다.

또 다른 유명한 밈주식으로 영화관 체인 기업인 AMC가 있다. 코로나19 기간에 모든 영화관이 문을 닫으면서 AMC 주식 역시 공매도 비율이 높은 종목이 되었다. 2021년 1월 초 그 주식은 주당 2달러 미만으로 거래되었다. 그러나 그해 중순에는 60달러가 넘는 가격으로 거래되었다. 온라인 거래 커뮤니티에게 AMC 주식 거래는 라스베이거스에 가는 것보다 더 좋은 일이었다. 여기서도 다시 한번, 초반에 뛰어든 이들은 수익을 올렸다. 그러나 음악이 멈췄을 때 그대로 남아있던 이들은 큰 손실을 떠안았다.

이 도덕적 이야기에는 한 가지 역설이 숨어 있다. 게임스탑과 AMC 두 기업은 치솟는 주식 가격을 이용하기 위해 각각 십억 달러가 넘은 새로운 주식을 발행했다. 이 기이한 이야기 속에서 우리가 발견하게 되는 아이러니는 두 기업이 비이성적인 군중의 행동 덕분에 적어도 일시적으로나마 위기에서 벗어날 수 있었다는 사실이다. 마치 주식을 룰렛의 숫자처럼 거래하는 시장 참여자로부터 자본을 분배하는 과정이 영향을 받는다는 사실에 과연 기뻐해야 할지는 아주 중요한 질문으로 남았다.

스팩

남해기업의 거품이 이는 동안 그 기업을 설명했던 한 가지 우스꽝스러운 표현을 떠올려보자. '막대한 수익을 올리고 있지만, 무슨 사업을 하는지는 아무도 모르는 기업'. 이 말은 또한 기업인수목적회사인 스팩Special Purpose Acquisition Companies, SPAC 의 사례에도 그대로 해당된다. 스팩은 하나 이상의 기업을 인수하는 것을 유일한 목적으로 기업공개IPO 를 통해 자금을 모으는 기업이다. 스팩은 그 자체로 비즈니스를 운영하지 않는다. 다만 잘 알려지지 않은 기업을 합병하여 간접적으로 공개하기 위한 잠정적인 현금 창고로서만 존재한다. 스팩은 교묘한 방법을 통해 기업을 공개한다. 2020년에 248개의 스팩이 조직되어 830억 달러의 자산을 끌어모으면서 세계에서 가장 빨리 성장하는 금융 장치 중 하나로 자리를 잡았다.[3]♦♦♦

---

[3]♦♦♦ 우리나라에서는 2009년 말부터 스팩 설립이 허용되어 2022년 2월 기준 224개가 설립되었다. 평균 공모금액은 116억 원이며, 합병 성공률은 65% 정도 된다. 그러나 합병에 성공한 스팩의 스폰서는 연평균 30퍼센트 이상의 수익률을 보이나 일반 투자자는 마이너스 수익률을 보였다.
한국금융연구원의 연구 결과에 따르면 이는 스폰서가 더 많은 위험 즉, 스팩이 합병에 실패하여 청산되는 경우 원금의 100%까지 손실이 날 수 있는 위험을 떠안은 결과다. - 감수인
출처: 한국금융연구원(2022.12, '국내 스팩(SPAC)의 성과 분석과 시사점', 박해식, 김남종), 금융감독원

스팩은 자금을 신속하게 제공하여 일반 투자자들이 수익성 높은 기업공개 시장으로 진입하도록 도움을 준다고 홍보한다. 사실 많은 자산가가 스팩 설립부터 참여하는 스폰서sponsor가 되어 종종 스팩 주식의 20퍼센트를 받는다. 그래서 일반 투자자에게는 나머지 일부만이 돌아간다. 또한 스팩은 종종 증권거래위원회의 면밀한 조사를 받지 않은 상태에서 의심스러운 기업공개를 추진하곤 한다. 대부분의 경우에 스팩에 투자한 일반 투자자들은 가장 열광적인 자본 시장에서조차 돈을 잃고 만다.

암호화폐 거품

2000년대 초 가장 뚜렷하게 드러난 고삐 풀린 형태의 거래는 주식시장에서 일어나지 않았다. 비트코인을 비롯한 다양한 암호화폐에 대한 대중의 뜨거운 관심이 전 세계적 규모의 거대한 거래와 더불어 전례 없는 수준의 시장 가격 등락을 촉발했다. 암호화폐 가격 상승과 대중의 상상력을 사로잡은 방식은 닷컴 거품의 광기와 섬뜩하게도 닮았다.

비트코인과 블록체인

세계적인 암호화폐 비트코인은 '통화의 미래', '쓸모없는 사기' 등 다양한 평가를 받아왔다. 그리고 어쩌면 역사상 최악의 금융 거품으로 드러날지도 모른다. 비트코인 가격은 극단적인 모양새로 요동치고 있다. 디지털 토큰 하나의 가격은 몇 센트에서 2017년 말에는 2만 달러까지 치솟았다.

일 년 후에는 4천 달러 아래로 거래되었고 2021년 4월에는 6만 달러를 넘어섰다. 그러나 두 달 후 3만 달러 밑으로 떨어졌다. 이후로 몇 달 사이에 50퍼센트 가까이 올랐다 떨어지기를 반복했다. 레딧의 군중이 관심을 가진 것도 이상한 일이 아니다.

비트코인은 익명의 사람에 의해 혹은 '사토시 나카모토'라는 이름을 쓰는 누군가에 의해 개발되었다고 알려져 있다. 이 통화의 목적은 개발자가 2008년 발표한 백서에서 언급했듯이 "순수한 개인 대 개인 버전의 전자화폐"를 창조하는 것이다. 정체를 알길 없는 나카모토라는 인물은 오직 이메일과 소셜 미디어를 통해서만 의사소통을 한다. 몇 명의 인물이 나카모토로 지목되긴 했지만 비트코인 창조자의 정체는 아직 밝혀지지 않았다. 2009년 비트코인 네트워크의 운용 규칙을 마련하고 관련 소프트웨어를 출시하고 난 2년 뒤 나카모토는 완전히 종적을 감췄다. 그는 백만 개의 토큰을 소유한 것으로 알려져 있는데, 이는 수십억 달러에 달한다. 어쨌든 비트코인은 그를 세계적인 갑부로 만들어줬다.

2022년을 기준으로 수백만 명이 비트코인을 사용하고 있다. 그리고 합법 및 불법 거래가 비트코인을 통해 이뤄졌다. 비트코인 거래에서 환율은 문제되지 않는다. 비트코인 하나에 1달러든 10만 달러든 거래는 이뤄진다. 누구든 비트코인을 사서 이를 달러로 바꿔주는 중개인 vendor 에게 전송하면 된다. 비트코인 거래가 이뤄지는 아주 짧은 시간동안 가치가 요동치지 않는 한 환율은 문제가 되지 않는다. 비트코인의 혁신적인 기술을 옹호하는 이들은 금융 시스템을 거치지 않고서, 그리고 특정 국가의 화폐를 사용하지 않고서 완벽한 익명 상태로 거래가 가능하다는 사실을 장점으로 내세운다.

비트코인 시스템은 블록체인blockchain 이라고 하는 안전한 공공장부를 기반으로 돌아간다. 비트코인 소유권은 비밀번호로 보호받는 암호화된 형태의 공공장부에 (그러나 익명으로) 기록된다. 블록체인은 특정 시점에 누가 토큰을 보유하고 있는지는 물론이고 유통되는 모든 비트코인의 거래 내역에 대한 증거가 된다. 비트코인 네트워크는 전 세계에 독립적으로 존재하는 수많은 컴퓨터에 의해 유지된다. 컴퓨터 네트워크를 운영하고 새로운 거래를 처리하기 위한 비용에 대한 지불은 채굴mining 이라는 과정에서 비트코인으로 이뤄진다. 세상에 존재하는 모든 토큰은 바로 이 과정을 통해 생성되었다. 유통 가능한 토큰의 최대 한계는 2천 1백만 개다.[4]

블록체인은 끊임없이 성장하는 공공장부로서 기존 블록과 연결되어 있으며 네트워크상에서 일어나는 모든 거래 정보를 담고 있다. 복사본은 각 컴퓨터들, 즉 네트워크 '노드node'에 퍼져 있기 때문에 문제가 발생하면 모두가 알아차릴 수 있다. 이러한 특성 때문에 네트워크는 투명하게 유지된다. 가령 데이터베이스 관리자 중 누군가가 복사본을 변경해서 자신의 계좌에 들어 있는 코인을 부풀릴 경우 다른 컴퓨터에서 이에 따른 불일치를 즉각 인식하게 된다. 분쟁이 일어날 경우에는 합의에 의해 해결된다. 이런 강력한 암호 시스템 덕분에 비트코인 네트워크는 지금까지 안전하게 유지되고 있다.

---

4) 한계에 도달했을 때 네트워크를 유지하기 위한 지불 방법은 거래 수수료 공유와 같은 다른 방식으로 이뤄질 것이다.

도지코인과 NFT

도지코인은 하나의 농담에서 시작되었다. 두 친구가 채팅방에서 비트코인의 성공과 암호화폐 거래를 둘러싼 기이한 열풍을 조롱하기 위해 도지코인을 개발했다. 그 이름은 시바견 '도지'라고 하는 인터넷 밈에서 따온 것이다. 도지코인 개발자들은 그것이 사람들에게 웃음을 주고는 있지만 조만간 잊힐 것이라 예상했다. 하지만 레딧 사용자 집단이 그 농담을 받아들이면서 즉각 유행했다. 2021년 1월 1일에 도지코인은 0.5센트에 거래되었다. 그리고 5월 무렵에 75센트로 치솟았다가 암호화폐의 열정적인 지지자인 일론 머스크가 '새터데이 나이트 라이브'에 출현하여 이를 비웃고 나서 큰 폭으로 떨어졌다. 그러나 레딧의 지지자들은 포기하지 않았다. 도지 팬들이 커뮤니티 상에서 공통으로 사용하는 문구는 "인생은 한 번 뿐YOLO", 그리고 "우리는 달에 갈 것이다"였다.

2020년대 암호화폐 거품 목록에서 빼놓을 수 없는 게 대체 불가능한 토큰Nonfungible Token, NFT 이다. NFT는 블록체인에 저장된 소유권에 대한 가상의 고유한 증명서를 말한다. 이는 시장에서 사고팔 수 있다. 비플Beeple 이라는 이름으로 알려진 디지털 아티스트인 마이크 윈켈만Mike Winkelman 은 자신의 콜렉션을 디지털 토큰으로 만들어 크리스티 경매소에서 총 6천 9백만 달러에 판매했다. 그 이미지는 JPEG 파일의 형태로 인터넷에서 무료로 다운로드할 수 있음에도 말이다. NFT의 유행은 크립토키티CryptoKitty 에서 디지털 스니커즈digital sneakers 에 이르기까지 다양하게 이어지고 있다. 차밍Charmin 이라는 회사는 세계 최초의 대체 불가능 화장지 NFT를 내놓기도 했다. 트위터 CEO를 지낸 잭 도시Jack Dorsey 는 트위터 플랫폼 상 첫 번째 트윗을 NFT로 만들어 3백만 달러에 팔았다.

이러한 NFT 중에서 가장 황당한 것은 리얼리티 프로그램에 출연해 이름을 알린 스테파니 마토Stephanie Matto가 2022년 1월에 선보인 사례일 것이다. 원래 스테파니는 자신의 방귀를 병에 담아 팬들에게 판매하는 사업을 했다. 그녀는 급증하는 수요를 충족시키기 위해 아주 많은 검은콩 수프를 먹어야 했다. 하지만 심각한 가슴 통증을 겪은 후 의사는 그녀에게 무리하게 방귀를 뀌는 행동이 몸에 위험한 영향을 미치고 있다고 조언했다. 이후 그녀는 비즈니스 모델을 자신의 방귀를 담은 병이 등장하는 디지털 아트 작품을 만들어 NFT로 파는 것으로 전환했다. 사람들은 참으로 다양한 것을 수집하며 수집할만한 가치가 있는 것은 세월이 흐르면서 가격이 오른다. 하지만 대부분은 가치가 점점 하락한다. 나라면 차라리 피카소 작품에 투자하겠다.

그렇다면 암호화폐는 돈인가?

기존 금융 전문가들은 암호화폐 열풍에 대단히 회의적이다. 하워드 막스Howard Marks 나 워런 버핏과 같은 투자자들 역시 암호화폐는 돈이 아니며 가치도 없다고 말한다. 하지만 우리는 그 똑같은 말을 국가가 발행한 화폐에 대해서도 할 수 있다. 1달러 지폐의 내재가치는 0이다. 물론 폰지 사기와 같다고 폄하하는 정도는 아니라고 해도 세상의 모든 화폐는 정도는 다르지만 회의적 시선을 받고 있다. 마찬가지로 비트코인을 포함한 다양한 암호화폐를 실제 돈으로 봐야 할지 생각해보도록 하자.

돈의 정의는 무엇인가? 이상한 말처럼 들리겠지만 암호화폐와 관련해서 이 질문은 미묘한 문제를 제기한다. 경제학자에게 돈이란 그 기능을 말한다. 돈은 경제 속에서 세 가지 기능을 한다. 첫째, 교환 매체다. 돈을 가지고 재화나 서비스를 살 수 있기 때문에 우리는 돈을 소중히 여긴다. 점심으로 샌드위치를 사먹고 목마를 때 음료를 사서 마실 수 있기 때문에 우리는 지갑에 돈을 넣어가지고 다닌다.

둘째, 돈은 계산 단위다. 즉, 가격을 정하고 현재와 미래의 부채를 기록하는 데 필요한 기준이다. 가령 2021년에 「뉴욕타임스」 한 부의 가격은 3달러다. 또한 5퍼센트 이자율로 이자만 내는 조건으로 10만 달러를 담보 대출 받았다면 1년에 납부해야 할 돈은 5천 달러이며, 만기가 도래했을 때 10만 달러를 상환해야 한다.

셋째, 돈은 가치 저장소다. 우리는 재화나 서비스를 판매하고 돈을 받는다. 그리고 그 돈으로 다른 뭔가를 살 수 있다. 주식과 같은 또 다른 형태의 자산으로 가치를 저장할 수도 있지만 돈이 가장 유동성 높은 자산이다. 사람들은 가까운 미래에 필요한 물건을 사기 위해 현금을 갖고 있길 원한다.

자, 그렇다면 암호화폐는 이러한 돈의 요건을 얼마나 충족하는가? 우선 첫 번째 요건인 교환 매체로써의 역할은 어느 정도 충족하는 것으로 보인다. 비트코인을 비롯한 여러 암호화폐는 전 세계적으로 다양한 형태의 거래에 활용되고 있다. 인증 절차가 번거롭기는 하지만 국제 비즈니스 거래보다 거래 비용이 낮다. 또한 합법과 불법의 경계에 있는 거래의 경우 거래 당사자가 중요하게 여기는 익명성을 보장한다. 덕분에 많은 이들이 암호화폐를 지불 수단으로서 선호하고 있다. 그리고 재산권에 대한 개념이 미약한 국가의 경우 정부기관의 부당한 압류로부터 보호받을 수 있다는 심리적 혜택이 있다. 이러한 점에서 암호화폐를 통한 초기 거래 대부분이 압류의 공포가 큰 아시아 국가를 중심으로 이뤄졌다는 것은 놀라운 사실이 아니다.

그러나 가치의 극단적인 불안정성은 화폐의 정의에 대한 두 번째, 세 번째 요건을 충족시키지 못하는 것으로 보인다. 가치의 상당 부분이 날마다 생겨나거나 사라지는 자산은 유용한 계산 단위나 안정적인 가치 저장소로써 기능하지 못한다. 미국 달러나 세계 주요 화폐는 중앙은행이 존재하기 때문에 가치의 안정성이 어느 정도 확보되지만, 암호화폐는 가치가 요동치지 않도록 중심을 잡아주는 닻이 애초에 존재하지 않는다. 암호화폐 시장의 극단적인 불안정성을 피하고자 하는 사람은 추가적인 거래 즉, 암호화폐를 비교적 안정적인 자산이나 국가가 발행한 화폐로 전환하는 작업을 해야 한다.

암호화폐의 이러한 특성은 창고에 정어리 통조림을 가득 쌓아놓은 상인의 이야기를 떠올리게 한다. 하루는 상인의 가게에서 일하는 일꾼이 점심으로 먹기 위해 통조림 하나를 땄다. 그런데 그 안에는 정어리 대신 모래가 가득했다. 일꾼은 상인에게 달려가 그 이야기를 했다. 하지만 상인은 그 통조림은 먹기 위한 것이 아니라 거래하기 위한 것이라고 대답했다. 암호화폐 역시 마찬가지다.

비트코인을 비롯한 다양한 암호화폐를 거래하는 사람들에게 그 시장은 가격이 계속해서 치솟을 것으로 보이는 도박판이다. 실제로 내기에 일찍 뛰어든 사람들은 엄청난 보상을 받았다. 올림픽에 조정 선수로 출전했던 195센티미터의 쌍둥이 형제인 캐머런Cameron 과 타일러 윙클보스Tyler Winklevoss 를 기억하는가? 이들 형제는 마크 주커버그가 페이스북(메타)에 대한 아이디어를 그들에게서 훔쳐갔다고 고소했다. 결국 쌍둥이 형제는 6천 5백만 달러의 합의금을 받았다. 하지만 이후 주커버그는 페이스북(메타) 주식으로 억만장자 반열에 올랐다. 그렇다고 쌍둥이를 측은하게 여기지는 말자. 그들은 합의금 중 1천 1백만 달러를 가지고 토큰 당 120달러에 비트코인을 사들였다. 쌍둥이 형제 역시 곧 억만장자가 되었다.

암호화폐 열풍을 거품으로 봐야 할까?

그렇다면 결론은 무엇인가? 우리가 지금 보고 있는 것은 국제 지불 시스템을 크게 개선해줄 유망한 신기술의 여명인가? 아니면 많은 이를 경제적 파탄으로 몰고 갈 또 하나의 투기 거품인가? 대답은 아마도 둘 다 '그렇다' 일 것이다.

암호화폐 열풍 뒤에 숨어 있는 블록체인은 실제 기술이며, 향후 개선된 버전이 나올 것으로 보인다. 이러한 신기술의 등장은 국제 지불 시스템을 근본적으로 바꿔놓을 것이다.

전 세계 기업들이 주식회사를 설립할 수 있는 델라웨어 주는 기업의 기록을 관리하기 위해 블록체인 기술을 활용하는 방안을 검토하고 있다. 그리고 두바이는 블록체인을 기반으로 모든 정부 문서의 보안을 강화하겠다고 발표했다. 블록체인과 이와 유사한 '분산원장distributed ledger' 기술은 앞으로 의료 기록이나 자동차 수리 내역처럼 다양한 용도로 활용이 가능할 것으로 보인다.

기술이 발전할수록 거래 비용은 줄고 거래 속도는 높아진다. 암호화폐는 금융기관이나 정부의 간섭 없이 판매자와 구매자 간의 거래 안정성을 높일 수 있다. 하지만 이러한 현상이 '실질적'이라는 이유로 '거품'에서 자유롭다고 말할 수는 없다. 1990년대 말 인터넷 기술 역시 실질적인 것이었다. 그럼에도 거품이 터지자 '인터넷 근간'을 구성하는 스위치와 라우터를 생산하는 시스코시스템즈Cisco Systems와 같은 기업도 가치의 90퍼센트를 잃어버렸다. 게다가 비트코인과 여러 암호화폐의 가격 상승이 전통적인 거품의 양상을 띠고 있음을 말해주는 뚜렷한 조짐이 보이고 있다.

암호화폐가 투기적 거품임을 말해주는 한 가지 조짐은 가격 상승의 범위다. 2017년 이전 비트코인 가격은 아주 짧은 기간에 몇 센트에서 2만 달러 가까이 치솟았다가 다시 떨어졌다. 2021년에는 가격이 낮게는 28,800달러에서 높게는 거의 69,000달러까지 움직였다. 비트코인은 단 하루 사이에 가치의 3분의 1이 올랐다가 떨어질 정도로 불안정하다. 그밖에 다른 암호화폐 가격 역시 비슷한 패턴을 보인다. 가격 상승폭은 17세기 네덜란드 튤립 구근 사례를 훨씬 능가한다. 지금까지 소개했던 그 어떤 거품 사례도 암호화폐 거품에는 비할 바가 못 된다. 거대한 가격 상승폭과 불안정성은 암호화폐가 역사상 최대 거품 중 하나임을 암시하고 있다.

암호화폐 거품은 대중문화의 매력적인 이야기를 타고 널리 퍼졌다. 암호화폐는 밀레니얼 세대와 Z세대 사이에서 새로운 유행이 어떻게 만들어지는지 보여주는 대표적인 사례다. 또한 인터넷이 어떻게 밈을 널리 퍼뜨리고 금융 거품을 키우는지에 관한 이야기이기도 하다.

무엇이 암호화폐의 거품을 꺼지게 할 것인가?

암호화폐의 미래를 전망할 때는 수많은 위험을 고려해서 최대한 주의를 기울여야 한다. 비트코인 채굴은 엄청난 규모의 전력이 필요한 에너지 집중적인 작업이다. 이러한 점에서 거래 네트워크의 핵심인 공공 분산원장을 관리하는 컴퓨터에 제한이 가해질 수도 있다. 단 하나의 토큰을 만들어내는 데 일반적인 미국 가구가 2년간 소비하는 전기와 맞먹는 에너지가 필요하다. 비트코인 네트워크를 구성하는 컴퓨터로 구성된 전체 네트워크는 매년 중간 규모의 국가가 소비하는 만큼의 에너지를 사용한다.

비트코인의 열렬한 지지자는 토큰 시장의 전체 규모가 최대 2천 1백만 개로 제한되어 있다는 사실을 강조한다. 하지만 그 주장은 어폐가 있다. 비트코인과 경쟁하는 암호화폐는 이러한 제약에서 자유롭기 때문이다. 이더리움Ethereum 기술과 그 통화인 '이더Ether'를 지지하는 사람들은 이더리움이 비트코인보다 훨씬 낫다고 말한다. 실제로 이더리움의 프로토콜은 유연성을 높이고 기능성을 강화하는 쪽으로 설계되었다. 또 리플Ripple과 그 코인인 'XRP'는 거래 비용은 낮추고 거래 속도는 높임으로써 국제 거래를 더욱 활성화할 수 있도록 설계되었다. 이러한 암호화폐 시장에서 규모에 대한 제약은 존재하지 않는다.

튤립 구근의 거품은 '투자자'와 투기꾼들이 마침내 수익을 현금화하기로 했을 때 터졌다. 흔히 '고래'라고 불리는 어마어마한 양의 암호화폐를 보유한 이들이 자산의 아주 작은 일부만 처분해도 가격이 폭락할 수 있다.

암호화폐를 사용함으로써 불법 거래를 활성화하는 과정에 특정한 위험이 따른다. '랜섬웨어ransomware'나 세금 회피와 같은 불법 행위가 암호화폐에 의해 가능해질 때, 정부는 가만히 지켜보지 않을 것이다. 또한 자국 화폐에 대한 통제를 포기하지도 않을 것이다. 중국에서 미국 정부에 이르기까지, 암호화폐 채굴과 거래를 억제하려는 정부의 노력에 반하는 선택은 전혀 현명하지 않다. 각국 정부는 앞으로 민간 기업보다 더욱 적극적으로 널리 통용되는 미래의 암호화폐 후원자로 나설 것이기 때문이다.

◆ ◆ ◆

지금까지 우리는 군중의 광기가 어떻게 자산 가격을 부풀리고 경제적 파국으로 몰아가는지 잘 알 수 있는 역사적 증거를 살펴봤다. 우리가 역사에서 배울 수 있는 분명한 교훈은 지나치게 뜨거운 시장은 결국 언젠가 중력의 법칙에 무릎을 꿇는다는 것이다. 내 개인적인 경험으로 비춰볼 때 시장의 지속적인 패자는 튤립 구근과 같은 광풍의 유혹에 저항하지 못하는 이들이다. 다시 한번 강조하지만, 시장에서 돈을 벌기는 사실 어렵지 않다. 잘 분산된 주식 포트폴리오를 매수하고 보유함으로써 장기적으로 상당한 수익을 누릴 수 있다. 정말로 힘든 것은 쉽게 부자가 되기 위해 단기적인 투기 열풍에 돈을 내던지려는 유혹을 뿌리치는 일이다.

나는 도박을 좋아하는 사람을 비난하지 않는다. 사실 나 역시 도박을 즐긴다. 하지만 도박을 하려면 잃어도 괜찮은 정도의 소액으로 하자. 도박을 투자와 혼동하지 말자. 그리고 세상을 확 바꿀 것이라고 하는 기술에 퇴직연금을 걸지 말자. 획기적인 기술, 특히 대단히 인기 있는 기술에 대한 투자는 일반적으로 투자자에게 보상을 주지 않는 것으로 드러나고 있기 때문이다.

역사를 뒤돌아보면 투기 거품은 앞으로도 계속해서 나타날 것이 명백하다. 그리고 거품은 거기에 뛰어든 사람들 대부분을 경제적 파멸로 몰아간다. 실질적인 기술 혁명조차 투자자에게 이익을 보장하지 못한다. 이 장을 마무리하며 너무나 명백하지만 외면하기 쉬운 교훈을 다시 한번 더 강조하고자 한다. 끔찍한 실수를 피하는 능력이야말로 자기 재산을 지키고 키우는 데 가장 중요하다.

RANDOM WALK

2부
투자 기술 분석

증권 거래일에는 미국 전역에 걸쳐 뉴욕증권거래소, 나스닥 시장 등 다양한 전자거래 네트워크에서 수천억 달러에 달하는 주식이 거래된다. 게다가 선물, 옵션, 스왑 시장까지 합치면 그 규모는 매일 수조 달러에 이른다. 바로 여기서 전문 투자 분석가와 자문가들은 큰 판을 벌인다.

주식시장이 호황일 때 보상은 후하다. 월스트리트 경기가 좋은 경우 하버드 비즈니스 스쿨을 갓 졸업한 신입 사원은 보통 20만 달러의 연봉을 받는다. 보상의 피라미드 맨 꼭대기에는 유명 펀드매니저들이 있다. 이들은 대형 뮤추얼펀드와 퇴직연금, 수조 달러에 이르는 헤지펀드와 사모펀드를 운용한다. 『머니게임 The Money Game』을 쓴 미국 작가 '애덤 스미스 Adam Smith'는 베스트셀러가 되면 25만 달러를 벌게 될 것이라고 자랑했다. 그러자 그의 월스트리트 친구들은 이렇게 대꾸했다. "그저 그런 영업 사원 수준이군." 첨단 금융 분야는 그리 오래된 직종은 아니지만 가장 많은 보상을 받는 직종 중 하나임에는 틀림없다.

    2부에서는 이러한 시장 전문가들이 사용하는 방법에 대해 집중적으로 파헤쳐보고자 한다. 이를 통해 학자들은 시장 전문가의 성과를 어떻게 평가했는지 그리고 시장 전문가가 어떻게 돈값을 하지 못했다는 결론에 이르게 되었는지 살펴보고자 한다. 마지막으로 효율적 시장 가설 efficient-market hypothesis, EMH 과 그 실질적인 의미에 대해서도 살펴보려 한다.

5장
기술적 분석과
기본적 분석

"그림 하나는 만 마디의 말과 맞먹는다."
― 중국 속담

"진정한 가치를 평가하는 능력이야말로 최고의 재능이다."
― 라 로슈푸코, 『잠언과 성찰』

　주가 변동을 예측함으로써 적절한 매수 시점과 매도 시점을 알아내려는 것은 투자자가 가장 끈질기게 시도하는 일 중 하나다. 황금알을 찾기 위한 이러한 노력은 과학적인 방법에서 미신에 이르기까지 다양한 방법을 낳았다. 오늘날에도 태양 흑점이나 달의 모양을 관찰하거나 샌앤드레아스 단층의 진동을 통해 미래의 주식 가격을 예측하려는 사람이 있다. 그러나 대부분은 기술적 분석과 기본적 분석이라는 두 가지 방법 중 하나를 선택한다.

투자를 전문적으로 하는 사람들이 사용하는 두 가지 방법은 1부에서 다뤘던 두 가지 주식 가치평가 이론과 밀접한 관련이 있다. 우선 기술적 분석은 공중누각 이론을 믿는 이들이 매수 시점과 매도 시점을 예측하는 방식이다. 그리고 기본적 분석은 견고한 토대 이론을 신봉하는 이들이 접근하는 방식이다.

간단하게 말해서 기술적 분석은 주식 도표를 그리고 해석하는 일이다. 그 수는 많지 않지만 기술적 분석을 열정적으로 신봉하는 사람을 일컬어 차티스트chartist 혹은 기술자라 부른다. 그들은 주식 가격과 거래량의 움직임을 분석해서 변화의 방향을 예측한다. 차티스트는 시장이 10퍼센트의 논리와 90퍼센트의 심리로 돌아간다고 믿는다. 일반적으로 이들은 공중누각 이론을 지지하며 투자를 다른 참가자의 행동을 예측하는 게임으로 여긴다. 물론 도표는 단지 다른 참가자들이 과거에 했던 행동을 보여줄 뿐이지만 차티스트는 이러한 행동을 분석함으로써 군중이 앞으로 어떻게 움직일 것인지 예측할 수 있다고 말한다.

기본적 분석을 활용하는 전문가는 이와는 반대 입장을 취한다. 그들은 시장이 90퍼센트의 논리와 10퍼센트의 심리로 돌아간다고 믿는다. 그리고 과거의 특정한 가격 패턴에는 별로 관심을 두지 않는다. 기본적 분석가는 주식의 적절한 가격을 평가하기 위해 애쓴다. 그들이 생각하는 가격은 기업의 자산, 이익과 배당의 기대 성장률과 밀접한 관련이 있다. 기본적 분석가는 이러한 요인을 분석함으로써 주식의 내재가치 혹은 가치의 견고한 토대를 평가한다. 그렇게 해서 도출한 가치가 시장 가격보다 높으면 투자자에게 매수를 권한다. 기본적 분석가들은 결국 시장이 주식의 실제 가격을 반영할 것으로 믿는다. 월스트리트 주식 분석가의 90퍼센트는 스스로를 기본적 분석가라고 생각한다. 기본적 분석가는 차티스트를 보며 엄격함과 전문가로서의 정신이 결여되어 있다고 지적한다.

기술적 분석

기술적 분석의 첫 번째 원칙은 이익과 배당, 기업의 미래 성과에 관한 모든 정보가 주식 가격에 완전히 반영되어 있다는 것이다. 주식 가격과 거래량을 보여주는 도표에 그것이 긍정적이든 부정적이든 분석가가 알고자 하는 모든 중요한 정보가 이미 포함되어 있다는 뜻이다. 두 번째 원칙은 가격이 관성의 법칙을 따른다는 것이다. 즉, 상승하는 주식은 계속해서 상승하고 정체된 주식은 계속해서 머무르는 경향이 있다고 본다.

진정한 차티스트는 주식 도표를 분석할 수 있기만 하다면 그 주식이 어느 기업의 주식인지 어느 산업에 속하는지는 하나도 중요하지 않다고 말한다. 그 주식이 마이크로소프트든 코카콜라든, '뒤집어진 그릇'이나 '삼각 깃발' 패턴은 동일한 의미를 갖는다. 여기서 이익과 배당에 관한 기본적인 정보는 아무런 쓸모가 없다. 집중에 방해만 될 뿐이다. 정당한 주식 가격을 평가하려는 노력은 아무런 의미가 없다. 유용한 정보가 있다고 해도 며칠이나 몇 주 혹은 몇 달 전에 이미 시장에 반영되었다. 그래서 많은 차티스트는 신문도 읽지 않고 금융 관련 사이트도 들어가 보지 않는다.

원조 차티스트라 할 수 있는 존 매기 John Magee 는 매사추세츠 주 스프링필드에 있는 작은 사무실에 틀어박혀 도표를 분석했다. 존 매기는 외부 환경의 방해를 받지 않기 위해 판자로 모든 창문을 막았다. 그는 이렇게 말했다. "사무실에 출근하면 세상일은 모두 잊고 오로지 도표에만 집중합니다. 달빛 가득한 유월의 밤이든 폭풍우가 몰아치는 날이든 이 사무실에서는 변함이 없죠. 날씨가 좋다고 '매수'를 하라거나 비가 온다고 '매도'를 하라는 말을 고객은 물론이고 저 자신에게도 함부로 하지 않습니다."

다음 도표를 보면 누구든 쉽게 도표를 그려볼 수 있다는 사실을 잘 알 수 있다. 먼저 하루 중 저가에 점을 찍고 고가에 점을 찍어서 그 둘을 수직으로 연결한다. 그리고 그 위에 그날의 종가를 표시한다. 이러한 작업을 거래일마다 반복한다. 이 작업은 개별 주식은 물론이고 주가 지수에 대해서도 할 수 있다.

차티스트들은 또한 도표 밑에 또 다른 수직선으로 그날의 거래량을 표시한다. 도표에서 볼 수 있듯이 주식 가격이 고가와 저가를 오르내리면서 패턴을 만들어낸다. 의사가 엑스레이를 유심히 들여다보듯 차티스트들은 도표의 패턴을 유심히 들여다본다.

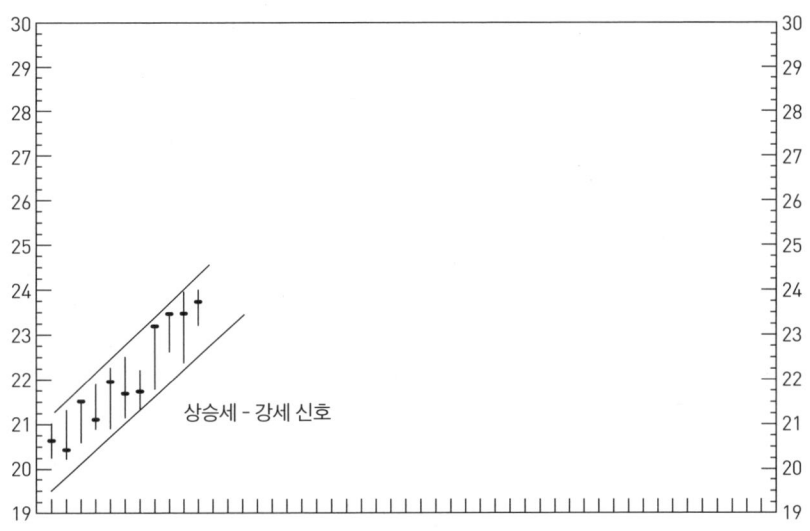

　차티스트는 무엇보다 추세에 주목한다. 위 도표를 보면 추세가 어떻게 모습을 드러내는지 알 수 있다. 며칠 동안 주식 가격의 변화를 기록한 것만으로도 도표에 뚜렷한 상승세가 나타난다. 고점은 고점끼리 저점은 저점끼리 연결하는 두 개의 선을 그으면 상승세를 보이는 '통로'가 만들어진다. 시장에서 관성 모멘텀이 어느 정도 지속될 것으로 본다면 이 종목은 앞으로 계속해서 오를 것이다. 매기는 도표 분석의 고전이라 할 수 있는 『주식 추세에 대한 기술적 분석 Technical Analysis of Stock Trends』에서 이렇게 설명했다. "가격은 추세에 따라 움직이며, 추세는 수요-공급 균형에 영향을 미치는 사건이 일어날 때까지 지속된다."

　그런데 도표에서 가격이 24에 도달한 후 더 이상 상승하지 못한다고 해보자. 시장은 이를 저항선이라 부른다. 여기서 이 주식은 오르내리기를 반복하다가 떨어진다. 차티스트의 분석에 따르면, 이러한 과정에서 나타나는 '머리어깨형 head-and-shoulders formation' 패턴은 시장이 이미 정점을 찍었다는 것을 의미한다(아래 도표 참조).

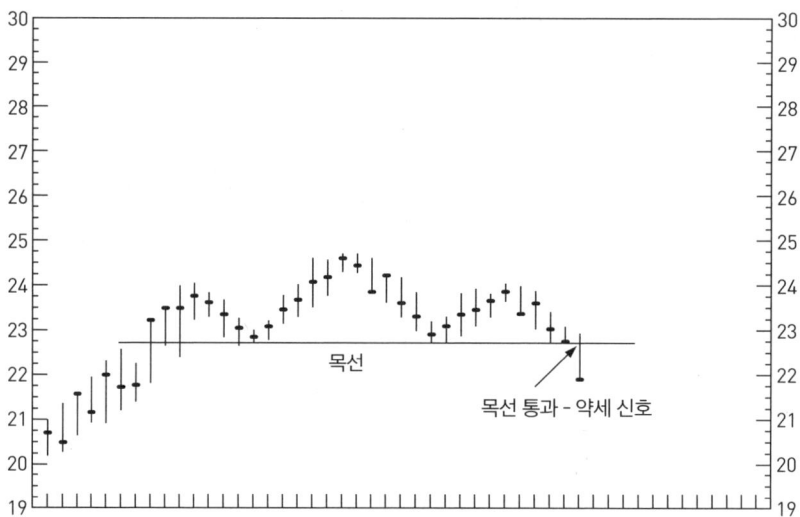

이 종목은 살짝 올랐다가 떨어지면서 둥근 어깨 모양을 그린다. 그리고 다시 조금 더 올랐다가 떨어지면서 머리 형태를 이룬다. 그리고 마지막으로 오른쪽 어깨가 완성된다. 그동안 차티스트는 숨죽이며 매도 신호를 기다린다. 그 신호는 주가가 '목선을 통과할 때'다. 마치 드라큘라가 상기된 표정으로 희생양을 기다리듯이 차티스트는 이 시점부터 장기적인 하락세가 이어질 것으로 판단하고 매도에 나선다. 물론 시장은 때로 차티스트를 놀라게 만든다. 예를 들어 다음 도표처럼 약세 신호를 보였다가 곧장 30으로 치솟는 경우도 있다. 이러한 경우 약세 신호를 '약세 함정 bear trap' 이라고 하며, 차티스트는 이러한 함정을 원칙을 시험하는 예외로 본다.

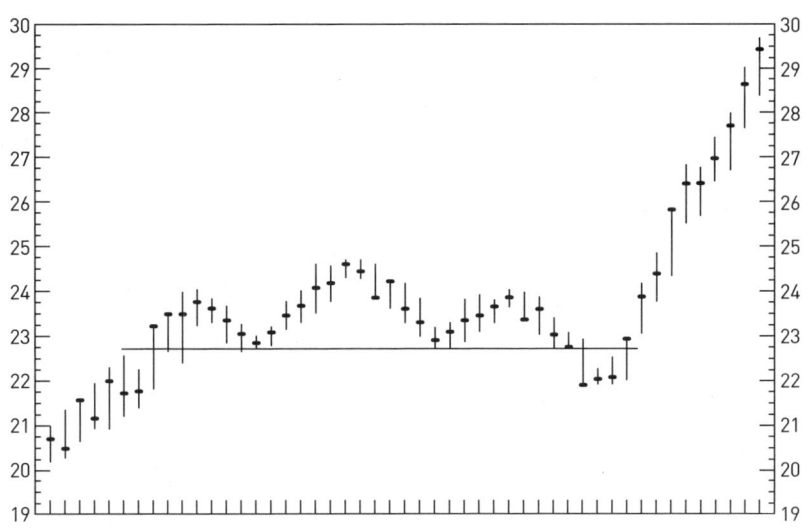

　차티스트는 이러한 기술을 활용하여 장기 투자가 아닌 단기 거래를 한다. 그들은 조짐이 좋을 때 매수하고 나쁠 때 매도한다. 이러한 모습은 마치 시시덕거리는 연애와 흡사하다. 이는 쉽게 사귀고 헤어지기를 반복하는 만남에서는 통할지 몰라도 장기적인 관계로 발전하지 못한다. 정신과 의사 돈 잭슨Don D. Jackson 은 앨버트 하스Albert Haas Jr. 와 공저한 『강세, 약세, 그리고 프로이드Bulls, Bears and Dr. Freud 』에서 차티스트들이 명백하게도 성적인 차원에서 게임을 벌이고 있다고 지적했다.

　종목을 선택하기 전, 일반적으로 차티스트는 관찰과 탐색 기간을 거친다. 연애나 성관계와 마찬가지로 이들에게는 무엇보다 타이밍이 중요하다. 주식이 약세 상황을 뚫고 높이 상승하면 흥분감이 고조된다. 그렇게 성관계가 이뤄지고 난 뒤 수익을 거둬들이는 희열의 순간과 함께 배출과 여운이 찾아온다. 실제로 차티스트들은 '이중바닥double bottoms', '돌파

breakthrough ', '하한선 이탈violating the lows ', '안정세firmed up ', '거대한 판big play ', '상승 절정ascending peak ', '매수 클라이막스buying climax '와 같은 표현을 즐겨 쓴다. 그리고 그 모든 일은 최고의 성적 상징인 '강세bull '의 기치 아래 일어난다.

차티스트에서 기술자까지

컴퓨터가 등장하기 전에 차티스트는 일일이 손으로 힘들게 도표를 그렸다. 보안용 녹색 챙 모자를 쓰고 사무실 구석에 틀어박혀 일했던 그들은 종종 괴짜로 취급받기도 했다. 하지만 오늘날 차티스트는 데이터 네트워크에 연결된 여러 대의 컴퓨터로 작업한다. 그리고 거대한 화면에 둘러싸인 채 한 번의 터치로 모든 도표를 가뿐히 만들어낸다. 지금은 기술자로 불리는 차티스트는 새로 산 전기 기차를 가지고 신나게 노는 아이처럼 주식의 과거 실적을 가지고 치밀하게 도표를 만들어낸다. 그들의 자료에는 거래량, 200일 이동평균선(200일 동안 매일 새롭게 도출한 평균 가격), 시장 및 산업 대비 주식의 강도, 수백 가지의 평균과 비율, 오실레이터oscillator 등의 지표가 포함되어 있다. 게다가 요즈음에는 누구든 인터넷 사이트를 통해 여러 기간에 걸친 다양한 도표를 쉽게 구할 수 있다.

차트 분석의 근거

그렇다면 차트 분석의 근거는 무엇인가? 차티스트는 대부분 잘 모르겠다고 답한다. 다만 역사는 그저 반복될 뿐이라고만 설명한다.

그 근거에 대해서는 다음 세 가지 설명이 가장 그럴듯해 보인다. 첫째,

군중 심리가 추세를 이끌어간다. 주가가 계속해서 상승할 때 투자자는 그 흐름에 편승하고자 한다. 가격 상승은 자기 예언적인 차원에서 그 자체로 열기에 기름을 붓는 역할을 한다. 가격 상승은 투자자의 입맛을 돋우고 추가적인 상승을 기대하게끔 만든다.

둘째, 기업의 기본적인 정보는 평등하게 공유되지 않는다. 가령 대규모 광산의 발견과 같은 호재가 있을 때 이 소식을 가장 먼저 접한 내부자들이 주식을 사들임으로써 가격이 상승한다. 그리고 내부자로부터 소식을 전해 들은 그들의 지인들이 행동에 나선다. 다음으로 전문가들이 소식을 접하면서 대형 기관이 나선다. 마지막으로, 여러분이나 나와 같은 불쌍한 개미들이 정보를 듣고 매수를 하면 가격은 더욱 치솟는다. 이러한 과정은 소식이 긍정적일 때 점진적인 상승으로, 부정적일 때 점진적인 하락으로 나타난다.

셋째, 새로운 정보에 대해 투자자는 초기에 소극적으로 반응한다. 어느 기업의 이익이 월스트리트 예상치를 뛰어넘었다거나 못 미쳤다는 발표(긍정적인 혹은 부정적인 어닝 서프라이즈earnings surprise 발표)가 나왔을 때, 주식 가격은 긍정적이거나 부정적으로 반응하지만 한 번에 완전한 변화가 이뤄지는 것은 아니다. 주식시장은 이익 정보를 점진적으로 반영하고 그에 따라 가격 변동이 서서히 일어난다.

또한 차티스트는 투자자에게는 매수 가격이나 매수 희망가를 기억하는 나쁜 습관이 있다고 믿는다. 예를 들어, 어떤 주식이 50달러 선을 유지하는 동안 많은 투자자가 이 주식을 매수했다고 해보자. 그런데 가격이 갑자기 40달러로 떨어진다. 차티스트의 주장에 따르면, 투자자는 자신이 매수한 가격으로 다시 회복되었을 때 그 주식을 팔아서 어떻게든 본전을 찾으려는 경향이 강하다. 그 결과, 주식의 애초 가격인 50달러는 '저항선'으로 작용하게 된다. 가격이 저항선까지 올랐다가 떨어지기를 반복하면서 그 벽은 더욱 견고해진다. 그 이유는 많은 투자자가 시장 전체나 특정 주식이 저항선 이상으로 오르기는 쉽지 않다고 생각하기 때문이다.

차티스트 주장에 따르면, 똑같은 논리가 '지지선 support level'에도 적용된다. 가격이 낮게 형성되어 있을 때 매수하지 못한 투자자는 이후 가격이 오를 때 매수 기회를 놓쳤다고 후회하게 된다. 이러한 투자자는 가격이 원래 수준으로 떨어졌을 때 어떻게든 그 기회를 놓치지 않으려 한다. 지지선은 수차례 하락을 버텨내면서 더욱 탄탄해진다. 주식이 지지선까지 떨어졌다가 다시 반등을 시작할 때 차티스트는 '바닥을 쳤다'고 판단하고는 즉각 매수에 뛰어든다. 또한 주식이 마침내 저항선을 뚫고 상승을 시작했을 때는 강세 신호로 본다. 예전의 저항선은 이제 지지선이 되고 주식은 가벼운 걸음으로 상승을 시작한다.

차트 분석은 왜 먹히지 않을까?

차트 분석에 반박하는 많은 논리적인 주장이 나와 있다. 첫째, 차티스트는 가격 추세가 형성된 이후에 매수하고 추세가 꺾인 후에 매도하지만 시장에서는 급격한 반응이 갑작스럽게 일어나기 때문에 그 기회를 놓칠 수밖에 없다. 상승 신호가 나왔을 때 상황은 이미 끝난 경우가 많다. 둘째, 차트 분석 기술은 궁극적으로 자기 파괴적이다. 더 많은 사람이 그 기술을 사용할수록 그 가치는 떨어진다. 즉, 모두가 똑같은 신호에 따라 동시에 반응한다면 매수 신호나 매도 신호는 아무런 의미가 없다. 더 나아가 차티스트들은 기술적 신호마저도 예상하려는 경향이 있다. 신호에 대한 예상 시점이 빠르면 빠를수록 실제로 그런 일이 일어날 가능성과 수익을 볼 확실성이 떨어지게 된다.

그래도 기술적 분석을 반박하는 가장 강력한 주장은 아마도 이익을 극대화하려는 논리적 추론 행위에서 찾을 수 있다. 예를 들어 '유니버설폴리머'라는 회사의 주식이 20달러에 거래되고 있다고 해보자. 그런데 이 회사의 최고연구기술자 샘이 기업 이익을 두 배로 높여줄 신기술을 개발했다. 샘은 신기술에 관한 뉴스가 나오자마자 주가가 40달러로 오를 것으로 확신한다. 40달러 아래로만 매수하면 즉각적인 수익을 얻을 수 있기 때문에 샘과 그의 친구들은 주식 가격이 40달러에 도달할 때까지 계속해서 매수할 것이다. 그리고 이 과정은 단 몇 분밖에 걸리지 않을 것이다. 그것은 시장이 대단히 효율적이기 때문이다. 일부 사람들이 가격이 내일 40달러로 오를 것이라고 생각한다면 오늘 40달러가 될 것이다.

기본적 분석

프레드 쉐드 주니어 Fred Schwed Jr. 는 1930년대 금융 시장의 내막을 흥미롭고 재치 있게 폭로한 책 『고객의 요트는 어디에 있는가 Where Are the Customers' Yachts?』에서 730달러에 살 수 있는 주식을 760달러에 판매한 텍사스 중개인의 이야기를 소개했다. 그 사실을 알게 된 성난 고객이 찾아와 따져 물었다. 그러자 텍사스 중개인은 이렇게 답했다. "손님, 저희 회사 정책에 대해 잘 모르시나 봅니다. 저희는 가격이 아니라 가치를 기반으로 고객에게 투자를 권해드립니다."

이 이야기는 기술적 분석가와 기본적 분석가의 차이를 잘 보여준다. 기술적 분석가는 주가의 기록에만 관심이 있는 반면, 기본적 분석가는 주식의 실제 가치에 주목한다. 또한 기본적 분석가는 군중의 낙관적 혹은 비관적 심리에 주목하지 않고 주식의 현재 가격과 그 진정한 가치를 엄격하게 구분한다.

기본적 분석가는 주식의 견고한 가치를 평가하는 과정에서 기업의 이익과 배당의 미래 흐름에 집중한다. 주식의 가치란 곧 투자자가 기대하는 모든 현금 흐름의 현재 가치나 할인된 가치를 뜻한다. 그 가치를 정확하게 평가하기 위해 기본적 분석가는 기업의 매출, 운영비, 법인세율, 감가상각, 자본 조달처와 조달 비용을 예측한다.

또 기본적 분석가는 예언자 행세를 한다. 그래서 분석가는 손익계산서와 대차대조표, 투자계획서를 살펴봄으로써 기업의 과거 기록을 분석하고, 기업을 직접 방문해서 경영진에 대해 판단을 내리고 실사를 진행한다. 그런 후 분석가는 중요한 사실과 그렇지 않은 것을 구분한다.

일반적으로 기업에 대한 전망은 그 기업이 속한 산업의 경제 상황에 크게 영향을 받기 때문에 분석가는 먼저 산업 전망을 분석한다. 실제로 분석가는 특정 산업군에 집중한다. 그들은 특정 산업에 대한 분석을 통해 아직 시장에 반영되지 않은 소중한 정보를 얻을 수 있기를 희망한다.

벤저민 그레이엄은 『현명한 투자자 The Intelligent Investor』에서 이렇게 말했다. "분석가는 '펜잔스의 해적 The Pirates of Penzance'에서 '빗변의 제곱에 관한 흥미로운 사실'을 많이 알고 있는 똑똑한 장교의 모습을 살짝 떠올리게 한다."

기본적 분석의 근거

기본적 분석가는 주식의 가치를 평가하는 근거로 다음 네 가지 결정요인을 사용한다.

결정요인 1: 성장률. 사람들은 대부분 금융에 관한 의사결정을 내릴 때 복리가 갖는 의미를 잘 알지 못한다. 아인슈타인은 복리를 "역사상 최고의 수학적 발견"이라고 말했다. 1626년 아메리카 원주민이 백인에게 속아서 맨해튼 섬을 24달러에 팔아넘겼다는 이야기가 있다. 하지만 그 원주민은 사실 복리의 힘을 알고 대단히 똑똑한 거래를 한 것인지도 모른다. 만약 그가 그 돈을 6개월마다 복리로 계산되는 연 이자율 6퍼센트 투자 상품에 넣어두었더라면 지금쯤 1천억 달러가 넘었을 것이고, 후손은 그 돈을 가지고 완전히 개발된 맨해튼 섬의 상당 부분을 사들일 수 있기 때문이다. 이것이 바로 복리의 마술이다!

복리는 10 더하기 10이 20이 아니라 21이 되는 계산법이다. 100달러를 연간 10퍼센트 수익률로 2년간 투자한다고 해보자. 그렇다면 2년 뒤에 수익률은 얼마일까? 21퍼센트라고 답했다면 똑똑함을 인정받을 자격이 있다.

계산은 간단하다. 100달러는 일 년 뒤 110달러가 된다. 그리고 내년에는 110달러에 대한 10퍼센트를 벌게 된다. 즉, 2년 뒤에는 121달러가 된다. 그러므로 2년간 총 수익률은 21퍼센트가 된다. 이러한 논리가 작동하는 이유는 원래 투자로부터 번 이자가 또 이자를 벌어들이기 때문이다. 3년으로 계산을 해보면 133달러가 된다. 이처럼 복리의 힘은 정말로 대단하다.

단순하게 '72 법칙'으로 돈이 두 배가 되는 시점을 쉽게 계산해볼 수 있다. 72를 이자율로 나누면 돈이 두 배가 되는 시점이다. 예를 들어 이자율이 15퍼센트라면 돈이 두 배로 되는 기간은 5년이 채 안 된다(72/15=4.8년).

마찬가지로 미래 배당 흐름과 관련하여 성장률이 의미하는 바를 다음 도표에서 확인할 수 있다.

배당 성장률	현재 배당금	5년 후 배당금	10년 후 배당금	25년 후 배당금
5%	$1.00	$1.28	$1.63	$3.39
15	1.00	2.01	4.05	32.92
25	1.00	3.05	9.31	264.70

이와 같이 가치평가가 의미가 있으려면 다양한 성장률을 반영해서 주식 가격을 예측해야 한다. (어디에나 한 가지 문제는 항상 있는 법인데) 여기서 문제는 성장률이 영원히 지속되지는 않는다는 점이다. 기업은 생명체와 마찬가지로 생애주기를 갖는다. 백 년 전 미국의 주요 기업을 떠올려보자. 이스턴버기휩컴퍼니 Eastern Buggy Whip Company , 라크로스앤미네소타스팀패킷컴퍼니 La Crosse and Minnesota Steam Packet Company , 사바나앤세인트폴스팀보트라인 Savannah and St. Paul Steamboat Line , 해저드파우더컴퍼니 Hazard Powder

Company와 같은 기업은 그 시대에 포천 500대 목록에서 상위권을 차지했다. 하지만 지금은 흔적도 찾아볼 수 없다.

자연적인 생애주기에 구속을 받지 않는다고 해도 동일한 성장률을 계속해서 유지하는 것은 점점 더 어려워질 수밖에 없다. 백만 달러의 이익을 올린 기업은 내년에 십만 달러만 이익을 더 올려도 10퍼센트 성장률을 유지할 수 있지만 일억 달러 이익을 올린 기업이 똑같은 성장률을 기록하려면 천만 달러를 추가로 더 벌어야 한다.

미국 인구 예측을 보면 높은 성장률을 장기간 유지하는 것이 얼마나 허황된 허구인지 쉽게 이해할 수 있다. 미국 전체 인구와 캘리포니아 인구가 현재 성장률로 계속 늘어난다고 가정하면 2045년이면 지금 미국 인구의 120퍼센트에 해당하는 인구가 캘리포니아에 살게 될 것이다!

또한 성장 기간 역시 중요하다. 다른 조건이 동일한 상황에서 한 기업이 10년 동안 20퍼센트로 성장할 전망이고 다른 기업이 같은 성장률로 5년 동안 성장할 전망이라면 투자자에게 더 가치 있는 기업은 전자가 될 것이다.

어쨌든 이로부터 기본적 분석가가 사용하는 가치평가의 첫 번째 기본 공식이 나온다.

공식 1 합리적인 투자자는 배당이나 이익의 성장률이 높은 주식에 더 높은 가격을 지불하고자 한다.

그리고 이로부터 부가 공식이 따라 나온다.

부가공식1 합리적인 투자자는 높은 성장률이 더 오래 지속될 것으로 예상하는 주식에 더 높은 가격을 지불하고자 한다.

주가수익배수는 가격과 이익이 서로 다른 주식을 비교하기 위한 좋은 기준이다. 예를 들어 주당 이익이 10달러인 주식의 가격이 100달러라면 주가수익배수는 10이 된다. 마찬가지로 주당 이익이 4달러인 주식의 가격이 40달러일 때에도 주가수익배수는 10이 된다. 시장에서 어떤 주식의 가치를 얼마나 높게 평가하는지 말해주는 것은 가격이 아니라 주가수익(P/E)이다.

그렇다면 기대 성장률이 높은 주식은 실제로 주가수익이 더 높게 나타나는가? 몇몇 대표적인 주식에 관한 다음 도표를 보면 공식1에 부합함을 알 수 있다. 높은 주가수익(P/E)은 높은 기대 성장률과 관련이 있다.

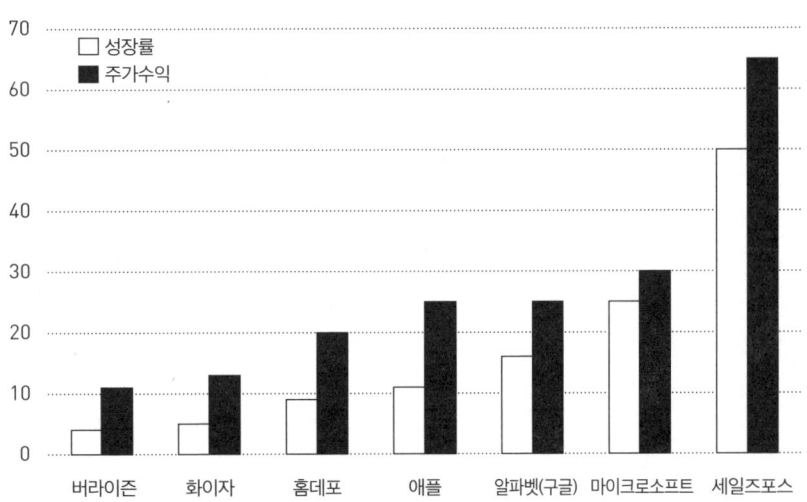

결정요인 2: 배당금. (성장률에 대비한) 배당금 역시 주식 가격을 결정하는 중요한 요인이다. 다른 조건이 동일할 때 배당금이 높을수록 주식 가치도 높다. 여기서 주의할 점은 '다른 조건이 동일할 때'이다. 이익의 상당 부분을 배당으로 지급하는 경우 기대 성장률이 특별히 높지 않다면 투자처로 적절치 않다. 반대로, 성장률이 높지만 배당금을 아예 지급하지 않는 기업도 마찬가지다. 일부 기업은 배당금을 높이는 대신 자사주를 사들이기도 한다. 물론 기대 성장률이 똑같다면 주주에게 더 많은 배당금을 지급하는 주식이 낫다.

> **공식 2** 합리적인 투자자는 다른 조건이 동일할 때, 이익의 더 많은 비중을 배당금으로 지급하거나 자사주를 사들이는 기업의 주식에 더 높은 가격을 지불하고자 한다.

결정요인 3: 위험. 위험은 주식시장에서 중요한 역할을 한다. 그래서 투자가 그토록 흥미진진한 것이다. 위험은 또한 주식의 가치평가에 영향을 미친다. 심지어 어떤 이는 위험이야말로 주식시장에서 살펴봐야 할 유일한 요소라고까지 말한다.

안전한(즉 위험이 낮은) 주식일수록 품질이 더 높다. 가령 소위 블루칩 기업의 주식에는 프리미엄이 붙는다(품질이 높은 주식에 왜 블루칩이라는 포커판 용어가 붙었는지는 월스트리트만이 아는 비밀이다). 투자자들은 위험이 낮은 주식을 선호하고 위험한 주식, 즉 품질이 낮은 주식에 비해 더 높은 가격을 지불하고자 한다.

위험이 높을 때 미래 보상이 그만큼 더 높아야 한다는 생각 즉, 가격이 더 낮아야 한다는 생각에는 일반적인 공감대가 형성되어 있다. 하지만 위험을 측정하기란 불가능에 가깝다. 그럼에도 경제학자들은 포기하지 않는다. 실제로 위험을 측정하기 위한 많은 연구가 이뤄지고 있다.

잘 알려진 이론에 따르면, 개별 주식 가격(혹은 배당금을 포함한 연간 수익)의 변동폭이 시장 전반의 변동폭에 비해 클수록 위험이 높다. 예를 들어, 존슨앤존슨은 미국의 라이프스타일 잡지인 「굿하우스키핑 Good Housekeeping」으로부터 '미망인과 고아'를 위한 주식이라고 인증 받은 안전주다. 그 이유는 경기 침체 동안에도 이익이 안정적으로 유지되고 배당금이 보장되기 때문이다. 가령 시장이 20퍼센트 하락할 때 존슨앤존슨 주식은 10퍼센트 하락에 머문다. 이러한 주식은 위험이 낮은 주식으로 분류된다. 반면 세일즈포스닷컴 Salesforce.com 의 과거 실적은 대단히 불안정한 모습을 보였다. 시장이 20퍼센트 하락할 때 세일즈포스닷컴의 주가는 30퍼센트 이상 떨어지기도 했다. 이러한 주식을 보유하는 것은 도박과 같다. 특히 시장 상황이 좋지 않을 때 매도해야만 한다면 큰 손실을 감수해야 한다.

물론 경기가 좋고 시장이 지속적인 상승세를 보인다면 세일즈포스닷컴의 수익성은 존슨앤존슨을 크게 앞지를 것이다. 하지만 투자자들은 투기적인 희망보다 안정적인 수익을 더 중요하게 여긴다. 그들은 포트폴리오 걱정으로 밤잠을 설치고 싶어 하지 않으며 롤러코스터처럼 요동치는 위험한 상황에 노출되기를 꺼린다. 바로 이로부터 주식 가치평가에서 기본적 분석가가 사용하는 세 번째 기본 공식이 나온다.

공식 3 (위험 회피 성향의) 합리적인 투자자는 다른 조건이 동일할 때 위험이 낮은 주식에 더 높은 가격을 지불하고자 한다.

그러나 '상대적인 변동성'만으로 기업의 위험을 완전히 예측할 수 없다는 사실을 미리 밝혀둔다. 위험 요인에 관한 자세한 논의는 9장을 참조하자.

결정요인 4: 시장 금리. 주식시장은 외로운 섬으로 존재하지 않는다. 투자자는 주식이 아닌 다른 시장에서 얼마나 높은 수익을 올릴 수 있을지 고민한다. 금리가 아주 높은 경우에는 이자 수익이 주식보다 더 안정적이고 수익성 높은 대안이 된다. 등급이 높은 회사채 수익률이 15퍼센트에 근접했던 1980년대 초를 떠올려보자. 당시 채권 수익률은 주식의 수익률을 훌쩍 뛰어넘었다. 그래서 많은 자금이 채권으로 쏠려 결국 주식시장 폭락으로 이어졌다. 이후 주식 가격이 엄청나게 떨어지고 나서야 투자자들은 다시 주식시장에 관심을 보였다. 1987년에도 금리가 크게 상승하면서 10월 19일에 주식시장이 폭락하는 일이 발생했다. 다시 말해, 수익성 높은 채권 시장으로부터 투자자를 끌어오기 위해서는 주식이 아주 싼 가격으로 떨어져야 한다는 뜻이다.[5]

---

[5] 다른 방식으로 설명하자면, 금리가 상승하면 지금 더 많은 돈을 벌 수 있기 때문에 미래의 모든 수익을 더 큰 폭으로 '할인'해야 한다. 그러므로 금리가 높을 때 미래 배당 수익 흐름의 현재 가치는 떨어지게 된다. 그러나 이자율과 주식 가격 사이의 관계는 이보다 더 복잡하다. 인플레이션이 5퍼센트에서 10퍼센트로 높아질 것이라는 예측이 나왔다고 해보자. 그러

다른 한편으로 2020년대 초에 그랬던 것처럼 금리가 아주 낮을 때, 고정금리 채권은 주식에 비해 아주 낮은 보상밖에 제공하지 못하므로 주식 가격은 상대적으로 상승하게 된다. 이로부터 기본적 분석가가 사용하는 가치평가의 마지막 공식이 나온다.

공식4 합리적인 투자자는 다른 조건이 동일할 때 금리가 낮을수록 주식에 더 높은 가격을 지불하고자 한다.

기본적 분석도 왜 먹히지 않을까?

네 가지 가치평가 공식을 요약하자면, 주식의 견고한 토대 가치와 주가수익은 기업의 성장률이 높고 성장 기간이 길수록, 배당금이 높을수록, 위험이 낮을수록, 시장 금리가 낮을수록 높다는 것이다.

기본적 분석가는 이 네 가지 공식을 주식 가격에 대한 합리적 근거로 이용하며 투자자에게 가치평가 기준을 설명할 때도 사용한다. 하지만 이러한 공식들에도 분명한 한계점이 있다.

면 높은 인플레이션으로 인해 구매력 감소를 우려한 투자자들이 고정금리 채권에 더 높은 보상을 요구할 것이므로 채권 이자율은 5퍼센트 포인트 더 상승하게 될 것이다. 다른 조건이 동일하다면, 이러한 흐름은 주식 가격 하락으로 이어지게 된다. 그러나 인플레이션율이 높아질 것이라고 예상할 때, 투자자는 또한 기업의 이익과 배당 역시 빠른 속도로 증가할 것이라고 합리적으로 예상할 것이기 때문에 주식 가격은 상승하게 된다. 인플레이션과 이자율, 주식 가격에 관한 자세한 논의는 13장을 참조하라.

한계점 1: 미래에 대한 기대는 지금 당장 입증할 수 없다. 미래 이익과 배당을 예측하는 것은 대단히 위험한 일이다. 객관성을 유지하기가 지극히 힘들기 때문이다. 무모한 낙관주의와 극단적인 비관주의가 항상 싸움을 벌인다. 2008년 세계 경제는 심각한 경기 침체와 신용 경색으로 어려움을 겪고 있었다. 당시 기본적 분석가가 할 수 있는 일이라고는 대부분의 기업에 대해 성장률을 낮춰 잡는 것이었다. 반면 인터넷 거품이 일었던 1990년대 말과 2000년대 초 기본적 분석가는 고성장과 무한 번영의 새 시대가 열릴 것이라고 확신했다.

기본적 분석가는 기업을 연구하고 산업 전문가를 만나 이야기를 나눔으로써 주요 정보를 얻는다. 그러나 일부 비평가는 이러한 정보는 전반적으로 쓸모없다고 말한다. 아직 시장에 알려지지 않은 소식을 듣고 돈을 벌기도 하지만 틀린 정보 때문에 돈을 잃기도 하기 때문이다. 기본적 분석가는 상당한 노력을 들여 정보를 수집하고 투자자는 그러한 정보에 대해 거래 비용을 지불한다. 하지만 정확한 정보를 가지고서도 미래 수익에 대한 잘못된 전망을 내놓을 수 있다. 그러한 경우, 이익과 배당에 대한 성장 전망은 완전히 빗나가고 만다.

여기서 기억해야 할 점은 어떤 방식으로 미래를 예측하든 부분적으로 불확실한 가정을 기반으로 삼고 있다는 사실이다. 영화제작자 새뮤얼 골드윈 Samuel Goldwyn 은 이렇게 말했다. "예측은 힘들다. 특히 미래에 대한 예측은."

한계점 2: 부정확한 데이터로 정확한 결과물을 얻을 수 없다. 부정확한 데이터로 정확한 결과물을 얻을 수 없다는 것은 당연한 말이다. 그럼에도 기본적 분석가는 그들이 원하는 결과를 얻기 위해 이러한 일을 시도한다.

어느 기업에서 긍정적인 소식이 들려오고 있다고 해보자. 그러면 기본적 분석가는 그 기업의 전망을 분석하고는 꽤 오랫동안 높은 성장률을 유지할 것이라고 결론을 내린다. 그런데 얼마나 오래? 글쎄, 한 십 년은 되지 않을까?

다음으로 기본적 분석가는 현재 배당금, 미래 기대 성장률, 시장 금리를 바탕으로 주식의 '가치'를 계산한다. 그런데 안타깝게도 그렇게 계산한 주식 가치가 현재 시장 가격에 살짝 못 미치는 것으로 나온다.

그러면 두 가지 대안이 있다. 주식 가격이 과대 계상되었다고 판단하고 매수를 포기한다. 아니면 이렇게 생각한다. '이 기업의 높은 성장률이 10년이 아니라 11년 동안 지속될지도 몰라. 어차피 10년도 추정치인데 11년이라고 안 될 게 뭐가 있어?' 그리고 다시 컴퓨터 앞에 앉아 주식 가치를 새로 계산한다. 그리고 다행스럽게도 이번에는 주식 가치가 현재 시장 가격보다 살짝 높은 것으로 나온다.

이런 계산이 가능한 이유는 높은 성장률이 길어질수록 미래 배당 흐름이 커지기 때문이다. 그렇다면 주식의 현재 가치는 계산기의 재량에 달린 셈이다. 11년으로도 충분치 않다면 12년이나 13년을 집어넣으면 된다. 이렇게 기본적 분석가는 성장률과 성장 기간을 조합해서 원하는 가격을 만들어낸다. 사실 주식의 내재가치를 계산하는 일은 본질적으로 불가능하다. 내가 생각하기에 원칙적으로 주식 가치에는 근본적인 부정확성이 존재한다. 전지전능한 존재라도 주식에 대한 적절한 주가수익배수는 알 수 없다.

한계점 3: 성장에 대한 가치가 똑같이 적용되는 것은 아니다. 시장에서 어떤 핵심 요소에 가치를 부여하는지 파악하기란 어렵다. 기대 성장률이 높으면 당연히 주가수익배수도 높다. 하지만 여기서 중요한 질문이 있다. '그렇다면 높은 성장률에 시장은 얼마나 더 많은 돈을 지불할 것인가?'

이 질문에 대한 정답은 없다. 성장에 대한 열망이 높았던 1960년대 초와 1970년대에 시장은 높은 성장률을 보여준 주식에 엄청난 가격을 지불했다. 반면 1980년대 말이나 1990년대 초에는 성장률이 높은 주식에 대한 프리미엄이 낮았다. 또한 2000년 초반에는 나스닥 100 지수에 이름을 올린 성장주들은 세 자리 수의 주가수익배수로 거래되었다. 이처럼 성장은 튤립 구근만큼이나 유행을 탄다. 성장주에 투자했던 기본적 분석가라면 이러한 진리를 고통스럽게 깨달았을 것이다.

예를 들어, 미생물로 병을 분해하는 기술을 개발한 한 기업의 주식이 이익의 30배로 거래되고 있다고 해보자. 기본적 분석가는 25퍼센트 성장률이 장기적으로 이어질 것으로 전망한다. 여기서 기대 성장률이 25퍼센트로 동일한 기업들의 주식이 이익의 40배에 거래되고 있다면 기본적 분석가는 그 회사의 주식이 평균적으로 '싸다'고 결론내리고 매수를 추천한다.

그런데 몇 달 후, 기대 성장률이 25퍼센트인 기업들의 주식이 이익의 20배로 시장에서 거래되기 시작했다고 해보자. 기본적 분석가의 성장률 전망은 정확했음에도 그의 고객들은 돈을 벌지 못한다. 그 이유는 시장이 성장주의 가치에 대한 평가를 조정했기 때문이다. 다시 말해 시장은 그 회사의 주가를 높이는 것이 아니라 다른 모든 성장주에 대한 평가를 하향 조정함으로써 '오류'를 바로잡은 것이다.

현실적인 관점에서 볼 때, 시장 가치와 관련하여 지금까지 나타났던 급격한 변화에서 특정 기간의 가치평가 기준을 시장 표준으로 사용하는 일이 대단히 위험한 발상이라는 사실을 알 수 있다. 성장주에 대한 현재의 평가와 역사적 선례를 비교한다면, 적어도 지금이 혹시 튤립 구근이 투자자를 정신 못 차리게 만들었던 그런 기간은 아닌지 분간할 수 있을 것이다.

논리적이고 과학적인 것처럼 보이지만 사실 기본적 분석에는 세 가지 잠재적인 결함이 존재한다. 첫째, 정보와 분석 자체에 결함이 있을 수 있다. 둘째, 분석가의 '가치'에 대한 평가가 틀릴 수 있다. 셋째, 주식 가격이 추정 가치에 수렴하지 않을 수 있다.

가치평가에서 이러한 일은 드물지 않게 일어난다. 이는 우리가 과거에 경험했던 시장 심리의 변화에 따른 일상적인 사건일 뿐이다. 평균 주가수익배수는 물론이고 성장주에 부여된 프리미엄 역시 갑자기 변한다.

◆ ◆ ◆

지금까지 소개한 분석법 모두 대단히 그럴듯해 보인다. 하지만 여기서 중요한 질문은 이러한 분석법이 정말로 '쓸모가 있느냐'다.

다음 두 장에서는 이러한 분석법을 따르는 분석가들의 실제 투자 성과를 따져보고자 한다. 6장에서는 기술적 분석가의 실적을 살펴볼 것이다. 그리고 7장에서는 기본적 분석가의 실적을 살펴볼 것이다. 마지막으로 투자 전문가의 조언을 얼마나 신뢰할 수 있을지 따져볼 것이다.

6장
기술적 분석 대 랜덤워크

세상은 보이는 것과 다르다.
거품이 크림 행세를 한다.
– 길버트와 설리번, '군함 피나포어'

기술적 분석가는 이익, 배당, 위험, 금리를 고려하지 않는다. 다만 주가의 움직임에만 집중한다. 숫자에 대한 그들의 집착은 월스트리트의 가장 화려한 이론과 전문 용어를 만들어냈다. "승자를 보유하고 패자를 처분하라." "강한 주식으로 갈아타라." "움직임이 좋지 않은 종목은 팔아라." "기록에 맞서지 말라." 이들 모두 기술적 분석가들이 내놓는 유명한 처방이다. 기술적 분석가들은 공중누각 위에 전략을 수립한다. 그리고 그들만의 기술을 통해 어디에 누각이 들어서고 있으며 어떻게 더 빨리 올라탈 수 있을지 알아내고자 한다. 그런데 여기서 중요한 질문은 이것이다. '그러한 기

술은 정말로 효과가 있을까?'

대학 교수는 학생으로부터 종종 이런 질문을 받는다. "그렇게 많은 걸 아시는데 왜 부자가 되지 못한 거죠?" 이러한 질문을 받으면 속이 쓰리다. 사회적으로 숭고한 직종에 종사하느라 세속적인 영광은 외면하고 살았다고 믿고 있기 때문이다. 하지만 이 질문은 아마도 기술적 분석가에게 더 잘 어울릴 것이다. 기술적 분석의 목표는 돈을 버는 것이기 때문에 사람들은 그들이 틀림없이 큰 성공을 거두었을 것이라고 기대한다.

하지만 나는 구멍이 난 신발을 신고 옷깃이 해진 셔츠를 입은 기술적 분석가를 어렵지 않게 만난다. 사실 나는 성공한 기술적 분석가를 만나본 일이 없다. 반면 실패한 분석가들은 많이 봤다. 그런데 의아하게도 그들은 절대 구차하게 변명을 늘어놓지 않는다. 사교적 결례를 무릅쓰고 왜 파산했는지 물어보면, 그들은 한결같이 자신이 만든 도표를 믿지 못하는 너무도 인간적인 실수를 저질렀기 때문이라고 털어놓는다. 한번은 함께 저녁식사를 하다가 차티스트에게서 그런 말을 듣고 목이 메었던 적이 있다. 그 다음부터 나는 차티스트와는 함께 식사하지 않는다. 소화 불량에 걸리기 때문이다.

그들 자신의 조언을 따르지 않아서 부자가 되지는 못했음에도 기술적 분석가들은 주옥같은 말을 많이 남겼다. 한 분석가의 조언을 들어보자.

동력을 다시 끌어모으는 기간이 끝나고 나타나는 상승세는 강세 신호다. 그럼에도 지렛대 특성은 아직 분명하게 나타나지 않았고 저항선이 다우지수에서 40포인트 높게 형성되고 있기 때문에 강세 시장이 시작

될 것이라고 단정 짓기는 시기상조다. 다음 몇 주 동안 저점에 대한 시험이 이어지면서 시장이 깃발 형태로부터 벗어난다면 추가적인 상승으로 봐야 할 것이다. 하지만 만약 저점이 무너진다면 중기 하향 추세로 접어들 것이다. 지금 시점에서 보건대, 중개인들은 앞으로 흐름의 윤곽이 보다 선명하게 드러나길 기다릴 것이며 그동안 시장은 한정된 범위 내에서 움직일 것이다.

이 말이 무슨 뜻인지 묻는다면, 나도 대답해 줄 수가 없다. 하지만 대략 이런 뜻일 것이다. '시장이 오르거나 내리지 않으면 그대로 머물러 있을 것이다.' 어쭙잖은 일기예보도 이보다는 나을 것이다.

내겐 아마도 선입견이 있을 것이다. 기술적 분석에 대한 나의 편향은 개인적인 것일 뿐 아니라 직업적인 것이기도 하다. 사실 기술적 분석은 학계로부터 많은 질타를 받고 있다. 학자들은 종종 그들을 공격 대상으로 삼는다. 거기에는 두 가지 이유가 있다. (1) 거래 비용과 세금을 제하고 나면, 그들이 제시하는 방법은 장기 보유 전략보다 못하다. (2) 공격하기가 쉽다. 부당하게 보일 수도 있지만 그래도 학자들이 공격하는 이유는 투자자의 돈을 지켜주기 위해서라는 점을 기억하자.

한동안 컴퓨터가 기술적 분석가의 위상을 높여줬다. 그리고 이제 우리도 인터넷상에서 쉽게 도표 분석을 찾아볼 수 있다. 하지만 기술적 분석가들이 파멸한 것은 바로 그들의 도표 분석 기술 때문인 것으로 드러났다. 기술적 분석가가 시장이 어디로 흘러가고 있는지 보여주는 도표를 내놓자마자 학자들은 그 분석가가 어디로 흘러가고 있는지 보여주는 도표를 부지런히 그려낸다. 모든 기술적 원칙은 컴퓨터를 가지고 쉽게 검증해볼 수 있다는 장점 때문에 기술적 분석가들의 투자 전략이 정말로 효과가 있었는지 확인하는 작업은 학자들이 즐겨 하는 오락거리가 되었다.

주식시장에 모멘텀이 존재하는가?

기술적 분석가는 주식의 과거 움직임을 알면 미래의 움직임을 예측할 수 있다고 말한다. 다시 말해, 어제까지의 가격 변화를 통해 오늘의 가격을 예측할 수 있다는 뜻이다. 이를 소위 '벽지이론wallpaper principle'이라고 한다. 거울 뒤 벽지 패턴이 거울 밖 벽면의 패턴과 똑같을 것이라고 추측하듯이 기술적 분석가는 미래의 주식 가격을 추측한다. 기술적 분석에서 기본적인 가정은 시간적으로 혹은 공간적으로 반복되는 패턴이 존재한다는 것이다.

차티스트는 시장에 모멘텀momentum, 관성이 존재한다고 믿는다. 상승하는 주식은 계속 상승하고 하락하는 주식은 계속 하락할 것으로 전망한다. 그렇다면 투자자는 상승이 시작된 주식을 매수하고 강세 종목을 지속적으로 보유해야 한다. 반대로 주식이 떨어지기 시작할 때 매도해야 한다.

학자들은 20세기 초부터 기술적 분석 데이터를 철저하게 분석했다. 그리고 주가의 과거 움직임은 미래의 움직임을 신뢰할 정도로 밝혀주지 못한다는 결론을 내렸다. 주식시장은 기억력이 나쁘다. 그래서 시장에는 관성이 존재하기는 하지만 매번 일어나지도 않고 금방 사라지는 경우가 많다. 적어도 추세를 따르는 전략을 통해 지속적인 수익을 올릴 수 있을 정도의 관성은 존재하지 않는다. 11장에서 좀 더 자세히 살펴보겠지만 주식시장에서 모멘텀(관성)이 단기적으로 나타난다고 해도 거래 비용과 세금을 제외했을 때 얻는 수익을 따져보면 투자자가 모멘텀 전략을 채택할 것 같지는 않다.

경제학자들은 또한 가격 변화가 며칠(혹은 몇 주, 몇 달) 동안 동일한 방향으로 지속되는 경우가 많다는 주장에 대해서도 검증을 실시했다. 차티스트는 주식이 미식축구의 후위 공격수인 풀백과 같아서 한번 속도가 붙으면 계속해서 같은 방향으로 달려 나간다고 말한다. 그러나 이러한 주장 또한 사실이 아닌 것으로 드러났다. 물론 가격 상승이 며칠 동안 이어지는 경우도 있다. 그러나 동전 던지기를 해도 연속으로 '앞면'이 나올 때는 있다. 주가가 연속으로 오르는(혹은 내리는) 경우는 동전을 던져 앞면(혹은 뒷면)이 계속해서 나오는 경우와 다를 바 없다. 주식시장에서 말하는 '지속적 패턴'은 도박판에서 행운이 잇달아 터지는 것만큼 드물게 나타나는 현상이다. 그래서 경제학자들은 주가의 움직임을 무작위 행보라는 뜻의 랜덤워크와 흡사하다고 말한다.

랜덤워크란 정확하게 무슨 뜻인가?

그럼에도 많은 이들은 경제학자들의 결론을 말도 안 되는 소리라고 생각한다. 신문의 금융면만 살펴봐도 주식시장의 패턴을 금방 확인할 수 있다. 가령 아래 도표를 보자.

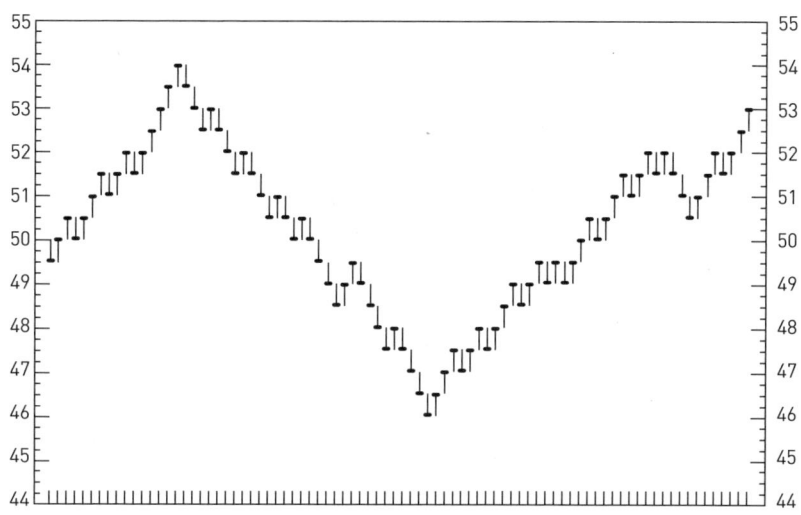

이 도표에서 분명하게 패턴을 확인할 수 있다. 초기 상승 후 지속적인 하향세를 그리다가, 하향세가 멈추면서 또다시 상승세를 이어나간다. 사람들은 이러한 식의 설명이 당연하다고 생각한다. 대체 경제학자는 얼마나 근시안적인 사람이기에 누가 봐도 명백한 패턴을 보지 못하는 것일까?

그러나 주식시장에서 패턴이 반복적으로 나타난다는 믿음은 통계적 환상에 불과하다. 이러한 사실을 입증하기 위해 나는 학생들과 함께 실험 한 가지를 했다. 나는 학생들에게 50달러로 시작하는 가상 주식의 움직임을 보여주는 도표를 만들어보도록 했다. 여기서 거래일의 종가는 동전 던지기로 결정한다. 즉, 동전을 던져 앞면이 나오면 주식 가격은 전날보다 0.5포인트 상승하고, 반대로 뒷면이 나오면 0.5포인트 하락하게 된다. 사실 위 도표는 바로 이러한 방법으로 만들어진 가상 주식 그래프다.

그런데 놀랍게도 동전 던지기로 완성한 도표가 진짜 주식 도표처럼 보인다. 여기서 중요한 사실은 규칙성이 존재하지 않는다는 점이다. 도표에 나타난 '주기'는 도박사의 행운과 마찬가지로 진짜 주기가 아니다. 그리고 일정 기간 주식이 상승세에 있다는 사실은 현재의 상승 흐름이나 그 지속 기간에 대해 어떠한 정보도 알려주지 않는다. 그렇다. 주식시장의 역사는 반복되는 경향이 있지만 놀랍게도 드러나는 형태는 무한대이기 때문에 과거의 가격 패턴에 관한 정보를 이용해서 수익을 올리려는 시도가 소용없는 것이다.

학생들이 동전 던지기로 만든 도표 중에는 머리 어깨형이나 삼중 천장 바닥형 패턴도 있다. 패턴 중 하나는 뒤집어진 머리 어깨형에서 벗어나 상승하는 추세(강세 시장을 나타내는 뚜렷한 신호)를 보였다. 한 차티스트 친구에게 그 도표를 보여줬더니 그는 놀라서 펄쩍 뛰었다. "어느 회사야? 당장 사야 돼. 전형적인 패턴이야. 틀림없이 다음 주에 15퍼센트 뛸 거라고." 그러나 내가 동전을 던져서 만든 것이라고 설명하자 뿌루퉁한 표정을 지었다. 그 친구도 다른 차티스트들처럼 유머 감각이 없었다. 나는 예전에 이 책의 초판에 대한 서평을 한 호전적인 「비즈니스위크」 분석가에게 맡겼다가 된통 당한 적도 있다.

학생들은 완전히 무작위로 주식 도표를 만들었다. 이 말은 동전에 문제가 없는 이상 던질 때마다 앞면이 나올 확률, 즉 주가가 상승할 확률이 50퍼센트이고 뒷면이 나올 확률, 즉 하락할 확률이 50퍼센트라는 뜻이다. 만일 앞면이 연속으로 열 번 나왔다고 해도 다음번에 앞면이 나올 확률은 여전히 50퍼센트다. 학자들은 학생들이 만든 주식 도표처럼 무작위로 생성된 숫자의 연속을 랜덤워크라 부른다. 다시 말해 랜덤워크란 과거 자료로는 앞으로의 흐름을 전혀 예측하지 못한다는 뜻이다.

물론 주식시장이 학자가 말하는 이상적인 상태, 즉 현재 가격이 과거 내력과 완전히 독립적인 상태라는 말이 다 맞는 것은 아니다. 실제로 주식시장에는 어느 정도 관성이 존재한다. 좋은 소식이 흘러나올 때 투자자는 어느 정도 적정 가격에 대한 예상을 수정한다. 그리고 이러한 수정 작업은 한 번에 이뤄지지 않는 데다가 군중 심리도 작용하기 때문에 가격이 일정 기간 상승하는 모멘텀이 나타나게 된다.

주식시장이 랜덤워크에 완벽하게 부합하지 않는다는 사실은 금융 경제학자 앤드류 로Andrew Lo 와 크레이그 매킨레이A. Craig MacKinlay 의 『논랜덤워크다운 월스트리트A Non-Random Walk Down Wall Street』라는 책의 출간으로 이어졌다. 이들은 단기적인 모멘텀이 존재한다는 일부 증거를 찾았다. 더불어 이익과 배당이 계속 성장함에 따라 주식 가격도 장기적으로 상승하는 흐름이 있다는 점도 찾았다.

하지만 모멘텀에 의존해서는 시장을 이기기 위한 확실한 전략을 세울 수 없다. 무엇보다 주식시장이 새로운 소식에 항상 둔감하게 반응하는 것은 아니다. 때로 과잉 반응을 하기도 하며 가격 역전이 갑작스럽게 일어나기도 한다. 따라서 모멘텀 전략을 이용한 투자 펀드는 형편없는 실적을 종종 기록한다. 또한 모멘텀을 활용하는 투자 전략에 따른 거래 수수료와 세금은 종종 그로부터 얻는 수익을 훨씬 넘어선다.

이러한 점에서 '약한' 랜덤워크에 대한 정확한 설명은 다음과 같다.

> 주식 가격의 과거 기록에는 장기 보유 전략을 지속적으로 능가할만한 유용한 정보가 들어 있지 않다.

랜덤워크가 약하게 나타나더라도 내 동료 리처드 콴트Richard Quandt가 말한 것처럼 "기술적 분석은 점성술과 비슷하며, 딱 그만큼 과학적이다."

그렇다고 기술적 분석으로 절대 돈을 벌 수 없다는 뜻은 아니다. 기술적 분석가들 역시 종종 수익을 올린다. 그러나 중요한 사실은 일반적으로 장기 보유 전략(주식, 혹은 주식군을 매수해서 오랫동안 보유하는 전략)으로 그만큼 혹은 그보다 더 많이 돈을 벌 수 있다는 것이다.

과학자가 신약의 효용을 시험하고자 할 때 일반적으로 환자를 두 집단으로 나누고 한 집단에는 시험하고자 하는 약을, 다른 집단에게는 플라시보 효과를 내는 위약(설탕으로 만든 알약)을 준다. 그리고 두 집단의 결과를 비교해서 진짜 약을 받은 집단이 대조 집단보다 더욱 뚜렷한 호전을 보일 때에만 약의 효용을 인정하게 된다. 만약 같은 기간에 두 집단 모두 비슷한 정도로 호전을 보인다면 환자들의 상태가 좋아졌다고 해도 그 약의 효용은 인정받지 못한다.

주식시장 실험에서 기술적 분석의 비교 대상이 되는 대조 집단은 장기 보유 전략이다. 기술적 분석은 종종 수익을 올리지만, 그건 장기 보유 전략도 마찬가지다. 실제로 주식시장 지수에 포함된 모든 주식으로 구성한 포트폴리오를 활용하는 장기 보유 전략은 투자자들에게 지난 100년 동안 평균 10퍼센트의 연 수익률을 선사했다. 기술적 분석이 그 효용을 인정받기 위해서는 이보다 더 높은 수익을 올려야 한다. 하지만 지금까지 그 시험을 지속적으로 통과한 기술적 분석가는 아무도 없다.

기술적 분석 기법

기술적 분석의 지지자들은 아마도 내가 편파적이라고 따질지 모른다. 물론 앞서 소개한 간단한 시험만으로는 '다양한' 기술적 분석을 모두 판단할 수 없을 것이다. 그러나 기술적 분석가들에게는 안타깝게도 더 정교한 기법 역시 과학적 검증이 가능하다. 여기서는 몇 가지 잘 알려진 기법에 대해 자세히 살펴보도록 하자.

필터 기법

널리 알려진 '필터filter' 기법에서는 주가가 저점에 도달했다가 5퍼센트(얼마든지 다른 숫자를 집어넣을 수 있다) 상승하면 상승세에 있다고 말한다. 그리고 주가가 정점에서 5퍼센트 하락하면 하락세에 있다고 한다. 여기서 투자자는 주가가 저점에서 5퍼센트 상승했을 때 주식을 매수하여 보유하고 있다가 고점에서 5퍼센트 하락하면 매도 혹은 공매도sell short 주식이나 채권을 가지고 있지 않은 상태에서 매도 주문을 내는 것-옮긴이 해야 한다. 이후 가격이 저점에서 적어도 5퍼센트 상승할 때까지는 매수하지 않는다.

이 기법은 펀드매니저들 사이에서 대단히 인기가 높다. 실제로 필터 기법은 펀드매니저가 선호하는 '손절매stop-loss' 주문의 기반이 되는 기법으로, 펀드매니저는 매수 가격에서 5퍼센트 아래로 떨어지면 '잠재적 손실을 제한'하기 위해 고객에게 매도를 권유한다.

학자들은 필터 기법을 철저하게 검증했다. 그들은 상승과 하락의 비율을 1~50퍼센트로 다양하게 바꿔가며 테스트했다. 또한 기간을 다양하게 설정한 것은 물론이고 여러 시장 지수와 개별 종목까지 포함시켰다. 이들의 연구에서 놀랍게도 흔들림 없는 결과가 나왔다. 필터 기법에서 발생한 높은 거래 비용을 고려할 때 이 기법은 개별 주식이나 주가 지수를 매수해서 오랜 기간 보유하는 전략을 지속적으로 이기지 못했다. 개인 투자자라면 이러한 필터 기법은 피하는 것이 좋다. 게다가 그 기법을 추천하는 분석가도 피할 것을 권한다.

다우 이론 기법

다우 이론Dow theory 기법은 저항선과 지지선 사이의 치열한 줄다리기에 관한 이론이다. 시장이 정점을 찍고 내려올 때 그 정점은 이제 저항선이 된다. 그 이유는 정점에서 매도 기회를 놓쳤다고 생각하는 사람들이 또 한 번의 기회를 초조하게 기다리게 될 것이기 때문이다. 이후 시장이 다시 반등하여 이전 정점에 가까이 왔을 때 저항선을 '시험'한다고 말한다. 이제 진실의 순간이 왔다. 시장이 저항선을 뚫고 상승하면 상승세가 당분간 이어질 것이며, 이전의 저항선은 지지선이 된다. 반대로 시장이 '저항선 통과에 실패'해서 이전 지지선 아래로 떨어지면 분석가는 이를 약세 신호로 판단하고 투자자에게 매도를 권한다.

다우 이론 기법은 시장이 마지막 정점보다 올랐을 때 매수하고 이전 저점보다 떨어졌을 때 매도하는 전략을 의미한다. 이 이론에는 다양한 형태가 있지만 기본적인 개념은 도표 분석과 동일하다.

하지만 안타깝게도 다우 이론 기법을 통해 확인한 신호는 미래 가격 동향을 예측하는 데 아무런 쓸모가 없는 것으로 드러났다. 매도 신호 이후의 시장 성과와 매수 신호 이후의 시장 성과에는 별반 차이가 없기 때문이다. 주식시장 지수에 포함된 모든 주식으로 구성한 포트폴리오를 장기 보유하는 전략에 비해 다우 이론 기법 추종자들은 실적에서 뒤처져 있다. 상당한 중개 수수료가 추가적으로 발생하기 때문이다.

상대강도 기법

상대강도 기법 relative-strength system 에서는 좋은 움직임을 보이는, 다시 말해 시장 지수의 실적을 앞지르는 주식을 매수해서 보유하라고 제안한다. 반대로, 시장에 비해 움직임이 나쁜 주식은 회피하거나 매도하라고 권한다. 상대강도 전략이 장기보유 전략의 성과를 앞지른 기간도 존재하지만 그러한 결과가 지속적으로 이어질 수 있다는 증거는 없다. 앞서 언급했던 것처럼 주식시장에는 관성이 어느 정도 존재한다. 하지만 25년이 넘는 기간을 설정하여 상대강도 기법의 성과를 테스트한 결과, 비용과 세금을 감안할 때 결코 투자자에게 도움이 되지 않는 것으로 드러났다.

가격-거래량 기법

가격-거래량 기법에서는 거래량이 큰 증가세에 있으면 충족되지 않은 초과 매수세가 반드시 남아 있기 때문에 가격은 상승을 이어간다고 본다. 반대로 거래량이 크게 줄어들면 매도 압력이 발생하면서 가격 하락이 이어진다고 본다.

그러나 다시 한번 말하지만, 이러한 기법을 따르는 투자자는 실적에서 실망하게 될 가능성이 높다. 이 기법으로 확인한 매수와 매도 신호에는 미래 가격의 움직임을 예측하는 유용한 정보가 들어 있지 않다. 또한 다른 모든 기술적 전략과 마찬가지로 투자자는 매수 거래와 매도 거래를 자주 해야 하는데, 그 과정에서 발생하는 비용과 세금은 장기보유 전략에 수반되는 비용과 세금을 훌쩍 넘어선다.

도표 분석 기법

앞장에서 소개한 것처럼 좀 더 정교한 도표 패턴은 어쩌면 주가의 미래 흐름을 보여줄 수도 있을 것이다. 예를 들어 머리어깨 형태를 보인 뒤 하향하는 곡선은 분명한 약세 신호로 해석할 수 있다. 한 연구에서 연구원들은 컴퓨터 프로그램을 활용해서 5년 동안 548가지 종목에 대한 도표를 작성하여 널리 알려진 32가지 패턴을 발견했다. 패턴 중에는 머리어깨, 삼중 천장 및 바닥, 통로, 쐐기 등 다양한 형태가 포함되어 있었다.

대표적인 약세 패턴인 머리어깨 형태 이후 목선 아래로 떨어지는 형태가(뚜렷한 약세 조짐이) 나타날 때 컴퓨터는 매도 신호를 표시했다. 삼중 바닥 형태 이후로 반등이 나타날 때는 매수 신호를 표시했다. 그러나 기술적 신호와 이후의 실적 사이에 아무런 상관관계가 없다는 점이 여기서도 또 다시 드러났다. 매도 신호에 따라 매도를 하고 매수 신호에 따라 매수를 했을 때 실적은 장기보유 전략보다 나을 게 없었다. 중개수수료가 없어도 거래비용은 존재하고, 수익이 있다고 해도 소득세가 어김없이 부과된다. 반면 매수한 후 보유하면 세금은 이연된다.

다우의 개 기법

이 흥미로운 기법은 주목받지 못한 주식이 방향을 바꿔 결국에는 관심의 대상으로 떠오르게 된다는 믿음을 기반으로 한다. 이 기법에 따를 때 투자자는 매년 다우지수를 구성하는 30개 종목 중 전년도에 배당을 많이 한 10개를 매수한다. 일반적으로 가장 관심을 받지 못한 종목의 경우 주가수익배수와 PBR 주가순자산비율Price Book-value Ratio, 주당 시장가격을 주당 장부가치로 나눈 것-옮긴이 이 낮기 때문이다.

다우의 개 기법의 창시자인 제임스 오쇼너시James O'Shaughnessy 는 1920년대를 대상으로 이 기법의 효용을 시험했다. 그리고 다우의 개들이 추가적인 위험 없이 매년 2퍼센트 포인트만큼 시장 지수를 앞질렀다는 사실을 발견했다. 이후 이 기법은 자산관리사 마이클 오히긴스Michael O'Higgins 에 의해 널리 알려지게 되었다.

월스트리트 분석가로 이뤄진 개 부대의 대원들은 귀를 쫑긋 세우고 이 기법에 대한 강한 확신을 바탕으로 수십억 달러의 뮤추얼펀드를 팔았다. 그러나 예상했듯이 개들은 성공을 물어오지 못했다. 오히려 성공이 개들을 물었다. 다우의 개들은 전체 시장보다 더 낮은 실적을 계속해서 보여줬다. 이 기법으로 인기를 끌었던 오히긴스는 "그 기법이 너무 많이 알려져서" 자멸하고 말았다는 해명을 내놓았다. 이제 다우의 개들은 더 이상 사냥하지 않는다.

1월 효과 기법

많은 분석가들은 1월이 주식시장 수익률에서 아주 특별한 기간이라는 사실에 동의한다. 1월 첫 2주간 주식시장 수익률은 다소 높게 형성되는 경향이 있으며 특히 소형주에서 두드러지게 나타난다. 위험 요소를 감안하고라도 소형주는 연초의 짧은 기간 동안 투자자에게 특별히 넉넉한 수익을 나눠준다. 이러한 현상은 해외 주식시장에서도 보고되고 있다. 도발적인 제목의 책 『믿기 어려운 1월 효과 The Incredible January Effect』는 바로 이러한 현상에 주목한다.

그러나 안타깝게도 소형주를 사고파는 과정에서 발생하는 비용은 높은 매매가격차이와 낮은 유동성 때문에 대형주에 비해 훨씬 높다. 개인 투자자가 이 효과를 특별하게 활용할 수 있는 방법은 없어 보인다. 게다가 1월 효과는 매년 일정하게 나타나지 않는다. 다시 말해, 1월의 '동전 줍기'는 너무 많은 수고가 들고 어떤 해에는 그저 신기루로 끝나기도 한다.

별난 이론과 기술적 분석의 대가들

기술적 분석이 쓸모없다는 사실을 입증하고 난 뒤 학자들은 좀 더 별난 방법으로 시선을 돌렸다. 다음 사례가 말해주듯이 차티스트들이 사라지면 금융 세상은 훨씬 조용하면서도 지루해질 것이다.

치마 길이

주가 움직임으로 만족하지 못한 일부 기술적 분석가는 다른 지표로 관심을 돌렸다. 그중 흥미로운 한 가지는 아이라 코블라이 Ira Cobleigh 가 언급했던 '강세 시장과 치마 길이 bull markets and bare knees' 이론이다. 이 이론은 특정 연도에 여성의 치마 길이를 조사하면 주식 가격의 향방을 알 수 있다고 말한다. 다음 도표에서 강세 시장일 때 치마 길이가 짧아지고 약세 시장일 때 치마 길이가 길어지는 느슨한 상관관계를 알 수 있다.

실제로 19세기 말과 20세기 초 주식시장은 약세였고 치마는 길었다. 그리고 1920년대에는 치마가 짧아지면서 강세 시장이 찾아왔다. 다음으로 1930년대에 치마가 길어지면서 폭락이 일어났다.

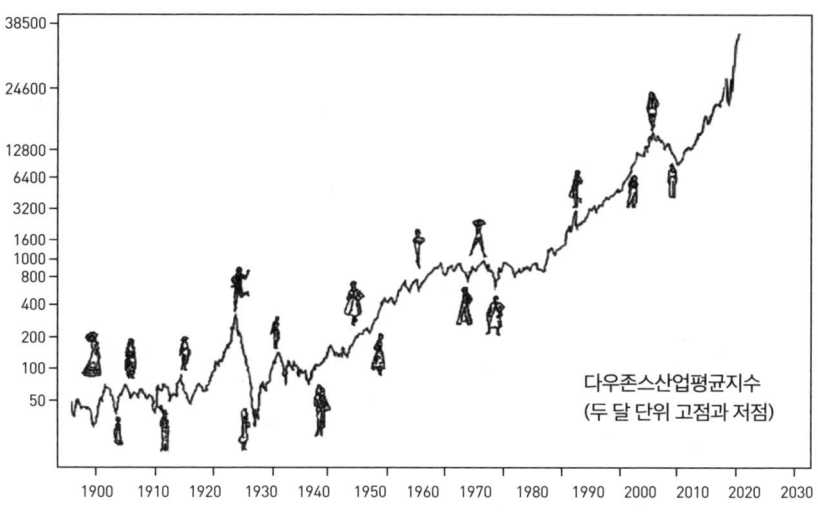

다우존스산업평균지수
(두 달 단위 고점과 저점)

그러나 이 이론은 2차대전 이후로는 잘 들어맞지 않았다. 1946년 시장이 급락하고 난 1947년에서야 롱스커트를 필두로 한 '뉴룩 New Look' 패션이 선보였다. 그리고 1968년 말 주식시장이 급락을 겪은 후인 1969년과 1970년에는 중간 길이의 스커트가 유행하기 시작했다.

그렇다면 주식시장이 붕괴했던 1987년에는 어땠을까? 그때에도 치마 길이 이론이 옳았다고 말하기는 어려울 것이다. 1987년 봄에 디자이너들이 가을 패션을 선보이면서 초미니 스커트가 그 해의 유행이 될 것으로 보였다. 하지만 찬바람이 불기 시작했던 10월 초가 되면서 많은 여성이 미니스커트를 외면하는 이상한 일어 벌어졌다. 여성들이 다시 롱스커트로 돌아가면서 디자이너들 역시 재빨리 흐름을 따라잡았다. 하지만 그 이후 역사가 말해주듯이 주식시장은 회복되었다. 다음으로 2000년대 첫 십 년 동안 이어진 심각한 약세 시장은 어땠을까? 안타깝게도 이때는 바지가 유행했다. 여성 정치인이나 비즈니스 리더 들이 바지 차림으로 대중 앞에 나섰다. 물론 2007~2008년 경기 침체를 일으킨 실질적인 이유는 앞서 4장에서 설명했듯이 금융 위기가 일어났기 때문이다. 그리고 2020년 급격한 경기 하락은 코로나19 팬데믹에 따른 것이다. 우리는 두 사건 모두 치마 길이로 예측하지 못했다.

일부 사례가 치마 길이 이론을 지지하는 것처럼 보이더라도 치마 길이로부터 매매 시점에 관한 도움을 얻을 것이라고는 기대하지 말자. 여성들은 이제 치마의 억압에서 벗어났다. '보그 Vogue'가 언급했듯이 이제 우리 모두는 남자처럼도 여자처럼도 입을 수 있다.

슈퍼볼

2021년에는 왜 시장이 상승했을까? 슈퍼볼 이론을 활용하는 기술적 분석가라면 이 질문에 명쾌하게 대답했을 것이다. 슈퍼볼 이론은 어느 팀이 슈퍼볼 우승을 차지하느냐를 기준으로 주식시장의 미래를 예측한다. 예를 들어 탬파베이 비커니어스처럼 NFL 소속팀이 우승을 차지한다면 주식시장의 강세가 예상된다. 반면 AFL 소속팀이 우승을 차지한다면 이는 주식시장 투자자에게 나쁜 소식이 된다. 이 이론이 때로 틀리기도 하지만 맞았을 때가 더 많았다.

하지만 그건 말도 안 되는 소리다. 슈퍼볼 이론에서는 아무런 상관없는 두 사건이 때로는 어떠한 상관관계를 드러낼 수 있다는 사실 이외에 아무것도 알아낼 수 없다. 증권 칼럼리스트 마크 헐버트Mark Hulbert가 쓴 기사에 따르면, 주식시장 연구원 데이비드 라인웨버David Leinweber는 S&P 500 지수와 가장 밀접한 상관관계를 보이는 지표로 방글라데시 버터 생산량을 꼽았다고 한다.

기술적 분석의 대가들

기술적 분석가는 정확한 예언가는 아니더라도 초기에는 강력한 존재감을 드러냈다. 대표적인 인물로 투자기업 리먼 브라더스Lehman Brothers의 부사장을 지낸 일레인 가자렐리Elaine Garzarelli를 꼽을 수 있다. 가자렐리는 하나의 지표에만 집중하지 않았다. 그녀는 금융 데이터의 바다에 뛰어들어 무려 13가지의 지표를 활용하여 시장 흐름을 예측했다. 가자렐리는 주요 세부사항을 분석하는 작업을 좋아했다. 어릴 적에는 동네 푸줏간에서 얻어온 동물 내장을 해부했다고도 한다.

가자렐리는 1987년 대폭락 국면에서 로저 뱁슨과 같은 역할을 했던 인물이다. 그해 10월 13일, 그녀는 「USA투데이」를 통해 조만간 다우지수가 500포인트(20퍼센트) 넘게 하락할 것이라는 섬뜩한 예언을 내놨다. 그리고 일주일이 지나지 않아 그녀의 예언은 사실로 드러났다.

하지만 그때의 예언은 가자렐리의 마지막 선견지명이었다. 언론이 그녀를 "검은 월요일의 대가"라고 떠받들고 「코스모폴리탄」에서 「포천」에 이르기까지 수많은 매체가 과찬의 기사를 쏟아내면서, 그녀는 인기 혹은 오명에 빠져 허우적거렸다. 대폭락이 끝나고 그녀는 시장에 더 이상 뛰어들지 않을 것이며 다우지수는 또 한 번 200~400포인트 빠질 것이라고 예측했다. 이로 인해 가자렐리는 시장의 반등 기회를 잡지 못했다. 그녀에게 돈을 맡긴 투자자들 역시 후회했다. 그녀는 자신의 일관성 부족을 탓하면서 기술적 분석에 대한 역사적인 변명을 남겼다. "저는 제가 그린 도표를 믿지 못했습니다."

이제 1990년대 중반으로 넘어와서, 가장 찬란했던 투자의 대가들은 아마도 70대 중반의 평범한 할머니로 구성된 비어즈타운레이디스Beardstown Ladies 일 것이다. 언론으로부터 "우리 시대 최고 투자자"라는 극찬을 받은 이들 할머니는 시장의 수익과 과열을 요리했고 백만 부가 넘는 책을 팔았으며 TV와 주간지에 종종 출연했다. 그리고 투자 비결(특히 성실함과 교회)에 대한 설명과 함께 맛있는 쿠키 요리법(상승이 확실한 주식시장 머핀 요리법)을 소개했다. 할머니들은 1995년 베스트셀러 『비어즈타운레이디스 상식 투자 가이드The Beardstown Ladies Common-Sense Investment Guide』를 통해 지난 10년 동안 연 23.9퍼센트의 투자 수익률을 기록했다고 주장했다. 이는 S&P 500 지수의 14.9퍼센트를 훌쩍 뛰어넘는 기록이었다. 정말로 놀라운 이야기가 아닐 수 없다. 중서부 지역에 사는 조그마한 체구의 할머니들이 상식적인 투자만으로 고액 연봉을 받는 월스트리트 전문가를 뛰어넘고 인덱스펀드까지 부끄러워하게 만들었다니 말이다.

하지만 안타깝게도 할머니들은 회계장부마저 요리한 것으로 밝혀졌다. 비어즈타운레이디스는 그들의 투자클럽 회비까지 수익에 포함시켰다. 세계적인 회계법인 프라이스워터하우스Price Waterhouse에 의뢰하여 할머니들의 십 년 동안 실제 수익률을 계산했더니, 그 결과는 연 9.1퍼센트인 것으로 드러났다. 이는 시장 수익률보다 6퍼센트 가까이 낮은 수치다. 투자의 우상을 숭배해서 돈을 벌기란 그만큼 어려운 일이다.

이 이야기의 교훈은 명백하다. 수많은 기술적 분석가들이 시장에 대한 예측을 내놓다 보니 한두 번 혹은 몇 번 연달아 맞추는 사람은 언제나 나오기 마련이다. 그러나 오랫동안 계속해서 맞추는 사람은 없다. 성경 구절을 빌어 말하자면, "시장 대가의 예언을 돌이켜보려는 자 후회로 죽어갈지니."

무작위를 받아들이기 어려운 이유

더 많은 기술적 방법에 대한 검토를 계속 이어나가는 것은 아마도 별 의미가 없을 것이다. 태양 흑점 이론으로 돈을 벌 수 있다고 믿는 사람은 거의 없다. 그런데 뉴욕증권거래소 주식의 하락 대 상승 비율을 분석함으로써 신뢰할만한 선행 지표를 구할 수 있다고 생각하는가? 컴퓨터를 이용한 연구 결과를 보면 그렇지 않다. 공매도가 이뤄진 주식 규모인 공매 총액short interest 의 증가는 (공매도 포지션을 청산하기 위해서는 어쨌든 주식을 사들여야 하기 때문에) 강세 신호인가? 이 주장에 대한 검증을 보면 아무런 상관관계가 없다. 몇몇 금융 방송사가 추천하는 이동평균 기법moving-average system (예를 들어 가격 혹은 50일 평균 가격이 과거 200일 평균 가격보다 상승하면 매수하고, 하락하면 매도한다)을 이용하면 놀라운 주식 수익률을 기록할 수 있다고 생각하는가? 거래 비용을 지불해야 한다면 불가능한 일이다! 그리고 5월에 팔고 10월까지 휴가를 떠나라는 주장을 믿는가? 사실 주식시장은 5월과 10월 사이에 상승할 때도 많다.

이렇게 의미가 없음에도 기술적 분석을 하려는 이유가 뭘까? 인간은 질서를 좋아한다. 그래서 무작위randomness 를 쉽게 받아들이지 못한다. 확률의 법칙에도 불구하고 우리는 주식시장에서건 스포츠 경기에서건 무작위로 일어나는 사건 사이에서 어떻게든 패턴을 찾으려 한다.

농구 선수가 탁월한 플레이를 보일 때 해설자와 관중은 "자이언 윌리엄스가 핫핸드hot hand 짧은 시간에 평균 이상의 슛 성공률을 기록하는 것-옮긴이를 보여줬다"거나 "라멜로 볼은 연속 슈터"라는 말로 칭찬한다. 농구 선수나 감독 혹은 팬들 대부분 어떤 선수가 몇 번의 슛을 연달아 성공했을 때 다음 슛도 성공할 것이라고 믿는다. 하지만 심리학자들은 연구를 통해 '핫핸드' 현상은 단지 미신에 불과하다는 사실을 밝혀냈다.

심리학자들은 1.5 시즌에 걸쳐 필라델피아 세븐티식서스Philadelphia 76ers 선수들의 슛을 면밀히 분석했다. 그러나 연속된 슛의 성공 여부 사이에서 긍정적인 상관관계를 발견할 수 없었다. 실제로 두 번 연달아 슛을 성공하는 것보다 한 번 실패한 후 성공하는 경우가 더 많았다. 심리학자들은 잇달아 슛을 성공하는 경우에 주목했지만, 여러 번의 슛을 잇달아 성공하는 경우 역시 무작위 데이터 사례(동전 던지기처럼 각각의 사건이 독립적으로 이뤄지는 경우)와 다르지 않다는 점을 또다시 확인했을 뿐이다. 두세 차례 연속된 성공은 다음 번 성공 가능성에 대한 선수의 생각에는 영향을 미치기는 해도 실제 결과에는 아무런 영향을 미치지 못한 것으로 밝혀졌다. 더 나아가 심리학자들은 보스턴 셀틱스 Boston Celtics 의 자유투 기록을 검토하고, 코넬대학교 농구팀의 남녀 선수들을 대상으로 한 실험에서도 똑같은 결과를 얻었다.

물론 이러한 연구 결과가 뜻하는 것이 농구가 기술이 아니라 확률의 게임에 불과하다는 의미는 아니다. 슛이나 자유투 성공률이 높은 선수들은 분명히 있다. 그러나 여기서 중요한 사실은 성공 확률이 이전 슛의 결과와는 아무런 관계가 없다는 것이다. 심리학자들은 핫핸드에 대한 사람들의 집착을 기억의 편향으로 설명한다. 성공이나 실패가 계속해서 이어질 때 사람들은 이를 더욱 분명하게 기억한다. 그래서 연속적인 슛 사이의 상관관계를 과대평가하게 된다. 동전 던지기처럼 각각의 사건이 독립적인 형태로 발생했다고 해도 사람들은 랜덤을, 즉 무작위를 좀처럼 인정하려 들지 않는다.

기술적 분석과 랜덤워크

　기술적 분석가들은 주가가 랜덤워크로 움직인다는 말을 '별 볼일 없는 학자들의 헛소리'로 치부한다. 여기서 잠시, 궁지에 몰린 기술적 분석가들의 반론을 한번 들어보자.

　랜덤워크에 대한 가장 일반적인 반론은 수학에 대한 불신과 그 개념에 대한 오해로부터 시작된다. 시장이 결코 무작위로 움직이지 않는다고 생각하는 기술적 분석가는 이렇게 말한다. "어떤 수학자도 그러한 사실을 증명해 보이지 못할 것입니다. 장기적인 차원에서 미래 이익은 현재 가치에 영향을 미치고, 단기적인 차원에서는 군중 심리가 중요한 요소로 작용합니다."

　당연히 이익과 배당은 물론이고 군중 심리 또한 주식 가격에 영향을 미친다. 앞서 우리는 이와 관련하여 뚜렷한 증거를 살펴봤다. 하지만 비합리적인 군중 심리가 일정 기간 영향을 미친다고 해도 주식시장은 얼마든지 랜덤워크에 가까운 움직임을 보일 수 있다. 랜덤워크는 만취한 사람의 비틀거리는 걸음걸이다. 그 움직임은 비합리적이고 그렇기 때문에 예측이 불가능하다.

　광산 발견이나 CEO 사망 소식처럼 기업에 관한 새로운 정보 역시 예측 불가능하다. 사실 뉴스는 무작위로 나오기 때문이다. 과거 뉴스에서 새로운 소식이 나올 수 없듯이, 과거 주식 가격에서 미래 가격을 예측할 수 없다. 이는 랜덤워크가 약하게 나타나더라도 마찬가지다.

　기술적 분석가는 아마도 지금까지 개발된 모든 기법을 학자들이 전부다 시험해 본 것은 아니라며 조목조목 따질 것이다. 그렇다. 누구도 기술적 분석이 아무런 효과가 없다고 장담할 수는 없다. 다만 주식시장 패턴으로부터 얻은 소소한 정보만으로는 전략의 실행 과정에서 발생하는 거래비용과 세금을 만회할 만큼 높은 수익을 올릴 수 없다고 말할 수 있을 따름이다.

매년 많은 도박사가 라스베이거스와 애틀랜틱시티를 찾아 룰렛 바퀴를 수백 번 관찰하여 거기서 일정한 패턴을 찾아내려고 애쓴다. 그리고 대개 한 가지 패턴을 찾아낸다. 하지만 결국에는 돈을 몽땅 잃고 만다. 그것은 그들이 발견한 패턴을 재검토하지 않기 때문이다.[6] 우리는 그 똑같은 이야기를 기술적 분석가에게도 할 수 있다.

특정 기간에 걸쳐 주식 가격을 분석하면 그 기간에 잘 들어맞는 기법을 틀림없이 발견할 수 있다. 그리고 종목 선택을 위한 수많은 기준을 적용해보면 그중 한 가지는 분명히 들어맞는다. 하지만 문제는 그렇게 확인한 기법을 다른 시기에도 적용할 수 있느냐다. 기술적 분석을 지지하는 사람들 대부분 그들이 발견한 기법을 다른 기간의 시장 데이터에 적용해보려고 하지 않는다.

만약 기술적 분석가가 내 조언을 따라서 다양한 기간을 대상으로 기법을 시험함으로써 그것이 주식 가격의 신뢰할만한 예측 지표라는 것을 확

---

6) 실제로 에드워드 소프 Edward O. Thorp 는 블랙잭 게임을 이기는 방법을 발견했다. 소프는 『딜러를 이겨라 Beat the Dealer』에서 자세한 이야기를 늘어놨다. 그 이후로 카지노에서는 카드 암기를 더욱 어렵게 만들기 위해 여러 벌의 카드를 사용하거나 자동섞기 기계를 사용하기 시작했다. 그리고 최후의 수단으로 카드를 외우는 사람을 도박판에서 쫓아냈다.

인했다고 해도 여전히 기술적 분석의 효용성은 결국에는 사라지게 될 것이다. 한 기술적 분석가가 크리스마스와 새해 첫날 사이에 주식이 상승하는 신뢰할만한 패턴을 발견했다고 해보자. 여기서 문제는 그러한 발견이 시장 전체에 알려질 때 사람들은 앞으로 그러한 패턴이 일어나지 못하게 만드는 방향으로 행동하게 될 것이라는 점이다.

아무리 성공적인 기법이라고 해도 결국에는 스스로 무너질 수밖에 없다. 가격이 크리스마스 이후로 오를 것이라고 확신한다면 사람들은 크리스마스 이전에 매수를 시작할 것이다. 사람들이 내일 주식이 오를 것이라고 확신하면 가격은 틀림없이 오늘 오를 것이다. 주식시장에서 어떤 규칙성이 나타나고 시장 참여자가 이에 따라 행동할 때 규칙성은 스스로 소멸하고 만다. 이는 내가 기술적 분석을 이용해서 평균 이상의 수익률을 얻을 수 없다고 확신하는 가장 근본적인 이유다.

◆ ◆ ◆

과거의 가격 흐름에서 미래를 유의미하게 예측할 수 없다. 이는 랜덤워크가 약하게 나타나더라도 마찬가지다. 기술적 분석에서 나온 전략은 종종 재미와 위안을 선사하지만, 실질적인 쓸모는 없다. 기술적 분석으로 이익을 챙기는 쪽은 전략을 개발해서 판매하는 사람들이나 기술적 분석가를 고용해서 더 많은 거래를 부추기는 증권사뿐이다.

기술적 분석을 이용하여 거래 시점을 잡으려는 시도는 특히 위험하다.

주식시장에는 장기 상승 기간이 존재한다. 그럴 때 현금 보유는 대단히 위험한 전략이다. 하락 기간을 피하기 위해 주로 현금으로 자산을 보유하는 투자자는 상승 기간에 시장에 합류하지 못할 가능성이 높다. 미시건대학교 네거트 세이번 H. Negat Seybun 교수는 주식시장에서 30년 동안 95퍼센트의 수익이 약 7,500 거래일 중 90일에 집중적으로 발생했다는 사실을 발견했다. 만약 1퍼센트 남짓한 90일을 놓쳤다면 장기적으로 풍족했던 시장 수익률을 거의 누리지 못했을 것이다. 이보다 더 오랜 기간을 분석한 라즐로 비리니 Laszlo Birinyi 는 자신의 책 『마스터 트레이더 Master Trader 』에서 1900년에 다우존스 산업평균지수에 1달러를 투자했다면 2013년 초 290달러가 되었을 것이라는 사실을 확인했다. 하지만 매년 최고의 5일을 놓쳤다면 2013년에 그 금액은 1센트도 되지 못했을 것이다. 중요한 사실은 매수 시점과 매도 시점을 선택하는 투자자가 가끔 있는, 하지만 수익률에 중대한 기여를 하는 상승 기간을 놓칠 위험이 크다는 점이다.

투자자에게 던지는 의미는 간단하다. 과거 가격에 미래 가격을 예측하는 유용한 정보가 거의 혹은 전혀 포함되어 있지 않다면 기술적 분석을 따를 이유가 없다는 것이다. 장기보유 전략은 적어도 기술적 분석만큼 실적이 좋다. 또한 이익이 발생할 경우 매수와 매도에는 세금이 따르기 때문에 기술적 분석에서 나온 전략을 통해 단기적인 자본 이득을 실현하더라도 장기보유 전략에 비해 더 많은 세금을 더 빨리 내야 한다. 반면 잘 분산된 포트폴리오를 장기 보유한다면 투자에 따르는 비용과 중개 수수료, 세금까지 아낄 수 있다.

7장
기본적 분석 대
효율적 시장 가설

---

*어쩌자고 나는 전문가의 말을 믿는
실수를 저질렀단 말인가?*

- 존 F. 케네디, 피그스만 침공 직후

원래 그는 통계 전문가였다. 풀 먹인 셔츠에 후줄근한 푸른색 정장 차림으로 일했다. 녹색 챙이 달린 모자를 쓰고 책상에 앉아 기업의 과거 금융 정보를 꼼꼼하게 기록했다. 그 때문에 손가락 경련으로 고생했다. 그러나 언젠가부터 변신이 시작됐다. 책상에서 일어나 모자를 던져버리고 버튼다운식 푸른색 셔츠와 회색 플란넬 정장을 입었다. 그리고 금융 통계로만 알고 있었던 기업을 직접 찾아 나섰다. 그의 직함은 이제 증권 분석가가 되었다.

시간이 흘러 그의 연봉과 특혜는 여성 동료들의 관심을 사로잡았고,

이후 여성 동료들 역시 양복 차림으로 돌아다녔다. 이들은 대부분 일등석을 타고 하늘을 날아다니면서 온종일 돈 이야기만 했다. 그 새로운 세대는 유행에 밝았다. 구찌 신발을 신고 아르마니 바지를 입었다. 심지어 코로나19가 한창이던 때 줌으로 화상통화를 하는 동안에도 디자이너가 만든 스웨터를 입고 있었다. 증권 분석가는 대단히 똑똑하고 아는 게 많아서 포트폴리오 관리자는 증권 분석가가 추천하는 종목에 주목했고 월스트리트 기업은 증권 분석가를 고용해서 투자 고객과의 관계를 발전시켜 나갔다. 증권 분석가는 이제 주식 분석의 스타가 되었다. 하지만 일각에서는 여전히 그들이 투자 세상의 매춘부에 불과하다며 수군대고 있다.

그 직함이 뭐든 간에 증권 분석가 대부분은 기본적 분석가다. 그래서 그들은 기술적 분석의 효용에 의문을 던지는 연구 결과에도 별로 놀라지 않는다. 이 월스트리트 전문가들은 마음 깊은 곳에서 스스로를 기본적 분석가라고 믿는다. 그렇다면 여기서 중요한 질문은 기본적 분석은 쓸모가 있느냐다.

기본적 분석의 효용을 둘러싸고 상반된 입장이 맞서고 있다. 월스트리트 전문가들은 기본적 분석이 점점 강력해지고 있다고 믿는다. 이들의 주장에 따르면, 개인 투자자는 전문 펀드매니저나 기본적 분석가 팀과 맞붙어서 이길 승산이 없다.

그러나 학자들은 그러한 거만함을 비웃는다. 심지어 몇몇 학자는 원숭이가 눈을 가리고 주식 목록을 향해 다트를 던져서 종목을 선택해도 전문 펀드매니저만큼 실적을 올릴 수 있다고까지 말한다. 학자들은 펀드매니저와 분석가들이 종목 선정에서 아마추어 투자자보다 전혀 나을 바 없다고 주장한다. 7장에서는 학자와 시장 전문가들 사이에서 여전히 진행 중인 이러한 논쟁의 주요 쟁점을 살펴보고자 한다. 그리고 '효율적 시장 가설'의 의미에 대해 알아보고 그 개념이 왜 우리의 지갑 사정에 중요한지 설명하고자 한다.

증권 분석가는 예언자인가?

미래 이익에 대한 예측이야말로 증권 분석가가 존재하는 이유다. 투자 전문지 「인스티튜셔널 인베스터Institutional Investor」의 표현대로 "이익이야말로 가장 중요한 것이며 앞으로도 그럴 것이다."

증권 분석가는 미래 흐름을 예측하기 위해 먼저 과거 동향을 살핀다. 한 분석가는 내게 이렇게 말했다 "이익 성장을 보여주는 과거의 객관적인 수치야말로 미래 이익 성장을 예측하기 위해 가장 신뢰할만한 지표입니다." 어떤 기업의 경영진이 유능하다면 그들의 마이더스 손이 갑자기 사라져버릴 것이라고 걱정할 이유는 없다. 유능한 경영진이 계속해서 조직을 운영한다면 미래 이익 역시 과거와 똑같은 흐름으로 성장할 것이다. 이 말은 얼핏 기술적 분석가의 주장과 비슷하게 들리지만, 기본적 분석가들은 그들의 주장이 구체적이고 검증된 기업의 실적을 기반으로 하고 있기에 나름의 자부심을 느낀다는 점에서 다르다.

하지만 학계는 그들의 자부심을 인정하지 않는다. 과거의 이익 성장에 대한 분석은 미래 성장을 예측하는 데 아무런 도움이 되지 않는다. 가령 2000~2010년 사이 모든 기업의 성장률을 알고 있다고 해도 2010~2020년 사이 기업들의 성장률을 정확하게 예측할 수는 없다. 이러한 놀라운 주장은 영국 학자들이 영국 기업을 분석해서 내놓은 흥미진진한 제목의 논문인 「일관성 없는 성장Higgledy Piggledy Growth」에서 처음 모습을 드러냈다. 이후 프린스턴대학교와 하버드대학교의 학자들은 이 논문의 결론을 미국 기업에게도 적용시켜 보았다. 그리고 놀랍게도 똑같은 결론을 얻었다!

한동안 IBM은 빛나는 실적을 기록했다. 그러나 그러한 IBM마저도 1980년대 중반을 넘어서면서 꾸준한 성장 패턴을 이어나가지 못했다. 폴라로이드, 코닥, 노텔 네트웍스, 제록스를 비롯한 수십 곳의 기업들 모두 고공 성장을 이어가다가 어느 순간 주저앉고 말았다. 여기서 우리가 주목해야 할 것은 예외가 아니라 규칙이다. 많은 월스트리트 전문가는 과거 기록으로부터 미래 성장을 예측하기 위한 신뢰할만한 패턴을 이끌어낼 수 없다는 비판을 인정하지 않는다. 호황이 이어졌던 1990년대에도 지속적인 성장을 보여준 기업은 여덟 개 기업 중 한곳에 불과했다. 게다가 21세기 초반까지 성장을 이어간 곳은 하나도 없었다. 분석가들도 쭉 이어지는 장기 성장을 예측할 수 없다. 왜냐하면 그런 건 존재하지 않기 때문이다.

그럼에도 증권 분석가는 과거 기록에 대한 분석 외에 더 다양한 방법으로 미래를 예측할 수 있다고 주장한다. 그리고 일부는 과거 기록이 완벽한 예측 기준은 아니더라도 노련한 분석가라면 비교적 정확한 예측을 내놓을 수 있다고 말한다. 하지만 안타깝게도 증권 분석가가 (산업 연구나 공장 방문 등을 통해) 신중하게 한 예측 역시 과거 흐름에 대한 단순한 연장으로 얻은 (이미 아무런 쓸모가 없다는 사실을 확인한) 예측보다 더 나을 바가 없는 것으로 드러났다. 실제로 이익 증가율을 기준으로 비교했을 때는 증권 분석가들이 내놓은 성장 예측은 여러 단순한 예측보다 정확도가 더 떨어진 것으로 나타났다. 이러한 사실은 여러 학자의 연구로 확인되었다. 여기서도 금융 예측은 점성술만큼만 과학적인 것으로 보인다.

기본적 분석에 쏟아진 비난 중 가장 치명적인 것은 증권 분석가들이 기업 이익을 예측하는 기본적인 역할도 제대로 수행하지 못하고 있다는 점에 있다. 정말로 그렇다면 투자에 관한 의사결정 과정에서 그들의 예측을 맹신하는 투자자는 크게 실망하고 말 것이다.

수정구슬이 흐린 이유

전문 교육 과정을 이수하고 고액 연봉을 받는 전문가들이 기본적인 역할마저도 제대로 수행하지 못하고 있다는 비판은 우리를 당황하게 만든다. 안타깝게도 이러한 현상은 그리 드문 일이 아니다. 우리는 대부분의 전문가 집단에서 이러한 상황을 확인할 수 있다. 대표적으로 의료계를 꼽을 수 있다. 편도선 절제술이 유행했던 시절, 미국아동건강협회 American Child Health Association 는 뉴욕시 공립학교에 다니는 11살 아이들 1천명을 대상으로 조사를 실시했다. 그중 편도선 절제술을 이미 받은 611명을 제외한 나머지 389명이 의사 집단으로부터 편도선 검사를 받았다. 그 결과,

174명이 편도선 절제술이 필요하며 나머지는 편도선에 아무런 문제가 없다고 했다. 또 다른 의사 집단이 편도선에 아무런 문제가 없는 나머지 215명을 대상으로 검사를 실시하여 99명이 편도선 절제술이 필요하다는 판단을 내렸다. 그리고 나머지 116명의 '건강한' 아이들을 대상으로 세 번째 검사를 실시했을 때 그 결과는 마찬가지로 비슷한 비중의 아이들이 편도선을 제거해야 한다는 진단을 받았다. 총 세 번의 검사 후 편도선 제거술이 필요 없다고 진단받은 아이들은 겨우 65명이었다. 이들을 대상으로 한 네 번째 검사는 실시되지 못했다. 검사를 진행할 의사가 부족했기 때문이다.

그밖에 다양한 연구들 역시 이와 비슷한 결과를 보여줬다. 가령 방사선 전문의들은 엑스레이 사진에서 질병의 표식이 분명히 드러났음에도 약 30퍼센트는 질환을 발견해내지 못했다. 또 다른 실험은 정신과 병원 전문가들이 정신이상자와 정상인을 제대로 구분해내지 못한다는 사실을 보여줬다. 여기서 핵심은 분야를 막론하고 전문가들이 내놓은 판단의 신뢰성과 정확성을 무작정 인정해서는 안 된다는 사실이다. 다양한 전문가 집단의 신뢰성 문제를 고려할 때, 증권 분석가들 역시 예외가 아니라는 주장은 지극히 당연한 지적이다.

내가 보기에 증권 분석가들이 미래 예측에 어려움을 겪는 이유를 다섯 가지 요인으로 설명할 수 있다. 그것은 (1) 무작위 사건의 영향, (2) 의심스러운 이익 보고, (3) 분석가의 실수, (4) 최고 분석가 유출, (5) 이해 상충 문제 들이다. 지금부터 각각의 요인을 하나씩 들여다보자.

1. 무작위 사건의 영향

기업 이익에 대한 전반적인 전망에 영향을 미치는 많은 사건은 무작위하게, 즉 예측 불가능하게 발생한다. 가장 안정적이고 신뢰할만한 산업 분야로 꼽히는 공익사업 public utility 전기, 수도 등 사회적으로 반드시 필요한 서비스를 제공하는 사업-옮긴이 역시 예외가 아니다. 실제로 이 분야에서 이익 예측을 불가능하게 만드는 요인은 무작위로 발생하는 사건들이다. 정부기관의 예상치 못한 규제 강화나 갑작스런 원재료비 상승으로 인해 공익사업 분야의 많은 기업이 수요 증가에도 불구하고 성장하지 못했다.

예측의 어려움은 다른 산업 분야에서도 뚜렷하게 확인할 수 있다. 4장에서 살펴본 것처럼, 2000년 초 다양한 첨단 기술 기업과 텔레콤 기업에 대한 성장 전망이 완전히 빗나간 것으로 드러났다. 정부 예산, 계약, 법률, 규제 조치는 개별 기업의 이익에 중대한 영향을 미친다. 또한 경영자 개인의 문제, 주요 신제품 출시, 대규모 기름 유출, 테러 공격, 새로운 경쟁자의 출현, 가격 전쟁, 홍수나 태풍과 같은 자연재해도 마찬가지다. 그중에서도 생명공학 산업은 특히 예측이 힘들기로 악명 높다. 기대를 모았던 신약의 효과를 입증하지 못하거나 예기치 못한 심각한 부작용이 발견되면서 임상실험을 통과하지 못하는 경우가 종종 발생하는 것이다. 이처럼 예측 불가능한 사건이 기업 이익에 영향을 미친 사례는 무궁무진하다.

2. 의심스러운 이익 보고

기업의 손익계산서는 비키니와 같다. 드러내 보이면서도 중요한 부분은 가린다. 내가 목격한 가장 부패한 기업인 엔론은 이 분야에서 단연 으뜸이었다. 그러나 그건 비단 엔론만의 문제는 아니다. 실제로 강세 시장이 이어지던 1990년대 말, 많은 기업이 주가를 끌어올리기 위해 매출과 이익을 적극적으로 부풀렸다.

많은 인기를 끌어모았던 뮤지컬인 '프로듀서스The Producers'에서 레오 블룸은 성공작보다 실패작으로부터 더 많은 돈을 벌 수 있다는 사실을 알게 된다. 그는 "중요한 것은 오직 창조적인 회계뿐이다"라고 말했다. 블룸의 고객인 맥스 비알리스톡도 그 가능성을 깨달았다. 그는 부유한 과부들에게서 돈을 끌어모아 브로드웨이 뮤지컬인 '히틀러의 봄날'에 투자한다. 그리고는 그 작품이 완전히 망해서 아무도 돈이 어디로 갔느냐고 묻지 않기를 바란다.

그러나 블룸의 이야기는 이익을 뻥튀기해서 수많은 투자자와 증권 분석가를 속인 많은 기업의 속임수에 비하면 아무것도 아니다. 3장에서 살펴봤듯이, 1980년대 말 배리 민코프의 카펫 세탁 제국인 지베스트는 허위 신용카드 전표와 가짜 계약의 기반 위에 지어졌다. 이러한 회계 부정은 특히 21세기에 심각했다. 실패한 닷컴기업과 주요 첨단 기술 기업, 그리고 과거의 우량 기업까지도 모두 이익을 부풀려 투자 집단을 속이려 들었다.

다음 몇 가지 사례를 통해 기업들이 어떻게 마음대로 회계 기준을 조작해서 분석가와 대중을 속였는지 살펴보도록 하자.

- 2001년 9월, 엔론과 퀘스트Qwest는 매출과 이익이 빠르게 성장하고 있는 것처럼 보이려 했다. 그들은 비즈니스가 순조롭게 흘러가고 있는 것처럼 보이게끔 회계장부를 조작하는 기막힌 방법을 발견했다.

두 기업은 광케이블 네트워크 용량을 5억 달러라는 부풀린 가격으로 서로 주고받았고, 그 거래를 매출로 기록했다. 이를 통해 그들은 이익을 부풀리고 나쁜 재정 상태를 감췄다. 당시 퀘스트는 이미 충분한 광케이블 용량을 확보하고 있었고, 시장에서는 공급과잉이 발생하고 있었기 때문에 거래에 기록된 가치는 터무니없는 것이었다.

- 모토롤라, 루슨트, 노텔 모두 고객을 상대로 돈을 대출해주는 방식으로 매출과 이익을 부풀렸다. 하지만 상당 부분 회수가 불가능해지면서 고스란히 손실로 떠안았다.
- 제록스는 캐나다와 유럽, 남미 지역 사업부들이 장기 복사기 임대계약을 현금 완납이 이뤄진 일회성 매출로 기록하도록 허용하는 방식으로 단기 이익을 부풀렸다.
- 조작은 연금에서도 일어난다. 많은 기업이 퇴직연금 충당금이 과대계상 되었다고 보고 충당금을 줄이는 방식으로 이익을 부풀렸다.

분석가들이 현재 이익을 계산하고 미래 이익을 예측하는 과정에서 어려움을 겪는 주요한 이유는 기업이 일반적으로 인정된 회계원칙에 따른 실제 이익이 아니라 소위 '추정 이익'이나 '조정 이익'을 보고하기 때문이다. 이와 관련하여 마련된 특별한 규정이나 지침은 없다. 조정 이익은 종종 '모든 나쁜 일이 벌어지기 전 이익'이라고도 불린다. 여기서 기업은 자체적으로 '특별한', '예외적인', '일회적인' 항목으로 간주한 모든 비용을 제외할 수 있다. 어떤 비용을 무시할 것인가와 어떤 수익을 인식할 것인가에 따라 기업 이익은 크게 부풀려질 수 있다. 이러한 사실을 감안할 때 증권 분석가들이 미래 이익을 예측하는 과정에서 큰 어려움을 겪는 것은 그리 놀랄 일이 아니다.

3. 분석가의 실수

솔직하게 말해서 증권 분석가들이 특별히 통찰력이 있거나 예리한 것은 아니다. 그들은 종종 말도 안 되는 실수를 저지른다. 나는 그 사실을 월 스트리트에서 수습 직원으로 일할 때부터 알았다. 당시 나는 철강 산업 분야의 전문가인 루이가 하는 분석 작업을 그대로 따라했다. 루이는 구리 가격이 단위 당 10센트 상승할 때 구리 생산 기업의 주당 이익이 1달러 증가하는 것으로 계산하고 있었다. 또한 구리 가격이 앞으로 3달러 상승할 것으로 내다봤기 때문에 구리 기업 주식을 '대단히 매력적인 매수 후보군'으로 꼽았다.

그런데 계산을 따라가는 동안 나는 루이가 소수점을 잘못 찍었다는 사실을 발견했다. 정확한 계산에 따르면, 구리 가격이 10센트 증가할 때 주당 이익이 1달러가 아닌 10센트만큼 증가해야 했다. 내가 루이에게 (즉각 수정할 것을 기대하면서) 그 사실을 알렸을 때, 그는 그저 어깨를 으쓱해보이고는 이렇게 말했다. "지금 보고서를 수정하면 추천은 설득력을 잃게 된다고." 세부 사항에 대한 집중력은 루이의 강점이 아니었다.

루이의 주의력 결핍은 그가 담당하는 산업에 대한 이해의 결핍을 드러내는 것이었다. 하지만 그건 루이만의 문제는 아니었다. 성형외과 전문의 로이드 크리저 Lloyd Kriezer 박사는 생명공학 분야의 분석가들이 작성한 몇몇 보고서를 검토하여 「배론즈」에 글을 게재했다. 크리저는 특히 자신의 전문 분야인 만성 창상과 화상 치료에 사용하는 인공피부를 개발하는 생명공학 기업을 대상으로 한 분석가들의 예측에 집중했다. 그리고 주식에 대한 증권 분석가들의 진단이 과녁을 멀리 벗어났다는 사실을 확인했다. 우선 그는 경쟁 기업들의 예상 시장점유율을 모두 더해봤다. 그러자 생명공학 기업 다섯 곳의 시장점유율 합계가 100퍼센트를 넘어섰다. 게다가 잠재적 시장 규모에 대한 분석가들의 전망은 정확한 데이터를 쉽게 구할 수 있는 실제 화상 환자 규모와 아무런 관련이 없는 것으로 드러났다. 크리저 박사는 기업에 대한 다양한 분석 보고서를 검토한 뒤 이렇게 결론을 내렸다. "그들은 분명하게도 이 산업을 이해하지 못했다." 전설적인 야구 감독 케이시 스텡걸Casey Stengel 의 말이 떠오르는 대목이다. "여기 누구 야구할 줄 아는 사람 없나?"

많은 분석가의 상황이 루이와 별반 다르지 않다. 너무도 게을러서 스스로 이익 예측을 내놓지 않는 분석가들은 동료 분석가의 예측을 그대로 베끼거나 기업 경영진이 발표한 '안내 자료'를 제대로 씹지도 않은 채 그냥 삼켜버린다. 덕분에 뭔가 잘못되었을 때 화살을 딴 데로 돌릴 수 있다. 더 나아가 전문가 집단이 모두 동의할 때 위험은 더 높아진다. 케인스는 이런 말을 했다. '새로운 방식으로 성공하기보다 기존 방식으로 실패하는 편이 평판 유지에 더 도움이 된다는 사실을 세상의 지혜에서 알 수 있다.'

증권 분석가들은 주의력이 부족할 뿐 아니라 치명적인 예측 실수도 번번이 저지른다. 2012년 월스트리트에서는 피닉스대학교를 소유한 아폴로그룹Apollo Group 에 주목했다. 그들은 교육산업을 주도하는 아폴로그룹의 엄청난 이익 잠재력을 극찬하며 거대한 투자 수익률을 예측했다. 그러나 그 과정에서 학자금대출의 높은 미상환률, 낮은 졸업률, 강압적인 채용 관행에 대한 보고서는 무시했다. 이후 미 의회 보고서에서 아폴로그룹의 문제점을 적나라하게 보여줬다. 이로 인해 평판이 추락한 데다 입학생 수가 크게 줄었고 새로운 정부 규제까지 더해지면서 주식 가치는 무려 80퍼센트나 하락했다.

증권 분석가의 예측 오류는 산업주가 호황을 이뤘던 2017년 제너럴일렉트릭 사례에서도 찾아볼 수 있다. 제너럴일렉트릭은 상징적인 미국 기업이다. 제너럴일렉트릭은 다우존스 산업평균지수의 원조 구성원으로, 20세기 말에는 미국의 최대 성장주로 주목받았다.

2016년 말 월스트리트 분석가들 대부분이 제너럴일렉트릭 주식을 '강력 추천' 종목으로 평가했다. 당시 제너럴일렉트릭은 기존의 금융 사업부를 대부분 없앴다. 이에 대해 한 분석가는 이렇게 평했다. "위험이 높은 금융 사업부가 없어졌으니 이제 금융 위기로부터 자유로워졌다. 이제 미래 성장이 보장되었다." 분석가들은 실적이 저조한 금융 사업부를 매각함으로써 이익 성장에 발목을 잡힐 일이 더 이상 없을 것으로 내다봤다. 제너럴일렉트릭은 이제 "더 단순하고 더 민첩해졌다." 그리고 현금 보유고는 더욱 풍족해졌다. 분석가들은 90퍼센트의 에너지를 첨단 기술 산업에 집중한 그들의 결정에 박수갈채를 보냈다.

2017년 초 미국 경기는 강세를 이어갔다. 경제 확장이 가속화하면서 제너럴일렉트릭은 '세계 최대 디지털 기업'을 향해 도약하고 있었다. 주가는 역사적인 50달러 선에서 내려와 30달러 초반에 머물러 있었다. 더군다나 3퍼센트가 넘는 배당률은 대단히 매력적이었다. '그 주식은 보수적인

투자자에게도 최고의 가치를 선사할 것 같았다.'

그러나 미래는 그들의 예상대로 흘러가지 않았다. 제너럴일렉트릭은 여러 분야에 손을 댔지만 하나도 제대로 해내지 못했다. 최고라고 내세울 수 있는 대표적인 비즈니스는 하나도 없었다. 기업 이익은 성장 대신 하락을 이어갔다. CEO는 해임되었고 '확실한' 배당은 반 토막이 났다. 설상가상으로 재무제표를 재작성하는 과정에서 역사적으로 낮아진 이익은 더 떨어진 것으로 나타났다. 2018년 6월 제너럴일렉트릭은 결국 다우존스 산업평균지수에서 퇴출되었다. 분석가의 예측 오류는 이 정도로 해두자.

4. 최고 분석가 유출

증권 분석가들에 대한 나의 네 번째 논의는 다소 역설적이다. 최고의 증권 분석가들 중 많은 이들이 증권 분석 업무에 머물러 있지 않는다. 그들은 종종 영업사원으로 활동하거나 아예 고액 연봉을 받는 펀드매니저로 자리를 옮긴다.

탁월한 분석 기술로 유명한 증권사에서는 고객을 방문할 때 종종 영업사원과 함께 증권 분석가를 보낸다. 투자자는 투자 관련 정보를 확실한 소식통으로부터 직접 듣고 싶어 한다. 그래서 영업사원은 대개 뒤로 물러나 있고 증권 분석가가 대화를 주도한다. 그래서 유능한 증권 분석가는 금융 보고서가 아니라 투자자와 함께 더 많은 시간을 보낸다.

2000년대에 많은 증권 분석가가 분석 업무를 떠나 헤지펀드나 사모펀드 매니저로 자리를 옮겼다. 증권 분석가라고 하는 보조적인 위치에서 투자 조언만을 하는 것보다 포트폴리오 매니저가 되어 '자금을 운용'하는 편이 훨씬 흥미롭고, 많은 주목을 받고, 또한 높은 보수를 받는다. 이러한 점에서 유능한 증권 분석가들이 오랫동안 그 자리에 머무르지 않는 것은 그리 놀라운 일이 아니다.

5. 이해 상충 문제

증권 분석가의 목표는 최대한 돈을 많이 버는 것이다. 그리고 대형 증권사에서 가장 많은 돈을 벌어들이는 곳은 기업금융IB 사업부다. 그러나 예전부터 그랬던 것은 아니다. 고정 수수료 제도가 사라지고 '할인' 증권사가 등장하기 전인 1970년대에는 소매중개 사업부가 증권사의 노른자였으며, 증권 분석가들은 개인 투자자와 법인 투자자 모두를 상대했었다. 하지만 수수료가 거의 제로에 가까워지면서 수익 차원에서 소매중개 사업부의 중요성이 떨어졌다. 이제 마지막으로 남은 금광은 신생기업이나 기존 기업의 신주 발행을 주관하고(수수료가 무려 수억 달러에 이른다), 설비 임대, 구조조정, 합병 등과 관련하여 기업 고객에 자문을 제공하는 비즈니스다. 그래서 '최대한 많은 돈을 벌어들이는 일'은 기업금융 서비스를 이용하는 투자자를 유치해서 관계를 발전시켜 나가는 것을 의미하게 되었다. 바로 이 지점에서 갈등이 시작된다. 이제 증권 분석가의 연봉과 보너스는 부분적으로 기업금융 사업부를 지원하는 역할에 따라 결정된다. 증권사가 기업금융 사업부를 운영하면 증권 분석가는 그 사업부의 도구로 전락하고 만다.

증권 분석가와 기업금융 사업부 사이의 긴밀한 관계는 매도 추천을 찾아보기 힘들다는 사실에서 일부 알 수 있다. 증권 분석가는 그들이 담당하는 기업을 되도록 공격하려 들지 않는다. 그래서 매도와 매수 추천 사이에 불균형이 존재할 수밖에 없다. 게다가 기업금융 사업부 매출이 대형 증권사의 주요 수입원으로 자리를 굳히면서 증권 분석가는 예측의 정확성이 아니라 매수 추천으로 더 많은 돈을 받게 되었다. 이런 사실을 보여주는 유명한 사례가 있다. 한 분석가는 트럼프의 타지마할 채권을 매도해야 한다는 과감한 주장을 내놓았다. 이자를 지급하지 못할 것으로 보았기 때문이었다. 그러나 이후 트럼프로부터 법적 보복 협박을 받은 그 증권사는 해당 분석가를 즉각 해고했다(그 채권은 나중에 실제로 부도 처리 되었다). 이러한 점에서 증권 분석가들이 기존 고객이나 잠재 고객을 자극할 수 있는 부정적인 언급을 하지 않으려는 것은 당연한 현상이다. 특히 인터넷 거품이 한창이었을 때 매수 대 매도 추천 비율은 최대 100 대 1까지 벌어지기도 했다.

증권 분석가가 '매수'를 권한다면 이는 분명히 그냥 '보유'하라는 의미다. 그리고 '보유'하라는 말은 '이 쓰레기를 최대한 빨리 처분하라'는 뜻의 완곡한 표현이다. 언어 해체 의미론 과목을 수강할 필요까지는 없겠지만 인터넷 거품이 일었을 때 투자자들은 증권 분석가의 조언을 곧이곧대로 받아들이는 실수를 하지 말아야 했다.

분석가의 추천이 기업금융 사업부와의 관계에서 영향을 받는다는 뚜렷한 증거도 나와 있다. 여러 학자가 연구를 통해 분석가들이 내놓은 종목 선택의 정확성을 평가해봤다. 캘리포니아대학교의 브래드 바버 Brad Barber는 월스트리트 증권 분석가들이 '강력 매수'로 추천한 주식의 실적을 분석했는데 그 결과는 '재앙'에 가까운 수준이었다. 실제로 증권 분석가들이 강력 매수를 추천한 종목의 수익률은 전체 시장에 비해 매월 3퍼센트 정도 낮았다. 반면 매도 추천 종목은 전체 시장보다 매월 3.8퍼센트 더 높은 것으로 나타났다. 더욱 심각한 사례로, 다트머스대학교와 코넬대학교 연구원들은 기업금융 사업을 운영하지 않는 월스트리트 기업이 수익성 높은 기업금융 사업을 운영하는 기업에 비해 추천 실적에서 훨씬 더 뛰어났다는 사실을 확인했다. 인베스터닷컴 Investors.com 이 발표한 연구 결과에 따르면, 투자자가 기업공개를 단독 혹은 공동으로 주간한 월스트리트 증권 분석가 조언을 따랐을 때 50퍼센트가 넘는 손실을 입었다. 기본적으로 증권 분석가는 고객사의 주식을 추천함으로써 월급을 받는 사람들이다. 그들은 결국 먹이를 주는 손을 핥을 수밖에 없다.

그래도 오늘날 상황은 조금 나아지고 있다. '매수' 추천 편향이 여전히 남아있기는 하지만 직접적인 '매도' 추천이 좀 더 보편화되고 있다. 하지만 인터넷 거품에 따른 금융 스캔들 이후에 등장한 사베인스-옥슬리 Sarbanes-Oxley 법은 기업의 재무책임자가 월스트리트에 제공할 수 있는 정보의 범위를 제한함으로써 증권 분석가의 업무를 더욱 힘겹게 만들었다. 증권거래위원회는 '공정공시제도'를 발표했는데, 이에 따르면 기업은 모든 중요한 정보를 즉각 시장 전체에 공개해야 한다. 이 정책은 주식시장의 효율성을 개선하는데 기여했지만 불만 가득한 증권 분석가들은 '공시금지'와 다를 바 없다며 불만을 토로했다. 이제 증권 분석가는 더 이상 독점적으로 기업 정보에 접근할 수 없게 되었다. 이러한 점에서 증권 분석가의 추천 역량이 앞으로 더 나아질 것이라고 기대하기 힘들다.

이해 충돌 문제와 증권 분석가의 독립적인 문제 제기 부족은 사베인스-옥슬리 법 이후에도 사라지지 않았다. 2010년 BP British Petroleum 의 딥워터호라이즌 호 폭발 사고로 유출된 기름이 해양으로 흘러든 직후 BP 주식은 주당 60달러에서 50달러로 10포인트 떨어졌다. 그러나 당시 월스트리트 증권 분석가 집단이 거의 만장일치로 내놓은 판결은 가격이 떨어진 것은 시장이 과민 반응한 결과이며 BP 주식은 여전히 '탁월한 매수 종목'이라는 것이었다. 한 증권 분석가는 가격 하락은 "손해배상액 예상액 4억 5천만 달러 을 감안하더라도 너무 과합니다."라고 말했다. BP를 담당한 증권 분석가 34명 중 27명은 그 주식을 여전히 '매수' 등급으로 평가했고, 다른 일곱 명은 '보유'로 평가했다. '매도' 추천은 단 한 사람도 없었다. 왕성하게 활동하던 TV 진행자 짐 크래머 Jim Cramer 조차 시청자들에게 자신의 공익신탁 역시 BP 주식을 사들이고 있다고 말했다. 하지만 BP 주식은 20달러 선으로 떨어져 1천억 달러에 달하는 시장 가치가 사라졌다(2018년 1월에 BP는 복원 비용이 650억 달러로 증가했으며 계속해서 늘어날 것이라고 밝혔다).

만연한 예측 오류는 이해 충돌이 사라지지 않았음을 말해준다. BP는 주요한 주식 발행사로 월스트리트에 대규모 수수료를 안겨 주는 고객이다. 증권 분석가들은 지금도 그 기업에 대한 부정적인 평가 때문에 일자리를 잃게 되지 않을까 두려워하고 있다.

증권 분석가의 실적

지금 이 글을 쓰고 있자니 뒤에서 합창 소리가 들리는 듯하다. 그 노랫 말은 이렇다. '분석가에 대한 진정한 평가는 그가 추천한 종목의 실적에 따라 이뤄져야 한다.' 구리 전문가인 '허술한 루이'는 소수점 실수로 이익 예측을 망쳐버렸지만, 그럼에도 그가 추천한 종목이 고객들에게 돈을 벌어다 주었다면 세부 사항에 대한 주의력 부족은 충분히 용서받을 수 있을 것이다. 노래는 계속된다. '이익 예측이 아니라 투자 실적을 평가하라.'

다행스럽게도 전문가 집단이 운영하는 뮤추얼펀드의 실적은 공식적으로 접근이 가능하다. 일반적으로 펀드는 유능한 분석가와 펀드매니저들이 운용한다. 얼마 전 한 펀드매니저는 내게 이렇게 말했다. "오늘날 공격적인 펀드매니저의 출중한 실력을 따라잡기 위해서는 수년의 세월이 필요합니다."

이와 같은 주장은 고매한 학자들의 심기를 불편하게 만든다. 풍부한 관련 자료, 조사에 필요한 시간적 여유, 학계의 우월성을 입증하고픈 강한 욕망을 감안할 때 학자들이 뮤추얼펀드 실적에 온 신경을 집중한 것은 어쩌면 당연한 일이다.

여기서도 또다시, 여러 연구들이 내놓은 결과는 놀랍게도 똑같았다. 뮤추얼펀드는 잘 분산된 주식시장 지수를 매수해서 보유하는 전략에 비해 더 좋은 실적을 올리지 못했다. 다시 말해, 뮤추얼펀드는 장기적인 차원에서 시장을 넘어서지 못했다. 일부 뮤추얼펀드는 특정 기간에 아주 좋은 실적을 기록하기는 했지만 그러한 성공을 계속 이어가지 못했다. 또한 뮤추얼펀드가 앞으로 언제 그런 실적을 보여줄 것인지 예측할 방법은 없다. 아래 도표를 보면 2021년 12월 31일에 이르기까지 20년에 걸친 뮤추얼펀드의 수익률을 알 수 있다. 여기서 S&P 500 지수는 전체 시장을 대표하는 비교 기준으로 사용되었다. 기간을 달리한 분석에서도, 연금펀드 등 다른 펀드에 대한 분석에서도 결과는 다르지 않았다. 펀드매니저가 운영하는 뮤추얼펀드는 전체 시장 지수에 속한 주식을 사서 보유하는 단순한 전략을 이기기가 대단히 힘들다.

◀ 뮤추얼펀드 vs. 시장 지수 ▶

	20년간 연 평균 수익률(~2021년 12월 31일)
S&P 500 지수	9.68%
주식형 뮤추얼 펀드	8.70
지수 우위(퍼센트 포인트)	0.98

출처: SPIVA U.S Scorecard 2022.

누적된 과학적 증거 이외에도 여러 비공식적 실험 역시 똑같은 결과를 보여줬다. 예를 들어 1990년대 초 「월스트리트저널」은 다트 콘테스트를 실시했다. 여기서 매월 네 명의 전문가가 다트판과 실적을 놓고 경쟁을 벌인다. 「월스트리트저널」은 친절하게도 첫 번째 콘테스트에서 내게 다트를 던지게 해줬다. 2000년대 초까지 결과를 보면 전문가가 다트판보다 살짝 앞선 것으로 나타났다. 하지만 (실적을 집계한 날이 아니라) 참여한 전문가가 선정한 종목을 발표한 날을 기준으로 삼았다면 다트가 조금 더 앞선 것으로 나타났을 것이다. 그렇다면 이 말은 손목이 머리보다 더 똑똑하다는 뜻일까? 분명히 그건 아닐 것이다. 이 결과에 대해 「포브스」의 한 저널리스트는 아주 적절한 평가를 내렸다. "행운과 게으름의 조합이 두뇌를 이겼다."

어떻게 이런 일이 가능한 것일까? 뮤추얼펀드의 실적 순위는 매년 발표된다. 우리는 그 목록에서 시장 평균을 크게 앞지른 펀드를 많이 발견할 수 있다. 그러나 문제는 이러한 실적이 지속적으로 이어지지 않는다는 점이다. 과거 이익으로 미래 이익을 예측할 수 없는 것처럼 펀드의 과거 실적으로 미래 실적을 예측할 수 없다. 펀드 역시 무작위 사건에 휘둘린다. 때로는 크게 성장했다가 성장세가 느려지기도 하고 파산을 맞이하기도 한다. 특정 기간에 좋은 실적을 올린 투자 방식이 다른 기간에는 형편없는 방식인 것으로 드러날 수도 있다. 이 대목에서 나는 펀드의 실적 순위를 결정하는 주체는 우리의 오랜 친구인 행운의 여신이라고 결론을 내리고 싶다.

이 결론은 최근에 내린 게 아니다. 지난 50년의 세월로부터 비롯된 것이다. 그동안 시장에 엄청난 변화가 있었고 대중이 보유한 주식의 비중에도 큰 변화가 있었다. 어제의 스타 펀드가 오늘의 재앙으로 드러나고 있다. 1960년대 말 젊은 총잡이들이 이끌었던 고고펀드가 놀라운 실적을 기록하면서 이 펀드매니저들은 스포츠 스타와 같은 환대를 받았다. 하지만 1969~1976년 사이에 약세 시장이 이어졌을 때 그들에게도 아무런 대책이 없는 것으로 드러났다. 1968년의 최고 펀드는 이후 실적에서 끔찍한 재앙을 맞았다.

이후 탁월한 실적을 꾸준히 이어가지 못했다. 1970년대에 상위 20개 뮤추얼펀드는 1980년대로 접어들면서 평균에 한참 못 미치는 실적을 드러냈다. 70년대의 상위권을 차지했던 많은 펀드는 그다음 십 년 동안 순위표에서 바닥을 맴돌았다. 마찬가지로 80년대 최고 펀드들 역시 90년대에 형편없는 결과를 보였다. 그리고 핫한 인터넷 주식으로 무장한 90년대 최고 펀드들은 거품이 꺼진 2000년대 첫 십 년 동안 재앙에 가까운 결과를 보였다.

2020년 캐시 우드Cathie Wood 의 ARK 이노베이션 펀드는 파괴적인 혁신에 뛰어든 기업에 집중하는 전략을 바탕으로 가치가 두 배로 증가했다. 그러나 그 놀라운 성과는 곧바로 무너지고 말았다. 2021년에 S&P 500 지수가 플러스 27퍼센트를 기록한 반면, ARK 이노베이션 펀드는 마이너스 23.5퍼센트를 기록했다. 그럼에도 캐시 우드는 2020년의 엄청난 성과를 고려한다면 자신의 투자자들은 여전히 플러스 수익을 기록하고 있다고 주장했다. 하지만 ARK 이노베이션 펀드에 투자자가 몰린 것은 2020년 놀라운 성과를 낸 이후다. 그 이전에는 투자자가 별로 없었다. 그러므로 대부분의 투자자들은 실제로 많은 돈을 잃었다. 또한 블룸버그에서는 이미 2022년 3월에 ARK 이노베이션 펀드가 50퍼센트 이상 하락한 것으로 추산했다.

그동안 투자자들은 한 해에 100퍼센트 수익을 기록했다가 다음 해에 50퍼센트 손실을 기록하면 결국 원점으로 되돌아오는 것이라는 사실을 깨달았다. 물론 일부 펀드는 20년 연속으로 평균 이상의 수익률을 기록했다. 하지만 그러한 경우는 지극히 드물다. 그러한 펀드의 수는 확률의 법칙에 따라 기대할 수 있는 것보다 절대 더 많지 않다.

여기서 잠시, 확률의 법칙에 대해 생각해보자. 동전 던지기 시합이 열린다고 상상해보자. 동전을 던져 앞면이 나오면 승자가 된다. 처음에 1천 명이 참여해 동전을 던진다. 예상대로 500명이 앞면이 나와서 2회전에 진출한다. 2회전도 예상대로 250명이 앞면이 나온다. 확률의 법칙이 계속해서 엄격하게 적용되어 3회전에서는 125명이 살아남는다. 그리고 4회전에서는 63명, 5회전 32명, 6회전 16명, 그리고 7회전에서 8명이 남는다.

이쯤 되면 동전 던지기 대가들의 놀라운 실력을 확인하기 위해 군중이 몰려들기 시작한다. 승자들에게 칭송이 쏟아진다. 그들은 동전 던지기 천재로 유명인이 되어 전기를 출간한다. 그들에게 조언을 구하기 위해 사람들이 몰려든다. 어쨌든 1천 명 참가자 중 계속해서 앞면이 나왔던 사람은 이들 8명뿐이다. 게임은 계속되고 그중 몇 명은 9회전과 10회전까지 연속으로 살아남는다.[7] 이 이야기의 핵심은 펀드매니저가 동전 던지기로 의사결정을 내릴 수 있다거나 혹은 내려야 한다는 말이 아니라 확률의 법칙이 엄연히 존재하며, 예외적인 놀라운 성공 사례도 이 법칙으로 설명할 수 있다는 사실이다.

소수의 투자자가 평균을 이기는 것은 자연스러운 현상이다. 수많은 펀드와 관련해서도 몇몇 예외적인 실적을 확률의 법칙으로 설명할 수 있다. 가끔 등장하는 성공 사례를 보면 닭의 암을 치료하는 방법을 개발했다고 주장한 의사 이야기가 떠오른다. 그는 자신이 치료한 닭들 중 33퍼센트가 뚜렷한 호전을 보였다고 자랑스럽게 말했다. 다른 3분의 1은 상태에 변화가 없었다고 했다. 그리고는 무안한 표정을 지으며 이렇게 덧붙였다. "나

---

7) (펀드매니저들이 나쁜 시즌을 보낸 후에도 계속해서 펀드를 운용하듯이) 패자도 계속해서 게임에 참여할 수 있도록 허용한다면 열 번 중 여덟아홉 번 앞면이 나온 사람이 있을 것이며, 이들 역시 동전 던지기 대가로 불려야 할 것이다.

머지 3분의 1은 달아나버렸습니다."

2009년 「월스트리트저널」은 놀라운 투자 실적이 얼마나 덧없는 것인지를 보여주는 흥미로운 기사를 게재했다. 그 기사는 14개의 뮤추얼펀드가 2007년에 이르기까지 9년 연속으로 S&P 지수를 이겼다는 사실을 전했다. 하지만 그중 2008년까지 그러한 실적을 이어간 펀드는 오직 하나에 불과했다. 이는 다음 도표에서 확인할 수 있다. 과거 실적이 놀라운 투자 기술에 따른 것이라고 해도 특정 펀드나 펀드매니저에게 의존하는 방식으로는 지속적으로 시장을 이길 수 없다.

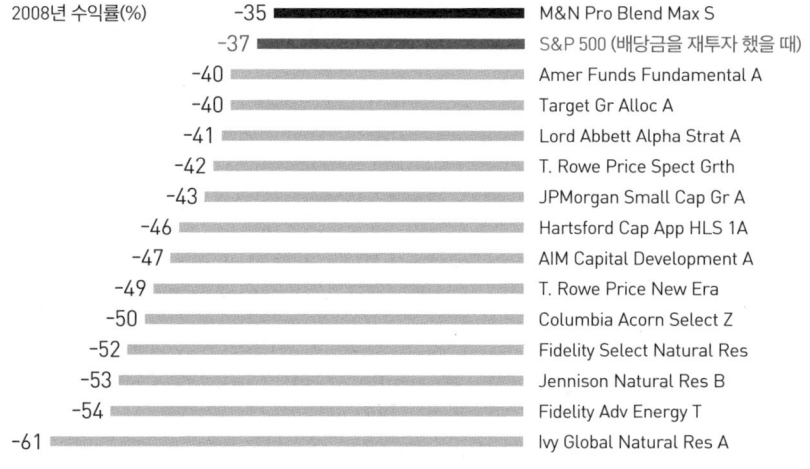

◀ 살아남은 것은 겨우 하나 ▶

출처: 「월스트리트저널」 2009년 1월 5일자

반면 지수 투자의 손을 들어주는 증거는 시간이 흐르면서 점점 쌓여가고 있다. 스탠더드앤푸어스는 적극적으로 운용되는 펀드를 다양한 S&P

주식시장 지수와 비교하는 보고서를 매년 발표한다. 2022년 보고서 내용은 다음 도표와 같다. 20년을 기준으로 했을 때 액티브펀드active fund 중 약 90퍼센트가 비교 지수에 뒤처졌다. 연간 보고서 역시 마찬가지다. 이 책의 개정판을 쓸 때마다 나는 비슷한 결과를 확인하게 된다. 지수 실적은 꽤 좋다. 일반적인 액티브펀드 실적을 훌쩍 넘어선다. 그리고 이러한 결과는 대형주와 소형주 펀드, 미국 및 해외 시장에서도 똑같이 나타난다. 게다가 이러한 현상은 주식시장을 넘어 채권 시장에서도 그대로 나타나고 있다. 그렇다면 지수 투자는 현명한 전략인 셈이다.

◀ S&P지수 vs. 액티브펀드 ▶

S&P지수가 액티브펀드의 성과를 이기는 비율			
	1년	5년	20년
모든 대형주 펀드 vs. S&P 500	85.1%	67.9%	94.1%
모든 소형주 펀드 vs. S&P 소형주 600	70.5	62.5	93.6
글로벌 펀드 vs. S&P 글로벌 1200	84.1	69.2	85.3
신흥시장 펀드 vs. S&P IFCI 복합	64.6	74.7	93.4

출처: S&P SPIVA Report, 2022.

여기서 나는 시장을 이기는 것이 불가능하다는 말을 하려는 게 아니다. 다만 대단히 힘들다는 말을 하고 싶을 뿐이다. 이러한 사실을 입증하기 위한 한 가지 흥미로운 방법은 1970년(내가 이 책을 쓰기 위해 연구를 시작했을 무렵)에 존재했던 모든 펀드에 대해 2017년까지 그 실적을 추적해보는 것이다. 그 조사 결과는 다음 도표에 나와 있다.

1970년에는 총 358개 펀드가 존재했다(오늘날에는 수천 개에 이른다). 그러나 이들 중 78개에 대해서만 장기 추적이 가능하다. 그중 280개는 2017년 전에 이미 사라졌기 때문이다. 이러한 점에서 다음 도표는 '생존 편향survivorship bias' 성공 사례에만 집중함으로써 나타나는 편향-옮긴이에서 자유롭지 않다. 살아남은 펀드는 그나마 좋은 실적을 올린 펀드이기 때문이다. 펀드 시장에는 한 가지 숨기고픈 비밀이 있는데, 실적이 나쁜 펀드는 펀드의 실적을 모아놓은 복합 지수에는 잘 반영되지 않는다는 사실이다. 실적이 나쁜 펀드가 실적이 좋은 펀드와 합쳐지면 형편없는 기록은 사라지기 때문이다. 그러나 생존 편향을 감안하더라도 뛰어난 기록을 올린 펀드는 거의 없다는 사실을 확인할 수 있다. 처음 358개 중 실제로 시장 지수를 2퍼센트 포인트 이상 이긴 펀드는 한 손으로 꼽을 정도다. 그리고 시장 평균보다 1퍼센트 포인트 이상 앞선 펀드는 고작 11개(3퍼센트)에 불과하다.

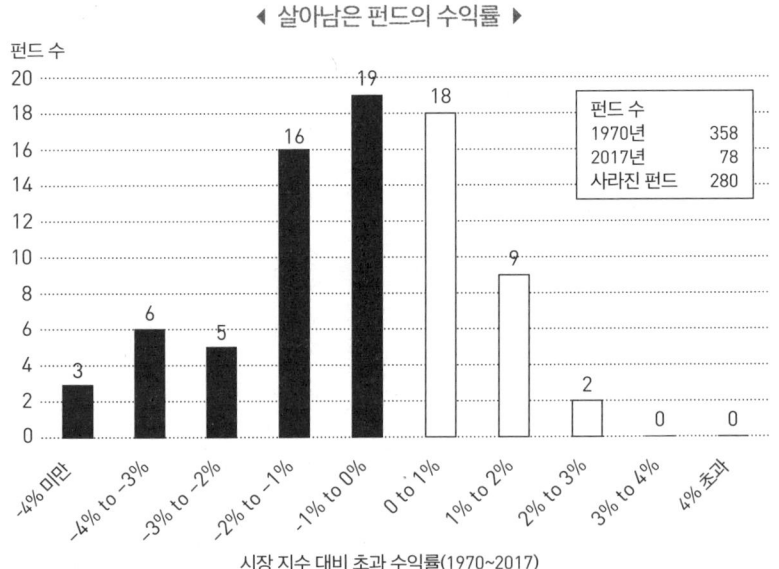

◀ 살아남은 펀드의 수익률 ▶

시장 지수 대비 초과 수익률(1970~2017)

출처: Vanguard and Lipper.

여기서 핵심은 시장을 이기기가 대단히 힘들다는 사실이다. 시장을 이기는 펀드를 발견하는 것은 건초더미에서 바늘 찾기만큼 힘들다. 그보다 가능성이 좀 더 높은 전략은 건초더미를 몽땅 사들이는 것이다. 다시 말해, 잘 분산된 주식 지수에 포함된 모든 종목을 매수해서 보유하는 펀드인 인덱스펀드에 투자하는 것이다. 다행스럽게도 점점 더 많은 투자자가 이 전략을 선택하고 있다. 그리고 그 비중은 매년 증가세에 있다.

시장은 때로 실수를 범하지만 그럼에도 대단히 효율적인 시스템이다. 2000년대 초 인터넷 주식 가격이 미래 성장 기간을 넘어 내세까지도 할인할 기세로 급격하게 치솟았을 때처럼 시장은 때로 어리석다. 예측은 언제나 부정확하다. 게다가 위험 요소는 분명하게 드러나지 않는다. 결론적으로 시장 가격은 언제나 잘못될 수 있다. 하지만 특정 시점에 가격이 너무 높은 것인지 아니면 너무 낮은 것인지 전문 투자자를 포함하여 분명히 알 수 있는 사람은 없다.

이런 의미에서 나는 『증권분석』에서 벤저민 그레이엄이 보여준 지혜에 동의한다. 그레이엄은 주식시장은 결국 투표 메커니즘이 아니라 무게 메커니즘이라고 했다. 그의 설명에 따르면, 모든 주식의 가격은 현금 흐름의 현재 가치다. 하지만 월스트리트 세상에서 가장 똑똑한 이들조차 정확한 가치와 부정확한 가치를 똑바로 구분하지 못한다. 시장의 집단적인 지혜에 맞서 더 높은 수익률을 지속적으로 거둘 수 있다는 증거는 어디에도 없다. 시장이 언제나 옳다는 말은 아니지만 '어느 개인이나 기관도 시장보다 더 많은 것을 지속적으로 알지 못한다.'

기본적 분석과 효율적 시장 가설

학계가 내린 결론은 이렇다. 기술적 분석과 마찬가지로 기본적 분석도 투자자가 평균 이상의 수익률을 내는 데 별 도움이 안 된다. 그럼에도 사소한 것까지 집착하는 성향이 강한 학계는 기본적 정보fundamental information의 정확한 정의를 둘러싸고 논쟁을 시작했다. 일부 학자는 기본적 정보란 지금 공개된 정보라고 정의했다. 반면 다른 이들은 앞으로 나올 정보까지 포함하는 것으로 정의했다. 바로 이 지점에서 효율적 시장 가설이 '준강' 형태와 '강한' 형태 두 진영으로 나뉘었다.

먼저 '준강' 형태의 효율적 시장 가설을 지지하는 학자들은 공개된 어떤 정보도 분석가가 저평가된 주식을 선택하는 데 도움을 줄 수 없다고 말한다. 그들의 주장에 따르면, 대차대조표, 손익계산서, 배당 등에 포함된 모든 공식 정보는 시장 가격에 이미 반영되어 있다. 그렇기 때문에 전문가의 정보 분석은 아무 쓸모가 없다.

다음으로 '강한' 형태의 효율적 시장 가설을 지지하는 학자들은 공개된 정보는 물론이고 기업과 관련하여 앞으로 나올 어떤 정보도 기본적 분석가에게 도움을 주지 못한다고 말한다. 이들의 주장에 따르면 '내부' 정보조차 투자자에게 아무런 도움을 줄 수 없다.

내부 정보를 통해 이익을 얻을 가능성까지 완전히 부정한다는 점에서 강한 형태의 효율적 시장 가설은 분명히 과해 보인다. 네이선 로스차일드Nathan Rothschild는 전령 비둘기로부터 웰링턴이 워털루에서 승리했다는 소식을 듣고 시장에서 수백만 달러를 벌었지 않은가. 그것은 정보를 다른 사람보다 훨씬 빨리 입수했기 때문이다. 하지만 오늘날 정보 초고속도로는 전령 비둘기보다 훨씬 빠른 속도로 뉴스를 전송한다. 그리고 공정공시 제도로 인해 기업은 중요 정보를 공개해야 한다. 게다가 비공개 정보를 통한 거래로 수익을 올리는 것은 범법 행위다.

노벨상을 수상한 경제학자 폴 새뮤얼슨Paul Samuelson 은 오늘날의 바뀐 상황을 이렇게 요약했다.

똑똑한 사람들이 과대평가되었다고 판단한 주식을 팔고, 과소평가되었다고 판단한 주식을 매수하는 식으로 계속 현명하게 거래한다면, 주식은 미래 전망을 모두 반영하게 될 것이다. 그렇다면 과대, 혹은 과소평가된 주식을 스스로 찾으려고 노력하지 않는 소극적인 투자자에게 특정 주식이 다른 주식과 별반 다를 게 없도록 만드는 가격 패턴이 형성되는 상황이 될 것이다. 그럴 경우, 소극적 투자자에게는 종목 선택이 의미가 없어진다.

이것이 바로 효율적 시장 가설에 대한 설명이다. '협의'의(약한 형태의) 효율적 시장 가설에서도 과거 주가의 움직임을 연구하는 기술적 분석으로는 투자자에게 도움을 줄 수 없다. 주가는 랜덤워크를 보이기 때문이다. 그리고 '광의'의(준강, 강한 형태의) 효율적 시장 가설에서는 기본적 분석조차 도움이 되지 않는다. 기업의 이익과 배당에 대한 전망은 알려져 있고, (기본적 분석가가 조사할) 기업에 영향을 미치는 긍정적인 소식이나 부정적

인 소식은 오늘날의 상황을 고려할 때 새뮤얼슨이 설명한 것처럼 이미 모두 주가에 반영되어 있기 때문이다. 그렇기 때문에 광범위한 지수에 포함된 모든 주식을 보유하는 펀드를 선택함으로써 전문적인 증권 분석가가 운용하는 펀드보다 더 높은 수익률을 올릴 수 있다.

◆ ◆ ◆

일부 비평가가 지적하듯 효율적 시장 가설에서 주가가 항상 정확하다는 것을 의미하지는 않는다. 오히려 주가는 언제나 틀리다. 효율적 시장 가설의 진정한 의미는 아무도 주가가 너무 높은지 혹은 낮은지를 확신할 수 없다는 점이다. 또한 효율적 시장 가설에서 주가가 목적 없이 아무렇게나 움직이며 기본적 정보 변화에 둔감하다는 뜻이 아니다. 주가가 랜덤으로 움직이는 이유는 정반대다. 그것은 시장이 너무 효율적이어서, 즉 정보가 나오자마자 주가가 즉각 반응하기 때문에 어떤 개인 투자자도 이익을 볼 수 있을 만큼 빨리 매수하거나 매도할 수 없다는 말이다. 그리고 뉴스는 항상 무작위로, 즉 예측할 수 없는 방식으로 터져 나온다. 그러므로 과거의 기술적 정보 혹은 기본적 정보를 분석함으로써 미래를 예측할 수 없다.

기본적 분석의 대부라 불리는 전설적인 벤저민 그레이엄조차 기본적 분석으로는 더 이상 예외적인 투자 수익률을 기록할 수 없을 것이라고 마지못해 결론내렸다. 세상을 뜨기 직전인 1976년, 그레이엄은 「파이낸셜

애널리스트 저널 Financial Analysts Journal」과의 인터뷰를 통해 이렇게 뜻을 밝혔다. "정교한 증권 분석 기술을 통해 놀라운 기회를 발견할 수 있을 것이라고 더 이상 기대하지 않습니다. 도드와 공저한 책을 출간한 40년 전에는 그러한 기술이 쓸모가 있었습니다. 그러나 지금은 상황이 많이 변했죠.... (오늘날) 저는 막대한 노력과 비용을 충분히 만회할 만한 선택을 내릴 수 있을지 의문이 듭니다.... 저는 지금 '효율적 시장 가설' 학파의 편에 서 있습니다." 또한 은퇴한 피터 린치는 물론이고 워런 버핏마저도 대부분의 투자자들은 액티브펀드보다 인덱스펀드에 투자함으로써 더 높은 수익을 올릴 수 있다고 말한다. 특히 버핏은 유언장에 자신의 재산 중 현금은 몽땅 인덱스펀드에 투자하라는 문구를 추가했다.

RANDOM WALK

3부
새로운 투자 기술 검증

$ ¥ £

지금까지 우리는 주식 가치를 평가하기 위해 사용하는 견고한 토대 이론과 공중누각 이론에 대해 살펴봤다. 앞에서 언급한 것처럼, 많은 학자들이 이 이론들을 공격하여 명성을 쌓았고, 이러한 방법들에 의존해서는 높은 수익을 올릴 수 없다고 지적함으로써 주목을 받았다.

대학원에서 끊임없이 젊은 금융 경제학자를 배출해내면서 이 이론들을 공격하는 학자들이 많아졌다. 또한 학자들 사이에서 새로운 전략의 필요성이 대두되었다. 이후 학계는 가치평가에 관한 독자적인 이론을 서둘러 개발했다. 8장에서 다룰 주제는 상아탑에서 탄생한 '새로운 투자 기술'인 현대 포트폴리오 이론modern portfolio theory, MPT 이다. 이는 오늘날 금융시장에서 널리 활용되고 있는 대단히 중요한 이론이다. 이 이론의 목적은 위험을 낮추는 것이다. 그밖에 여전히 논란이 많은 여러 이론들은 학생들의 논문 재료로 활용되고 있으며, 지도 교수에게 풍성한 강의료를 지급하는 역할도 하고 있다.

9장에서는 특정 유형의 위험을 감수함으로써 보상을 높일 수 있다고 말하는 학자들의 주장을 다뤄볼 것이다. 다음으로 10장과 11장에서는 시장을 지배하는 것은 이성이 아니라 심리이며, 랜덤워크와 같은 것은 존재하지 않는다고 주장하는 이들의 얘기를 들어볼 것이다. 그들은 시장이 절대 효율적이지 않으며 그렇기 때문에 여러 투자 전략으로 실적을 높일 수 있다고 말한다. 그러한 전략으로는 월스트리트에 널리 알려진 '스마트베타smart beta'나 '위험균등risk parity', 'ESG 투자ESG Investing'가 있다.

다음으로 많은 비판에도 불구하고 전통적인 인덱스펀드가 전체 시장에서 수익률 챔피언으로서 여전히 건재하다는 사실을 보여주고, 인덱스펀드가 모든 포트폴리오의 핵심을 구성해야 한다는 주장으로 3부의 논의를 마무리하고자 한다.

8장
위험을 낮추는
새로운 접근 방식

…학문적으로 어떤 영향도 받지 않았다고 주장하는 실용주의자들은
대개 죽은 경제학자의 노예들이다.
하늘의 계시를 듣는 미친 권력자는 몇 년 전 학자들이
아무렇게나 쓴 글에서 광기만을 골라낸다.
- 존 메이너드 케인스, 『고용, 이자, 화폐에 관한 일반 이론』

주가가 왜 랜덤워크를 보이는지 효율적 시장 가설에서 알 수 있다. 주식시장이 새로운 정보에 민첩하게 반응하기 때문에 누구도 더 나은 방식으로 미래 흐름을 예측할 수 없다는 것이다. 금융 전문가의 활동으로 발표된 모든 뉴스가 주식 가격에 즉각 반영된다. 그러므로 잠재력 있는 주식을 선택하거나 시장의 전반적인 방향을 예측하는 능력은 모두에게 평등하다. 즉, 당신의 예측 능력은 원숭이나 주식중개인 혹은 나와도 별로 다를 게

없다.

그런데 어떤 주식은 다른 주식보다 실적이 좋다. 어떤 사람은 시장을 이길 수 있고 실제로 이긴다. 그건 순전히 우연에 의한 것만은 아니다. 이는 많은 학자들이 동의하는 바다. 여기서 말하는 시장을 이기는 방법이란 날카로운 통찰력을 발휘하는 것이 아니라 더 높은 위험을 감수하는 것이다.

영국 소설가 새뮤얼 버틀러 Samuel Butler 는 오래전 이렇게 썼다. "수상한 냄새가 나는군." 그렇다. 위험은 수익률이 시장 평균에 비해 얼마나 높을 것인지 혹은 낮을 것인지를 결정하는 유일한 요소다.

위험의 정의와 측정

위험은 이해하기 쉽지 않은 미묘한 개념이다. 학자는 물론이고 투자자들 역시 위험에 대한 정의에 좀처럼 합의를 이루지 못하고 있다.

아메리칸 헤리티지 사전 American Heritage Dictionary 을 보면, 위험은 "피해나 손실을 입을 가능성"이라고 나와 있다. 가령 1년 만기 재무부 채권을 이자율 2퍼센트 조건으로 매수해서 만기까지 보유한다면 세전 2퍼센트 수익을 얻을 수 있을 것이다. 여기서 손실이 발생할 가능성은 무시할 정도로 낮다. 반면 5퍼센트의 배당금을 기대하면서 지역 전력회사 주식을 1년 동안 보유한다면 손실 가능성은 이보다 높아진다. 기업 배당이 줄어들 수 있고 무엇보다 주식 가격이 폭락해서 순손실을 입을 가능성이 있기 때문이다. 기대 수익이 실현되지 않을 위험이나 보유한 주식의 가격이 떨어질 위험이 있다는 뜻이다.

위험의 측정

수익이 평균값(혹은 기댓값)에서 크게 벗어날 가능성이 희박한 주식은 위험이 없거나 낮다고 말한다. 반대로 수익이 매년 크게 요동친다면(그래서 특정 기간에 큰 손실이 발생할 가능성이 크다면) 위험이 높다고 말한다. 그래서 학계에서는 투자자가 지는 위험이 수익을 실현하지 못할 가능성과 관련된 것으로 보았고, 자연스럽게 위험은 곧 미래에 있음직한 수익의 산포도로 측정하게 되었다. 따라서 위험은 수익의 분산이나 표준편차로 구한다.

간단한 사례를 통해 기대 수익과 분산의 개념을 설명하고 이를 측정하는 방법을 알아보도록 하자. 다양한 경제 상황에서 배당금과 가격 변동을 포함해서 전반적인 수익이 다음과 같이 기대되는 주식을 매수한다고 해보자.

경제 상황	발생 가능성	평균 수익률
'보통의' 경기	1/3	10%
인플레이션 없는 빠른 실질 성장	1/3	30
인플레이션을 동반한 침체(스태그플레이션)	1/3	-10

평균적으로 전체 기간의 1/3이 '보통의' 경기, 다른 1/3이 인플레이션 없는 급속한 성장, 나머지 1/3이 '스태그플레이션'이라면, 각 기간의 상대적 비중을 고려해서 미래 경제 상황을 예측하는 편이 합리적인 방법일 것이다. 여기서 투자자는 1/3 기간 동안 30퍼센트의 수익을, 다른 1/3 기간에는 10퍼센트의 수익을, 나머지 1/3 동안 10퍼센트의 손실을 본다고 해

보자. 그렇다면 기대 수익률을 다음과 같이 구할 수 있다.

> 기대 수익률 = 1/3(0.30) + 1/3(0.10) + 1/3(-0.10) = 0.10

여기서 수익의 산포도인 '분산variance'을 구한다. 분산은 각각의 수익률에서 기대 수익률을 빼서 이를 제곱한 값들의 평균이다.

> 분산 = $1/3(0.30-0.10)^2 + 1/3(0.10-0.10)^2 + 1/3(-0.10-0.10)^2$
> = $1/3(0.20)^2 + 1/3(0.00)^2 + 1/3(-0.20)^2$ = 0.0267

그리고 분산의 제곱근을 표준편차standard deviation 라 부른다. 여기서 계산한 표준편차는 0.1634다.

그러나 투자자들은 분산과 표준편차와 같은 산포도로 위험을 측정하는 방식에 만족하지 않는다. 비평가들은 이렇게 지적한다. "분명하게도 위험은 분산 그 자체와 직접적인 연관이 없다. 결과가 좋은 쪽으로만 흩어져 있다면, 즉 수익이 기대한 것보다 높게 나온다면 상식적으로 투자자는 그것을 위험이라고 부르지 않을 것이다."

물론 수익을 실현하지 못할 가능성만을 위험이라고 부르는 것도 일리는 있다. 하지만 실용적인 관점에서 보면 수익의 분포가 대칭으로 나타나는 한, 다시 말해 놀라운 이익이 발생할 가능성이 실망스러운 손실이 발생할 가능성과 같다면 분산은 위험을 나타내는 적절한 기준이라고 말할 수 있다. 분산이 클수록 실망할 확률도 커지기 때문이다.

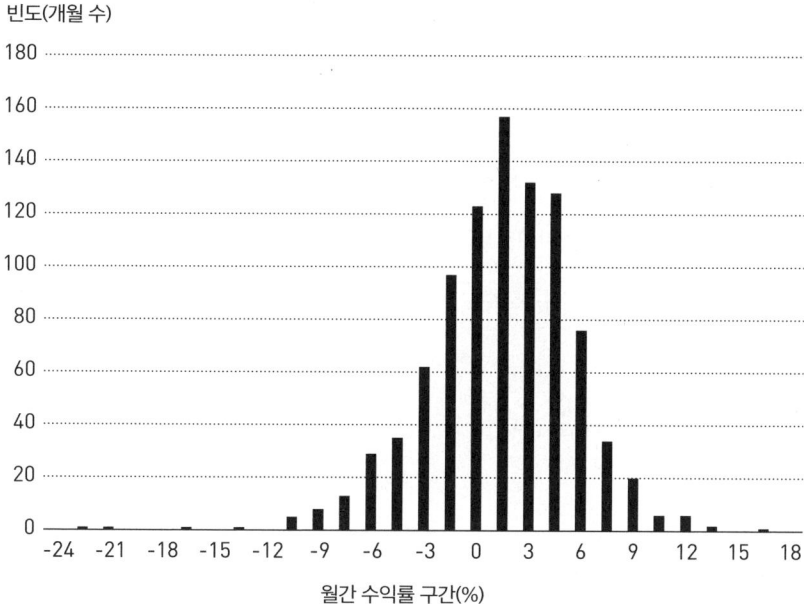

◀ S&P 500 지수에 투자한 포트폴리오의 월간 수익률 분포,
1970년 1월~2020년 3월 ▶

출처: Bloomberg.

　일반적으로 개별 주식의 수익률 분포도는 대칭으로 나타나지는 않지만 제대로 분산이 이뤄진 포트폴리오의 수익률 분포도는 대략적이나마 대칭을 이룬다. 위 도표는 지난 50년간 S&P 500 지수에 투자한 포트폴리오의 월간 수익률 분포를 나타낸다. 우선 수익률 범위를 균등한 간격(약 1.5퍼센트)으로 나누고, 각 구간별로 수익률 빈도(개월 수)를 막대그래프로 표시했다. 덧붙이자면 이 포트폴리오는 약 월 1퍼센트, 연 11퍼센트의 수익률을 기록했다. 그러나 시장이 급격하게 하락했던 기간에는 이 포트폴리오의 수익률 역시 크게 떨어지면서 한 달 만에 20퍼센트가 넘는 손실을 기록하기도 했다.

이와 같이 분포도가 대칭으로 나타날 경우 수익률의 3분의 2가 평균에서 1 표준편차 범위 안에 들어가고, 수익률의 95퍼센트가 2 표준편차 범위 안에 들어간다는 점은 익히 알려진 바다. 이 포트폴리오는 월평균 수익률이 1퍼센트고 표준편차(포트폴리오의 위험)는 월 4.5퍼센트로 나타났다. 그러므로 이 포트폴리오에서 월간 수익률의 3분의 2는 -3.5~+5.5퍼센트에 속하고, 수익률의 95퍼센트는 -8~+10퍼센트에 속하게 된다. 분명하게도 표준편차가 클수록(수익률 분포가 넓을수록) 특정 기간에 시장에서 돈을 잃을 가능성이 크다(즉, 위험이 높다). 이와 같기 때문에 표준편차와 같은 변동성 지표를 위험을 측정하는 기준으로 활용하는 것이다.

위험에 대한 장기 분석

금융 분야에서 널리 알려진 명제 중 하나는 '높은 위험을 감수함으로써 높은 수익을 얻을 수 있다'이다. 1926년부터 2020년까지 데이터를 살펴봄으로써 이 명제에 대해 엄격하게 검증한 연구가 있다. 이 연구에서 주식과 채권, 재무부 채권으로 각각 이뤄진 다양한 투자 자산에 대해 매년 수익률을 측정했다. 먼저 수익률이 0~5퍼센트 사이에 해당하는 연도의 햇수를 막대 하나의 높이로 표시했다. 그리고 수익률이 5~10퍼센트 구간에 해당하는 연도의 햇수를 다른 막대의 높이로 나타냈다. 이런 식으로 똑같은 작업을 마이너스 수익률을 포함한 다양한 구간에 대해서 실행했다. 그 결과로 나온 이 도표에서 각각의 막대를 통해 수익률 분포를 확인할 수 있다. 이로부터 표준편차도 구할 수 있다.

◀ 투자 자산별 연간 총 수익률 통계 자료, 1926~2020 ▶

투자 자산	기하평균 (%)	산술평균 (%)	표준편차 (%)	분포
대형주	10.3	12.2	18.7	
소형주 *	11.9	18.5	28.2	
장기 회사채	5.9	6.3	8.4	
장기 국채	5.7	6.1	8.5	
중기 국채	5.1	5.2	5.6	
미 재무부 채권	3.3	3.3	3.1	
인플레이션	2.9	2.9	4.0	

* 1933년 소형주 총 수익률은 무려 142.9퍼센트였다.

출처: Ibbotson SBBI Yearbook.

도표에서 분명하게 알 수 있듯이 주식은 투자자에게 오랫동안 상대적으로 풍족한 수익을 가져다줬다. 배당과 자본 이득을 포함하는 주식 수익률은 장기 채권, 재무부 채권, 연간 소비자 물가 상승률로 구한 인플레이션율을 크게 앞질렀다. 즉, 주식은 인플레이션 영향을 감안해도 플러스

'실질' 수익률을 투자자에게 안겨주었다. 또한 표준편차와 분포도로 알 수 있듯이 주식 수익률은 편차가 더 크며, 플러스 마이너스 50퍼센트를 넘는 범위까지 폭넓게 분포하고 있다. 분명하게도 주식에서 투자자가 얻은 추가 수익은 상당히 높은 위험에 대한 대가로 주어진 것이다. 여기서 소형주가 대형주보다 더 높은 수익률을 기록하는 동시에 산포도(표준편차)가 더 크다는 사실에 주목하자. 더 높은 수익이 더 높은 위험과 밀접한 관련이 있음을 또다시 확인할 수 있다.

투자자들은 주식이 마이너스 수익률을 기록했을 때 수차례 고통의 시간을 감내해야 했다. 1930~1932년은 주식 투자자에게 상당히 우울한 기간이었다. 1970년대 초 역시 마이너스 수익률을 기록했다. 그리고 1987년 10월에는 주식시장이 3분의 1이나 주저앉았다. 이는 1930년대 이후로 짧은 기간에 나타난 가장 큰 폭의 주식 가격 변화다. 또한 주식 투자자는 2000년대 첫 십 년 동안 그리고 2020년에 코로나19 팬데믹이 시작될 무렵 주식이 얼마나 형편없는 실적을 기록했는지 잘 알고 있다. 그럼에도 투자자들은 오랜 기간에 걸쳐 높은 위험을 감수함으로써 높은 수익을 보상으로 돌려받았다.

위험을 낮추는 새로운 방법

그동안 학자들은 위험을 낮추는 방법을 발견하기 위해 노력했다. 그리고 이러한 시도는 다름 아닌 현대 포트폴리오 이론의 탄생으로 이어졌다. 실제로 이 이론은 투자를 바라보는 전문가들의 사고방식을 획기적으로 바꿔놓았다.

현대 포트폴리오 이론은 내 아내처럼 모든 투자자가 위험을 회피하려 한다는 전제에서 출발한다. 투자자는 높은 수익률을 원하는 동시에 안전한 성과를 원한다. 투자자는 현대 포트폴리오 이론에서 최소한의 위험과 견실한 수익을 결합하는 방법에 대해 알 수 있다. 또한 분산투자야말로 위험을 낮추려는 투자자를 위한 가장 합리적인 전략이라는, 세월의 검증을 거친 투자 격언이 수학적으로 증명된다는 점도 알 수 있다.

이 이론은 1950년대에 해리 마코위츠 Harry Markowitz 가 개발했다. 마코위츠는 그 공로를 인정받아 1990년 노벨 경제학상을 수상했다. 그의 책 『포트폴리오 선택 Portfolio Selection』은 자신의 시카고대학교 박사학위 논문에서 나온 것이다. 마코위츠는 UCLA에서 학생들을 가르치고 랜드코퍼레이션 RAND Corporation 에서 컴퓨터 언어를 설계하는 등 다양한 경력을 쌓았다. 또한 직접 헤지펀드를 운영하기도 했다. 그 과정에서 마코위츠는 위험한(변동성이 큰) 주식을 특정한 방법으로 함께 묶으면 포트폴리오 전체 위험이 개별 주식의 위험보다 더 낮아진다는 사실을 발견했다.

사실 현대 포트폴리오 이론은 대단히 난해하고 다가서기 힘들다. 학술지에는 이 이론과 관련된 논문으로 넘쳐난다. 덕분에 학자들은 그 내용을 따라잡기에 바쁘다. 이 이론은 그 자체만으로 대단한 업적이다. 그래도 다행스러운 사실은 현대 포트폴리오 이론의 개념을 이해하기 위해 2차 방정식의 미로 속을 헤맬 필요는 없다는 점이다. 우리는 한 가지 사례를 통해 전체 그림을 분명하게 이해할 수 있다.

두 기업만으로 경제활동이 이뤄지는 섬이 있다고 상상해보자. 첫 번째 기업은 해변, 테니스코트, 골프장을 운영하는 대규모 리조트다. 두 번째 기업은 우산을 생산한다. 날씨는 두 기업의 수익에 중대한 영향을 미친다. 건기에는 리조트 수익이 올라가고 우산 제조사의 매출은 급감한다. 반면 우기에는 리조트 수익은 줄어들고 우산 제조사의 수익은 증가한다. 다음 도표는 두 기업의 계절별 수익률을 나타낸다.

	우산 제조사	리조트
우기	50%	-25%
건기	-25	50

여기서 전체 기간 중 절반은 건기고 나머지 절반을 우기라고 가정하자(즉, 우기와 건기가 나타날 확률은 각각 50퍼센트다). 우산 제조사 주식에 투자한 사람은 우기 동안 50퍼센트의 수익률을 올리고 건기 동안 25퍼센트 손실을 기록한다. 그래서 전체 수익률은 평균 12.5퍼센트다. 우리는 이를 기대수익률이라고 부른다. 마찬가지로 리조트 주식에 투자한 사람 역시 같은 결과를 얻는다. 그런데 이들 기업 중 한 곳에만 투자하는 것은 위험한 선택이다. 수익률 변동폭이 큰데다 건기나 우기가 장기간 이어질 가능성도 있기 때문이다.

여기서 2달러를 가진 투자자가 분산투자를 통해 1달러를 우산 제조사에, 다른 1달러를 리조트에 투자한다고 해보자. 건기 때 리조트에 투자한 1달러는 50센트 수익을 얻을 것이며 우산 제조사에 투자한 1달러는 25센트 손실을 기록할 것이다. 그러면 투자자의 총 수익은 25센트(50-25)가 되어 2달러 투자에 대한 총 수익률은 12.5퍼센트가 된다.

우기 동안에도 회사만 달라지지 그 결과는 동일하다는 사실에 주목하자. 우산 제조사에 대한 투자는 50퍼센트 수익을 기록하는 반면, 리조트에 대한 투자는 25퍼센트 손실을 기록한다. 다시 한번, 분산투자의 총 수익률은 12.5퍼센트가 된다.

이 단순한 사례는 분산투자의 핵심 장점을 보여준다. 날씨가 어떻든 섬 경제에 어떤 상황이 벌어지든 투자자는 분산투자를 통해 매년 확실한 12.5퍼센트의 수익률을 얻을 수 있다. 이러한 일을 가능하게 만들어주는 것은 두 기업이 (수익이 매년 달라지는) 특정한 위험에도 불구하고 기후에 따라 서로 다른 영향을 주고받기 때문이다(통계학에서는 이를 마이너스 공분산 관계에 있다고 말한다).[8] 전체 경제 속에서 개별 기업의 수익이 동일한 방

---

8) 통계학자들은 '공분산(covariance)'을 통해 내가 말하는 두 증권의 수익률 사이의 유사성 정도를 측정한다. 리조트의 실제 수익률을 R, 그리고 기대 수익률 혹은 평균 수익률을 $\bar{R}$라고 하고, 우산 제조사의 실제 수익률을 U, 평균 수익률을 $\bar{U}$라고 할 때, U와 R 사이의 공분산(COV_{UR})은 다음과 같이 구할 수 있다.

COV_{UR} = 비올 확률 $(U-\bar{U})(R-\bar{R})$ + 맑을 확률 $(U-\bar{U})(R-\bar{R})$

앞 도표에서 공분산은 다음과 같다.

향으로 움직이지 않는 한, 투자자는 분산투자를 통해 어느 정도 위험을 낮출 수 있다. 두 기업의 수익 사이에 완벽한 마이너스 상관관계(한 곳이 좋지 않을 때 다른 곳이 좋은 관계)가 존재하는 이 사례의 경우는 분산투자를 통해 위험을 완전히 제거할 수 있다.

물론 항상 그럴 수 있는 것은 아니다. 기업들 대부분의 수익이 아주 비슷하게 움직일 때가 그렇다. 가령 경기 침체로 대량 해고가 발생할 때 사람들은 여름휴가도 떠나지 않고 우산도 잘 사지 않을 것이다. 그러므로 위험을 완전하게 제거하는 것은 현실적으로 기대하기 어렵다. 그럼에도 기업들의 수익이 완전히 똑같이 움직이지는 않기 때문에 분산투자를 하는 것이 한두 가지 종목에 집중하는 것보다 훨씬 위험을 낮춘다.

우리는 이 사례의 교훈을 실제 포트폴리오 구성에 쉽게 적용해볼 수 있다. 가령 포드 자동차와 포드에 타이어를 납품하는 공급업체의 주식을 묶어서 포트폴리오를 구성한다고 해보자. 이 경우에도 분산투자를 통해 위험을 줄일 수 있을까? 아마도 아닐 것이다. 매출이 떨어질 때 포드는 타이어 생산업체로부터 새 타이어 구매를 줄일 것이다. 일반적으로 두 기업의 수익 사이에 공분산이 클 때(즉, 상관관계가 높을 때) 분산투자를 통한 위험 감소 효과는 미미하다.

COV_{UR} = ½(0.50 - 0.125) (-0.25 - 0.125) + ½(-0.25 - 0.125) (0.50 - 0.125) = -0.141

두 주식의 수익이 나란히 움직이면(하나가 오르면 다른 하나도 따라 오르면) 공분산은 큰 양수 값으로 나온다. 반면 이 사례처럼 완전히 반대로 움직이면 음수로 나온다.

다른 한편으로 포드와 정부 계약업체를 포트폴리오로 묶는다면 분산 투자를 통해 위험을 크게 낮출 수 있다. 소비자 지출이 감소하면 포드의 매출과 이익은 떨어질 것이며 미국 사회의 실업률은 높아질 것이다. 그러나 실업의 고통을 덜어주기 위해 정부가 나서면 정부 계약업체의 수익은 포드와는 다른 방향으로 움직일 것이다. 이 경우에 두 주식 사이의 공분산은 아주 작거나 마이너스로 나올 것이다.

많은 투자자는 시장이 폭락할 때 대부분의 주식이 함께 떨어진다는 사실을 알고 있다. 위 사례처럼은 아니지만 일부 주식 및 일부 자산은 적어도 특정 기간 동안 시장과 반대 방향으로 움직인다.

◀ 상관계수와 분산투자의 위험 감소 효과 ▶

상관계수	분산투자가 위험에 미치는 영향
+1.0	위험 감소 불가능
+0.5	약간의 위험 감소
0	상당한 위험 감소
-0.5	대부분의 위험 제거
-1.0	모든 위험 제거

여기에 중요한 의미가 담겨 있다. 그것은 상관관계가 마이너스가 아니라도 분산투자를 통해 어느 정도 위험을 낮출 수 있다는 점이다. 마코위츠가 투자자의 지갑을 위해 행한 중요한 기여는 상관계수가 1이 아닌 이상 어느 정도 위험을 낮출 수 있다는 사실을 입증한 것이다.

그의 연구 결과는 위 도표에 잘 나타나 있다. 포트폴리오에 주식이나 다른 자산을 추가함으로써 위험을 낮출 수 있을지 결정하는 과정에서 상관계수가 중요한 역할을 한다는 사실을 알 수 있다.

분산투자

셰익스피어의 표현을 빌려 질문을 던지자면, 좋은 것이라고 지나치게 많이 두어도 될까? 다시 말해, 분산투자가 더 이상 수익을 안전하게 지키는 요술봉으로 작용하지 못하는 한계 지점이 있을까? 많은 연구 결과를 살펴보면 한계가 있다.

다음 도표에서 알 수 있듯이 투자자를 위한 황금의 수는 50으로, 적어도 이 숫자 이상의 종목에 분산투자하면 위험을 감소시킬 수 있다(물론 50가지의 석유기업 주식이나 50가지 전력회사 주식으로는 이와 같은 위험 감소 효과를 기대할 수 없다).

미국 주식에 투자하는 경우 분산 포트폴리오를 통해 위험을 60퍼센트 넘게 낮출 수 있다. 하지만 좋은 소식은 거기까지다. 보유 종목의 가짓수를 더 늘리더라도 추가적인 위험 감소는 더 이상 일어나지 않기 때문이다.

◀ 분산투자의 혜택 ▶

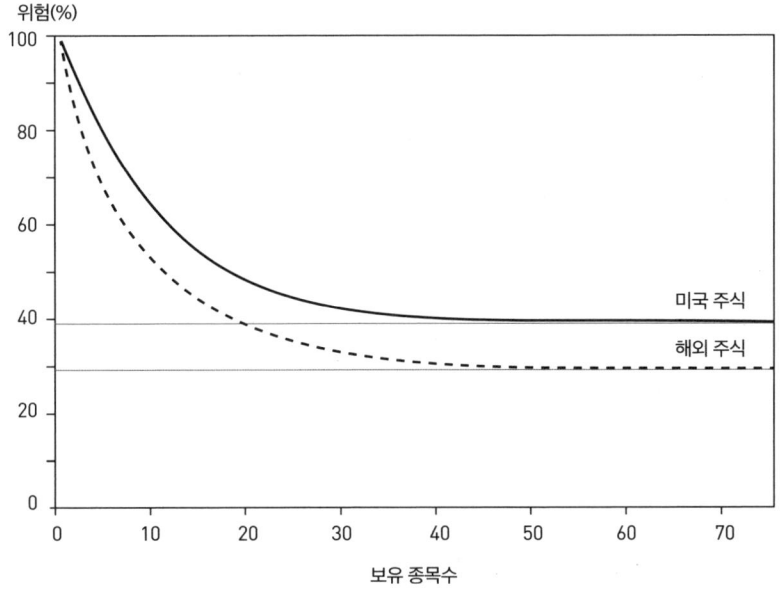

　마코위츠가 현대 포트폴리오 이론을 내놓은 이후로 세상이 크게 달라졌다. 특히 안목이 넓은 투자자는 위험을 더 낮출 수 있게 되었다. 그 이유는 해외 경제가 미국 경제와 항상 똑같이 움직이지는 않기 때문이다. 특히 신흥시장이 그렇다. 예를 들어 유가와 원재료 가격 상승은 유럽과 일본 시장뿐 아니라, 전반적으로 자체 조달할 수 있는 미국 시장에까지 부정적인 영향을 미친다. 다른 한편으로, 유가 상승은 인도네시아와 중동 원유 생산국에게 긍정적인 영향을 미친다. 마찬가지로 광물과 다양한 천연자원의 가격 상승은 호주나 브라질 같은 풍부한 자원을 보유한 국가에 긍정적인 영향을 미친다. 도표에서 확인할 수 있듯이 해외 주식에 투자하는 투자자에게도 50은 황금의 숫자인 것이다.

국제적인 분산투자가 가져다주는 혜택에 관한 자료는 1970년 이후 50년에 걸친 수익률을 나타내는 다음 도표에 잘 정리되어 있다. 그동안 MSCI EAFE(유럽, 호주, 극동의 선진국 지수)로 측정한 해외 주식의 연평균 수익률은 S&P 500으로 측정한 미국 주식을 앞선 것으로 나타났다. 그러나 연간 수익률의 변동성은 미국 주식(S&P 500 지수)이 더 작은 것으로 나타났다. 이 기간 동안에 두 지수의 수익률 사이의 상관계수는 (양수이지만 일반적인 수준인) 약 0.5였다. 0.5라는 수치에서 투자자는 미국 주식과 해외 주식을 결합하는 방식에 따라 서로 다른 수익과 위험의 조합을 얻을 수 있다는 사실을 알 수 있다.

도표에서 맨 오른쪽 점은 순수하게 해외 주식(MSCI EAFE 지수)으로만 구성된 포트폴리오를 의미하는 것으로, 더 높은 수익과 더 높은 위험(더 큰 변동성)을 나타낸다. 그리고 도표의 맨 아래 점은 순수하게 미국 주식(S&P 500 지수)으로만 구성된 포트폴리오의 수익률과 위험을 나타낸다. 여기서 미국 주식과 해외 주식 포트폴리오 조합에 따라 달라지는 수익률과 변동성이 곡선처럼 나타난다.

미국 주식 100퍼센트로 구성된 포트폴리오에 해외 주식을 점차 추가하면 수익률이 상승한다는 점에 주목하자. 그 이유는 해외 주식(MSCI EAFE 지수)이 미국 주식(S&P 500 지수)보다 더 높은 수익률을 기록했기 때문이다. 또한 해외 주식이 포트폴리오에서 차지하는 비중이 계속 올라갈수록 위험(수익률 변동성)이 수익률과 함께 증가한다.

◀ 미국 주식과 해외 주식에 대한 분산투자, 1970년 1월~2019년 12월 ▶

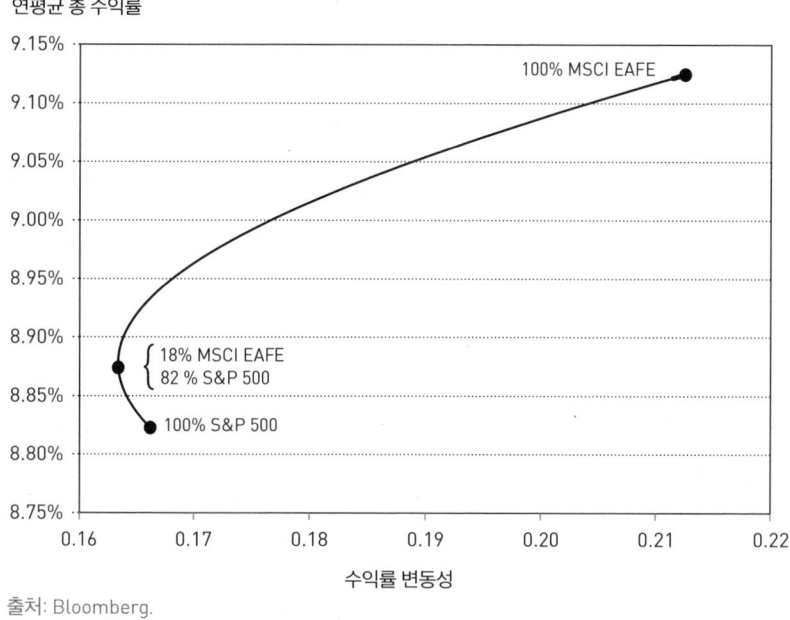

출처: Bloomberg.

　여기서 역설적인 현상은 위험이 더 높은 해외 주식을 조금 추가했을 때 전체 포트폴리오 위험이 더 낮아졌다는 사실이다. 가령 일본 자동차 기업이 미국 시장에서 점유율을 높이면서 많은 수익을 낼 때는 일본 자동차 기업의 주식을 함께 보유하면 미국 자동차 기업의 낮은 수익률을 보충해준다. 반대로, 달러의 가치가 높아지고 미국 경제가 좋아질 때는 해외 주식을 보유하면 미국 제조업체의 높은 수익률이 해외 제조업체의 낮은 수익률을 보충해준다. 바로 이러한 보충관계가 전체 포트폴리오의 변동성을 줄여주는 것이다.

　위험(수익률 변동성)이 가장 낮은 포트폴리오는 18퍼센트의 해외 주식과 82퍼센트 미국 주식으로 구성된 조합인 것으로 드러났다. 국제적인 분산투자가 투자자에게 공짜 점심을 선사한 것이다. 이처럼 해외 주식을 추가함으로써 수익률은 증가하고 위험은 낮아진다면 투자자는 기회를 놓치지 말아야 한다.

그러나 일부 펀드매니저는 분산투자가 예전처럼 많은 혜택을 계속해서 가져다주지는 못할 것이라고 지적한다. 그 이유는 세계화 흐름이 주식과 상품 사이는 물론이고 미국 시장과 해외 시장 사이의 상관관계를 높이고 있기 때문이다. 다음 도표에서 상관계수가 2000년대 첫 십 년에 걸쳐 얼마나 높아졌는지 알 수 있다. 도표는 미국 주식(S&P 500 지수)과 해외 주식(MSCI EAFE 지수) 사이의 상관계수를 2년 단위로 나타낸다. 특히 투자자에게 나쁜 소식은 시장이 하락할 때 상관관계가 높게 나타났다는 점이다. 국제 신용위기가 이어졌던 2007~2009년에는 모든 시장이 일제히 떨어졌다. 그 똑같은 현상이 코로나19가 전 세계로 급속하게 확산된 2020년 초에도 나타났다. 어디에도 숨을 곳은 없어 보였다. 이러한 점에서 일부 투자자가 분산투자는 더 이상 위험을 낮추기 위한 효과적인 전략이 될 수 없다고 생각하게 된 것도 다소 이해가 간다.

또한 미국 주식(S&P 500 지수)과 신흥시장 주식(MSCI EM 지수) 간의 상관관계, 그리고 주식과 석유, 금속 등 골드만삭스 상품 지수(GSCI) 간의 상관관계는 상승 강도가 다소 약하더라도 계속 상승했다.

그러나 시장 간 상관관계가 높아졌음에도 완벽하게 연결된 것은 아니므로 분산투자는 여전히 포트폴리오 변동성을 줄일 수 있는 유용한 전략이다. 미국 주식 투자자에게 '잃어버린 십 년'이라고 알려진 21세기 첫 십 년에 대해 생각해보자. 미국과 유럽, 일본으로 구성된 선진국 시장은 2000년의 출발점과 같거나 더 떨어진 상태로 십 년을 마무리했다. 그동안 포트폴리오를 선진국 경제로 제한한 투자자는 만족스러운 수익률을 얻지 못했다. 반면 같은 기간에 (인덱스펀드를 통해 쉽게 접근이 가능했던) 신흥시장의 주식으로 포트폴리오를 확대한 투자자는 꽤 만족스러운 투자 실적을 누렸다.

다음 도표를 보면 2000년대 첫 십 년 동안에는 미국 주식(S&P 500 지수)에 대한 투자로 돈을 벌지 못했다는 사실을 알 수 있다. 하지만 같은 기간에 신흥시장 주식에 투자한 사람은 꽤 만족스러운 수익률을 올렸다. 이

처럼 '잃어버린 십 년'에도 국제 분산투자는 투자자에게 엄청난 혜택을 안겨다줬다.

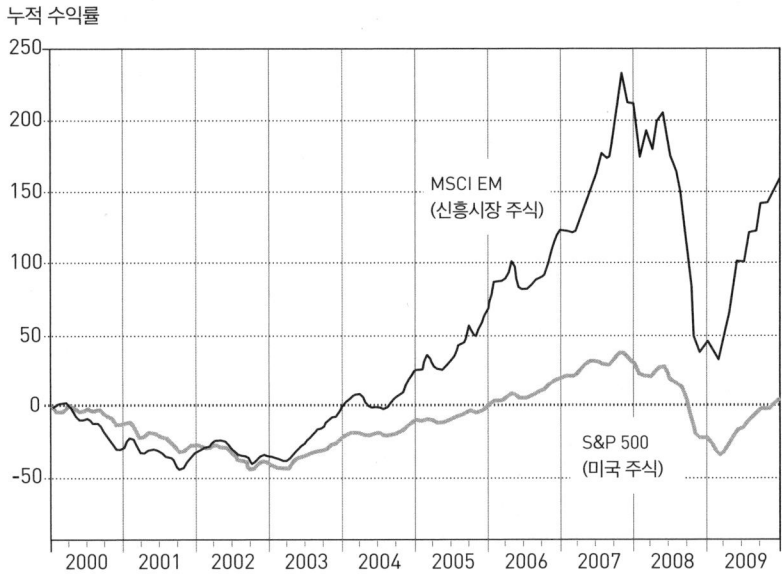

◀ '잃어버린 십 년' 동안 신흥시장에 대한 분산투자: 대체 시장의 누적 수익률 ▶

출처: Vanguard, Datastream, Morningstar

안전한 채권 역시 위험을 낮추는 것으로 그 가치를 입증했다. 다음 도표를 보면 금융 위기가 한창이던 2008~2009년 미 재무부 채권과 미국 대형주 사이의 상관관계가 얼마나 많이 떨어졌는지 알 수 있다. 끔찍한 시황이 이어졌던 2008년에도 잘 분산된 채권 포트폴리오(바클레이스캐피털 브로드본드 인덱스Barclay's Capital broad bond index)는 5.2퍼센트의 수익률을 기록했다. 그렇다면 금융위기에도 숨을 곳은 있었던 셈이다. 투자자는 채권

(혹은 4부에서 다룰 채권과 비슷한 여러 증권)을 통해 위험을 효과적으로 낮출 수 있었다.

◀ 시간에 따른 주식-채권 상관관계 ▶

출처: Vanguard.

결론적으로 말해서, 분산투자의 교훈은 옛날만큼이나 지금도 여전히 유효하다. 현대 포트폴리오 이론을 기반으로 연령대와 위험 수용도가 서로 다른 개인 투자자의 자산을 적절하게 분산하는 방법은 4부에서 다룰 것이다.

9장
보상을 높이는 새로운 접근 방식

절반만 적중하는 이론은 동전 던지기만 못하다.
- 조지 스티글러, 『가격 이론』

지금쯤 위험에는 보상이 따른다는 사실을 모두 이해했을 것이다. 학계와 금융계에서는 위험을 이용해서 더 높은 수익을 올리기 위한 시도가 오랫동안 이어져 왔다. 이 장에서는 바로 이러한 내용을 다루고자 한다. 즉, 위험을 측정하는 분석 지표에 대해 살펴보고 이 지표를 이용해 더 높은 보상을 거두는 방법에 대해 알아보고자 한다.

스탠포드 교수를 지낸 윌리엄 샤프William Sharpe, 세상을 떠난 두 금융 전문가 존 린트너John Lintner와 피셔 블랙Fischer Black은 분산투자를 통해서 주식의 총 위험 중 어떤 부분을 제거할 수 있는지 밝혀내는 데 학문적 열정을 바쳤다. 그리고 그 결과로 탄생한 것이 바로 현대 포트폴리오 이론을 기반으로 한 자본자산 가격결정 모형capital-asset pricing model, CAPM이다. 1990년에 샤프는 그 공로를 인정받아 마코위츠와 더불어 노벨상을 수상했다.

자본자산 가격결정 모형의 기본 논리는 주식의 총 위험 중 분산투자로 없앨 수 있는 위험은 보상에 기여하지 못한다는 것이다. 그러므로 평균 수익률을 장기적으로 끌어올리려면 분산투자로 제거할 수 없는 위험에 주목해야 한다. 이 모형에 따르면, 베타라고 하는 위험 지표로 포트폴리오를 조율함으로써 보상을 높일 수 있다.

베타, 그리고 체계적 위험

갑자기 웬 베타? 느닷없이 그리스 문자가 등장한 이유는 뭘까?

학자들은 주식의 총 위험이나 총 변동성 중 일부를 '체계적 위험systematic risk'이라 부르는데, 이는 주식 가격의 기본적인 변동성에서 비롯되며 동시에 모든 주식이 어느 정도 전체 시장과 함께 움직이는 경향 때문에 생긴다. 주식 수익률에 영향을 미치는 나머지 변동성은 '비체계적 위험unsystematic risk'이라 부르며, 이는 개별 기업의 특정한 측면(파업이나 신제품 개발 등)으로부터 생긴다.

이제부터는 사람들이 베타에 대해 궁금해했지만 물어볼 엄두를 내지 못했던 부분에 대해 설명하고자 한다. 시장 위험이라고도 하는 체계적 위험은 전체 시장의 변동에 대한 개별 주식(혹은 포트폴리오)의 반응을 의미한다. 즉 어떤 주식과 포트폴리오는 시장 움직임에 대단히 민감하게 반응하는 반면, 어떤 주식은 보다 안정적으로 움직인다는 뜻이다.

기본적으로 베타는 이런 체계적 위험을 수치로 나타낸 것이다. 또한 펀드매니저들이 오랫동안 품어왔던 주관적인 느낌을 객관적인 수치로 표현한 것이다. 베타를 계산할 때는 본질적으로 개별 주식(혹은 포트폴리오)의 움직임과 시장 전체의 움직임을 비교하여 나타낸다.

전체 주식시장의 베타 값은 1이다. 어떤 주식이 시장보다 두 배 더 큰 폭으로 움직인다면 베타 값은 2다. 가령 시장이 10퍼센트 상승할 때 베타 값이 2인 주식은 20퍼센트 상승한다. 반면 베타 값이 0.5인 주식은 시장이 10퍼센트 오르내릴 때 5퍼센트만 오르내린다.

여기서 주목해야 할 중요한 사실은 체계적 위험은 분산투자를 하더라도 제거할 수 없다는 점이다. 그 이유는 모든 주식이 어느 정도 함께 움직이기 때문이다(즉 변동성의 상당 부분은 체계적이다).

(특정 위험이라고도 하는) 비체계적 위험은 대규모 계약 체결, 광물자원 발견, 노사갈등, 회계부정, 재무담당자의 횡령과 같은 사건에서 비롯되며 개별 기업의 주가를 시장과 무관하게 움직이게 만든다. 이러한 변동성에 따른 위험은 분산투자를 통해 제거할 수 있다. 모든 주식이 완전하게 같은 방향으로 움직이지는 않기에, 한 주식의 수익 변동이 다른 주식의 수익 변동을 상쇄할 수 있기 때문이다.

다음 도표에서 분산투자와 총 위험 사이의 중요한 관계를 확인할 수 있다. 종목을 계속해서 추가할수록 포트폴리오의 총 위험이 낮아진다. 그리고 그 효과는 특히 초반에 뚜렷하다.

◀ 분산투자를 통한 위험 감소: 포트폴리오의 위험(수익률 표준편차) ▶

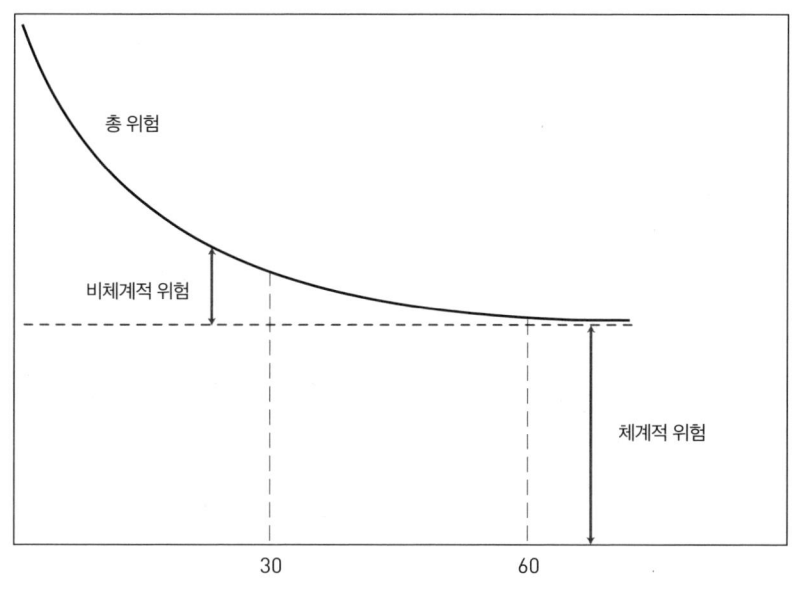

포트폴리오에 포함된 종목 수

30개 종목으로 포트폴리오를 구성하면 비체계적 위험의 상당 부분이 제거된다. 이후에는 계속 종목을 추가하더라도 위험을 큰 폭으로 제거하지는 못한다. 효과적으로 분산된 60개 종목으로 포트폴리오를 구성하면 비체계적 위험은 실질적으로 사라져 (베타 값이 1인) 포트폴리오는 시장과 동일하게 오르내리게 된다. 물론 평균 베타 값이 1.5인 주식들로도 똑같은 도표를 만들 수 있다. 이때도 분산투자를 통해 비체계적 위험을 신속히 제거할 수 있다. 하지만 제거되지 않은 체계적 위험은 더 높다. 평균 베타 값이 1.5인 종목들로 구성된 포트폴리오의 변동성은 평균 베타 값이 1인 종목들로 구성된 포트폴리오의 변동성보다 50퍼센트 더 크게 나타날 것이기 때문이다.

앞에서 설명한 내용을 다시 정리해보자. 개별 주식의 총 위험이 보상과 직결되는 것은 아니다. 총 위험 중 비체계적 위험은 적절한 분산투자를 통해 쉽게 제거할 수 있다. 그러므로 투자자가 비체계적 위험을 감수함으로써 추가적인 보상을 받을 수 있다고 생각할 이유는 없다. 총 위험에서 투자자가 보상받을 수 있는 부분은 분산투자로 제거할 수 없는 체계적 위험이다. 그러므로 자본자산 가격결정 모형에서 주식(혹은 포트폴리오)의 수익률(즉 위험 프리미엄)은 베타, 즉 분산투자로 제거할 수 없는 체계적 위험과 관련된 것이다.

자본자산 가격결정 모형에 따른 위험과 수익률

금융 전문가들은 투자자는 높은 위험을 떠안음으로써 보상을 받을 수 있다는 주장에 오랫동안 동의해왔다. 자본자산 가격결정 모형이 기존과 다른 점은 위험을 정의하고 측정한다는 데 있다. 자본자산 가격결정 모형이 등장하기 전, 주식의 수익률은 내재된 총 위험과 관련이 있다고 믿었다. 즉, 수익률은 변동성 혹은 표준편차에 따라 변한다고 생각했다. 그러나 자본자산 가격결정 모형에 따르면 개별 주식의 총 위험은 적절한 기준이 아니며, 추가적 보상과 관련 있는 것은 오직 체계적 위험뿐이다.

이러한 주장을 여기서 수학적으로 증명하기는 힘들더라도 핵심 논리는 간단하다. 모든 주식의 체계적 위험(베타)이 1이고, 각각 60개 종목으로 구성된 두 주식 그룹이 있다고 해보자. 다시 말해 두 그룹에 포함된 모든 주식은 시장과 똑같이 움직이는 경향이 있다. 여기서 그룹 1의 주식은 특정 요인 때문에 그룹 2의 주식보다 총 위험이 더 높다. 예를 들어 그룹 1의 주식은 기후, 환율, 자연재해에 민감하게 반응한다. 그래서 개별 위험이 높다. 반면 그룹 2에 속한 주식은 개별 위험이 낮고 총 위험도 낮다. 이러한 가정을 도표에 표현하면 다음과 같다.

그룹 1(60개 종목)	그룹 2(60개 종목)
각 주식의 체계적 위험(베타)=1	각 주식의 체계적 위험(베타)=1
각 주식의 개별 위험이 높다	각 주식의 개별 위험이 낮다
총 위험이 높다	총 위험이 낮다

자본자산 가격결정 모형이 등장하기 전에 받아들였던 기존 이론에 따르면, 그룹 1의 포트폴리오 수익률이 더 높아야 한다. 그룹 1에 속한 주식의 총 위험이 그룹 2보다 높기 때문이다. 하지만 학자들은 지성의 마술봉을 휘둘러 이러한 생각을 완전히 바꿔 놨다. 자본자산 가격결정 모형에 따르면 두 포트폴리오의 수익률을 같다. 그 이유는 뭘까?

먼저 247쪽 도표를 떠올려보자(잊어버렸다면 다시 한 번 확인하자). 거기서 우리는 포트폴리오 종목 수가 60에 가까워지면서 총 위험이 체계적 위험 수준으로 떨어진다는 사실을 확인했다. 꼼꼼한 독자라면 위 도표에서 각 포트폴리오의 종목 수가 60임을 알아차렸을 것이다. 이 말은 비체계적 위험이 모두 제거되었다는 뜻이다. 가령 예상치 못한 기상 재난에 따른 부정적 영향이 환율 변화에 따른 긍정적 영향으로 상쇄되었다는 말이다. 남은 것은 포트폴리오에 포함된 개별 주식의 체계적 위험뿐이며, 이는 곧 베타를 의미한다. 여기서 두 그룹에 속한 모든 주식의 베타 값은 1이다. 그렇다면 그룹 1의 총 위험이 그룹 2보다 높다고 해도 두 그룹의 수익률은 동일하다.

여기서 각 그룹의 포트폴리오는 비체계적 위험을 포함하는 총 위험이 아니라 체계적 위험(베타)에 따라 동일한 수익률을 보이기 때문이다. 포트폴리오를 구성함으로써 주식의 개별 위험을 모두 없앴기 때문에 체계적 위험만이 위험 프리미엄을 보상받을 수 있다. 다시 말해 투자자는 분산투자로 제거할 수 있는 위험을 떠안더라도 추가적인 보상은 얻지 못한다. 이것이 바로 자본자산 가격결정 모형의 기본 논리다.

자본자산 가격결정 모형의 핵심이 다음 도표에 잘 나타나 있다.

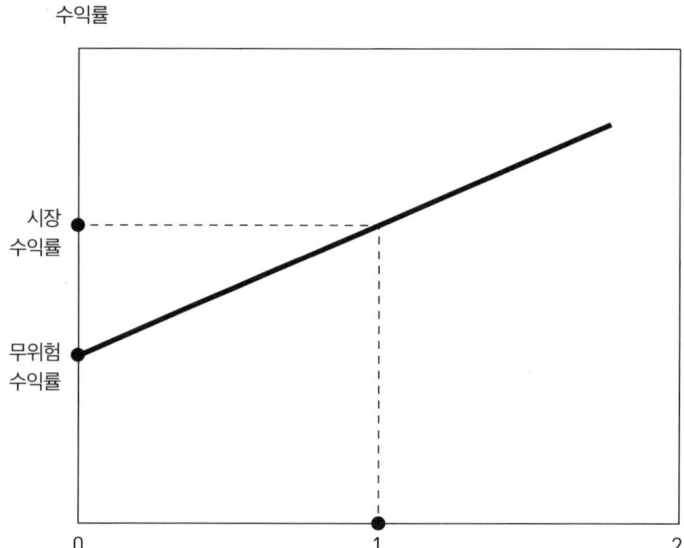

◀ 자본자산 가격결정 모형에 따른 위험과 수익률 * ▶

* 고등학교 수학 시간에 배웠듯이 모든 직선은 방정식으로 나타낼 수 있다.
  위 그래프에 대한 방정식은 다음과 같다.

기대 수익률=무위험 수익률+베타(시장 수익률-무위험 수익률)

이 방정식을 다음과 같이 변형함으로써 위험 프리미엄, 즉 무위험 수익률을 초과하는 주식 및 포트폴리오의 기대 수익률을 구할 수 있다.

기대 수익률-무위험 수익률=베타(시장 수익률-무위험 수익률)

이 방정식은 주식이나 포트폴리오로부터 얻는 위험 프리미엄이 곧 베타 값을 의미한다는 사실을 말해 준다. 어쩌면 베타 값이 포트폴리오 이론에서 대단히 중요한 공분산과 무슨 관계가 있는지 궁금해하는 독자도 있을 것이다. 어떤 주식의 베타 값은 본질적으로 과거 기록을 바탕으로 측정한 그 주식의 가격과 시장 지수 사이의 공분산과 본질적으로 동일하다.

개별 주식(혹은 포트폴리오)의 체계적 위험(베타)이 증가하면 투자자가 기대하는 수익률 또한 증가한다. 포트폴리오 베타 값이 0이라면, 가령 모든 돈을 정부가 보장하는 은행 예금증서에 투자했다면(주식시장이 아무리 변동하더라도 수익률은 변하지 않기 때문에 베타 값은 0이다) 투자자는 적정한 수준의 보상을 얻게 될 것이다. 일반적으로 이를 무위험 수익률risk-free rate of interest이라고 부른다. 그러나 투자자가 더 높은 위험을 떠안을수록 수익률은 높아진다. 베타 값이 1인 포트폴리오(가령 잘 분산된 인덱스펀드)를 보유한다면 수익률은 주식시장 평균 수익률과 같아질 것이다. 이 수익률은 장기적으로 무위험 수익률을 앞지를 것이지만 투자에는 위험이 따르므로 특정 기간에 무위험 수익률을 밑돌면서 상당한 손실을 기록할 수 있다.

아래 도표를 보면 포트폴리오의 베타 값을 조정하는 방식으로 다양한 기대 수익률을 얻을 수 있다는 사실도 알 수 있다. 예를 들어, 투자자가 절반의 돈을 예금증서에 넣고 절반을 주식시장을 대표하는 인덱스펀드에 넣었다고 해보자. 이 경우 투자자는 무위험 수익률과 시장 수익률의 중간에 해당하는 수익률을 얻게 될 것이며 포트폴리오의 평균 베타 값은 0.5가 될 것이다.[9] 이렇듯 자본자산 가격결정 모형에 따르면 장기적으로 높은 수익률을 얻기 위해서는 포트폴리오의 베타 값을 높여야 한다.

◀ 포트폴리오 구성 사례 * ▶

목표 베타	포트폴리오 구성	기대 수익률
0	무위험자산에 1달러	10%
0.5	무위험자산에 0.5달러, 시장 포트폴리오에 0.5달러	0.5(0.10) + 0.5(0.15) = 0.125 즉 12.5%**
1	시장 포트폴리오에 1달러	15%
1.5	10퍼센트 이자율로 0.5달러를 더 빌려 시장 포트폴리오에 1.5달러	1.5(0.15) - 0.5(0.10) = 0.175 즉 17.5%

* 시장 수익률은 15퍼센트, 무위험 수익률은 10퍼센트로 가정
** 250~251쪽 각주에 소개한 공식으로 기대 수익률을 구할 수 있다.
  기대 수익률=0.10 +0.5(0.15 - 0.10) = 0.125(12.5%)

베타의 유용성에 관한 평가

주식이 유행을 타듯 베타도 1970년대 초 크게 유행했다. 권위 있는 투자 전문지 「인스티튜셔널 인베스터」는 여러 지면을 할애하여 전문 펀드매니저의 업적을 시대 순으로 기록했다. 그리고 사원 꼭대기에 베타가 달린 그림을 표지에 싣고는 "베타교! 위험을 측정하는 새로운 방법"이라는 제

---

[9] 일반적으로 포트폴리오의 베타는 구성 종목의 베타를 가중평균해서 구한다.

목을 게재함으로써 베타의 유행을 인정했다. 그 표제 기사는 좀처럼 긴 나눗셈도 할 일이 없는 펀드매니저들이 이제 "통계학 박사처럼 베타에 대해 이야기를 나누고 있다"고 언급했다. 증권거래위원회조차 '기관 투자자 연구보고서 Institutional Investors Study Report'에서 베타를 위험을 측정하는 기준으로 인정했다.

월스트리트 초창기 베타 팬들은 그저 베타 값이 약간 높은 주식을 매수함으로써 장기적으로 더 높은 수익률을 거둘 수 있다고 주장했다. 거래 시점을 선택할 수 있다고 믿었던 이들은 나름 더 나은 아이디어에 주목했다. 그 아이디어는 시장 상승이 기대될 때 베타 값이 높은 주식을 매수하고, 시장 하락이 예상될 때 베타 값이 낮은 주식으로 갈아타는 것이었다. 이러한 새로운 투자 접근방식에 뜨거운 관심이 쏟아지면서 베타 측정 서비스가 증권사들 사이에 널리 퍼졌으며, 자체적으로 베타를 측정해서 발표하는 것이 혁신적인 증권사의 상징이 되었다. 오늘날에는 메릴린치와 같은 증권사 혹은 밸류라인 Value Line 이나 모닝스타 Morningstar 와 같은 투자자문사를 통해 베타 값을 쉽게 확인할 수 있다. 게다가 월스트리트 베타 숭배자들은 베타의 복음을 전하는 열정적인 학자들마저 놀랄 정도로 베타 관련 투자 상품을 마구잡이로 팔았다.

셰익스피어의 『헨리 4세』 1부에서, 글렌다워는 홋스퍼에게 뽐내며 이렇게 말한다. "나는 저 깊은 곳에서 영혼을 불러낼 수 있어." 그러자 홋스퍼는 심드렁한 표정으로 대꾸한다. "나도 할 수 있고 누구나 할 수 있지. 그런데 자네가 부르면 영혼이 나오기나 할까?" 주식시장의 움직임에 관한 이론도 누구든 만들 수 있다. 자본자산 가격결정 모형 역시 한 가지 이론일 뿐이다. 정말로 중요한 질문은 이것이다. 그런데 정말로 들어맞을까?

많은 기관 투자자가 베타 개념을 받아들였다. 그러나 베타는 결국 학자들의 창조물이다. 이보다 더 따분한 게 있을까? 주식의 위험을 하나의 숫자로 보여주는 베타는 그 태생부터 무미건조해 보인다. 골방에 틀어박힌 차티스트들이나 좋아할 것이다. 그러나 베타의 가치를 믿지 않는다고 해도 그 용어를 알아두는 게 좋을 것이다. 나와 동료 교수들이 그 용어를 들먹이는 수많은 박사와 MBA를 배출했기 때문이다. 그들은 지금 베타를 사용해서 펀드매니저의 성과를 평가한다. 그리고 포트폴리오의 실제 수익이 베타로 예상한 수익보다 높으면 초과 수익을 의미하는 '알파'를 만들어 냈다고 말한다.

그런데 베타는 정말로 위험을 측정하는 효과적인 지표일까? 자본자산 가격결정 모형에 따라서 베타 값이 높은 포트폴리오는 베타 값이 낮은 포트폴리오보다 더 높은 보상을 안겨줄 것인가? 베타만으로 주식의 체계적 위험을 파악할 수 있을까? 아니면 다른 요소도 고려해야 할까? 한마디로, 베타가 알파를 만들어 낼 수 있는가? 이러한 질문은 오늘날 학자와 실무자들 사이에서 치열하게 벌어지고 있는 논쟁의 주제다.

1992년 발표된 연구에서 유진 파마Eugene Fama 와 케네스 프렌치Kenneth French 는 1963~1990년 사이 거래된 모든 주식을 대상으로 베타 값을 구하여 10분위로 나눠보았다. 1분위에는 베타 값이 하위 10퍼센트에 해당하는 주식이, 10분위에는 상위 10퍼센트에 해당하는 주식이 포함된다. 다음 도표에서 확인할 수 있듯이 놀랍게도 10분위로 나눈 포트폴리오의 월평균 수익률과 그 베타 값 사이에 아무런 상관관계가 없는 것으로 나타났

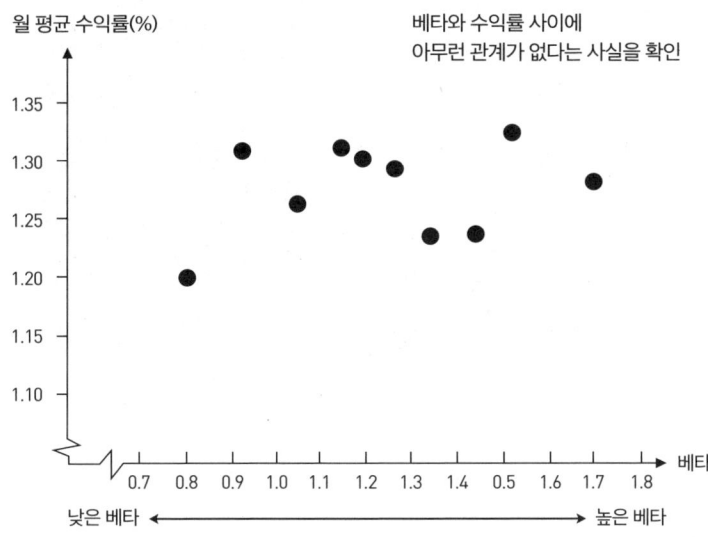

다. 나 역시 뮤추얼펀드의 수익률과 베타 사이에 아무런 관계가 없다는 사실을 발견한 바 있다. 주식이나 포트폴리오의 수익률, 그리고 그 위험을 뜻하는 베타 값 사이에 아무런 관계가 없었던 것이다.

그래서 1990년대 중반에는 실무자뿐 아니라 많은 학자들까지 베타를 쓰레기통에 던져버렸다. 앞서 베타의 가치를 칭송했던 금융 언론들 역시 "베타의 죽음", "안녕, 베타", "패배한 베타"라는 제목으로 기사를 실었다. 「인스티튜셔널 인베스터」에 게재된 '딥퀀트Deep Quant'[10]라고 알려진 사람의 편지에서 당시의 분위기를 잘 알 수 있다. 그 편지는 이렇게 시작한다. "자산관리에서 깜짝 놀랄만한 이야기가 나오고 있다. 자본자산 가격결정

---

10) '퀀트'는 월스트리트에서 새로운 투자 기술을 추구하는 정량 분석가를 부르는 별명이다.

"MPT(현대 포트폴리오 이론, Modern Portfolio Theory)[11]♦♦♦를 빨리 발음할 때마다 'empty(공허한)'라고 들려서 신경이 쓰입니까?"

© Milt Priggee / pensions & Investments. www.miltpriggee.com 허락을 받아 게재.

모형이 죽었다는 것이다." 「인스티튜셔널 인베스터」는 다음과 같이 '퀀트 변절자'의 이야기를 계속해서 내보냈다. "타이타닉이 그랬던 것처럼 최고의 수학자들은 투자자를 죽음으로 몰고 갈 것이다." 이후 현대 포트폴리오 이론을 포함하여 모든 새로운 투자 기술마저도 의심의 눈초리를 받게 되었다.

그러나 나는 '퀀트 변절자'가 틀렸다고 생각한다. 결함이 발견되었다고 해서 새로운 수학적 도구를 포기해야 하는 것은 아니다. 내가 생각하기에

---

[11]♦♦♦ 위 그림은 자본자산 가격결정 모형에 따른 위험과 수익률을 수식으로 표현한 것이다. 자본자산 가격결정 모형은 현대 포트폴리오 이론을 기반으로 한다. - 감수인

섣부른 판단을 경계해야 할 이유가 몇 가지 있다.

첫째, 사람들은 안정적인 수익, 즉 변동성이 크지 않은 수익을 선호한다. 석유 시추 사업의 수익률이 무위험 국채의 수익률과 똑같다면 도박 그 자체를 사랑하는 사람만이 석유 사업에 뛰어들 것이다. 그리고 투자자들이 정말로 변동성을 걱정하지 않는다면 변동성을 줄일 수 있는 파생증권 시장이 수조 달러 규모로 성장하지는 못했을 것이다. 그렇기 때문에 우리는 상대적 변동성에 대한 베타 지표를 통해 적어도 일반적으로 생각하는 위험의 일부를 알 수 있다. 또한 과거 데이터로 산출한 포트폴리오 베타를 통해 미래의 상대적 변동성을 어느 정도는 예측해볼 수 있다.

둘째, UCLA 리처드 롤Richard Roll 교수의 주장에 따르면, 베타를 정확하게 측정하기는 대단히 힘들다(사실 거의 불가능하다). S&P 500 지수만 '시장'이 아니다. 전체 주식시장은 미국 내 수많은 주식에다가 해외 시장까지 포함한다. 더 나아가 전체 시장은 채권, 부동산, 상품을 비롯한 모든 유형의 자산을 포함한다(특히 교육받은 인력, 노동, 삶의 경험은 우리 사회의 가장 중요한 자산이다). 이렇게 '시장'을 측정하는 방식에 따라 베타 값은 크게 달라진다. 자본자산 가격결정 모형과 위험 지표로서의 베타에 대한 결론은 베타 값을 어떻게 측정하느냐에 달렸다. 미네소타대학교의 두 경제학자 라비 자가나선Ravi Jagannathan 과 젠유 왕Zhenyu Wang 은 (베타의 측정 기준인) 시장 지수를 인적 자원까지 포함하는 것으로 재정의하고 경기 주기에 따라 베타 값이 변하도록 허용할 때, 자본자산 가격결정 모형과 베타는 수익률을 예측하는 강력한 도구가 될 수 있다고 주장했다.

셋째, 베타와 수익률 사이에 장기적으로 아무런 관계가 없다고 해도 베타는 유용한 투자관리 도구가 될 수 있다. 높은 위험을 통해 높은 수익률을 추구하는 투자자는 베타 값이 낮은 주식을 신용 매수함으로써 위험과 수익률을 한꺼번에 끌어올릴 수 있어서다.

그렇다고 하더라도 단순하게 측정하여 활용하는 방식으로는 베타가 수익률 즉 보상을 높일 수 있는 신뢰할만한 장기적인 위험 지표가 될 수 없다는 점은 분명한 사실이다.

보상을 높이는 새로운 방법

재정가격결정 이론

베타를 이용해서 위험을 정량적으로 측정하여 보상을 높일 수 없다면 대안은 무엇일까? 위험 측정 분야의 개척자인 스티븐 로스 Stephen Ross 는 재정가격결정 이론 arbitrage pricing theory, APT 이라고 하는 자본시장의 새로운 가격결정 이론을 제시했다. 재정가격결정 이론의 핵심 논리를 이해하기 위해 우선 자본자산 가격결정 모형의 기본 개념을 다시 한번 떠올려보자. 그것은 투자자가 떠안음으로써 보상받을 수 있는 유일한 위험은 분산투자로 제거할 수 없는 위험뿐이라는 것이다. 다시 말해 오직 체계적 위험만이 위험 프리미엄을 보상받을 수 있다. 하지만 체계적 위험은 너무도 복잡해서 베타만으로는 파악할 수 없다. 즉, 시장보다 더 혹은 덜 움직이는 주식의 경향만으로는 파악할 수 없다. 그 이유는 특정 주가 지수가 시장 전체를 완전히 대표하지는 못하기 때문이다. 이러한 점에서 베타는 체계적 위험의 일부 중요한 요소를 고려하지 못하는 면이 있다. 그렇다면 다른 여러 체계적 위험 요소로 눈길을 돌려보자.

우선 국민소득의 변화는 개별 주식의 수익률에 체계적인 형태로 영향을 미친다. 국민소득의 변화는 개인소득의 변화와 관련이 있으며, 개인소득과 주식 수익률 사이의 체계적 관계는 개인의 행동에 중대한 영향을 미친다. 예를 들어 포드 공장 근로자는 포드 주식을 보유하는 것이 특히 위험하다. 해고로 인한 개인소득의 감소와 포드 주식의 수익률 하락이 동시에 일어날 가능성 때문이다.

금리 변동 역시 중요한 체계적 위험 요소다. 금리가 상승할 때 일반적으로 주가는 하락한다. 특히 금리 상승에 취약한 주식은 더욱 그렇다. 반면 일부 주식은 채권과 나란히 움직이는 경향이 있다. 이러한 주식은 채권 포트폴리오의 위험을 줄이는 데 도움이 되지 않는다. 채권은 많은 기관 투자자의 포트폴리오에서 상당 부분을 차지하기 때문에 금리 변동이라는 체계적 위험 요소는 특히 일부 대형 투자자에게 중요하다.

마찬가지로 인플레이션율의 변화도 체계적 위험 요소다. 이는 적어도 두 가지 이유에서다. 첫째, 인플레이션율 상승은 금리를 끌어올리고, 앞서 논의한 것처럼 이는 주식 가격 하락으로 이어진다. 둘째, 인플레이션이 발생하면 기업의 이익이 하락한다. 예컨대 공익사업 분야의 기업은 대개 비용이 증가하고 한참 후에야 요금을 인상하기 때문이다. 다른 한편으로, 인플레이션은 천연자원 분야의 주식 가격에 도움을 준다.

이와 같이 베타라는 위험 지표만으로 파악할 수 없는 경제 요소와 주식 수익률 사이에 중요한 체계적 관계가 존재한다는 사실을 알 수 있다.

실제로 여러 체계적 위험 요소가 주식 수익률에 미치는 영향에 대한 통계 실험에서도 같은 결과를 얻었다. 베타에 국민소득, 금리, 인플레이션 같은 여러 체계적 위험 요소를 더하여 주식 수익률 변동을 더 잘 설명함으로써 보상을 높일 수 있다. 이것이 바로 재정가격결정 이론의 핵심이다. 그러나 재정가격결정 이론에서 측정하는 위험 지표 역시 자본자산 가격결정 모형에서 베타가 직면하는 문제로부터 완전히 자유로울 수는 없다.

파마-프렌치 3팩터 모형

재정가격결정 이론에서 여러 요소를 동원하여 위험과 보상의 관계를 설명한 것과 마찬가지로 유진 파마와 케네스 프렌치는 여러 팩터factor, 요인를 이용했다. 그들은 베타에 두 가지 팩터를 추가해서 위험과 수익률의 관계를 설명하고자 했다. 이 팩터들이란 주식의 수익률이 (시가총액으로 측정되는) 기업 규모나 장부가치 대비 주가와 관련이 있다는 경험적 연구로부터 도출된 것이다.

파마와 프렌치는 기업 규모가 작을수록 상대적 위험은 높다고 주장했다. 이에 대한 한 가지 설명은 기업 규모가 작으면 경기 침체기에 조직을 유지하기 더욱 힘들고, 국내총생산 변화에 따른 체계적 위험이 더욱 높다는 점이다.

또한 파마와 프렌치는 장부가치에 비해 주식 가격이 상대적으로 낮은 기업은 어느 정도 '재정적 어려움'을 겪고 있는 것으로 보았다. 이러한 주장에 대해서는 지금도 뜨거운 논쟁이 벌어지고 있으며 일부 학자는 파마-프렌치 팩터를 통해 위험을 효과적으로 측정할 수 있다는 생각에 동의하지는 않는다. 그러나 분명하게도 2009년 초 주요 은행의 주식이 장부가치에 비해 턱없이 낮은 가격으로 거래되었을 때 투자자들이 이러한 은행의 파산 가능성을 전혀 고려하지 않았다고 주장하기는 힘들다.

◀ 파마-프렌치 위험 팩터 ▶

* 베타: 자본자산 가격결정 모형에서 도출
* 규모: 시가총액으로 측정
* 가치: 장부가치 대 시장 가격의 비율로 측정

멀티팩터

파마와 프렌치의 연구 덕분에 훨씬 더 다양한 팩터를 이용하여 주가 수익률을 설명하고 보상을 높이는 투자 전략도 수립할 수 있게 되었다. 예를 들어 이윤을 지속해서 창출하는 수익성 높은 기업은 미래에도 성공적인 기업이 되는 경향이 있는데, 기업의 수익성은 안정적인 이익, 낮은 운영비용, 재무 레버리지와 관련이 있다. 기업의 수익성과 관련된 이들 요소를 퀄리티(품질) 팩터라 한다. 물론 퀄리티 팩터를 위험 측정의 기준으로 삼을 수는 없지만 주가 수익률의 단면을 보여주는 강력한 예측치다. 또 다른 유용한 팩터로 모멘텀(관성)을 꼽을 수 있다. 이 외에도 여러 팩터가 검토되었지만, 포트폴리오의 수익률 차이 대부분은 위에서 언급한 팩터들로 대체로 다 설명할 수 있다고 본다.

이와 같이 여러 팩터를 사용하는 방법이 위험을 측정하고 보상을 높이는 포트폴리오 설계에 활용된다. (이에 대해서는 11장에서 다룰 것이다.)

8장과 9장에서는 자본시장에 관한 현대 이론을 학문적 차원에서 살펴봤다. 주식시장은 효율적인 시스템이라 새로운 정보에 매우 민첩하게 반응한다. 그렇기 때문에 과거의 주가 움직임을 분석하는 기술적 분석으로도, 혹은 개별 기업과 경제 상황을 분석하는 기본적 분석으로도 지속적인 이익을 누릴 수는 없다. 장기적으로 높은 투자 수익을 얻는 유일한 방법은 높은 위험을 감수하는 것뿐이다.

자본자산 가격결정 모형의 위험 측정 지표인 베타는 그럴듯해 보인다. 이는 시장 움직임에 대한 민감도를 측정하는 단순하고도 이해하기 쉬운 지표다. 하지만 아쉽게도 베타에는 결함이 있다. 20세기의 오랜 기간을 대상으로 검증했을 때 베타와 수익률 사이의 연관성은 나타나지 않았다. 게다가 개별 주식의 베타는 시간에 따라 변하며 측정 기준인 시장 지수에 따라 크게 달라졌다.

단일 지표만으로는 여러 체계적 위험이 개별 주식과 포트폴리오에 미치는 영향을 정확하게 파악할 수 없었다. 주식 수익률은 시장 전반의 움직임, 금리와 인플레이션율의 변동, 국민소득의 변화와 같은 다양한 경제 요소에도 민감하게 반응했다. 더 나아가 장부가치 대비 주가가 낮고 기업 규모가 작을수록 수익률이 높은 것으로 나왔다. 퀄리티나 모멘텀과 같은 다른 팩터 또한 역할을 하는 것으로 나타났다. 보상을 높이는 데 이용할 수 있는 완벽한 위험 지표는 여전히 우리의 이해 범위 너머에 있다.

계속해서 논문을 발표해야 하는 조교수 입장에서는 참으로 다행스럽게도, 위험 측정은 학계에서 여전히 뜨거운 논쟁 주제로 남아 있다. 이와 관련하여 더 많은 경험적인 연구가 이뤄져야 할 것으로 보인다. 분명하게도 위험 분석 기술에서 많은 발전이 있을 것이며 위험 측정을 위한 정량적 분석 방식은 활발하게 활용될 것이다. 나는 위험 측정 기술이 앞으로 더욱 정교해질 것으로 본다. 그러나 베타를 비롯하여 여러 다양한 지표가 위험을 평가하고 미래 수익률을 높이는 손쉬운 도구가 아니라는 사실을 명심해야 할 것이다. 또한 최신 투자 기술 중에서 도움이 되는 방법들에 대해서는 알아두어야만 한다. 그러나 어느 날 마술램프 속의 지니와 같은 도구가 나타나 우리의 투자 문제를 모두 해결해 주는 일은 없을 것이라는 사실도 잊지 말길 바란다. 만약 그런 일이 있다 해도 아마도 우리 스스로가 일을 망쳐버릴 것이다. 캐피털가디언트러스트Capital Guardian Trust의 로버트 커비Robert Kirby가 좋아하는 이야기에 등장하는 할머니가 그랬던 것처럼 말이다.

한 할머니가 현관 앞에 놓인 흔들의자에 앉아 있다. 그때 지니가 나타나 이렇게 말한다. "세 가지 소원을 들어드리지요."
할머니는 말했다. "꺼져, 바보 같은 놈아. 난 평생 많은 현자들을 만나봤다고."
지니는 대답했다. "농담이 아니라니까요. 정말이에요. 한번 해 보세요."
할머니는 하는 수 없다는 듯 말했다. "좋아. 내 흔들의자를 금으로 바꿔봐."
그러자 연기와 함께 의자가 금으로 바뀌었다. 급관심을 보이며 할머니는 두 번째 소원을 말했다. "나를 아름다운 젊은 여인으로 만들어줘."

다시 한번 연기와 함께 할머니는 아리따운 여성이 되었다.

"좋아. 마지막으로 내 고양이를 잘생긴 왕자로 만들어줘."

그러자 고양이가 젊은 왕자로 변했다. 왕자는 그녀를 바라보며 이렇게 말했다.

"중성화 수술 시킨 걸 후회하시죠?"

10장
투자 심리에 관한 새로운 해석

> 행동재무학은 재무학의 한 분야가 아니다.
> 인간에 관한 더 나은 모형을 기반으로 하는 대체 학문이다.
> – 마이어 스태트먼

친구나 지인, 동료, 상사, 부모, 그리고 용감하게 배우자(물론 자녀는 또 다른 문제다)의 행동에 대해 곰곰이 생각해보자. 그들은 과연 합리적으로 행동하는가? 이 질문에 대한 대답이 '아니오' 혹은 '종종 그렇지 않다'라면, 행동재무학이라고 하는 비합리성에 대한 탐구가 흥미롭게 느껴질 것이다.

효율적 시장 가설, 현대 포트폴리오 이론, 위험과 수익률 사이의 관계를 다루는 자본자산 가격결정 모형 모두에서 투자자들은 전반적으로 합리적으로 행동한다고 가정한다. 다시 말해 투자자들이 주식의 현재 가치에 관해 대체로 합리적으로 판단하여 매수와 매도를 함으로써 주가에 미래 전망이 잘 반영된다고 본다.

여기서 경제학자들은 '전반적으로'라는 표현을 사용함으로써 일부 시장 참여자가 비합리적으로 행동할 수 있다는 구멍을 만들어 놓았다. 그러면서 비합리적 투자자의 거래는 무작위로 이뤄지며 서로 상쇄되어 가격에 영향을 미치지 않는다고 설명한다. 또한 투자자들이 비합리적으로 행동한다고 해도 합리적 투자자가 비합리적 투자자로 인해 발생하는 가격 왜곡을 바로잡아줄 것이라고 주장한다.

그러나 대니얼 카너먼 Daniel Kahneman 과 아모스 트버스키 Amos Tversky 두 심리학자는 투자자의 행동 방식에 관한 경제학자들의 주장을 비판했으며, 그 과정에서 행동재무학 behavioral finance 이라는 완전히 새로운 경제학 분야를 창시했다.

두 사람은 경제학 이론에서 가정하는 것과는 달리 인간은 합리적인 존재가 아니라고 단호하게 주장했다. 일반 대중과 비경제학자들은 이 주장을 당연한 것으로 받아들였지만 학계에서 널리 인정받기까지는 그로부터 20년이 넘는 세월이 걸렸다. 이 주장은 트버스키가 세상을 떠난 1996년 무렵에서야 점차 학자들 사이에서 인정을 받기 시작했다. 그리고 6년이 흘러, 카너먼은 그 연구에 대한 공로로 노벨 경제학상을 받았다. 그 수상은 경제학자에게 주어지지 않았다는 점에서 특히 주목을 끌었다.

이 장에서는 행동재무학의 핵심 주장을 다뤄볼 것이다. 그리고 행동재무학에서는 시장이 왜 효율적이지 않다고 말하는지, 또한 행동재무학을 이해함으로써 반복적이면서도 습관적으로 저지르는 실수로부터 스스로를 지키는 방법을 알아볼 것이다.

투자자의 비합리적 행동

1부에서 충분히 살펴봤듯이 투자자들은 비합리적으로 행동할 때가 있다. 그러나 행동재무학자들은 그러한 행동이 특별한 때가 아니라 항상 나타난다고 말한다.

과신

행동재무학자는 사람들이 불확실한 상황에서 의사결정을 내릴 때 반복적이면서도 습관적으로 비합리적인 모습을 보인다고 말한다. 가장 일반적으로 자신의 관점과 능력을 과신하여 미래를 지나치게 긍정적으로 전망한다.

이러한 성향을 잘 보여주는 실험에서 연구원들은 피실험자를 대상으로 자신의 운전 실력이 다른 사람과 비교해서 어느 정도인지 물었다. 이 질문에 관한 답변에서 사람들이 자신의 운전 실력을 얼마나 현실적으로 인식하고 있는지 알 수 있다. 전체 응답자 중 80~90퍼센트가 자신이 다른 사람에 비해 더 노련하고 안전하게 운전한다고 답했다. 워비곤 호수Lake Wobegon 효과를 입증하듯 대부분이 자신을 평균 이상으로 평가했다. 워비곤 호수 효과: 분야를 막론하고 사람들 대부분이 자신은 평균 이상일 것이라고 확신하는 심리적 오류를 드러내는 현상-옮긴이 학생을 대상으로 한 다른 실험에서 연구원들은 자기 자신과 룸메이트의 미래에 대해 질문을 던졌다. 일반적으로 학생들은 자신의 미래에 대해 장밋빛 전망을 내놓았다. 그들은 성공적인 경력과 행복한 결혼생활, 건강한 삶을 누릴 것으로 기대했다. 그러나 룸메이트의 미래에 대해 예상해보라고 했을 때 그들의 반응은 다분히 현실적이었다. 학생들은 룸메이트가 알코올 중독에 걸리고 질병으로 괴로워하며, 이혼 등 여러 다양한 부정적인 경험을 훨씬 더 많이 겪을 것으로 내다봤다.

이러한 실험은 다양한 환경에서 수차례 반복되었다. 예를 들어 경영 분야의 베스트셀러인 『초우량 기업의 조건In Search of Excellence』에서 피터스와 워터맨은 성인 남성을 무작위로 선출해서 개인의 사고 능력에 대해 평가해보도록 했다. 그 결과, 응답자 모두 자신이 상위 50퍼센트에 속하는 것으로 평가했다. 게다가 25퍼센트는 자신이 1퍼센트 안에 든다고 대답했다. 다음으로, 어느 정도 객관적인 측정이 가능한 운동능력 평가에서도 남성 응답자 중 60퍼센트 이상이 스스로를 상위 25퍼센트로 평가했다. 운동신경이 떨어지는 사람도 스스로를 속인 것으로 드러났다. 남성 응답자 중 자신의 운동신경이 평균 이하라고 답한 비중은 6퍼센트에 불과했다.

대니얼 카너먼은 특히 투자자 사이에서 과신이 뚜렷하게 나타난다고 지적했다. 대부분의 경우에서 투자자는 자신의 투자 기술을 과신하고 확률 법칙을 무시하는 성향을 드러냈다. 그들은 자신의 지식을 과대평가하고 관련된 위험을 과소평가했으며 개인의 통제력을 과장했다.

카너먼은 투자 관련 확률의 범위를 묻는 실험을 통해 투자자들이 확률 판단을 얼마나 정확하게 내리는지 확인해봤다. 그는 피실험자에게 다음과 같이 지시했다.

> 지금으로부터 한 달 뒤 다우지수를 예측하시오. 다우지수가 한 달 뒤 특정 지점 아래에 있을 것이라고 (100퍼센트는 아니라) 99퍼센트 판단되는 고점을 선택하시오. 마찬가지로 다우지수가 확실하게 특정 지점 위에 있을 것이라고 (100퍼센트는 아니라) 99퍼센트 판단되는 저점을 선택하시오.

만약 피실험자들이 카너먼의 지시를 제대로 수행했다면 다우지수가 고점(저점)보다 높을(낮을) 확률이 1퍼센트가 되어야 한다. 다시 말해, 피실험자들이 설정한 신뢰구간 안에 실제로 다우지수가 들어갈 확률은 98퍼센트가 되어야 한다. 이후 이와 비슷한 실험이 이자율, 인플레이션, 개별 주식 가격 등을 기준으로 이뤄졌다.

실험 결과, 신뢰구간을 정확하게 예측한 투자자는 거의 없었다. 정확하게 신뢰구간을 설정했다면 예측 범위를 벗어난 경우는 2퍼센트에 불과해야 한다. 하지만 실제로 예측을 벗어난 범위는 20퍼센트에 근접했다. 정말 그렇다면 투자자가 99퍼센트 확신한다고 말할 때 80퍼센트 정도로 정확하다고 보는 편이 맞을 것이다. 이러한 현상에서 투자자가 개인의 예측에 의존하여 높은 위험을 무릅쓴다는 사실을 알 수 있다. 또한 일반적으로 남성이 여성보다 훨씬 더 강한 과신 성향을 보였다. 이러한 모습은 특히 돈과 관련해서 더욱 뚜렷하게 나타났다.

많은 개인 투자자는 자신이 시장을 이길 수 있다고 과신한다. 그래서 낙관적으로 전망하고 지나치게 자주 거래한다. 행동경제학자 테런스 오딘과 브래드 바버Brad Barber는 대형 할인증권사의 개인 계좌를 장기간에 걸쳐 분석해봤다. 그 결과에 따르면 자주 거래할수록 실적은 더 나빴다. 특히 남성이 여성보다 더 자주 거래하기에 실적이 더 나빴다.

바버와 후앙, 오딘 그리고 슈워츠는 최근 연구에서 주식 거래 플랫폼인 로빈후드에서 거래하는 개인 투자자들의 행동에 주목했다. 그들이 자주 사들이는 주식의 절대적, 상대적 수익률은 마이너스였다. 이들 주식은 전체 주식시장과 비교해서 약 5퍼센트의 손실을 기록했다.

투자자는 성공적인 사례를 더 뚜렷하게 기억한다. 그들은 "구글 주식이 기업공개 이후에 다섯 배 뛸 줄 알았어"라고 아무렇지 않게 말한다. 그리고 결과가 좋을 때는 대개 자신의 능력 때문으로 생각한다. 반면 결과가 나쁠 때는 외부 사건을 탓한다. 그래서 가치 없는 금융 조언을 파는 사람들조차 자신의 조언이 쓸모 있다고 과신한다. 유서 깊은 「포브스」의 발행인 스티브 포브스Steve Forbes는 할아버지 무릎에 앉아서 들었던 이야기를 종종 들려준다. "조언은 듣는 것보다 파는 것이 더 돈이 된다."

행동재무학자들은 투자자들이 기업의 미래 성장을 예측하는 자신의 능력을 과신하기 때문에 성장주가 종종 과대평가된다고 본다. 흥미로운 신기술 기업이나 의료 장비 기업이 대중의 관심을 사로잡을 때 투자자는 보통 성공을 예상하고 관련 기업이 급격하게 성장할 것으로 기대한다. 그리고 그러한 예측을 과신한다. 이러한 성향은 성장주에 대한 과대평가로 이어진다. 그러나 장밋빛 전망은 실현되지 않을 때가 많다. 그래서 과대평가된 성장주의 이익과 주가수익이 함께 떨어지면서 '성장주'가 '가치주'보다 장기적으로 저조한 실적을 종종 기록한다.

판단 편향

나는 투자 실적을 '통제'할 수 있다고 판단하는 투자자를 매일 만난다. 특히 과거 가격을 통해 미래를 예측할 수 있다고 판단하는 차티스트들을 자주 본다.

래리 스웨드로Larry Swedroe 는 자신의 책 『비합리적 시대의 합리적 투자 Rational Investing in Irrational Times』에서 연속된 사건이 우리가 생각하는 것보다 훨씬 더 자주 일어난다는 사실을 흥미로운 사례를 통해 보여줬다.

한 통계학 교수는 매년 강의를 시작하면서 학생들에게 동전을 백번 던졌다고 상상해서 그 일련의 결과를 기록해보도록 한다. 그리고 한 학생에게는 실제로 동전 던지기를 해서 결과를 기록하도록 한다. 교수가 자리를 비운 15분 동안 학생들은 지시에 따라 작성한 결과물을 교탁 위에 올려둔다. 다시 자리로 돌아온 교수는 학생들이 제출한 30개 결과물 중에서 실제 동전 던지기로 작성한 것을 한 번에 알아맞히겠다고 한다. 실제로 그 교수는 해마다 계속해서 정확하게 알아맞혀서 학생들을 깜짝 놀라게 한다. 대체 무슨 마술을 부린 것일까? 교수는 H(앞면) 혹은 T(뒷면)가 가장 길게 연속으로 나온 결과물이 실제 동전 던지기로 얻은 것일 가능성이 높다는 점을 다음과 같은 사실로부터 알고 있었다. (사실상 두 확률이 동일한) HHHHHTTTTT 나 HTHTHTHTHT 중에서 어떤 것이 나올 확률이 더 높은지 물었을 때 대부분이 '좀 더 무작위' 결과인 후자를 꼽는다. 그렇기 때문에 학생들은 상상의 결과를 HHHTTTHHHH가 아니라 HHTTHTHTTT와 같은 형태로 적어내는 경향이 있다.

주식시장이 상승 추세를 보이는 경우는 있지만 높은 수익률이 지속되는 경우는 없다. 일반적으로 잠시 올랐다가 떨어진다. 즉, 평균으로의 회귀가 일어난다. 이러한 금융의 중력 법칙은 마찬가지로 반대 방향으로도 작용한다. 전체 주식시장은 떨어졌다가 결국에는 다시 반등한다. 그럼에도 사람들은 시대를 막론하고 특별히 좋은 시장은 더 좋아지고 나쁜 시장은 더 나빠질 것이라고 판단했다.

심리학자들은 사람들이 존재하지도 않는 통제력을 갖고 있다고 판단하는 편향이 있다는 사실을 오래 전에 확인했다. 한 실험에서 연구원들은 피실험자를 컴퓨터 화면 앞에 앉게 했다. 화면에는 아래위 수평으로 나누어진 칸을 공 하나가 무작위로 오가고 있었다. 피실험자에게 버튼을 눌러 공을 위로 보내는 장치를 나눠주면서, 무작위 충격으로 인해 공을 완전히 통제할 수는 없지만 공이 최대한 위 칸에 머물러 있게 하라고 지시했다. 그러나 사실 그 장비는 컴퓨터와 연결되어 있지 않았기에 피실험자에겐 공의 움직임에 대한 통제력이 전혀 없었다. 그럼에도 게임이 끝난 뒤 피실험자들은 공의 움직임을 어느 정도 통제할 수 있었다고 편향되게 판단했다(그러한 판단을 하지 않은 유일한 그룹은 중증 우울증을 앓고 있는 사람들인 것으로 드러났다).

이러한 통제력 착각 때문에 투자자는 존재하지도 않는 추세를 보거나 가격 패턴을 통해 미래 가격을 예측할 수 있다고 판단한다. 주식 가격 데이터로 미래를 예측하려는 많은 시도에도 불구하고 실제 가격 움직임은 랜덤워크로 나타나고 미래의 가격 변화는 과거의 가격 변화와 본질적으로 아무런 관련이 없는데도 말이다.

또 '유사성'이나 '대표성'을 띠면 확률적으로 타당하다고 짐작하고는 더욱 편향되게 판단하는 경향이 있다. 카너먼과 트버스키가 수행했던 한 유명한 실험에서 이러한 '어림짐작heuristic'에 대해 잘 알 수 있다. 두 사람은 피실험자에게 린다라는 인물을 다음과 같이 소개했다.

> 린다는 31세의 미혼으로, 솔직하고 대단히 똑똑하다. 그녀는 철학을 전공했다. 학창 시절에 차별과 사회정의에 관심을 많이 가졌으며 핵 반대 시위에 참가하기도 했다.

다음으로 피실험자에게 린다에 관한 여러 항목 중 진실일 것 같은 항목에 표시해달라고 했다. 이 항목 중 두 가지는 이러한 것이었다. "린다는 은행원이다." "린다는 은행원이면서 활동적인 여성 운동가다." 이에 대해 85퍼센트 이상이 후자가 진실일 것 같다고 표시했다. 하지만 이 대답은 확률 이론의 기본적인 공리(결합 법칙)에 위배되는 것이다. 즉, 누군가 A와 B 범주에 동시에 속할 확률은 A에만 속할 확률보다 낮아야 한다. 분명하게도 확률 이론을 잘 알고 있는 응답자는 거의 없었던 셈이다.

린다에 대한 소개는 그녀를 여성 운동가처럼 보이게끔 만들었다. 그래서 피실험자들은 은행원이면서 여성 운동가라는 설명을 더욱 자연스럽게 느꼈으며 그냥 은행원이라는 설명보다 린다를 더 잘 대표하는 것으로 봤다.

카너먼과 트버스키는 그 실험 결과를 '대표성 어림짐작representative heuristic'이라는 용어로 설명했다. 이는 다양한 판단 편향으로 이어진다. 예를 들어 사람들은 기저율base rate이라는 것을 충분히 고려하지 않는다. 그러나 한 가지 주요한 확률 법칙인 베이즈Bayes 정리에서는 누군가 특정 집단에 속할 확률을 구하기 위해서는 '대표성'과 기저율을 조합해야 한다고 알려준다. 일상적인 용어로 설명하자면, 우리가 범죄자처럼 보이는 사람을 봤을 때(즉, 범죄자 유형에 대한 우리의 생각을 대표하는 것으로 보이는 사람을 봤을 때) 그가 실제 범죄자일 확률을 평가하기 위해서는 기저율(즉, 전체 인구에서 범죄자의 비율)을 먼저 고려해야 한다. 하지만 수차례 반복된 실험에서 피실험자들은 판단을 내릴 때 기저율에 대한 정보를 거의 고려하지 않은 것으로 드러났다. 이런 식의 설명은 무척 난해하게 들리겠지만, 우리는 대표성 어림짐작이라는 개념을 통해 떠오르는 펀드를 무작정 좇거나 일시적 흐름을 무리하게 확대 해석하는 다양한 투자 판단 편향을 설명할 수 있다.

군중 행동

모든 독자가 알고 있듯이 시장이 언제나 정확하게 가격을 결정하는 것은 아니다. 앞서 살펴본 바와 같이 17세기 튤립 구근에서 21세기 인터넷 주식과 밈주식에 이르기까지 군중 행동에서 때로 광기가 고개를 든다. 행동재무학자들은 이처럼 간헐적으로 일어나는 병적인 군중 행동에 주목했다.

군중 행동에 관한 연구에서 한 가지 널리 알려진 현상은 '집단사고'다. 집단 구성원은 때로 틀린 주장이 정확한 주장이라고 믿도록 서로를 자극한다.

사회심리학자 솔로몬 애쉬Solomon Asch는 군중 행동이 어떻게 잘못된 의사결정으로 흘러가는지를 처음으로 연구했다. 애쉬는 1950년대에 유명한 실험을 수행했다. 그는 피실험자들에게 아이도 쉽게 맞힐 수 있는 간단한 문제를 냈다. 실험에서는 다음 그림처럼 수직선이 그어진 두 장의 카드를 보여줬다. 왼쪽 카드에는 하나의 선이 있다. 애쉬는 오른쪽 카드에 있는 세 개의 선 중에서 어느 것이 왼쪽과 길이가 같은지 피실험자에게 차례로 질문을 던졌다.

◀ 애쉬의 실험 카드 ▶

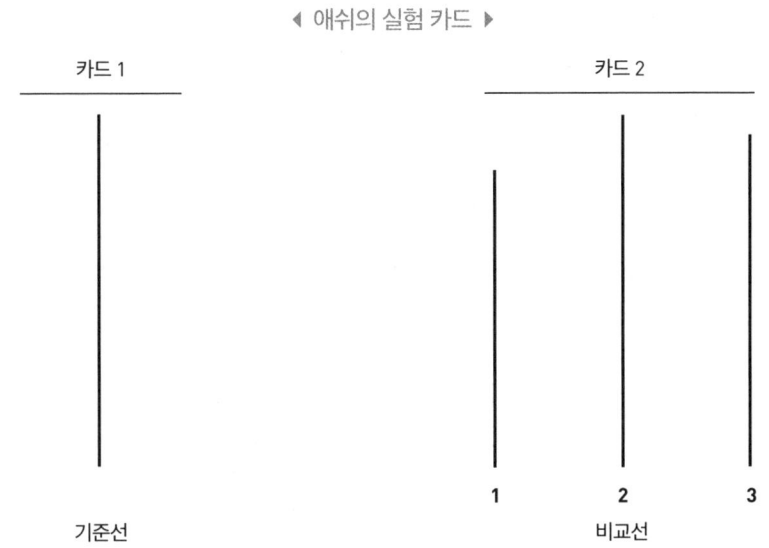

출처: Solomon E. Asch, Social Psychology (Oxford, 1987). 옥스퍼드 대학 출판부 허락을 받아 게재

이 실험에서 애쉬는 한 가지 장치를 해뒀다. 그것은 일곱 명의 피실험자 중 여섯 명은 애쉬가 미리 선정해 놓은 사람들로서 고의적으로 잘못된 대답을 하도록 했다. 이러한 상황에서 그는 일곱 번째 피실험자에게 질문을 던졌다. 그리고 그 결과는 놀라웠다. 일곱 번째 피실험자들은 종종 잘못된 대답을 내놨다. 이에 대해 애쉬는 사회적 압력이 피실험자가 잘못된 대답을 내놓도록 몰아갔다고 결론을 내렸다. 분명히 정답을 알고 있었음에도 말이다.

2005년 신경과학자 그레고리 번즈Gregory Berns는 대답이 틀린 줄 알면서도 집단의 의견에 고의적으로 동조한 것인지 아니면 인식이 실제로 바뀐 것인지를 확인하기 위해 MRI를 통해 두뇌를 들여다봤다. 집단 의견에 대한 동조가 사회적 압력의 결과라면 관계의 갈등을 감시하는 전뇌 영역에서 변화가 나타날 것이었다. 반면 동조가 실질적인 인식 변화에 따른 것이라면 시각 및 공간 인식을 담당하는 후두부 영역에서 변화가 감지될 것이었다. 번즈의 연구 결과는 피실험자가 잘못된 대답을 내놓음으로써 집단에 동조할 때 공간 지각을 관장하는 두뇌 영역이 활성화되었다는 사실을 보여줬다. 다시 말해, 다른 사람들의 답변이 실제로 피실험자의 인식 자체를 바꾼 것이다. 이처럼 누군가의 오판이 다른 사람이 세상을 인식하는 방식에 실질적인 영향을 미칠 수 있다.

또 다른 연구에서 사회심리학자들은 한 사람을 길모퉁이에 세워놓고 60초간 먼 하늘을 바라보도록 했다. 그러자 몇몇 보행자가 똑같이 멈춰 서서 하늘을 바라봤지만 대부분은 그냥 지나쳤다. 다음으로 똑같은 위치에 다섯 명을 세워 놓고 하늘을 바라보도록 했다. 그러자 네 배나 더 많은 보행자가 멈춰 서서 하늘을 올려다봤다. 그리고 15명이 하늘을 바라보게 하자 행인 중 거의 절반이 멈춰 섰다. 하늘을 바라보는 사람의 수를 늘릴수록 더 많은 행인이 멈춰 섰던 것이다.

1999년에서 2000년 초까지 이어진 인터넷 거품은 많은 사람을 집단 광기로 몰아넣은 군중 행동의 전형적인 사례다. 당시 신경제에 속한 주식으로 엄청난 이익을 얻을 수 있다는 전망에 흥분한 개인 투자자들은 비이성적인 군중 심리에 감염되었다. 골프클럽 지인, 직장 동료, 카드게임 모임에서 알게 된 사람들에게서 엄청난 부가 인터넷 성장으로 만들어지고 있다는 소식을 들었고, 이 입소문은 소셜미디어를 통해 더욱 확대 재생산되며 더 쉽게 퍼져나갔다. 이익이나 배당의 성장 같은 기본적인 이유를 바탕으로 가격 상승을 설명할 수 없었음에도 불구하고 투자자들은 가격이 점점 오르고 있고 주변 사람들이 돈을 벌고 있다는 생각만으로 주식을 사들이기 시작했다. 이에 대해 경제 역사가 찰스 킨들버거 Charles Kindleberger 는 이렇게 언급했다. "친구가 부자가 되는 모습을 지켜보는 것만큼 개인의 행복과 판단을 망치는 일은 없다." 또한 4장에서 인터넷 거품과 함께 설명했던 폰지 사기 사례에서 설명했듯이, 『비이성적 과열』의 저자 로버트 쉴러는 이렇게 지적했다. 그 과정은 '양의 피드백 고리 Positive feedback loop'를 형성함으로써 점점 강해진다. 먼저 주식 가격이 상승하면서 많은 사람이 주식을 매수하고, 이로 인해 가격은 더 치솟고, 그러면 더 많은 사람이 시장에 뛰어든다. 결국에는 더 어리석은 바보가 더 이상 나타나지 않는 순간이 찾아오고 만다.

손실 회피

카너먼과 트버스키의 가장 중요한 업적으로 전망 이론 prospect theory 을 꼽을 수 있다. 이 이론으로 손실이 예상되는 상황에 직면했을 때 사람들이 보이는 행동을 설명할 수 있다. 일반적으로 해리 마코위츠 같은 금융 경제학자는 자신의 선택이 전체 재산에 어떤 영향을 미칠지를 기준으로 의사결정을 내리는 모형을 제시했다. 그러나 전망 이론은 이러한 생각에 도전한다. 전망 이론에 따르면, 사람들은 이득과 손실에 대해 그들이 할당하는 가치에 따라서 움직인다. 일반적으로 사람들은 이득을 원하는 것보다 더 강력하게 손실을 싫어한다. 게다가 이득과 손실을 설명하는 표현 역시 최종 판단에 영향을 미친다. 심리학 용어로 이를 '선택의 틀을 짜는 방식'이라고 한다.

예를 들어 동전 던지기를 해서 앞면이 나오면 100달러를 받고 뒷면이 나오면 100달러를 잃는다고 해보자. 당신은 이 도박 제안을 받아들일 것인가? 비록 앞뒷면이 나올 확률이 동일하다는 점에서 공정한 게임이라 할 수 있겠지만 대부분이 거절할 것이다. 이 게임에서 절반의 경우에 100달러를 벌고 다른 절반의 경우에 100달러를 잃는다. 수학 용어로 이 게임의 '기댓값'은 0이며 다음과 같이 구할 수 있다.

> 앞면이 나올 확률 × 이득 + 뒷면이 나올 확률 × 손실 = 기댓값
> 기댓값 = 1/2($100) + 1/2(-$100) = 0

카너먼과 트버스키는 다양한 피실험자를 대상으로 이 실험을 수행하

면서 어느 정도의 이득을 제시해야 사람들이 도박 제안을 받아들일지를 조사했다. 그 결과, 앞면이 나왔을 때 받을 금액이 250달러 정도는 되어야 사람들이 흔쾌히 게임 제안을 수락한다는 사실을 확인했다. 이 경우 기댓값은 75달러로 꽤 괜찮은 내기 조건이다.

$$기댓값 = 1/2(\$250) + 1/2(-\$100) = \$75$$

이를 통해 카너먼과 트버스키는 사람들이 이득보다 손실을 2.5배나 더 싫어한다고 결론 내렸다. 다시 말해 1달러를 잃는 고통은 1달러를 얻는 기쁨보다 2.5배 더 강하다. 이처럼 사람들은 극단적으로 손실을 회피하는 성향을 보인다. 전체 재산에서 100달러 차이는 큰 의미가 없는 데도 말이다. 우리는 나중에 이러한 손실 회피 성향으로 많은 투자자가 치명적인 실수를 저지른다는 사실을 살펴볼 것이다.

그런데 흥미롭게도 심리학자들은 사람들이 손실이 확실하게 발생하는 상황에 직면했을 때는 압도적인 비율로 도박을 원한다는 사실을 발견했다. 다음 두 경우를 비교해보자.

1. 750달러의 확실한 손실
2. 75퍼센트의 확률로 1천 달러 손실, 그리고 25퍼센트 확률로 손실 없음

두 경우의 기댓값은 모두 750달러 손실로 동일하다는 점에 주목하자. 그럼에도 피실험자의 90퍼센트 가까이가 2번, 즉 도박을 선택했다. 사람들은 손실에 직면하면 손실 회피 성향이 강해져서 도박 같은 투자를 하게

된다.

카너먼과 트버스키는 또한 '틀 짜기' 효과를 발견했다. 사람들은 손실 회피 성향 때문에 손실에 관해 어떻게 선택의 틀을 짜느냐에 따라 전혀 다른 선택을 내리게 된다. 두 사람은 다음과 같은 문제를 냈다.

> 미 정부는 아시아에서 발생한 희귀병에 대비하고 있다. 이 질병이 미국에서 발병할 경우 총 600명이 사망할 것으로 보인다. 이 질병에 맞서 싸우기 위해 두 가지 프로그램이 제시되었다. 그 프로그램의 과학적인 예상 성과는 다음과 같다.
>
> A 프로그램을 채택할 경우 200명을 살릴 수 있다.
> B 프로그램을 채택할 경우 3분의 1 확률로 600명을 살릴 수 있고, 3분의 2 확률로 한 사람도 살리지 못한다.

생명을 살릴 수 있는 사람에 대한 기댓값은 두 프로그램 모두 200명이라는 점에 유의하자. 그러나 전망 이론에 따라 사람들이 손실 회피적인 선택을 할 것이라고 예상할 수 있듯이, 실제로 피실험자 중 3분의 2 가량이 프로그램 A를 더 바람직한 방법으로 봤다.

여기서 문제의 틀을 새롭게 짜보자.

> A*프로그램을 채택할 경우 400명이 사망한다.
> B*프로그램을 채택할 경우 3분의 1의 확률로 아무도 죽지 않고, 3분

의 2의 확률로 600명이 죽는다.

여기서 A와 A* 그리고 B와 B*는 정확하게 같은 의미라는 사실에 주목하자. 다만 두 번째 문제는 생존이 아니라 사망의 위험을 기준으로 설명했다. 이러한 방식으로 새롭게 틀을 짰을 때 피실험자 중 75퍼센트 이상이 B*를 선택한 것으로 나타났다. 마찬가지로 암 치료법에 관한 의사결정 상황에 직면했을 때 사망률이나 생존율 중 무엇을 기준으로 설명하느냐에 따라 선택이 달라졌다.

손실 회피의 관점에서 보면 많은 직장인이 연금에 가입하지 않으려는 이유도 알 수 있다. 사람들은 연금을 1달러만큼 더 납부하면 현재 월급에서 1달러만큼 손실이 발생한다고 생각한다(심지어 1달러도 되지 않는다. 퇴직연금을 납입하면 세금공제를 꽤 많이 받을 수 있기 때문이다).

연금 가입을 꺼리는 근로자의 성향을 해결하기 위해 두 가지 아이디어가 나왔다. 첫째는 선택의 틀을 바꾸는 것이다. 자발적으로 연금에 가입하라고 권유하면 많은 이들은 거절한다. 하지만 제안의 틀을 달리했을 때, 다시 말해 연금에 자동으로 가입하도록 하여 가입을 희망하지 않는 사람이 적극적으로 '탈퇴' 의사를 밝히도록 하면 가입률은 크게 올라간다. 실제로 의식적인 선택을 통해 '탈퇴' 서류를 작성해야 하는 자동 가입 방식으로 연금의 틀을 바꾼 기업은 자발적으로 '가입'하도록 권유하는 기업에 비해 훨씬 더 높은 연금 가입률을 보인다.

둘째는 경제학자 리처드 세일러 Richard Thaler 와 슐로모 베나르치 Shlomo

Benartzi가 내놓은 기발한 유인책이다. 자동가입의 경우에도 일부 직원은 기존 월급으로도 생활이 빠듯하기 때문에 연금에 가입하려고 하지 않는다. 여기서 세일러와 베나르치는 '내일 더 많이 저축하기' 프로그램을 제시했다. 이는 연봉 인상분에서 일정 부분을 연금으로 추가하기로 근로자에게 미리 약속을 받아두는 것이다. 직원이 '내일 더 많이 저축하기' 프로그램에 가입하면 연봉 인상 후 첫 급여부터 연금이 납입되도록 한다. 이를 통해 급여의 실수령액 삭감에 따른 인식된 손실을 경감시킬 수 있다.

1998년 세일러와 베나르치는 이 프로그램을 중간 규모의 기업을 대상으로 처음 실시했다. 그 기업은 당시 낮은 연금 가입률로 고민하고 있었는데, '내일 더 많이 저축하기' 프로그램은 직원들의 관심을 많이 모았다. 실제로 근로자 중 4분의 3 이상이 이 프로그램에 가입했다. 게다가 가입자 중 80퍼센트 이상이 연봉이 인상되는 과정에서도 계속해서 프로그램을 유지했다. 나중에 프로그램을 탈퇴한 사람도 연금을 해지하지 않았고, 다만 납입금이 계속해서 증액되는 것을 중단했을 뿐이다.

자부심과 후회

행동재무학자는 투자자의 행동에 영향을 미치는 자부심과 후회의 중요성도 강조한다. 투자자는 자신이 주식시장에서 잘못된 선택을 내렸다는 사실을 스스로에게조차 인정하기 싫어한다. 더군다나 그 사실을 친구나 배우자에게 인정할 때 후회의 감정은 더욱 증폭된다. 다른 한편에서, 일반적으로 투자자는 거대한 성과를 거둔 성공적인 투자에 대해 세상을 향해 자랑하고자 한다.

많은 투자자는 보유 주식의 가격이 떨어졌을 때, 계속 보유하고 있으면 언젠가 회복될 것이므로 후회할 일도 없을 것으로 기대한다. 바로 이러한 자부심과 후회의 감정 때문에 투자자는 떨어진 주식을 보유하고 오른 주식을 매도한다. 바버Barber와 오딘Odean은 대형 할인증권사의 고객 1만 명을 대상으로 한 연구를 통해서 이러한 '처분효과disposition effect'를 분명히 확인했다. 처분효과란 오른 주식은 팔고 내린 주식을 보유하려는 투자자의 심리적 성향을 말한다. 투자자는 오른 주식을 매도함으로써 이익을 실현하고 자존심을 강화한다. 반대로 떨어진 주식을 매도하면 손실 발생으로 후회하며 고통을 느낀다.

후회의 고통을 싫어하는 투자자의 성향은 분명하게도 합리적 투자 이론과 거리가 멀다. 그리고 상식적으로도 어리석은 짓이다. 오른 주식을 매도하면 (세금우대 퇴직계좌는 제외하고) 자본이득에 대한 세금을 내야 한다. 반면 떨어진 주식을 매도하면 특정 한도 내에서 실현된 이익에 대한 세금을 줄이거나 세금공제를 받을 수 있다. 떨어진 주식이 미래에 회복될 것이라 생각해도, 그 주식을 매도하고 전망과 위험 특성에서 비슷한 동종 산업 주식을 매수하는 편이 남는 장사가 될 수 있다.

마찬가지로 잘못된 선택에 따른 후회의 감정을 회피하려는 성향은 주택시장에서도 뚜렷하게 드러난다. 주택 가격이 상승할 때 거래량이 증가하고 주택은 호가 이상으로 신속하게 팔려나간다. 그러나 가격이 떨어질 때는 거래량이 줄어들고 시장가격보다 훨씬 높게 내놓은 매도가를 그대로 고수하면서 주택은 팔리지 않는 상태로 오랫동안 유지된다. 이처럼 잘못된 선택을 인정하지 않으려는 성향을 통해 사람들이 절대 손해를 보고 주택을 처분하려 하지 않는 모습을 잘 설명할 수 있다.

시장 효율성에 대한
행동재무학자의 입장

지금까지 우리는 비합리적 행동이 투자자의 결정에, 그리고 결국 주식 가격에 영향을 미친다는 행동재무학자의 주장을 살펴봤다. 행동재무학자에 따르면 개인 투자자는 반복적이면서 습관적으로 비합리적 행동을 한다. 이는 적어도 경제학자들이 말하는 합리적인 의사결정과는 거리가 있다. 심한 경우 개인 투자자는 집단적 광기를 드러내며, 이로 인해 일부 주식 가격이 터무니없이 상승하기도 한다.

투자자의 비합리적 행동은 서로 상쇄되지 않고 오히려 서로 강화한다. 특히 소셜미디어 시대에는 더욱 그렇다. 그런데도 어떻게 주식시장은 가격을 효율적으로 형성할 수 있을까? 이에 대해 효율적 시장 지지자들은 많은 개인 투자자가 비합리적인 행동을 취한다고 해도 '차익거래자'가 시장 효율성을 유지해 준다고 주장한다. 여기서 차익거래자란 시장 가격이 합리적 범위를 벗어날 때를 활용하여 수익을 올리려는 사람을 칭하는 용어다.

엄격하게 말해서 '차익거래 arbitrage'라는 용어는 동일 상품이 두 시장에서 서로 다른 가격에 거래되는 상황으로부터 차익을 얻는 행위를 말한다. 가령 영국 파운드가 뉴욕에서 1.5달러에 거래되는 반면 런던에서 2달러에 거래된다고 해보자. 차익거래자는 파운드화를 뉴욕에서 1.5달러에 사서 런던에서 2달러에 팔아 50센트의 차익을 얻을 것이다. 마찬가지로 어떤 주식이 뉴욕과 런던 증권거래소에서 서로 다른 가격으로 거래될 때 싼 곳에서 매수해서 비싼 곳에서 매도함으로써 차익을 얻을 수 있다. 더 나아가 비슷한 두 주식이 다른 가격으로 거래되거나 두 기업 사이에 합병이 성사되었을 때에 한 주식을 더 높은 가격으로 다른 주식과 교환하는 상황도 차익거래에 해당한다. 가장 폭넓게 정의해서 '차익거래'는 '저평가된' 주식을 매수하고 '고평가된' 주식을 매도하는 모든 활동을 의미한다.

부지런한 차익거래자는 이러한 활동을 통해 주식시장에서 발생하는 비합리적인 출렁임을 상쇄시킴으로써 효율적으로 가격이 매겨진 시장을 창출한다.

월스트리트 전문 투자자나 헤지펀드매니저와 같은 차익거래자는 과대평가된 주식을 공매도하거나 저평가된 주식을 매수하는 방식으로 비합리적 투자자에 의해 촉발된 가격 오류를 재빨리 바로잡는다.

이러한 주장에 대해 행동재무학자는 차익거래가 실질적으로는 상당히 제한적으로 이뤄질 수밖에 없다는 근거를 들어 효율적 시장 가설을 반박한다. 또 그들은 차익거래에 분명한 한계가 존재하기에 터무니없이 형성된 가격을 수정할 수 없다고 말한다.

예를 들어 한 석유회사 주식이 그 내재가치나 다른 석유기업 주식에 비해 과대평가되었다고 해보자. 그러면 차익거래자는 과대평가된 주식을 공매도하고 다른 석유회사의 주식을 매수한다. 이때 주가가 '과대평가된' 기업이 뜻밖에도 거대한 유전을 발견했다는 뉴스가 나왔다고 해보자. 혹은 주가가 '적정하게 평가된' 기업에서 유정 설비가 폭발해 가격이 급락했다고 해보자. 이로 인해 공매도한 주식 가격이 오르고 매수한 주식이 떨어질 때 차익거래자는 양쪽에서 손실을 입게 된다. 그렇기 때문에 가격 오류를 활용한 이러한 형태의 차익거래는 행동재무학자 입장에서 보면 극단적이고 위험하다.

행동재무학자는 시장의 비합리성은 적어도 차익거래자보다 더 오랫동안 버틸 수 있다고 주장한다. 특히 신용 거래가 제한될 때 차익거래자가 버틸 수 있는 기간은 더욱 짧아진다. 노벨상 수상자들이 전략을 개발한 헤지펀드인 롱텀캐피털매니지먼트Long Term Capital Management 역시 헤지hedge 해놓은 주식의 가격이 예상과 반대로 움직이고 운용 자금이 충분치 않다는 사실을 발견했을 때, 더 이상 기존 입장을 유지할 수 없다고 판단 내렸다. 헤지펀드인 멜빈 캐피털도 2021년 밈주식 열풍 당시에 게임스탑 주식을 공매도했다가 130억 달러에 달하는 자본의 절반을 잃었다.

마커스 브러너마이어Markus Brunnermeier 와 스테판 네이글Stefan Nagel 은 1998~2000년 사이 헤지펀드의 움직임을 분석함으로써 헤지펀드들이 실제로 투기 종목의 가격 상승을 제어했는지 살펴봤다. 그 결과는 분명했다. 헤지펀드와 같은 전문 투자자는 거품 기간에 가격을 바로잡는 힘으로서 작용하지 못했다. 그들은 흐름을 제어하는 것이 아니라 오히려 이에 편승함으로써 거품을 키우는 데 일조했다.

행동재무학자는 또한 공매도가 불가능하거나 크게 제약받는 상황이 종종 벌어진다는 점을 지적하며 효율적 시장 가설을 반박한다. 일반적으로 공매도자는 주식을 빌려서 매수자에게 인도한다. 예를 들어 내가 IBM

주식 100주를 공매도하려면 먼저 그 주식을 빌려서 인도해야 한다(그리고 공매도한 기간에 발생한 배당도 매수자에게 지급해야 한다). 하지만 공매도할 주식을 빌릴 수가 없을 때가 종종 있다. 이러한 경우 공매도 실행이 불가능해진다. 가격 오류를 보여준 대표적인 몇몇 사례에서는 실제로 공매도에 대한 제약 때문에 차익거래가 가격 오류를 바로잡지 못한 것으로 나타났다.

뭐니 뭐니 해도 행동재무학자가 시장의 비효율성을 지적하기 위해 즐겨 사용하는 사례는 동일한 두 주식이 서로 다른 가격에 거래되는 다음의 경우다. 석유기업인 로열더치Royal Dutch Petroleum 와 셸Shell Transport 은 샴쌍둥이 관계에 있었다. 두 기업은 1907년에 협약을 맺고 세후이익의 60퍼센트를 로열더치가, 40퍼센트를 셸이 갖기로 했다. 시장이 효율적이라면 로열더치의 시장 가격은 셸의 시장 가치의 1.5배를 항상 유지해야 한다. 효율적 시장에서 현금흐름이 같다면 주식 가격도 같아야 하지만 로열더치 주식은 적정하게 평가된 가격보다 최대 20퍼센트 프리미엄이 더해져 거래되곤 했다.

그렇다면 시장은 비효율적이라는 말인가?

행동재무학자의 이야기를 듣다 보면 시장이 전혀 합리적이지 않고 비효율적인 것 같다. 하지만 시장이 때로 비이성적으로 움직인다고 해서 효율적이지 않다는 뜻은 아니다. 오히려 시장은 모든 사례에서 스스로 잘못을 바로잡았다. 비록 대단히 느리고 가차 없는 방식이기는 해도 시장은 언제나 비합리성을 바로잡았다. 시장에는 때로 비합리적인 낙관주의가 나타나기도 한다. 그리고 종종 부주의한 투자자들이 여기에 현혹된다. 하지만 시장은 결국 진정한 가치를 인식한다. 이것이야말로 투자자가 주목해야 할 중요한 교훈이다.

행동재무학에서 투자자가 얻을 수 있는 교훈

나 같은 올빼미족은 늦은 밤 TV 프로그램 시청을 좋아한다. 예전 '데이비드 레터맨 쇼'의 한 재미있는 코너로 '바보 같은 애완동물 묘기'가 있었다. 이 코너에서는 반려동물과 주인이 등장해 온갖 익살스러운 묘기를 선보였다. 안타깝게도 그들의 모습은 오늘날 투자자를 떠올리게 한다. 게다가 재미도 없다. 많은 투자자는 과신에 빠져 있고, 군중 행동에 휩쓸리고, 통제력에 관한 편향에 빠져 있으며, 투자 실패를 좀처럼 인정하지 않는다. 오히려 반려동물이 더 똑똑해 보일 정도다.

우리는 인간 심리의 다양한 측면이 투자에 영향을 미친다는 사실을 살펴봤다. 투자에서 우리는 종종 우리 자신의 최대 적이 된다. 포고Pogo 미국 만화가 월트 켈리(Walt Kelly)의 작품에 등장하는 주인공 쥐-옮긴이는 말한다. "우리는 적을 만난다. 그 적은 바로 우리 자신이다." 우리가 심리에 얼마나 취약한지 이해한다면 자산 상태를 엉망으로 만드는 멍청한 투자 환상에 빠지지 않을 것이다. 포커판에는 이러한 오랜 격언도 있다. '테이블에서 누가 호구인지 모르겠다면 당장 자리를 떠라. 바로 당신이기 때문이다.' 투자 심리에 대한 통찰력은 우리가 호구로 전락할 위험을 막아준다.

『나쁜 펀드매니저와 거래하라 Winning the Loser's Game』의 저자이자 주식시장의 오랜 관찰자인 찰스 엘리스 Charles Ellis 는 아마추어 테니스 시합에서 점수 대부분은 자신의 실력이 아니라 상대방의 실수에서 얻는다고 설명한다. 투자 역시 마찬가지다. 엘리스는 투자자 대부분이 이 책에서 권하듯 인덱스펀드를 장기 보유하는 소극적인 접근방식을 선택하지 않고 잘못된 투자 전략을 시도하기 때문에 실패한다고 주장한다. 투자자들의 행동 방식으로 주식 투자는 패자의 게임이 되고 만다.

2000년 초 기술주가 끝없이 상승할 때 투자자들은 자신의 천재성을 얼마나 쉽게 확신했던가! 최고 실적을 기록한 펀드에 가입하는 것이야말로 확실한 성공 전략이라고 얼마나 쉽게 자만했던가! 거품 기간에 직장을 때려 치고 단타매매에 나섰던 사람들은 오전 10시에 매수한 주식이 정오 무렵 10퍼센트 오른 것을 보고 얼마나 벅찬 황홀감을 느꼈던가! 그러나 이 모든 전략은 결국 재앙으로 끝났다. 단타매매자들은 장기 보유를 선택한 투자자보다 항상 더 저조한 수익률을 기록했다.

인간의 행동 결함에 따른 치명적인 영향에 대처하기 위한 첫 단계는 그 결함을 이해하는 것이다. 먼저 시장의 지혜에 경의를 표하라. 아마추어 경기에서 화려한 플레이 대신에 그저 공을 받아넘기려고 애쓰는 선수가 대개 승리하듯이 주식시장에서는 거래되는 모든 주식으로 구성된 분산 포트폴리오를 장기 보유하는 투자자가 결국에는 이긴다. 자기 자신의 적이 되지 말자. 바보 같은 투자 묘기를 경계하자. 이제부터는 행동재무학에서 얻을 수 있는 교훈을 살펴보도록 하자.

1. 군중 행동에 휩쓸리지 말 것

인터넷 주식이나 밈주식의 가격이 계속해서 오를 때 그 열기에 휩쓸리지 않기란 어려운 일이었다. 특히 주변의 모든 친구가 그들의 놀라운 주식 성과에 대해 자랑을 늘어놓을 때는 더 그랬을 것이다. 많은 논문에서 동료가 투자 결정에 미치는 영향에 대해 분석했다. 로버트 쉴러와 존 파운드 John Pound 는 투자자 131명을 대상으로 최근 매수한 주식에 어떻게 관심을 갖게 되었는지 물었다. 가장 흔한 대답은 친구나 지인으로부터 추천을 받았다는 것이다. 홍과 쿠빅, 스타인은 친구가 투자 결정에 미치는 영향과 관련하여 보다 과학적인 증거를 내놨다. 그들은 이웃과 활발하게 교류하고 교회에 다니는 사교적인 가구가 비사교적인 가구에 비해 투자 성향이 훨씬 더 강하다는 사실을 확인했다.

많은 사람의 입에 오르내리는 투자 자산은 재산 관리에 악영향을 미칠 가능성이 농후하다. 1980년대 초와 말에 일본 부동산과 주식시장이 바로 그랬다. 1990년대 말 인터넷 관련주가 그랬다. 또한 2000년대 첫 십여 년 동안 캘리포니아, 네바다, 플로리다 지역을 중심으로 한 콘도 사업은 물론이고 2021년 비트코인, 게임스탑, AMC 엔터테인먼트도 마찬가지다.

특정 기간에 가장 뜨거웠던 주식과 펀드는 언제나 다음 기간에 끔찍한 성과를 기록했다. 군중 행동은 열광의 기간에 투자자가 점점 더 큰 위험을 떠안도록 재촉한다. 또한 비관주의가 시장에 만연할 때 투자자들이 서둘러 시장에서 빠져나가도록 재촉한다. 언론은 시청자 확보를 위해 시장 하락의 심각성이나 호재의 중요성을 과장함으로써 이러한 자기 파괴적 행동을 부추긴다.

투자자들은 (모두가 열광할 때인) 정점이나 그 근처에서 자금을 집어넣고, (비관주의가 지배할 때인) 저점에서 자금을 인출했다. 다음 도표에서 이러한 경향을 확인할 수 있다. 금융위기가 시작된 2008년과 2009년 초 저점에서 가장 많은 자금이 시장에서 빠져나갔다.

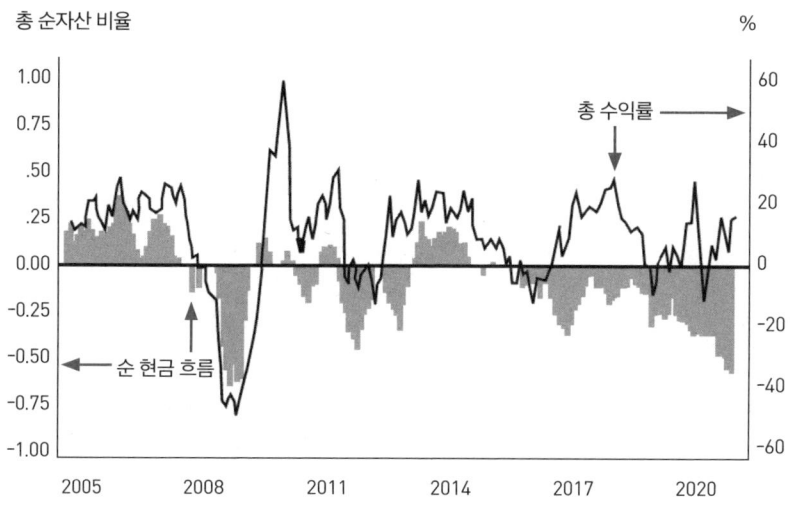

Source: 2021 Investment Company Institute Fact Book

실수는 종목 선택에서도 일어난다. 2000년 초 주식시장이 정점을 찍었을 때 많은 자금이 일반적으로 첨단 기술 및 인터넷 관련 '성장주'를 중심으로 한 펀드로 흘러들어갔다. 반면 장부가액이나 이익에 비해 상대적으로 낮은 가격에 거래되던 구경제 종목으로 이뤄진 '가치주' 펀드로부터 많은 자금이 빠져나갔다. 하지만 이후 3년 동안 '가치주' 펀드는 투자자에게 풍족한 수익률을 가져다주었던 반면 '성장주' 펀드는 급락했다. 2002년 3/4분기에 나스닥 지수가 정점에서 80퍼센트 떨어지고 난 뒤, 성장주 펀드에서 많은 자금이 빠져나갔다. 오늘 핫한 투자 대상만을 좇는다면 내일의 투자는 기약할 수 없다.

2. 잦은 거래를 피할 것

행동재무학자는 투자자들이 자신의 판단을 과신하는 경향이 있고 경제적 이익을 위해 지나치게 자주 거래하는 경향이 강하다는 사실을 발견했다. 많은 투자자가 이 주식에서 저 주식으로, 이 펀드에서 저 펀드로 옮겨 탄다. 마치 진러미gin rummy, 두 명이서 하는 카드 게임-옮긴이에서 카드를 선택하고 버리는 모습을 떠올리게 한다. 그러나 투자자는 이러한 행동으로부터 아무것도 얻지 못한다. 다만 거래 비용과 더 많은 세금만 발생할 뿐이다. 단기 이익은 일반 소득세율의 적용을 받는다. 반면 장기보유 투자는 이익에 대한 세금 납부를 미룰 수 있으며 증여할 때까지 보유한다면 세금을 끝까지 피할 수도 있다. 워런 버핏의 조언을 떠올려보자. "나무늘보와 같은 나태함이야말로 여전히 최고의 투자 방식이다. 주식에 대한 올바른 보유 기간은 영원이다."

과도한 거래에 들어가는 비용은 대단히 크다. 바버와 오딘은 1991~1996년 사이 약 6만 6천 가구의 투자 행태에 관한 데이터를 분석했다. 그 결과, 표본에서 일반 가구의 평균 수익률은 16.4퍼센트며 동기간 시장 수익률은 17.9퍼센트로 나타났다. 반면 자주 거래를 한 가구의 수익률은 11.4퍼센트에 불과했다. 다시 말해 자주 거래를 한 가구가 일반 가구에 비해 투자 실적이 훨씬 나빴던 것이다. 또한 남성은 여성보다 지나친 확신을 고수하기에 더 자주 거래하는 것으로 드러났다. 이에 대해 오딘은 이렇게 조언한다. '(기혼자의 경우) 주식 매매를 생각하고 있다면, 거래하기 전에 먼저 아내에게 물어보라.'

피델리티 인베스트먼츠에서는 2021년에 위와 비슷한 연구를 다시 한번 실시했다. 여기서 그들은 2011년에서 2020년까지 520만 개에 달하는 고객 계좌를 분석했다. 그 결과 여성 고객이 남성 고객보다 훨씬 더 높은 수익을 올렸다는 사실을 확인했다. 이러한 결과의 원인은 여성 고객이 거래하는 방식, 혹은 좀 더 구체적으로 말해서 거래하지 않으려는 성향에 있었다. 남성 고객의 거래 빈도수는 여성 고객의 두 배에 달했다. 뱅가드 역시 같은 기간 동안 비슷한 패턴을 확인했다. 이러한 증거에서 너무 잦은 거래는 자산 유지에 해롭다는 사실을 알 수 있다.

3. 오른 주식이 아니라 떨어진 주식을 팔 것

앞서 사람들은 이득에 대한 기쁨보다 손실에 대한 고통을 더 중요하게 생각한다는 사실을 살펴봤다. 그렇기 때문에 투자자는 아이러니하게도 이득을 얻기 위해서가 아니라 손실을 피하기 위해 더 큰 위험을 떠안으려 한다. 그리고 떨어진 주식이나 펀드는 좀처럼 매도하려고 하지 않는다. 그것은 손실의 실현을 피하여 자신이 실수를 저질렀다는 사실을 인정하지 않기 위해서다. 다른 한편으로, 투자자는 대개 오른 주식을 매도하려고 한다. 자신의 정확한 선택에 따른 성공의 기쁨을 만끽할 수 있기 때문이다.

시장이 붕괴하는 동안에도 떨어지는 주식을 계속해서 보유하는 것이

옳은 선택일 때가 있다. 특히 기업 경영이 계속해서 성공적으로 이어질 것이라고 확신할만한 근거가 있다면 말이다. 만약 매도를 했는데 주식이 크게 오른다면 후회는 배가 될 것이다. 그렇다고 해서 매도를 하면 손실이 실현된다는 잘못된 믿음 때문에 엔론이나 월드컴과 같은 주식을 보유하는 것은 어처구니없는 선택이다. '장부상 손실'은 실현된 손실만큼 실질적인 것이다.

4. 어리석은 투자를 피할 것

'공모주를 경계하라.' 시장에 갓 나온 공모주에 투자해서 큰돈을 벌 수 있다고 생각하는가? 거대한 인터넷 거품이 한창이던 시절, 공모주는 부자가 되는 확실한 지름길로 보였다. 일부 성공적인 공모주는 공모가의 두 배, 세 배, (어떤 경우에는) 심지어 일곱 배의 가격으로 거래가 시작되었다. 일부 투자자가 공모주야말로 주식시장에서 가장 쉽게 돈을 벌 수 있는 비결이라고 믿었던 것도 무리는 아니다.

이와 관련하여 내 조언은 공모주를 공모가에라도 매수하지 말라는 것이다. 거래가 시작된 후 가격이 공모가보다 더 높아졌을 때는 말할 필요도 없다. 역사적으로 공모주는 그리 좋지 못한 투자 대상이다. 공모 후 5년이 흘러 공모주 가격을 조사했을 때 연 수익률이 주식시장에 비해 약 4퍼센트 포인트 뒤처졌다는 사실이 드러났다. 실적 하락은 공모 후 6개월 뒤부터 시작된다. 여기서 6개월은 일반적으로 내부자가 대중에게 주식을 매도하지 못하도록 규정한 '금지' 기간에 해당한다. 일단 그 기간이 끝나고 나면 공모주 가격은 대개 떨어진다.

공모주와 관련된 개인 투자자의 실적은 더욱 저조하다. 개인 투자자는 좋은 공모주를 공모가에 매수할 수 없다. 주목받는 공모주는 대형 기관 투자자나 인수 기업의 돈 많은 고객이 모두 낚아채가기 때문이다. 중개인이 전화를 걸어 공모주를 권한다면 아무런 가치 없는 주식이라고 봐도 무방하다. 증권사는 기관 투자자나 부유한 고객에게 팔 수 없을 때 개인 투자자에게 공모가로 제안하기 때문이다. 그렇기 때문에 개인 투자자가 매수하는 공모주는 시장에서 가장 쓸모없는 주식인 셈이다. 경마장이나 라스베이거스 도박장을 제외하고 이보다 더 확실하게 돈을 탕진하는 전략을 나는 알지 못한다.

'확인되지 않은 정보에 냉정하라.' 우리는 온갖 이야기를 듣는다. 삼촌은 자이르에 다이아몬드 광산이 있는데 틀림없이 대박이 날 거라고 말한다. 그러나 광산이란 대개 거짓말쟁이들이 모여 있는 조그마한 구덩이에 불과하다는 사실을 명심하자. 사촌형수는 알려지지 않은 작은 생명공학 기업에 대해 떠들어댄다. "말도 안 되게 싸다고. 한 주에 1달러라니까. 게다가 조만간 암 치료 약을 발표할 예정이야. 생각해봐. 2천 달러로 2천 주를 살 수 있다고." 친구와 친척, 전화, 인터넷에서 온갖 정보가 날아든다. 여기에 현혹되지 말자. 아무리 좋게 들리더라도 확인되지 않은 정보는 냉정하게 대하자. 평생 최악의 투자로 남을 가능성이 높기 때문이다. 그리고 기억하자. 숨이 찰 정도로 흥분해서 이야기하는 사람한테서는 절대 아무것도 사지 마라.

'100퍼센트 안전한 전략을 믿지 말라.' 아마도 전문가나 아마추어 투자자로부터 최고의 펀드매니저를 고르는 확실한 전략이나 가격이 떨어질 때 시장에서 빠져나올 수 있는 확실한 전략이 있다는 이야기를 들은 적이 있을 것이다. 하지만 아쉽게도 그런 전략은 없다. 물론 돌이켜보면 평균 이상의 수익률을 올린 포트폴리오 전략은 있지만 확실한 전략이라고 하는 것은 모두 장기적으로 자기 파괴적인 결말로 끝났다. 수년이나 수십 년 동안 성공을 거둔 시점 선택 전략도 있기는 하다. 하지만 보다 장기적인 관점에서 나는 20세기 초 투자자 버나드 바루크Bernard Baruch 의 주장에 손을 들어주고 싶다. "시점 선택이 가능하다는 것은 거짓말쟁이의 이야기일 뿐이다." 또한 20세기 말에는 존 보글이 이렇게 말했다. "시점 선택을 성공적으로 그리고 지속적으로 해냈다는 사람을 나는 알지 못한다."

또한 우리는 오랜 격언을 잊지 말아야 한다. "너무 좋아서 사실일 리 없다면, 정말로 사실이 아닌 것이다." 거대한 폰지 사기의 희생양이 되지 않기 위해서는 이 말을 명심해야 한다. 2008년 실체가 드러난 버나드 매도프Bernard L Madoff 의 사기로 시장에서 5백억 달러가 증발했다. 매도프가 사기를 칠 수 있었던 이유는 매년 10~12퍼센트의 수익률을 지속적으로 보장하겠다는 그의 말을 투자자들이 실제로 믿었기 때문이다.

그 사기 '천재'는 안전한 수익률을 제안했다. 만약 그가 50퍼센트 수익률을 제시했다면 사람들은 먼저 그의 허무맹랑한 약속을 의심했을 것이다. 그러나 연간 10~12퍼센트의 꾸준한 수익률은 현실적인 가능성이 충분히 있어 보였다. 하지만 실제로 주식시장에서(혹은 어떤 다른 시장에서라도) 그러한 수익률을 꾸준히 올리는 것은 불가능에 가깝다. 그렇다면 투자자는 매도프의 그러한 제안도 의심했었어야 한다. 미국 주식시장은 장기적으로 연 평균 9퍼센트 이상의 수익률을 기록해왔다. 하지만 그 과정은 순탄치 않았으며 어떤 해에는 투자자들이 자금의 40퍼센트나 되는 돈을 잃어버리기도 했다. 매도프가 그러한 실적을 기록할 수 있었던 것은 장부를 조작했기 때문에 가능한 일이었다. 투자자는 정부 기관이 그러한 사기로부터 자신을 보호해 줄 것이라고 기대해서는 안 된다. 증권거래위원회는 매도프의 실적이 현실적으로 불가능한 것이라는 제보를 받았지만 별다른 조치를 취하지 않았다. 자신을 지키는 유일한 방법은 너무 좋아서 사실일 리 없는 것은 정말로 사실이 아니라는 점을 깨닫는 것이다.

◆ ◆ ◆

일부 행동재무학을 지지하는 사람들은 투자자들이 반복적이면서도 습관적으로 실수를 저지르기 때문에 합리적 투자자는 시장을 이기는 기회를 발견할 수 있다고 믿는다. 다시 말해, 똑똑한 투자자들은 비합리적 거래에서 예측 가능한 시장 패턴을 읽어서 돈을 벌 수 있다고 생각한다. 이러한 주장은 앞서 제시한 교훈보다 더욱 뜨거운 논쟁의 대상이다. 다음 장에서 이러한 주장을 검증보고자 한다.

11장
최신 투자 트렌드

결과요? 음, 참으로 많은 결과를 얻었죠.
수천 가지 아이디어가 실패로 돌아갔으니까요.

- 토머스 에디슨

21세기 4분의 1지점을 향해 다가가는 가운데 점점 더 많은 투자자들이 비용과 세금 면에서 유리하고 광범위하게 분산된 인덱스펀드보다 더 나은 포트폴리오를 구축할 수 있다는 주장에 회의적인 시선을 보내고 있다. 이에 따라 적극적으로 관리되는 수천억 달러 규모의 뮤추얼펀드에서 소극적으로 관리되는 인덱스펀드로, 혹은 ETF(상장지수펀드)로 이동이 증가하고 있다. 새로운 세대의 펀드매니저들도 이제 종목 선택 기법으로는 시장을 이길 수 없다고 말한다. 이들은 최신 투자 전략을 활용함으로써 추가적인 위험 없이도 좋은 실적을 지속적으로 올릴 수 있다고 주장한다.

이 장에서 이러한 주장의 바탕이 되는 최신 투자 전략인 '스마트베타smart beta'와 '위험균등risk parity', 'ESG 투자ESG Investing'에 관해 살펴볼 것이다. 이 전략들은 포트폴리오 실적을 개선할 수 있다는 암묵적인 약속과 함께 수천억 달러의 자금을 끌어들였다. 이와 관련하여 이런 질문을 던져볼 것이다. 스마트베타 전략은 정말로 스마트한가? 위험균등 전략은 너무 위험한 것 아닌가? ESG 투자는 인류에 이로운 활동을 함으로써 재무적으로도 더 좋은 성과를 올릴 수 있을 것인가?

스마트베타

'스마트베타' 전략에 대한 일반적인 정의는 아직 마련되어 있지 않다. 이 용어를 사용하는 사람들은 상대적으로 소극적인(거래 비용이 낮은) 포트폴리오에 투자함으로써 시장보다 높은 초과 수익을 얻을 수 있다고 말한다. 즉, 포트폴리오를 특정 방향이나 여러 방향으로 '기울여tilt' 초과 수익을 내려고 한다.

학자와 실무 전문가는 스마트베타 전략의 효과를 확인하기 위해 샤프지수라는 통계 지표를 활용한다. 이 용어는 샤프지수를 처음으로 개발했으며 동시에 자본자산 가격결정 모형의 개발자 중 한 사람인 윌리엄 샤프William Sharpe의 이름을 딴 것이다.

우리는 투자자가 높은 보상(높은 수익률)과 함께 낮은 위험(작은 변동성)을 원한다는 사실을 알고 있다. 샤프지수는 이러한 통계 요인을 결합한 것이다. 샤프지수에서 분자는 투자 전략에 따른 수익률 혹은 좀 더 일반적으로 3개월 재무부 채권 이자율을 넘어서는 초과 수익률이 된다. 그리고 분모는 위험 혹은 수익률의 표준편차로 나타내는 변동성(시간에 따른 변동폭)이다. 가령 전략 A가 20퍼센트 변동성으로 10퍼센트의 초과 수익률을 보여주고 전략 B는 30퍼센트 변동성으로 동일한 수익률을 보여준다면 우리는 당연히 전략 A를 선택할 것이다. 단위 위험당 발생하는 수익률이 더 높기 때문이다.

$$\text{샤프지수A} = \frac{\text{수익률}}{\text{위험}} = \frac{0.1}{0.2} = 0.5$$

$$\text{샤프지수B} = \frac{\text{수익률}}{\text{위험}} = \frac{0.1}{0.3} = 0.33$$

'스마트베타' 전략을 활용하는 펀드매니저는 각 기업의 시가총액에 따라서만 포트폴리오의 보유 비중을 결정하는 순수한 인덱싱이 최적의 전략이 아니라고 주장한다. 그들은 더 나은 위험-수익 교환risk-return trade-offs 이(즉, 더 높은 샤프지수가) 가능하다고 말한다. 이는 곧 '가치' 대 '성장', 소형주 대 대형주, 모멘텀이 강한 주식 대 약한 주식 들에 기준을 두고 포트폴리오 구성을 특정 방향으로 기울이는 방법을 의미한다.

다른 기준으로는 '퀄리티 품질'(안정적인 매출, 이익 성장, 낮은 부채 비율 등), 변동성, 유동성이 있다. 맛있는 요리에서 다양한 '풍미'를 느낄 수 있듯이 '스마트베타' 전략에서는 다양한 기준을 결합한다. 위에 언급한 다양한 기준을 조합하여 포트폴리오 구성을 특정 방향으로 기울일 수 있다는 말이다.

'스마트베타' 전략은 9장에서 논의한 멀티팩터와 관련 있다. 이 전략은 종종 팩터factor(요인) 기반 투자라고도 불린다. 자본자산 가격결정 모형에서 사용하는 베타는 위험의 일부를 설명하는 하나의 팩터라 할 수 있으며 방금 언급한 기준이나 기울임을 추가적인 위험 팩터라고 할 수 있다. 예를 들어 포트폴리오 구성을 소형주로 기울일 때 투자자는 소형주의 위험 프리미엄으로 높은 수익률을 기대하는 것이다. 결국 '스마트베타' 전략이란 추가적인 위험을 감수함으로써 수익률을 높이는 기술이라고 설명할 수 있겠다.

여러 가지 팩터

1. 가치 팩터. 1934년에 데이비드 도드David L. Dodd 와 벤저민 그레이엄Benjamin Graham 은 투자자를 위한 선언을 발표했다. 많은 이들이 그 선언을 지지했는데 그중에는 워런 버핏도 포함되어 있다. 두 사람은 '가치'가 시간을 이긴다고 주장했다. '가치'를 발견하기 위해 투자자는 주가수익이 낮고 장부가치에 비해 상대적으로 가격이 낮은 주식을 찾아야 한다. 여기서 '가치'는 미래 성장에 대한 전망보다는 현재 상황에 기반을 둔다. 두 사람의 선언은 이익 성장을 예측하는 개인의 능력을 과신하여 '성장' 주식에 지나치게 집중하는 투자자의 성향을 지적하는 행동재무학의 입장과 맥락을 같이한다.

나는 학문적인 차원에서 이러한 접근 방식에 크게 공감한다. 내가 중요하게 생각하는 종목 선택의 원칙 중 하나는 시장이 아직 발견하지 못하여 상대적으로 낮은 주가수익배수로 거래되는 성장 전망이 좋은 기업을 모색하는 것이다. 반면 주가수익배수가 높은 주식은 멀리해야 한다. 그 주된 이유는 이익 성장은 예측하기가 대단히 힘들기 때문이다. 그렇기 때문에 주가수익배수가 낮은 주식에 투자하는 편이 훨씬 유리하다. 성장이 실현될 때 이익과 주가수익이 모두 오르므로 이중의 혜택을 누릴 수 있다.

주가수익배수가 상대적으로 낮은(또한 장부가치, 현금흐름, 매출 대비 가격이 낮은) 주식으로 구성된 포트폴리오는 자본자산 가격결정 모형에 의해 측정된 위험을 감안하더라도 평균 이상의 수익률을 가져다준다는 역사적 증거가 있다. 다음 도표에서 동일한 주식 규모로 묶인 열 개 그룹의 수익률을 확인할 수 있다. 이들 그룹은 주가수익을 기준으로 나열되어 있다. 가령 그룹 1은 주가수익(P/E)이 가장 낮고 그룹 2는 두 번째로 낮다. 도표에서 주식 그룹의 주가수익이 높아지면서 수익률은 반대로 떨어진다는 점을 알 수 있다.

낮은 주가수익(P/E)배수와 낮은 주가장부가치price-to-book-value, P/BV 비율은 위험 요인을 반영한 것이다. 가령 재무상 어려움을 겪는 기업의 주식은 이익과 장부가치에 비해 상대적으로 낮은 가격에 거래될 것이다. 실제로 2009년에 시티그룹이나 뱅크오브아메리카와 같은 대형 은행 주식은 장부가치에 비해 아주 낮은 가격으로 거래되었다. 그것은 이들 은행이 법정관리에 들어가면서 주식이 휴지 조각으로 전락할 위험성이 높아 보였기 때문이다.

5 건강/심리

의 탈다이어트법
요청 쇄도로 출간!

식사의 10가지 원칙을
로 실천할 수 있도록
친절하게 안내

⭐⭐⭐

계 사람들이 검증한
생 다이어트 해법
스타그램에서 쏟아지는 증언!

음식, 마음, 몸과 건강한 관
. 이 과정은 신체 사이즈와
을 보살피고 몸에 대해 감사
미하며, 단순히 체중 감량을
는 거리가 있다. 끝없는 박
악순환을 멈추고 음식과 평
관계를 맺는 데 이 실천 워
역할을 해줄 것이다.

+ 실천 워크북
리·엘리스 레시 지음 | 김주리 옮김

인·점·책 6 자기계발/공부법

360만 명이 수강한 학습법
명강의 요약 + 반나절만에 익힘

**수학 포기자가 공대 교수가 되고
평범한 중위권 학생이
옥스퍼드대 우수 졸업자가 된 비결**

⭐⭐⭐

Coursera에서 360만이 수강한
명강의 요약 + 최신 연구결과 +
두 저자의 경험을 반나절만에

학습법 강좌의 최고 인기강사 바버라 오클리 교수, 그리고 옥스퍼드대학원과 펜실베이니아대학원을 동시 합격하였고 노르웨이 교육기술 스타트업 에듀카의 CEO인 올라브 슈위, 두 전문가가 자신들의 최신작과 더불어 신경과학과 인지심리학 분야 130여 편의 최신 논문 내용을 명료하게 누구나 이해할 수 있도록 요약하였다.

학습천재가 되는 11가지 공부 비결
바버라 오클리·올라브 슈위 지음 | 정윤미 옮김
값 15,800원

반으로 접어서 책갈피로 쓰세요

인생의 전환점이 되는 책

**책이 도움이 되었다면 서점에 후기를 꼭 남겨주세요.
더 좋은 책을 출간하는 데 큰 힘이 됩니다.**

일상을 대하는
EVERYDAY AFFAIRS
관점이 바뀌면

천재일우의 기회가
GOLDEN AFFAIR
찾아올 수도 있습니다

(누군가의) 인생의
전환점이 되는 책만
출간합니다

골든어페어
Golden Affair Books

gabooks.kr

●1
●5 ●2
  ●6
4● ●3

Copyright@골든어페어

인·점·책 1 투자/경제

프린스턴대 전설적인
경제학자의 투자 조언
★ 50주년 특별 개정판 ★

**200만 독자가 인정한
주식투자 기본서**

50년간 4년에 한 번씩 최신 정보 반영
미국인들이 가장 많이 읽는
주식투자 스테디셀러 중 하나

눈을 가린 원숭이가 다트를 던져 선정한 주식 종목이 전문가가 선정한 종목과 차이가 없다는 비유를 들어 월스트리트를 무참히 공격했으며, 인덱스 투자를 태동케 한 책이다. 주식시장에 흘러넘치는 정보를 예리하게 걸러낼 수 있도록 투기와 투자의 역사, 최신 금융상품과 핵심 이론, 연령대에 따른 투자 지침(연금, 보험에 대한 조언 등)을 감옥에 갈 만큼 솔직하게 전해준다.

랜덤워크 투자수업(50주년 특별 개정판)
버턴 말킬 지음 | 박세연 옮김
값 22,000원

인·점·책 2 경영/마케팅

온라인이든 오프라인이든
'실험'이 성공을 보장한다

**(그로스 해킹) 프로세스와
실행 전략 바이블**

14개국 번역 출간
출간 즉시 미국, 영국, 독일
아마존 베스트셀러

저자인 션 엘리스(Sean Ellis)는 '그로스 해킹(growth hacking)'의 개념과 용어를 세계 최초로 제안했으며, 실리콘밸리 스타트업을 1조 원 가치의 회사로 5개나 키워냈고 자신의 사업도 성공적으로 일구며 이 기법을 개척했다. 그로스 해킹의 엄청난 잠재력을 느낀 저자는 누구나 활용할 수 있도록 정립할 필요성을 느껴 그로스 해킹의 바이블을 집필했다.

진화된 마케팅 그로스 해킹
션 엘리스·모건 브라운 지음 | 이영구·이영래 옮김
값 19,000원

인·점·책 3 가정/교육

아이의 유년기(2세~14세)는
보호해줘야 한다

**창의력, 집중력, 회복탄력성이 높은
아이로 키우는 맘 편한 단순 육아**

세계적 발달/교육 전문가의 30년간
경험과 깨달음을 담은 역작(10년 넘게
스테디셀러/30개국 번역 출간)

아이가 스마트폰이나 미디어에 지나치게 노출되거나 스케줄, 물건이 넘치면 유년기를 파괴하여 아이의 창의력, 집중력, 회복탄력성을 발달시킬 능력과 기회를 상실하고 만다. '단순화하기'를 통해 아이의 행동이 개선되고 학업능력·인지능력이 무려 36.8%나 상승한 연구결과처럼 아이에게 이상적인 발달 환경을 제공할 수 있다.

맘(mom)이 편해졌습니다
킴 존 페인 지음 | 이정민 옮김
값 18,500원

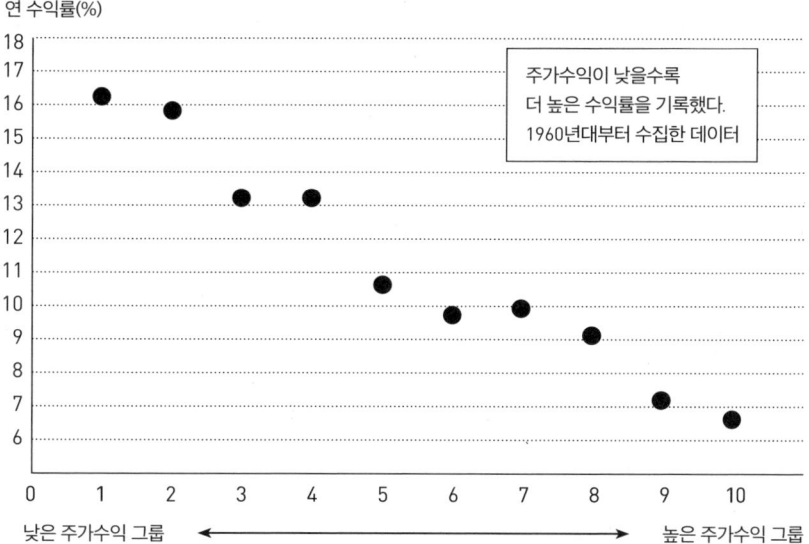

출처: Stern School of Business, New York University.

지금까지 설명한 가치 팩터를 나타내는 일반적인 지표로 HML High Minus Low (주가장부가치비율을 기준으로 상위 30퍼센트 주식의 수익률에서 하위 30퍼센트 수익률을 뺀 값)이 있는데, 이에 따라 1927년에서 2020년에 이르기까지 가치 팩터로 얻을 수 있는 연간 위험 프리미엄을 계산했을 때 4.0퍼센트로 나타났다.

가치 팩터 프리미엄을 측정하는 또 다른 방법은 샤프지수를 구하는 것이다. 1927년 이후로 (HML에 의해 측정되는) 가치 팩터의 샤프지수는 0.34였다.

2. 규모 팩터. 학자들은 장기간에 걸쳐 소형주가 대형주보다 더 높은 수익률을 보인다는 사실을 발견했다. '로저 이봇슨'의 조사에 따르면, 1926년 이래로 미국 소기업 주식은 대기업 주식보다 평균 2퍼센트 포인트 높은 수익률을 기록했다. 다음 도표에서 이에 관한 파마와 프렌치의 연구 결과를 확인할 수 있다. 여기서 두 사람은 주식을 규모에 따라서 십분위로 구분했다. 그 결과, 자본총액 기준으로 하위 10퍼센트에 해당하는 1분위 주식군이 가장 높은 수익률을 기록했고 상위 10퍼센트에 해당하는 10분위 주식군은 가장 낮은 수익률을 기록했다. 게다가 소기업 주식은 베타 값이 동일한 대기업 주식보다 더 높은 수익률을 올린 것으로 나타났다.

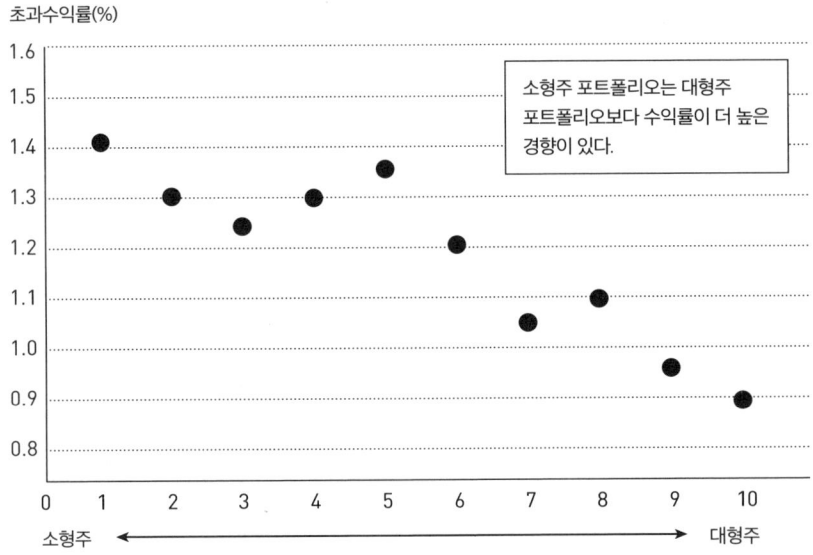

◀ 연평균 수익률과 규모: 1963~1990 ▶

출처: Fama and French, "The Cross-Section of Expected Stock Returns," Journal of Finance (June 1992).

비록 다른 연구 결과에서 소형주 효과의 지속성에 대해서 의문을 제기하지만, 그럼에도 규모는 역사적인 수익률을 설명해주는 한 가지 팩터로 보인다. 어쨌든 소기업이 대기업보다 더 위험한 편이기 때문이다. 이러한 점에서 '소기업 효과'가 지속적으로 나타난다고 해도 이러한 현상이 시장 효율성에 위배되는 것은 아니다. 소기업의 높은 수익률은 높은 위험에 대해 투자자가 누려야 할 당연한 보상으로 볼 수 있다. 때문에 규모는 비효율이 아니라 추가 수익률로 보상을 받을 수 있는 위험 팩터다.

3. 모멘텀 팩터. 주가 움직임에 대한 최초의 실증적 연구는 1900년대 초로 거슬러 올라간다. 이 연구에서 시간에 따른 주가의 움직임은 랜덤워크로 나타났다. 보다 최근 연구에서는 랜덤워크가 엄격하게 적용되지는 않는 것으로 드러났다. 주가가 전개되는 과정에서 어느 정도 모멘텀^{관성}이 발견되어서다. 단기적으로는 주식시장에 관성이 존재한다. 주가가 상승할 때는 이후 추가적인 상승이 나타날 가능성이 하락할 가능성에 비해 살짝 높다. 반면 장기적으로는 평균으로 회귀하는 패턴이 나타난다. 또한 뚜렷한 가격 상승이 수개월 혹은 수년에 걸쳐 이어지면 이후 급격하게 하락하는 모습을 종종 보인다.

모멘텀에 대해 두 가지로 설명할 수 있다. 첫 번째는 행동적 측면에 기반하여 설명할 수 있다. 행동재무학의 선구자인 로버트 쉴러는 심리적인 피드백 메커니즘 때문에 주가에 어느 정도 모멘텀이 나타난다고 설명했다. 모멘텀은 특히 극단적인 열광의 시기에 더욱 뚜렷하게 드러난다. 개인 투자자가 주가가 오르는 것을 지켜볼 때, 일종의 '밴드웨건 효과band-wagon effect'특정 재화에 대한 수요가 증가하면 더 많은 관심이 쏠리면서 지속적으로 수요가 증가하는 효과-옮긴이가 나타난다. 두 번째는 새로운 정보에 대한 점진적인 반응으로 설명할 수 있다. 즉, 새로운 뉴스가 나왔을 때 투자자들이 기대를 즉각적으로 수정하지 않는다는 말이다. 가령 기업 이익이 기대치를 넘어섰다는(혹은 미치지 못했다는) 뉴스가 그렇다. 긍정적인 어닝서프라이즈이익 충격가 발생했을 때, 시장 가격이 그 정보에 대해 서서히 반응하면서 비정상적으로 높은 주가 수익률이 뒤이어서 종종 나타난다.

하지만 주식시장의 모멘텀이 시장 위험을 반영한 증거라고 해석하기는 힘들다. 그 이유는 '모멘텀 붕괴' 현상이 종종 발생하기 때문이다. 즉, 주식시장의 뜨거운 관심을 받았던 종목이 치명적인 역전 현상으로 곤두박질친다. 트렌드를 따르는 전략에는 분명히 어느 정도 위험이 존재하기 마련이다.

4. 베타(변동성) 팩터. 베타와 수익률 사이에 아무런 상관관계가 없다는 사실을 보여준 9장의 연구 결과를 다시 한번 떠올려보자. 여기서 베타 값이 높은 주식은 자본자산 가격결정 모형에서 기대할 수 있는 높은 수익률을 보여주지 못했다. 베타와 수익률 사이의 상관관계는 미국 주식에서는 물론이고 해외 주식에서도 크게 나타나지 않았다. 다른 한편에서 투자자는 베타 값이 낮은, 즉 변동성이 작은 포트폴리오를 보유함으로써 샤프지수를 개선할 수 있다.

투자자는 이러한 사실을 기반으로 '베타에 반대로 가는' 포트폴리오 전략을 세울 수 있다. 예를 들어 베타 값이 0.5로 아주 낮은 (즉, 변동성이 시장 포트폴리오의 절반에 불과한) 포트폴리오가 베타 값이 1인 시장과 같은 수익률을 보인다고 해보자. 그리고 시장 수익률을 10퍼센트로 가정하자. 여기서 투자자는 베타 값이 낮은 포트폴리오를 신용 매수함으로써(즉, 시장가치 1달러당 50센트를 빌려서 매수함으로써) 베타 값을 두 배로 높여 베타 값이 낮은 포트폴리오의 투자금 대비 수익률을 두 배로 끌어올릴 수 있다. 이 장의 후반부에서는 바로 이러한 기술이 소위 '위험균등' 전략의 핵심이라는 사실을 확인해 볼 것이다.

5. 퀄리티 팩터. 주가 수익률을 좀 더 잘 '설명'하기 위해 수많은 팩터가 동원되었다. 그중에서 앞의 네 가지 외에 가장 흔하게 이용하는 팩터는 퀄리티 팩터다.

무엇이 문제인가?

이제 스마트베타 전략이 연구실에서처럼 현실 시장에서도 효과가 있는지 살펴보도록 하자. 적어도 과거 데이터로 볼 때 앞서 살펴본 네 가지 팩터(가치, 규모, 모멘텀, 낮은 베타)는 위험 대비 좋은 수익률을 보여줬다. 그러나 추가적인 위험 프리미엄을 낚아채는 일은 현실적으로 불가능할 수도 있다.

연구원들이 분석한 실제 위험-수익 결과는 포트폴리오에서 한 가지 팩터를 매수하고 다른 팩터를 공매도한다는 가정에서 나왔다(가령 가치주를 매수하고 성장주를 공매도하는 식으로 가정했다). 그러나 현실에서 이러한 전략은 상당한 거래 비용을 발생시키기 때문에 실행이 어려울 수 있다. 예컨대 공매도를 위해 주식을 빌리는 비용이 높을 수 있고, 그러한 주식의 공급 자체가 제한적일 수도 있다. 게다가 팩터요인 수익이 위험을 반영한 것이 아니라 행동 오류에 따른 것이라면 차익거래를 통해 프리미엄이 사라질 수도 있다. 특히 많은 투자 자금이 스마트베타 상품으로 흘러들 때는 더욱 그렇다. 실제로 많은 투자자에게 팩터 프리미엄이 알려지고 난 뒤 수익률이 떨어지는 경향이 있다.

앞서 살펴본 네 가지 팩터 중 각각에 집중하는 펀드와 ETF 상장지수펀드가 이미 시장에 나와 있다. 뱅가드의 VVIAX ETF는 대표적인 '가치' 펀드로, 주로 미국 대기업의 '가치주'로 구성된 CRSP U.S. 대형주 가치 지수의 실적을 추종한다. 그리고 뱅가드 VSMAX ETF는 소형주 지수 실적을 추종한다. 투자 기업 AQR의 AMOMX 펀드는 긍정적인 모멘텀이 존재하는 것으로 판단되는 대형주와 중형주에 투자한다. 변동성이 작은 SPLV ETF도 있다.

다음 도표에서는 네 가지 단일 팩터 ETF 실적을 뱅가드의 전체 주식시장 지수 펀드(VTSAX)와 비교한다. 단일 팩터 펀드들은 전체 주식시장 지수와 대략적으로 비슷하거나 오히려 좀 더 낮은 수익률을 보였다. 모멘텀 주식의 실적은 십여 년 동안 전체 주식시장에 비해 조금 더 나았다. 하지만 가치주, 규모(소형주), 작은 변동성 주식은 좋지 못했다. 단일 팩터 펀드들 모두 장기적으로 저조한 실적을 기록했다. 나아가 위험이 조정된 수익률에서도 아무런 개선을 보여주지 못했다. 단일 팩터 펀드를 활용한 스마트베타 포트폴리오는 결국 더 나은 투자 방식이 아닌 것으로 드러났다.

◀ 단일 팩터 펀드에 대한 평가(2022년까지 10년간) ▶

팩터(펀드)	전체 주식시장 지수 (VTSAX) 대비 초과 수익률	전체 주식시장 지수 (VTSAX) 대비 초과 샤프지수
가치 뱅가드 VVIAX	-2.55	-0.15
규모 뱅가드 VSMAX	-2.13	-0.30
모멘텀 AQR AMOMX	0.23	0.02
베타(작은 변동성) Power Shares 500 SPLV	-3.48	-0.08

멀티팩터 전략

지금까지는 '가치', '규모', '모멘텀'처럼 각각의 팩터요인를 독립적으로 활용함으로써 포트폴리오를 구성하는 스마트베타 전략을 살펴봤다. 지금부터는 여러 팩터를 동시에 활용하는 혼합 스마트베타 전략이 지속적인 성과를 보여줄 수 있는지 확인해보고자 한다. 아마도 여러 팩터로 다각화를 하면 수익률을 높이거나 특정 수익률을 유지하면서 위험을 낮출 수 있을 것이다. 팩터들 사이의 상관관계가 낮다면 분산(변동성)을 줄이는 데 분명히 도움이 될 것이다. 게다가 일부 팩터 사이에 상관관계가 마이너스로 나온다면 더 높은 위험 조정 수익률risk-adjusted returns 수용한 위험의 정도를 고려하여 수정한 수익률-옮긴이을 기대할 수 있을 것이다.

실제로 팩터들 사이의 상관관계는 낮거나 마이너스다. 예를 들어 모멘텀 팩터는 베타, 가치, 규모 팩터와 마이너스 상관관계를 갖는다. 그러므로 멀티팩터 전략을 통해 분산을 줄여 성과를 개선할 수 있다. 예를 들어 가치 팩터만으로 효과가 없을 때 모멘텀 팩터에 대한 노출을 확대함으로써 수익률을 개선할 수 있다. 다음 도표는 1964~2020년 사이 팩터 간 상관관계를 측정한 것이다.

◀ 팩터 간의 상관관계(1964-2020) ▶

팩터	베타	규모	가치	모멘텀
베타	1.0	0.26	-0.27	-0.19
규모	0.26	1.00	-0.02	-0.12
가치	-0.27	-0.02	1.00	-0.16
모멘텀	-0.19	-0.12	-0.16	1.00

출처: Andrew L. Berkin and Larry E. Swedroe, Your Complete Guide to Factor-Based Investing ; updated data from Swedroe.

팩터 투자에 관한 안내서를 냈던 앤드류 버킨 Andrew Berkin 과 래리 스웨드로 Larry Swedroe 는 다양한 팩터를 조합하여 포트폴리오를 구성한 결과를 시뮬레이션했다. 다음 도표에서 두 사람은 네 가지 팩터(베타, 규모, 가치, 모멘텀)에 각각 25퍼센트를 투자하는 포트폴리오를 구성했다. 그 결과, 혼합 포트폴리오에서 훨씬 더 작은 변동성(수익률 표준편차)과 더불어 훨씬 더 높은 샤프지수가 나왔다. 여기에 퀄리티 팩터를 추가함으로써 더 높은 샤프지수를 얻을 수 있지만 평균 수익률은 낮아진다.

◀ 버킨과 스웨드로의 시뮬레이션 결과: 1927-2020 수익률과 위험 ▶

	평균 수익률	표준편차	샤프지수
베타	8.7%	20.3%	0.43
규모	3.1	13.6	0.23
가치	4.0	15.3	0.26
모멘텀	9.1	15.6	0.59
혼합 포트폴리오	6.4	8.7	0.71

물론 이 시뮬레이션에서 관리 수수료나 거래 비용은 고려하지 않았다. 그리고 각각의 규모, 가치, 모멘텀 팩터는 롱·숏 포트폴리오다.[12] 또한 공매도 실행에 아무런 제약이 없다고 가정했다. 그렇다면 이제 남은 질문은 이러한 시뮬레이션 결과를 현실 세상에서도 거둘 수 있는가다.

멀티팩터 펀드

DFA(Dimensional Fund Advisors). 미국의 DFA는 글로벌 자산운용사로 1980년대 초에 설립되었다. 2021년을 기준으로 DFA는 6,500억 달러가 넘는 자산을 운용하고 있다. 이들은 멀티팩터 전략을 실제 포트폴리오에 적용하고 있다. DFA는 규모 팩터와 가치 팩터를 이용하며 최근에는 모멘텀 팩터와 성장 팩터 쪽으로 기울여 포트폴리오를 구성했다.

DFA의 펀드들은 투자자가 접근할 수 있는 다른 '스마트베타' 펀드들보다 좀 더 나은 실적을 보여줬다. DFA 펀드는 대체로 비용률expense ratio

---

[12] 예를 들어, 규모 포트폴리오에서 소형주는 매수하고 대형주는 공매도 한다.

펀드에서 투자에 지속적으로 들어가는 제반 비용이 펀드 순자산에서 차지하는 비율-옮긴이 이 낮기 때문이다. 또한 DFA 펀드는 뮤추얼펀드와 ETF는 물론이고 투자 자문사를 통해서도 구매할 수 있으며, 초과 수익률이 위험을 더 떠안는 데 따른 적절한 보상임을 명시적으로 밝히고 있다. 그러나 다른 '스마트베타' 펀드와 마찬가지로 DFA 펀드 역시 2022년에 이르기까지 수십 년 동안 가치주의 수익률이 성장주에 비해 한참 저조한 실적을 기록했다.

RAFI(Research Affiliates Fundamental Index™). '스마트베타'를 일찍이 이용해왔던 RAFI의 운용자산 규모는 2021년을 기준으로 1,500억 달러를 넘어섰다. RAFI의 설립자 로버트 아놋 Robert Arnott 은 자본총액으로 가중치를 부여하면(즉, 각 기업의 시장 가치를 기준으로 가중치를 부여하면) 포트폴리오 보유자가 과대평가된 성장주를 항상 지나치게 높은 비중으로 보유하게 된다고 주장했다. 아놋은 각 주식의 비중을 이익이나 자산 등 경제 지표에 따라 조정함으로써 이 문제를 피하고자 했다. 그는 이러한 방법을 '기본적인 인덱스 기법 Fundamental Indexing '이라 불렀다. RAFI 펀드에서는 이 기법을 통해 포트폴리오를 가치주와 소형주 쪽으로 기울였다.

2009년 RAFI는 놀라운 실적을 거뒀는데, 당시 장부 가치에서 할인된 가격으로 거래되고 있던 은행 주식들의 비중을 크게 높였던 것이다. 하지만 이 전략은 대단히 위험했다. 어려움을 겪고 있던 은행들이 국영화를 피할 수 있을 거라고 누구도 장담하지 못했기 때문이다. 가치주 실적이 저조했던 시기에 RAFI 포트폴리오 실적 역시 저조했다.

골드만삭스 액티브 베타 ETF. 2015년 골드만삭스 역시 멀티팩터 펀드를 내놓았다(이 ETF의 종목 기호는 GSLC다). 골드만삭스 ETF는 좋은 가치와 강력한 모멘텀, 높은 퀄리티 품질, 낮은 변동성이라는 네 가지 팩터에 기반을 둔다. 이 펀드의 비용률은 겨우 0.09퍼센트로 스마트베타 상품 중 가장 낮다.

동일가중 포트폴리오. 동일가중 포트폴리오에서는 전체 자본총액을 기준으로 가중치를 부여하는 것이 아니라 지수에 포함된 각각의 주식에 동일한 가중치를 부여한다. 그러므로 동일가중 포트폴리오에서는 소형주와 가치주의 비중은 커지지만, 인기 있는 성장주의 비중은 줄어든다. 인베스코 이퀄웨이트 500 ETF Invesco Equal Weight 500 ETF, 종목 기호 RSP 는 S&P 500 지수에 포함된 각각의 주식에 500분의 1 비중으로 투자한다. 따라서 동일가중 포트폴리오는 분산과 위험 측면에서 자본총액을 기준으로 한 가중 포트폴리오와는 많이 다르며, 리밸런싱 재조정 을 통해 가격이 오른 주식을 매도함으로써 그 비중을 낮춰야 하므로 세금 측면에서는 불리하다.

정리하자면, 멀티팩터 펀드의 장기 실적은 다소 괜찮은 편이다. 멀티팩터 펀드는 팩터 사이의 낮은 혹은 마이너스 상관관계로부터 혜택을 볼 수 있어서 수익률은 어느 정도 상승하고, 샤프지수는 전체 주식시장 지수에 아주 가깝게 근접한다. 그러나 역설적으로 멀티팩터 펀드의 실적은 2022년 기준으로 지난 10년간 단일 팩터 펀드보다 오히려 미진했다.

◀ 멀티팩터 펀드에 대한 평가(2022년까지 10년간) ▶

펀드	전체 주식시장 지수 (VTSAX) 대비 초과 수익률	전체 주식시장 지수 (VTSAX) 대비 초과 샤프지수
DFA 대형주 가치 펀드(DFUVX)	-2.53	-0.29
DFA 소형주 가치 펀드(DFSTX)	-3.75	-0.48
Power Shares RAFI(PRF)	-1.86	-0.15
동일가중 ETF(RSP)	-1.01	-0.14
골드만삭스 액티브 베타(GLSC)	-0.19	-0.07

스마트베타에 관해 알아두어야 할 점

'스마트베타' 전략은 소극적인 규칙에 기반을 두지만 적극적으로 운용된다. 하지만 이 책에서 말하는 일반적인 의미에서 적극적인 것은 아니다. 개별 종목을 선택하는 것이 아니라 역사적으로 시장보다 더 높은 수익률을 기록한 다양한 특성 쪽으로 포트폴리오를 기울인다는 의미다. '스마트베타' 포트폴리오의 비용률은 대개 기존의 적극적으로 운용되는 펀드의 수수료보다 크게 낮다.

일반적으로 단일 팩터 '스마트베타' 펀드 및 ETF는 들쭉날쭉한 기록을 보여줬다. 멀티팩터 스마트베타도 지난 십여 년간 초과 수익률을 기록하지 못했다. 게다가 이러한 펀드는 리밸런싱이 필요 없는 자본총액 가중 펀드보다 세금 면에서도 불리하다.

이들 펀드가 초과 수익률과 높은 샤프지수를 기록했던 기간에 대해서도, 다른 유형의 위험을 떠안은 것에 따른 보상으로 해석해야 한다. 이러한 점에서 '스마트베타' 포트폴리오는 투자자를 위해 마련된 더 정교하고 더 좋은 '포획틀'이 아닐지도 모른다. 투자자는 한층 위험해진 '덫'으로 걸어 들어가지 않도록 조심해야 한다.

'스마트베타' 전략이 나중에 스마트 투자였다고 밝혀질 것인가는 전략이 실행되는 시점에 존재하는 시장의 가치평가에 달렸다. 가령, 가치주 전략은 성장주가 상대적으로 높게 평가되었던 인터넷 거품 시대 이후로 높은 실적을 기록했다. 그러나 2022년 초에 이르기까지 십년 동안 가치주는 대단히 저조한 실적을 기록했다. 최근 십년 동안에 점차 인기를 끌게 된 것은 다시 성장주였다.

'스마트베타' 펀드가 점차 널리 알려지면서 어느 팩터든 가격이 과대평가 된다면 결과가 실망스러울 수 있다는 사실을 투자자는 알아야 한다. 또한 인기를 끌게 된 전략의 효용이 실적 발표 이후에 떨어지는 경우가 종종 있다. 이러한 현상은 특히 위험에 따른 보상보다는 가격 오류를 활용하는 때에 더욱 뚜렷하게 나타난다. 그러므로 스마트베타 전략으로 개선된 수익률을 만들어내고자 한다면, 포트폴리오의 핵심을 잘 분산된 자본총액 가중 인덱스펀드로 구성해야 한다.

위험균등

레이 달리오Ray Dalio는 특이한 인물이다. 그는 브리지워터 어소시에이츠Bridgewater Associates에서 세계 최대 규모의 헤지펀드를 운용했다. 또한 한때 세계적인 갑부였으며, 베스트셀러 작가이기도 하다.

레이 달리오는 자신의 책 『원칙Principles』에서 조직을 이끄는 원칙을 200가지 이상 소개했다.

『원칙』이 투자 시장의 성공 비결을 보여주는 지침서인지는 분명하지 않지만 투자 전략은 객관적인 증거를 바탕으로 수립해야 하며 격렬한 논쟁을 통해 검증을 받아야한다는 주장을 부정할 사람은 없을 것이다. 우선 달리오가 브리지워터에서 구축한 조직문화는 대단히 유해한 것으로 드러났다.

달리오는 실적을 올리기 위해서는 친절함이 아니라 '직접적인 솔직함'을 기준으로 직원을 평가해야 한다고 주장했다. 브리지워터는 개인의 효율성에 관한 정보를 매일 수집했고 모든 회의를 녹음했다. 직원들은 공개 비판의 대상으로서 조직 전체가 볼 수 있도록 자신의 단점을 상세하게 기록한 자료를 온라인에 올려놓아야 했다. 조직의 요구에 부응하지 못할 때 직원은 '공개 교수형'이라고 하는 공개 비판을 받아야 했다. 달리오는 서로를 대하는 방법을 가르친다는 명목 하에 하이에나 무리가 어린 영양을 잡아먹는 영상을 직원들이 시청하도록 했다. 브리지워터 직원 중 3분의 1이 몇 년을 못 버티고 회사를 떠난 것도 납득할만하다. 한 직원은 코네티컷 인권위원회에 브리지워터를 고발하면서 그곳이 '공포와 협박의 도가

니'였다고 묘사했다.

그럼에도 브리지워터가 성공적인 투자 실적을 기록했다는 사실을 부정하는 사람은 없다. 심지어 일부는 그들의 강인한 조직문화를 높이 평가한다. 전 직원이자 미 FBI 국장을 지낸 제임스 코미James Comey 또한 그런 사람들 중 하나다. 그는 이렇게 말했다. "저는 평생 낯선 현장에서 '조사'를 받았습니다. 법정에서 증언을 했고, 미국 대통령에게 계속해서 브리핑을 했으며, 대법원에서 항변을 하고, 브리지워터에서 조사를 받았습니다. 그중에서 가장 힘든 곳은 브리지워터였습니다." 또한 그는 이렇게 말했다. 레이 달리오를 얼마든지 비판할 수 있지만, 그럼에도 "그는 영리한 놈입니다."

브리지워터가 보여준 최고의 상업적 성공 사례 중 하나는 '위험균등' 투자 전략을 개발한 것이다.

위험균형 전략

포트폴리오의 수익률과 위험을 높일 수 있는 방법에는 두 가지가 있다. 한 가지는 포트폴리오에서 주식처럼 위험이 높은 자산의 비중을 높이는 것이다. 또 한 가지는 기대 수익률과 기대 변동성이 적절하고 상대적으로 안전하며 잘 분산된 포트폴리오를 신용 매수하는 것이다. 다시 말해 상대적으로 안전한 자산을 신용 매수함으로써 투자자에게 더 높은 단위 위험당 기대 수익률을 선사할 만큼 위험과 수익을 늘릴 수 있다. 분명하게도 신용 매수는 고유한 형태로 추가 위험을 만들어낸다. 그 이유는 금융시장을 휩쓰는 일시적인 폭풍을 견뎌낼 힘이 그만큼 떨어지기 때문이다.

사람들은 성공 가능성은 낮지만 보상이 큰 내기에 너무 많은 돈을 지불하는 경향이 있다. 많은 증거가 이를 입증하고 있다. 지금 경마장에 들어섰다고 상상해보자. 모든 말에 내기를 건다면 상금을 받을 수 있다. 어찌됐든 한 마리는 반드시 우승할 것이기 때문이다. 그런데 그런 식으로 내기를 계속하다보면 20퍼센트를 잃게 될 것이다. 그것은 경마장 측이 전체 베팅 금액에서 세금, 비용, 수익으로 20퍼센트를 제외한 뒤 상금을 지급하기 때문이다.

반면 우승 확률이 낮지만 배당이 높은 말이 있다. 한방을 노리고 매번 가장 우승 확률이 낮은 말에 내기를 건다고 해보자. 아주 가끔 우승을 하겠지만 장기적으로 베팅 금액의 40퍼센트를 잃게 된다. 그렇다면 세 번에 한번 꼴로 우승하는 말에 내기를 건다고 해보자. 이번에도 역시 돈을 잃겠지만 손실은 베팅 금액의 5퍼센트에 불과하다. 이처럼 우승마를 맞힐 수 있는 확실한 방법이 없다면, 우승 가능성이 가장 희박한 말(전문용어로 '롱샷long shot')보다는 가능성이 가장 높은 말('페이버릿favorite')에 내기를 거는 편이 그나마 낫다. 그러나 사람들은 페이버릿에 적은 돈을 걸고 크게 이길 것을 예상하며 롱샷에 과하게 돈을 건다.

페이버릿과 롱샷은 자산 시장에도 존재한다. 주식시장과 경마장 사이의 놀라운 유사성은 사람들이 위험은 높지만 예외적으로 높은 수익을 얻을 가능성이 있는 곳에 과잉 투자하는 경향이 있다는 점이다.

그러나 아주 안전한 주식도 위험에 비해 상대적으로 높은 수익률을 낼 수 있다. 9장에서 살펴본 파마-프렌치 연구에서 베타 값이 높은 주식(주식시장의 등락에 민감하게 반응하는 주식)이 안정적인 주식보다 더 높은 수익률을 제공하지 못한다는 사실을 보여줬다. 바로 이러한 사실이 위험균등 전략의 기반을 이룬다. 수익-베타 사이에 상관관계가 없는 역사적 패턴이 앞으로도 계속해서 나타난다면, 베타 값이 낮은 자산을 신용 매수하여 투자자가 원하는 수준으로 위험과 수익률을 높이는 방법이 최적의 선택일 것이다. 즉, 레버리지를 충분히 활용함으로써 포트폴리오 베타를 시장 포트폴리오와 같은 수준으로 맞출 수 있는 반면 시장보다 더 높은 수익률을 올릴 수 있을 것이다.

저위험 자산이 보장하는 수익보다 상대적으로 높은 수익률을 낼 수 있다는 이러한 주장은 주식시장뿐 아니라 여러 다양한 자산 시장에도 그대로 적용되는 것으로 보인다. 채권의 변동성은 주식의 약 절반이다. 즉, 채권 수익률의 변동성은 주식보다 약 50퍼센트 작다(주식 수익률의 표준편차는 2퍼센트인 반면, 채권은 1퍼센트 미만이다). 2022년에 이르기까지 90년 동안 회사채가 보여준 평균 수익률은 5.9퍼센트고 주식의 평균 수익률은 10.3퍼센트다.

위험균등 전략에서는 이처럼 뚜렷한 실증적 사실을 알아채고 채권을 신용 매수하여 위험을 주식 포트폴리오 수준으로 끌어올림으로써 수익률을 높이고자 한다. 이러한 시도는 다음 도표에 잘 나타나 있다. 이 도표는 2007~2016년에 걸쳐 채권을 50퍼센트 신용 매수한 투자자의 실적을 나타낸다. 여기서 투자자는 수익률과 위험을 모두 두 배로 높였다.[13]

---

13) 정확한 계산을 위해서는 레버리지 포지션을 구축하는 비용을 포함시켜야 한다. 무위험률 차입으로 신용 매수를 할 경우, 레버리지 채권 투자 수익률은 9.9퍼센트로 떨어질 것이다.

◀ 주식과 채권 위험균등 수익률(2007년부터 10년간) ▶

	연평균 수익률	표준편차
S&P 500 지수	8.6%	2.0%
10년 만기 미 재무부 채권	5.1	0.8
채권 투자 (50퍼센트 신용매수) *	10.2	1.6

* 차입비용이 0이라고 가정.

위험균등 vs. 60/40 포트폴리오

위험균등 전략에 대한 또다른 논의는 8장에서 다룬 현대 포트폴리오 이론과 관련하여 진행할 수 있다. 많은 기관 투자자 및 '균형 잡힌' 펀드는 60퍼센트의 주식과 40퍼센트의 채권으로 포트폴리오를 구성한다. 혹은 이를 벤치마킹 기준으로 활용한다. 그러나 위험균등 전략에서는 이보다 더 나은 위험-수익 교환을 보여준다고 주장한다.

60/40 포트폴리오는 주식시장의 필연적인 급락으로부터 투자자를 보호하기 위해 대단히 신중하고 정교하게 설계되었다. 하지만 이 포트폴리오에서 변동성의 약 90퍼센트는 60퍼센트 비중으로 투자된 주식에서 비롯된다. '위기'의 해였던 2008년에 60/40 포트폴리오는 시장 가치의 25퍼센트 이상을 잃었다. 그렇다면 60/40 포트폴리오가 반드시 최적은 아닌 셈이다.

하지만 투자자가 돈을 빌려서 단기 무위험률 이상으로 이자를 지급한다고 해도, 위험균등의 장점은 그대로 유지된다. 또한 파생시장을 통해 원하는 레버리지를 구축할 수 있다. 파생시장을 통한 차입비용은 일반적으로 대출 금리보다 낮다.

주식과 채권의 모든 조합, 그리고 대체 포트폴리오에 따른 위험-수익 특성의 모든 조합을 점들의 궤적(다음 도표의 기회 곡선)으로 나타낸다고 생각해보자. 여기서 가장 위험이 낮은 포트폴리오는 100퍼센트 채권으로 구성되어 있다. 그것은 채권 수익률의 표준편차가 주식보다 더 작기 때문이다. 이 포트폴리오에 주식을 추가함으로써 수익률을 높일 수 있다. 그 이유는 주식 수익률이 역사적으로 채권보다 더 높기 때문이다. 그리고 적어도 일부 주식과 채권 조합에서 포트폴리오 수익률의 표준편차는 더 작아질 수 있다. 그 이유는 일반적으로 채권과 주식의 상관관계가 낮거나 마이너스를 보이기 때문이다. 그렇다고 해도 100퍼센트 주식 포트폴리오로 이동하면서 결국 위험도 함께 높아진다. 이는 주식 수익률의 표준편차가 채권보다 크기 때문이다.

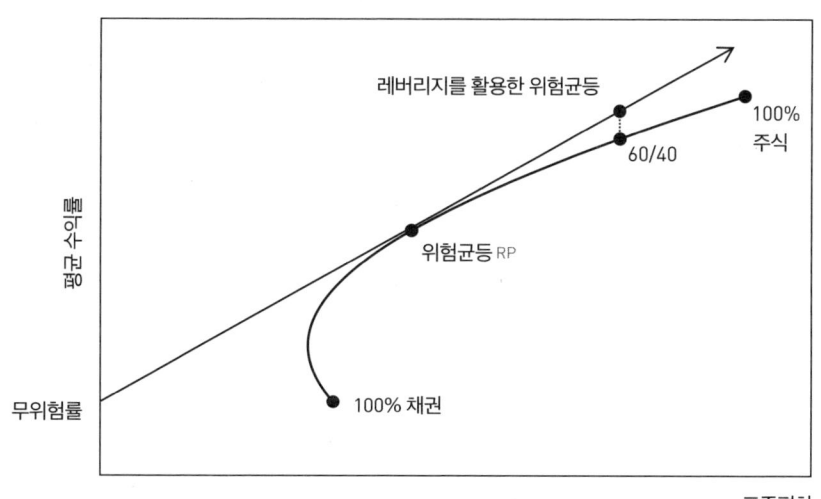

◀ 위험균등 vs. 60/40 포트폴리오 ▶

곡선 위 두 점은 흥미로운 사실을 말해준다. 여기서 60퍼센트 주식과 40퍼센트 채권으로 구성된 포트폴리오를 나타내는 점이 100퍼센트 주식을 나타내는 점에 근접해 있다는 사실에 주목하자. 다음으로 무위험률에서 출발해서 기회 곡선과 접하게 되는 직선을 살펴보자. 곡선과 직선의 접점에 해당하는 포트폴리오를 우리는 주식과 채권의 위험균등 포트폴리오라고 부른다.[14] 무위험률 차입을 통한 신용 매수로 위험균등 포트폴리오를 구축함으로써 위험균등 지점으로부터 오른쪽으로 이동하게 된다. 직선상의 투자 조합은 곡선 상의 포트폴리오와 동일하거나 더 나은 위험-수익 교환을 보여준다. 특히 레버리지를 활용한 위험균등 포트폴리오의 수익률은 60/40 포트폴리오를 앞서 있고 위험은 동일하다.

올웨더펀드

지금까지 주식과 채권의 두 가지 자산 유형만을 활용하는 포트폴리오를 살펴봤다. 그러나 실제로는 위험균등 포트폴리오를 보다 다양한 자산 유형으로 구성할 수 있다. 예를 들어 (리츠 인덱스펀드로 접근할 수 있는) 부동산 자산을 전체 포트폴리오에 포함시킬 수 있다. 또한 물가연동국채는 물론이고 원자재 펀드도 포트폴리오에 포함시킬 수 있고, 저위험 자산도 부수적으로 포함시킬 수 있다. 추가한 자산 유형과의 상관관계가 상대적으로 낮을 때(적어도 아주 높지 않을 때) 전체 포트폴리오의 변동성을 줄일 수

---

14) 위험균등 지점의 왼쪽에 해당하는 모든 포트폴리오는 무위험률 자산과 위험균등 포트폴리오 사이의 투자 조합을 나타낸다는 점에 유의하자.

있기 때문이다. 그리고 다양한 자산 유형은 다양한 경제 상황에 서로 다르게 반응한다. 이러한 점에서 브릿지워터 어소시에이츠는 그들의 위험균등 상품에 올웨더펀드All Weather Fund 라는 이름을 붙였다.

위험균등 전략이 적극적인 포트폴리오 관리에 의존하지 않는다는 점에 주목하자. 지수 펀드는 물론이고 소극적으로 관리되는 펀드 모두 전체 포트폴리오에 포함할 수 있다. 또한 이 전략은 펀드매니저의 시점 선택 본능에 따른 자산 유형 사이에서의 전환에 의존하지 않는다. 더 나아가, 하방 민감성과 같은 다른 위험 지표가 전체 포트폴리오 변동성보다 더 잘 맞는 경우에도 활용이 가능하다. 여기서 필요한 것은 모든 포트폴리오 요소가 포트폴리오 전체 위험에 똑같이 기여하도록 자산 비중을 조율하는 것이다.

무엇이 문제인가?

위험균등 전략은 2008년 금융위기 기간에 많은 인기를 끌었다. 이는 위험균등 포트폴리오의 실적이 주식에 큰 비중을 둔 전통적인 형태의 포트폴리오를 앞질렀기 때문이다. 위험균등 전략은 다양한 가중 방식과 다양한 유형의 자산을 활용하지만 일반적인 포트폴리오에 비해 채권에 더 큰 비중을 두는 경향이 있다. 그러나 위험균등 전략이 신용 매수한 채권을 놓고 벌이는 도박은 아니기 때문에 이 전략에서 비롯되는 위험을 신중하게 고려해야 할 필요가 있다.

가령 1980년대 초에서 2020년대에 이르기까지 채권은 꽤 높은 위험 조정 수익률을 기록했다. 실제로 위험균등 전략을 채택한 투자자는 채권을 신용 매수함으로써 주식보다 더 높은 순 수익률을 기록했다. 하지만 1980년대 초 두 자릿수 수익률을 기록했던 10년 만기 미 재무부 채권은 2020년에 1퍼센트 미만으로 떨어졌다. 이런 상황에서 채권 수익률이 일반적인 수준으로 돌아오면 채권 가격이 떨어지면서 수익률은 오히려 더 떨어진다. 그래서 많은 경제 전문가가 예측하는 것처럼 저성장 국면에서 금리가 낮게 유지된다면 1982~2020년만큼의 높은 채권 수익률은 기대하기 어렵다.

신용 매수는 투자자에게 잠재적으로 위험한 도구다. 신용 매수를 하지 않은 투자자는 가격이 떨어져도 채권을 장기간 보유할 수 있다. 그리고 언젠가 가격이 반등하거나 만기 때 액면가로 회복되기를 기대할 수 있다. 반면 신용 매수한 레버리지 투자자는 포지션 청산에 대한 압박을 받는다. 그래서 가격이 급락할 때 일시적인 손실을 영구적인 손실로 전환할 수밖에 없다. 채권 수익률의 변동성은 일반적인 상황에서는 작지만 때로 급격하게 증가하면서 나쁜 수익률을 보일 수 있어서다.

또한 위험균등 포트폴리오에 포함된 여러 자산 유형이 적절한 위험 프리미엄을 실현하지 못하거나 경제 상황과의 상관관계에서 과거와 다른 모습을 보일 수도 있다.

브릿지워터에서 운영한 '올웨더 12% 전략' 펀드의 과거 실적은 다음 도표에 잘 나와 있다. 올웨더 12% 전략은 뱅가드 균형 인덱스펀드보다 더 높은 수익률을 올리지 못했고 샤프지수는 훨씬 더 낮다. 즉, 최초의 위험균등 펀드는 약속을 실현하지 못했다.

◀ 실제 수익율과 위험 2006년 6월~2021년 12월 ▶

	브릿지워터 올웨더 12% 전략	뱅가드 500 인덱스 애드미럴	뱅가드 총 주식시장 인덱스 애드미럴	뱅가드 균형 인덱스 애드미럴
연간 수익률	6.73%	11.14%	11.14%	8.69%
표준편차	11.00	15.11	15.62	9.45
샤프지수	0.52	0.71	0.69	0.83

위험균등에 관해 알아두어야 할 점

위험균등 포트폴리오가 모든 경제 상황에서 최적의 선택은 아니다. 그럼에도 레버리지 활용은 투자자의 도구함에 반드시 들어 있어야 한다. 그러나 위험균등 전략을 단지 채권을 신용 매수하는 기법으로 생각해서는 안 된다. (해외 증권을 포함하여) 잘 분산된 포트폴리오를 보유하는 가운데, 특정 상황에서 신용 매수를 통해 전체 포트폴리오의 수익률과 위험을 높이는 도구로 이해해야 한다.

포트폴리오를 구성하는 특정 부분의 수익률을 높이고자 하는 투자자는, 그리고 신용 매수의 위험을 수용할 만큼 순자산이 많은 투자자는 위험균등 포트폴리오를 전체 투자에 추가하는 방법을 고려할 필요가 있다. 수익률이 더 높은 투자에 집중하는 방법과 레버리지를 통해 수익률을 끌어올리는 방법 중에서는 후자가 보다 효과적인 전략이 될 수 있어서다.

ESG 투자

2020년대 초 환경·사회·지배구조와 관련된 'ESG 투자 Environment, Social, Governance Investment'는 적극적으로 관리되는 펀드 중 가장 큰 인기를 누렸다. ESG 투자에서 포트폴리오 매니저는 포트폴리오를 보유함으로써 환경과 사회에 어떤 영향을 미칠지, 포트폴리오에 포함된 기업의 경영진과 이사회가 지배구조 준칙을 준수하는 데 어떤 영향을 미칠지 고민한다. ESG 투자를 지지하는 일부 사람들은 포트폴리오 구성 과정에서 윤리적인 측면을 고려함으로써 사회에 이익을 가져다 줄 뿐 아니라 투자 수익률 또한 높일 수 있다고 믿는다. 벤저민 프랭클린까지 거슬러 올라가기도 하는 이러한 사회적 변화에 대한 슬로건은 '선하게 행동함으로써 더 잘 할 수 있다'이다.

2021년 기준으로 운영자산 규모가 10조 달러에 달하는 세계 최대 자산관리기업인 블랙록 BlackRock 은 '지속 가능한 투자'를 통해 투자 수익률을 높일 수 있다고 강력하게 주장한다. 블룸버그 인텔리전스 Bloomberg Intelligence 의 예측에 따르면, 2025년까지 현재 운용되고 있는 펀드 전체 가치의 3분의 1이 넘는 50조 달러가 ESG에 투자될 것으로 보인다.

이러한 흐름 뒤의 숭고한 동기를 의심할 수는 없겠지만, 현실적으로 ESG 포트폴리오에 포함된 기업이 바람직한 사회적 영향력을 행사할 것인지 판단하는 일은 결코 쉽지 않다. 이에 대해 여러 평가기관들이 상장기업을 대상으로 종합적인 ESG 점수를 제공함으로서 시장의 요구를 충족시키고 있다. 평가기관은 서스테이널리틱스 Sustainalytics 와 같은 전문 기업으로부터 MSCI Morgan Stanly Capital International 와 같은 대형 지수 제공업체에 이르기까지 다양하며, 이들은 자본을 어떻게 분배해야 할 것인지를 결정하는 과정에서 점점 더 영향력을 넓히고 있다.

그런데 문제는 다양한 평가기관이 제시하는 점수가 서로 극단적인 불일치를 보여주고 있다는 사실이다. MIT의 한 연구는 평가기관들 사이의 상관관계가 평균 0.61에 머무르고 있으며, 일부 상관관계는 0.42에 불과하다는 사실을 보여줬다. 반면 스탠더드앤푸어스와 무디스가 내놓은 몇몇 신용평가 사이의 상관관계는 0.99가 넘는다.

ESG 평가기관들은 탄소집약도 carbon intensity 와 같은 동일한 요소를 어느 시점을 기준으로 고려할 것인지에 대해서도 의견 불일치를 보이고 있다. 전기 산업 분야에서 탄소 발자국이 가장 큰 기업 중 하나로 엑셀에너지를 꼽을 수 있다. 몇몇 평가기관은 엑셀에너지의 등급을 대단히 부정적으로 평가했다. 그 이유는 엑셀에너지가 생산하는 전력의 상당 부분이 석탄을 사용해서 나오기 때문이다. 그럼에도 엑셀에너지는 2050년까지 탄소 배출을 100퍼센트 줄이기로 약속한 첫 번째 미국 전력 기업이며, 풍력 발전 시설을 구축하는 사업을 이끌어가고 있다. 그렇다면 현재 탄소발자국 규모를 이유로 이 기업에 대한 투자를 거부해야 할 것인가? 아니면 궁극적으로 낮은 탄소 배출로 이어지게 될 책임 있는 투자를 감안해서 포트폴리오로 받아들여야 할 것인가?

ESG 평가는 탄소 배출과 관련이 적은 기업들에 대해서도 크게 다르게 나타난다. 리피니티브 Refinitiv 는 애플에 대해 100점 만점에 73점을 줬다. 반면 S&P글로벌은 애플에 23점을 주었다. 이는 22개 기업으로 이뤄진 산업 내에서 꼴찌에 가까운 점수다. 지배구조를 기준으로 할 때에도 평가는 크게 엇갈리고 있다. 서스테이널리틱스는 애플을 지배구조 기준을 가장 잘 준수하는 기업 중 하나로 평가하는 반면, MSCI는 동일한 기준으로 애플을 동료 그룹 중 꼴찌에서 두 번째로 평가했다.

ESG 포트폴리오에서 탄소 발자국과 지배구조가 특정 기업을 배제해야 할 주요한 요인이라면, 우리는 투자를 위해 어떤 기업에 관심을 기울여야 할 것인가? 대규모 ESG 뮤추얼펀드와 ETF가 보유하는 상위 종목을 살펴보면, 알파벳(구글의 모기업)과 메타(페이스북)는 물론이고 비자와 마스터카드까지 포함되어 있음을 분명하게 확인할 수 있다. 그러나 이들 기업은 많은 논란의 중심에 서 있다. EGS 투자자들은 개인의 프라이버시를 침해하고 터무니없이 높은 이자율을 부과한 것으로 드러난 이런 기업에 투자함으로써 정말로 자신들의 사회적 양심을 달랠 수 있을 것인가?

ESG 투자에 대한 뜨거운 관심은 기업의 행동에도 영향을 미친다. ESG 기업이 더 높은 주가와 더 낮은 자본 비용의 혜택을 누린다면, 기업들은 어떻게든 ESG 점수를 더 높이고자 할 것이다. 그렇기 때문에 지속 가능한 투자에 대한 관심의 확대는 기업들이 보다 긍정적인 태도로 움직이도록 자극할 수 있다. ESG에 대한 투자자들의 뜨거운 관심은 기업들이 온실가스 배출을 감축하도록 만드는 것처럼 사회적으로 긍정적인 영향력을 행사할 수 있다. 이런 이유로 많은 기업이 '그린워싱' 친환경을 뜻하는 green 과 세탁을 뜻하는 white washing의 합성어로 기업들이 실질적인 친환경 경영과는 거리가 있지만 녹색경영을 표방하는 것처럼 홍보하는 것을 말한다-옮긴이 전략을 실행하고 있다.

하지만 기업들은 환경적인 이익은 거의 제공하지 못하면서도 스스로를 친환경적인 기업으로 떠벌이고 있다. 한 항공사는 대륙 간 항로에서 평균 탄소 배출량이 경쟁사에 비해 더 낮다고 주장했다. 하지만 사실은 그 반대였다. 좌석의 크기가 더 작은 대형 항공기를 운항하는 그 기업은 '승객 당 배출량'을 산출하는 방식으로 수치상으로만 더 좋은 모습을 보여줬다. 이처럼 일부 주장은 현재 기온에 대한 기준을 화씨에서 섭씨로 바꾸면 지구 온난화 현상은 없어질 것이라는 주장만큼이나 터무니없다. 안타깝게도 지속 불가능한 기업의 주식을 매각하는 행동을 통해 이들 기업이 자본을 끌어모으지 못하도록 방해할 수 있다는 뚜렷한 증거는 나와 있지 않다.

ESG 펀드를 판매하는 많은 기업은 사회적 투자를 통해 수익률을 높일 수 있다고 강조한다. 구체적인 ESG 조항이 포함된 일부 펀드는 특정 기간에 높은 실적을 보여줬다. 가령 코로나19가 확산되던 2020년에 유가가 곤두박질치고 기술주가 상승하면서 석유 주식을 배제한 펀드는 높은 수익률을 기록했다. 하지만 2021년에 석유 주식은 최고의 실적을 보여줬다.

어떤 신뢰할 만한 연구 결과도 ESG 투자가 높은 수익률을 장기적으로 보여준다는 사실을 입증하지 못했다. ESG 펀드는 잘 분산된 인덱스펀드보다 덜 분산되어 있으며 그만큼 더 위험하다. 또한 비용률이 더 높고 그만큼 투자 수익률은 더 낮다. ESG 펀드매니저가 수익률이 높아질 것이라고 말할 때, 이는 다만 그 매니저가 더 높은 수수료를 챙길 수 있다는 의미다.

샘 애덤스Sam Adams 와 래리 스웨드로Larry Swedroe 는 ESG 투자 수익률에 대한 가장 포괄적인 조사를 실시했다. 두 사람은 다양한 연구에서 상반된 결론을 보여주고 있으며, 또한 지속 가능한 투자가 장기적인 재무 실적을 높여준다는 뚜렷한 증거가 없다는 사실도 확인했다. 또한 그들은 단기 수익률과 장기 수익률 사이의 실증적 차이를 다음과 같이 설명했다. ESG 원칙을 준수하는 투자에 대한 수요 증가는 주가의 상승을 촉발할 수 있고, 그래서 지속 가능한 펀드의 수익률을 높일 수 있다. 그렇다면 소위 '친환경' 주는 보다 높은 가치평가 배수로 팔리고 장기적으로 요구되는 수익률을 낮추게 될 것이다. 이러한 점에서 이들 주식의 단기적 혜택은 장기적 성과의 희생으로 실현된 것이다. 그럼에도 지속 가능한 투자를 희망하는 투자자는 더 낮은 장기 수익률을 각오할 의지와 합리적인 기대를 가져야 할 것이다.

또한 지속 가능한 기업에 대한 투자 증가가 국가의 친환경 목표를 충족시키기에 충분하다고 결론을 내리는 것 역시 중대한 실수가 될 것이다. 국가 경제에서 탄소집약도를 낮추는 가장 효과적인 방법은 오염에 대한 경제적 동기를 바꾸는 것이다. 이는 탄소세를 통해 가능하다. 혹은 정부가 나서서 제한적인 규모로 거래 가능한 오염배출허가권tradable pollution permit을 경매에 부칠 수도 있다. 기업은 허가권 구매에 들어가는 비용을 피하기 위해 배출을 줄이거나 배출 감축에 대단히 높은 비용이 들어갈 경우에 허가권을 구매할 수도 있다. 여기서 오염배출허가권을 판매하는 정부의 도덕성에 의문을 제기하는 이들에게 내놓을 수 있는 좋은 대답이 있다. 그것은 그러한 권리를 공짜로 주는 것보다는 훨씬 낫다는 것이다.

가장 많은 자산을 운영하고 있는 네 가지 ESG ETF는 ESGU, USSG, SUSL, DSI라는 종목 기호로 거래되고 있다. 그 중 DSI만이 장기적인 성과 기록을 갖고 있다. DSI 실적은 2022년에 이르기까지 10년의 세월 동안 잘 분산된 인덱스펀드인 VTSAX보다 저조했다.

그렇다면 자신의 믿음을 조금이나마 실천으로 옮기고 책임 있는 투자를 하고자 한다면 어떻게 해야 할까?

나는 여전히 비용이 낮고 잘 분산된 인덱스펀드로 포트폴리오의 핵심을 구성해야 한다고 믿는다. 그 다음으로 재생 가능한 에너지 펀드나 자신이 중요하게 생각하는 주제와 조화를 이루는 다른 펀드를 추가하면 좋을 것이다. 하지만 추가하려는 펀드들이 자신의 구체적인 윤리적 목표와 정말로 조화를 이루도록 하기 위해서는 자신이 사들이는 펀드에 포함된 주식들을 신중하게 살펴볼 필요가 있다. 각별한 주의가 무엇보다 중요하다. 그리고 ESG 투자를 통해 시장 수익률을 넘어설 수 있다고 스스로를 속이지 말자. 선해지는 것은 결코 쉬운 일이 아니다.

◆ ◆ ◆

투자자는 포트폴리오 구성에 관한 최신 전략을 잘 알고 있어야 한다. 그리고 순자산이 많은 투자자는 인덱스펀드와는 다소 다른 위험 노출을 허용함으로써 수익률을 높일 수 있는 멀티팩터 스마트베타 상품이나 레버리지에 따른 추가 위험을 떠안아 수익률을 높일 수 있는 위험균등 포트폴리오를 고려해 보는 것도 좋을 것이다. 이왕이면 '환경적으로 지속 가능한' 투자에 집중하는 펀드를 자신의 포트폴리오 안에 집어넣을 수도 있을 것이다. 그러나 이러한 방법은 상품의 비용이 낮을 때, 그리고 잠재적으로 세금의 부정적 영향을 전체 포트폴리오의 다른 부분에서 상쇄할 수 있을 때에만 고려해야 한다. 또한 어떤 수익률을 보여줄 것인지, 그리고 어떤 위험을 수반할 것인지와 관련해서 절대적으로 현실적일 필요가 있다.

그럼에도 잘 분산된 전체 주식시장 인덱스펀드가 모든 포트폴리오의 핵심이 되어야 한다는 내 믿음에는 여전히 변함이 없다. 특히 퇴직을 준비하면서 포트폴리오 구축을 시작하는 투자자라면 일반적인 자본총액 가중 인덱스펀드를 가장 적절한 첫 번째 투자 대상으로 삼아야 할 것이다.

RANDOM WALK

4부
실전 투자 가이드

4부는 랜덤워크 투자를 위한 실전 지침이다. 12장에서는 모든 투자자에게 유용하면서도 실용적인 투자 조언을 제시한다. 시장이 효율적이라고 믿지 않아도 상관없다. 13장에서는 주식과 채권의 수익률을 현실적이고 쉽게 예측하는 방법에 대해 알아본다. 14장에서는 생애주기 투자 지침을 소개한다. 생애주기 투자란 삶의 단계에 맞게 포트폴리오를 구성한다는 의미로, 투자자는 이를 통해 금융 목표를 보다 효과적으로 달성할 수 있다. 마지막으로 15장에서는 효율적 시장 가설을 일부나마 믿는 일반 투자자나, 최고의 투자 비법이 존재하더라도 자신은 그것을 발견하지 못할 것이라고 생각하는 일반 투자자를 위해 주식에 투자하는 구체적인 방법을 소개한다.

12장

실전 투자 준비

뒤척이면서 잘 것인지, 혹은 잘 잘 것인지에 따라 투자 수익률을 다르게 잡아야 한다.
- 켄필드 콜리, 『내가 믿는 것』

합리적인 투자자라면 무엇보다 체계적이고 신중한 준비 뒤에 랜덤워크 투자 전략을 세워야 한다. 주식시장이 랜덤워크로 움직인다고 해도 투자자는 그렇게 움직여서는 안 된다.

다음에 소개할 실천 과제는 실전 투자에서 합리적인 재무 결정을 내리고 세후 투자 수익률을 높이기 위한 준비운동이다.

과제 1: 당장 저축을 시작하자

투자 포트폴리오를 넉넉하게 만들어 편안하게 은퇴하려면 개별 주식이나 펀드를 잘 선택해야 한다는 생각이 널리 퍼져 있다. 그러나 안타깝게도 그런 방법에 관한 이야기는 지면을 할애하기 아까울 정도로 쓸모가 없다. 가슴 아픈 진실은 자산을 키우는 핵심은 저축이라는 점이다. 저축을 위해서는 원칙이 필요하다. 펀드에 투자해서 5퍼센트, 10퍼센트, 혹은 15퍼센트의 수익률을 올렸다고 해도 정기적인 저축 프로그램이 없다면 의미가 없다. 투자 포트폴리오를 구성하기 위한 선결 조건은 먼저 정기적인 저축 프로그램을 시작하는 것이다. 그것도 가능한 한 빨리. 편안한 노후를 대비하는 가장 확실한 방법은 천천히 그리고 꾸준히 저축하는 것이다. 그럼에도 이러한 기본 원칙을 따르는 사람은 많지 않다. 실제로 일반적인 미국 가계의 저축률은 대단히 낮은 편이다.[15]♦♦♦

지금 당장 저축을 시작하는 것이 무엇보다 중요하다. 저축을 미룰수록 최종 은퇴 목표는 달성하기 점점 더 힘들어진다. 시점을 선택하려 들지 말고 시간의 힘을 믿어야 한다. 은행 창구에 붙은 포스터에도 나와 있듯이 조금씩 저축하다보면 언젠가 꽤 많은 자금이 모이게 된다. 하지만 그것도 시작을 해야 가능한 일이다.

---

[15]♦♦♦ 2005년~2014년 미국 가계 평균 저축률은 6.02%이고, 같은 기간 우리나라 가계 평균 저축률은 4.95%다. - 감수인
출처: OECD

복리의 마법은 느리지만 확실하게 부자가 되는 비결이다. 아인슈타인은 복리를 "인류 역사상 가장 위대한 수학적 발견"이라고 했다. 복리의 핵심은 원금뿐 아니라 재투자한 이자에 대해서도 수익이 발생한다는 사실에 있다.

『주식에 장기 투자하라 Stocks for the Long Run』의 저자 제러미 시겔은 1802년부터 2021년까지 기간에 대해 다양한 금융 자산의 수익률을 계산했다. 그의 연구 결과에서 믿기 힘든 복리의 위력을 확인할 수 있다. 다음 도표에서 알 수 있듯이, 1802년에 1달러를 주식에 투자했다면 2021년 말 그 돈은 5천 4백만 달러가 된다. 이는 소비자물가지수(CPI)를 기준으로 한 인플레이션율을 훌쩍 뛰어넘는 수치다. 반면 복리가 적용되지 않은 국채 및 금 수익률은 그리 높지 않다.

◀ 총 수익률 ▶

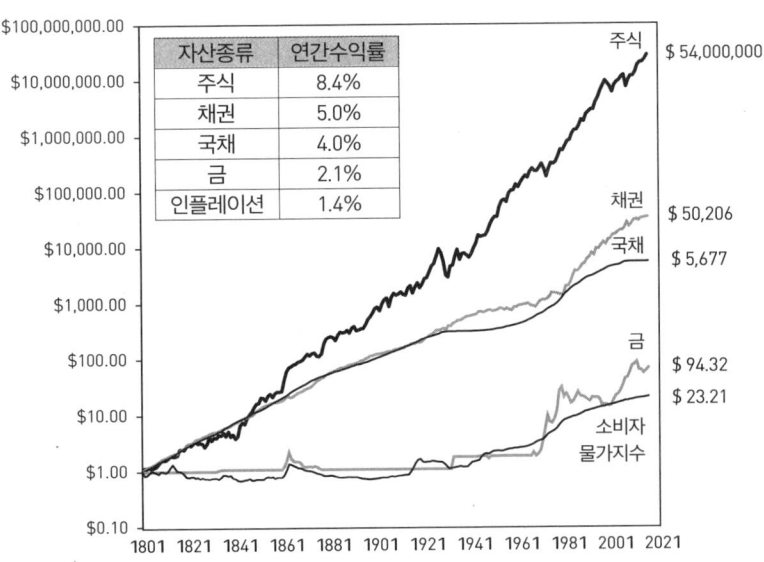

출처: 시겔Siegel, 『주식에 장기투자하라Stocks for the Long Run』 6판.

빨리 부자가 되는 법을 알고 싶다면, 이 책은 별 도움이 되지 않을 것이다. 그러한 방법을 원한다면 차라리 약장수를 찾아가보길 바란다. 순식간에 빈털터리가 되는 방법은 있지만 부자가 되려면 천천히 나아가야 한다. 그리고 지금 당장 시작해야 한다.

젊을 때 저축을 하지 않았고 50대가 되어서도 모아놓은 자금 하나 없이 퇴직연금도 없고 신용카드 빚만 잔뜩 남았다면, 편안한 노후 준비는 상당히 힘들 것이다. 하지만 저축에 늦은 때란 없다. 잃어버린 세월을 만회하기 위해서는 지출을 줄이고 엄격한 저축 프로그램을 시작해야 한다.

실제로 우리는 (급여에서 자동으로 빠져나가는 저축 상품이나 직장 퇴직연금처럼 꾸준하게 납입하는) 장기적인 저축 프로그램을 통해서 그리 오래지 않아 상당한 투자 자금을 마련할 수 있다. 일주일에 23달러 27,600원씩 저축할 여유가 있는가? 아니면 11.5달러 13,800원라도? 그런 여력이 있다면, 그리고 앞으로 일할 기간이 충분히 남았다면 얼마든지 노후자금을 풍족하게 마련할 수 있다.

다음 도표에서 뱅가드 주식 인덱스펀드에 첫 회에 500달러를 투자한 이후 매월 100달러 12만 원씩 투자한 결과를 알 수 있다.

◀ 자금을 마련하는 방법: 초기에 500달러 투자 후 매월 100달러씩 투자 ▶

연	누적 투자액	총 가치
1	$1,600 192만 원	$1,669 200만 원
5	$6,400 768만 원	$9,487 1,138만 원
10	$12,400 1,488만 원	$28,221 3,386만 원
20	$24,200 2,904만 원	$178,217 21,386만 원
44	$53,200 6,384만 원	$1,460,686 175,282만 원

자금 마련을 위해서는 판매 수수료가 없는 펀드나 ETF가 좋다. 또한 이자와 배당, 자본 이득을 자동으로 재투자하는 게 좋다.

시간을 자기편으로 만들자. 가능한 일찍 그리고 정기적으로 저축을 시작하자. 검소하게 살고, 저축한 돈은 절대 건드리지 말자. 죽는 것보다 더 나쁜 일은 은퇴자금을 모두 써버린 뒤까지 살아남는 것이다. 예측에 따르면, 오늘날 미국의 베이비붐 세대 중 백만 명 정도가 백 살을 넘길 것으로 보인다.[16]♦♦♦

과제 2: 삶의 보호막을 만들어 놓자

머피의 법칙을 기억하자. 불행은 잇달아 일어난다. 또한 영화배우 피터 오툴Peter O'Toole 이 남긴 말도 잊지 말자. '머피는 낙관주의자였다.' 나쁜 일은 좋은 사람에게도 일어난다. 삶은 위험으로 가득하며 예기치 못한 경제적 어려움이 우리 모두에게 찾아온다. 가족 의료비로 큰돈이 나갈 때 보일러가 터지고, 아들이 자동차를 고장 냈을 때 해고를 당하는 법이다. 그리고 누가 알았겠는가? 코로나19 팬데믹으로 안전한 직장이 사라질 줄. 그렇기 때문에 모든 가구는 삶의 재앙에 대처하기 위해 충분한 보험과 더

---

16)♦♦♦ 우리나라의 경우, 100세 이상 인구는 2067년 12.6만 명에 달할 것으로 예측된다. - 감수인
출처 : 통계청 통계개발원('한국의 사회동향 2021')

불어 현금을 보유하고 있어야 한다.

현금 보유고

주식 중개인들은 현금을 깔고 앉아 있느라 좋은 투자 기회를 놓치지 말라고 조언한다. 그들은 이렇게 주문을 왼다. "현금은 쓰레기다." 그러나 우리 모두는 안전하고 언제든 인출할 수 있는 투자처에 현금을 확보해 놓아야 한다. 그래야 예기치 못한 의료비나 해고에 대비할 수 있다. 의료 보험이나 상해 보험에 가입해 있다면 현금 보유고는 3개월 정도 버틸 수 있는 수준이면 될 것이다. 나이가 들수록 현금 보유고는 더 커져야 한다. 물론 인기가 높은 분야에 종사하거나 투자 가능한 자산이 넉넉하다면 현금 보유고를 이보다 줄여도 괜찮을 것이다. 더 나아가, 자녀의 대학 등록금처럼 미래의 큰 지출을 위해 은행 적금과 같은 단기 투자 형태로 현금을 마련해둬야 한다. 물론 투자 만기는 자금이 필요한 시점에 맞춰야 한다.

보험

사람들은 대부분 보험이 필요하다. 특히 가정을 부양할 책임이 있는 가장이라면 더욱 그렇다. 운전을 하거나 복잡한 도심 속을 걸을 때 우리는 언제나 죽음의 위험에 둘러싸여 있다. 태풍이나 화재로 집과 재산을 잃을 수도 있다. 이처럼 예측할 수 없는 재앙으로부터 우리는 스스로를 지켜야 한다.

주택보험과 자동차보험은 필수다. 건강보험과 상해보험도 마찬가지다. 부양자라면 가정을 지키기 위해 생명보험도 필수로 들어야 한다. 물론 부양가족이 없는 독신이라면 굳이 필요치는 않을 것이다. 하지만 어린 자녀가 있다면 넉넉한 생명보험은 꼭 필요하다.

생명보험에는 크게 두 가지가 있는데, 보험과 투자를 결합한 비싼 상품과 적립 없이 사망 시에만 보험금을 지급하는 비교적 저렴한 상품이 그것이다.

보험료가 비싼 상품에는 몇 가지 장점이 있다. 보험사는 주로 세금 혜택을 앞세워 이를 광고한다. 세금공제 혜택이 있는 퇴직연금의 납입 한도를 다 채운 이들은 보험으로 세금 감면을 받을 수 있다. 또한 정기적으로 저축하지 않는 사람들은 보험을 정기적으로 납입함으로써 사망 시 유족을 위한 자금을 마련할 수 있다. 게다가 보험료 중 일부는 투자되어 현금으로 쌓인다. 하지만 이러한 상품에서 가장 많은 이득을 보는 사람은 그 상품을 판매함으로써 고액의 연봉을 받는 보험 설계사들이다. 특히 초기 보험료는 적립되는 게 아니라 수수료와 여러 비용을 충당하기 위해 쓰인다. 즉, 보험료 전부가 온전히 계약자를 위해 쓰이는 것이 아니다.

그래서 나는 대부분의 사람에게 보장 위주의 '정기보험'에 가입하라고 권한다. 이러한 방식은 '종신보험'이나 '변액보험'보다 훨씬 낫다.

일반적으로 세월이 흐르면서(자녀가 성장하고, 가구 자산이 증가하면서) 보장의 필요성은 그만큼 줄어든다. 반면 60~70세 혹은 그 이상의 연령대 정기보험의 보험료는 대단히 비싸진다. 그러나 그 연령대에서 주된 위험은 일찍 죽는 게 아니라 노후 자금이 떨어질 때까지 오래 사는 것이다. 그러므로 저렴한 정기보험에 가입하고 동시에 아낀 돈을 투자함으로써 자산을 보다 효과적으로 늘려나가야 한다.

그렇다면 최고의 보험 상품은 뭘까? 이를 위해 인터넷상에서 견적 서비스를 받아볼 수 있다. 예를 들어 www.term4sale.com에서 다양한 가격대의 보험 상품을 만나볼 수 있다. 굳이 설계사를 통할 필요가 없다. 설계사를 통한 보험 가입은 비싸다. 보험사가 판매 수수료를 지급해야 하기 때문이다. 직접 가입이 훨씬 낫다.[17]

미국 신용평가 회사인 에이엠베스트A. M. Best가 평가한 등급이 A보다 낮은 보험사 상품에는 가입하지 말자. 이러한 상품에 가입했을 때 해당 보험사가 재정적 어려움에 맞닥뜨리면 보험금을 지불할 수 없는 상황이 발생할 수도 있다. 재무 상태가 허약한 보험사에 인생을 맡기지 말자.

에이엠베스트에서 내놓은 보험사 등급은 홈페이지 www.ambest.com에서 확인할 수 있다.[18] 보험사는 등급 평가를 받기 위해 에이엠베스트에 비용을 지급한다. 반면 보험사가 비용을 지불하는 방식이 아니라 소비

---

[17] 우리나라에서는 손해보험협회와 생명보험협회가 공동으로 운영하는 온라인 보험슈퍼마켓 '보험다모아(e-insmarket.or.kr)'에서 상품별로 보험료를 손쉽게 비교해볼 수 있다. 저자가 추천한 보장성 보험인 정기보험을 40세 남성, 10년 ~ 30년 만기, 사망보험금 1억 원 기준으로 견적을 내보면 월 납부 금액은 대략 10,000원 ~ 18,000원이 나온다. - 감수인
출처 : 보험다모아(e-insmarket.or.kr)

[18] 에이엠베스트는 세계 최대 보험회사 전문 신용평가 기관으로 홈페이지(ambest.com)에 무료 회원 가입을 하면 보험사의 신용등급을 확인할 수 있다. 단, 미국 신용평가사로 한국어 서비스를 제공하지 않는다. 에이엠베스트에서 평가한 국내 보험사의 재무건전성등급(FSP)은 아래와 같다(2023년 3월 28일 조사 기준). - 감수인

삼성화재: A++(평가일 2022.09.22.)   메리츠화재: A-(평가일 2021.12.04.)
DB손해보험: A(평가일 2022.07.14.)   NH농협손해보험: A-(평가일 2021.12.02.)
현대해상: A(평가일 2022.06.10.)   한화손해보험: A(평가일 2022.06.05.)
KB손해보험: A(평가일 2022.11.04.)

출처: ambest.com

자 후원으로 운영되는 와이스리서치 Weiss Research 는 보다 객관적이고 엄격하게 등급을 평가한다. 와이스리서치 홈페이지 주소는 www.weissinc.com 이다.

변액연금보험

변액연금보험은 권하지 않는다. 설계사가 권유하는 값비싼 상품은 더욱 그렇다. 변액연금보험은 본질적으로 보험을 가미한 투자 상품(일반적으로 뮤추얼펀드)이다. 이러한 상품은 대단히 비싸다. 일반적으로 판매 수수료가 대단히 높고 보험 서비스를 위한 비용까지 포함하기 때문이다. 대부분 납입한 원금은 보증해주므로 주식시장이 폭락하여 보험사에서 투자하고 있는 펀드의 가치가 납입금 미만으로 떨어지거나 가입 직후에 가입자가 사망하는 경우에만 그나마 보험 혜택을 본다고 할 수 있다. 그러나 그 외에는 변액연금보험의 가치는 낮을 수밖에 없다. 재무 안정을 위해서 무엇보다 중요한 원칙을 기억하자. 그것은 단순해야 한다는 것이다. 보험 상품 판매에 혈안이 되어 있는 굶주린 설계사는 물론이고 복잡한 금융 상품도 피하도록 하자. 변액연금보험을 고려해야 할 사람이 있다면 대단히 돈이 많고 세금 우대가 되는 다른 저축 상품의 한도를 모두 채운 이들 뿐이다. 그래도 변액연금보험에 가입하고자 한다면 뱅가드그룹처럼 수수료가 비교적 저렴한 곳에서 직접 가입하자.

과제 3: 현금성 자산을 관리하자

앞서 설명했듯이 심리적 안정을 위해서 혹은 대학 입학, 입원 등 미래에 있을 지출에 대비해 우리는 현금을 보유해야 한다. 그런데 여기서 딜레마가 발생한다. 1퍼센트 이자율로 은행에 예금을 했는데 인플레이션율이 2퍼센트를 넘는다면 실질 구매력은 줄어들게 된다. 또한 이자 소득은 과세 대상이므로 최종 이자는 더 떨어지게 된다. 게다가 2010년대와 2020년대 초 이자율은 비정상적으로 낮았다. 그렇다면 소규모 자금은 어떻게 관리해야 할까? 금리가 아주 낮을 때에는 뾰족한 해법은 없지만 그래도 비교적 높은 수익률을 제공하는 다양한 단기 투자 상품이 나와 있다.

MMF

MMF Money-market fund 는 현금 보유를 위한 최적의 투자 상품이다. 이는 안정성과 가용성을 결합한 펀드로 잔고가 남아 있는 한 이자는 계속해서 발생한다.[19]♦♦♦ 2000년대 첫 십 년 동안 MMF 이자율은 1~5퍼센트 범위를 보였다. 하지만 2010년대와 2020년대 초 이자율은 아주 낮았고 실질 수익률은 0에 가까웠다. MMF의 비용률은 다양하며 당연히 비용률이 낮을수록 수익률은 높다. 비교적 비용률이 낮은 상품은 부록에 실어뒀

---

[19]♦♦♦ MMF는 단기금융펀드라고도 불리며, 고객의 자금을 모아 펀드를 만들어 단기금융상품에 투자하여 수익을 내고 일부를 고객에게 이자로 되돌려주는 방식이다.
은행이나 증권사, 종금사 등에서 가입할 수 있으며 수시로 입출금이 가능하다. - 감수인

다.[20]

양도성 예금증서(CD)

미래 지출에 대비하자면 현금을 자금이 필요한 시점과 만기가 일치하는 안전한 투자 상품에 넣어둬야 한다. 가령 1년, 2년, 3년 후에 자녀 등록금이 들어간다고 해보자. 이럴 경우 적절한 투자 계획은 1년, 2년, 3년 만기 양도성 예금증서에 투자하는 것이다. 양도성 예금증서는 MMF보다 안전하면서 일반적으로 수익률은 더 높다. 특히 6개월 이상 자금을 묶어두고자 하는 투자자에게 안성맞춤이다.

양도성 예금증서에는 몇 가지 단점이 있다. 중도 해지가 어려워 현금 전환이 쉽지 않고 이자 소득에 대해 세금을 물어야 한다.

양도성 예금증서 이자율은 다양하므로 www.bankrate.com에 들어가서 이자율이 높은 상품을 찾아보자.[21]

---

[20] 우리나라의 경우 금융투자협회 전자공시서비스인 펀드다모아(fundamoa.kofia.or.kr)에서 여러 MMF의 수익률 비교 정보를 바로 확인할 수 있다. 수수료 상세내역은 '펀드상세조회'란에 있는 투자설명서를 참고하면 된다. - 감수인
출처 : 금융투자협회 전자공시서비스

[21] 양도성 예금증서는 쉽게 말해 사고팔 수 있는 정기예금이다. 즉, 본인 명의의 정기예금 통장이 아니라 이름이 없는(무기명인) 예금증서를 발행해 준다. 그러므로 당장 돈이 필요할 때 해지하지 않고 맡긴 기간만큼의 이자를 반영하여 제3자에게 예금증서를 판매할 수 있다는 장점이 있다.
실제 거래 방식은 1,000만 원짜리 예금증서를 970만 원에 판매하는 것처럼 만기 약정 금액에서 이자율만큼 할인하여 판매하며, 기명 통장 발행도 가능하다. 계약 기간은 보통 30일에서 5년까지고, 최소 가입 금액은 500만 원~1,000만 원이며, 예금자 보호가 되지 않고 비과세

인터넷은행

지점과 직원을 두지 않고 모든 업무를 전자적으로 처리함으로써 비용을 절감하는 온라인 금융 기관을 이용하는 방법도 있다. 온라인 은행은 낮은 간접비 덕분에 높은 이자율을 제공한다. 그리고 연방예금보험공사에 가입된 인터넷은행의 경우 예금에 대해 보장도 받을 수 있다.[22]◆◆◆

재무부 단기채권[23]◆◆◆ (우리나라에는 해당하지 않는 내용임 - 감수인)

T-빌T-bill 이라고도 하는 미국 재무부 단기채권은 가장 안전한 금융 상품이며 현금과 동일한 대우를 받는다. 미국 정부가 발행하고 보장하는 재무부 단기채권은 4주, 3개월, 6개월, 1년 만기로 거래된다. 그리고 거래

종합저축으로 가입이 불가하다. - 감수인

[22]◆◆◆ 우리나라에서도 예금자보호법에 따라 예금보험공사를 설립하여 1인당, 금융기관당 최대 5천만 원까지 보호한다. 단, 양도성 예금증서, 환매조건부채권, 뮤추얼펀드, 수익증권, 주택청약저축 등은 제외된다. 보호한도금액은 원금이 아니라 이자를 포함한 금액이다.
예금자보호가 되는 곳은 은행, 증권회사, 보험회사, 종합금융회사, 저축은행 들이다. 농수협 지역조합, 신용협동조합, 새마을금고 들은 기금을 설치하여 1인당 5천만 원까지 보호하고 있으며, 우체국은 우체국예금·보험에 관한 법률에 따라 전액 보호한다.
국내 인터넷은행인 카카오뱅크, 케이뱅크, 토스뱅크는 예금자보호대상 은행이다.(2023년 03월 31일 기준) - 감수인
출처: 예금보험공사, 예금자보호법, 기획재정부 경제e야기

[23]◆◆◆ 미국 재무부 채권은 무위험 채권으로 간주되며, 여타 국가의 채권은 국가신인도 등에 따라 가산금리가 붙는다. 우리나라에서는 채권의 이자소득에 대해서만 과세(15.4%)하며 국고채라고 해서 별도의 비과세 혜택은 없다.- 감수인
출처: 박문각 시사상식사전 '미국 재무부 채권', 『채권투자의 비밀』손진흥 외, 지구문화

단위는 최소 액면가인 1천 달러다. 재무부 단기채권은 MMF와 양도성 예금증서와는 다른 장점이 있다. 이는 세금을 면제받을 수 있다는 것이다. 게다가 재무부 단기채권 수익률은 MMF보다 종종 더 높다. 재무부 단기채권을 직접 구매하고자 한다면 www.treasurydirect.gov에 접속해보자.

비과세 MMF[24]♦♦♦ (우리나라에는 해당하지 않는 내용임- 감수인)

운 좋게도 가장 높은 연방세율을 적용받는 고소득 계층이라면 비과세 MMF야말로 현금 보유를 위한 최고의 상품이다. 이 펀드는 주 정부 및 지방 정부가 발행한 단기 채권에 투자한다. 특히 해당 주에 소재하는 기관에서 발행한 채권에만 투자하는 경우 연방세와 주세 모두 면제 대상이다. 또한 250달러 이상에 대해 무료로 수표를 발행할 수 있다. 이 펀드의 수익률은 과세 펀드보다는 낮다. 그럼에도 최고 소득세 구간에 있는 투자자는 이 상품을 통해 얻는 이익이 일반적인 MMF의 세후 수익보다 더 높다는 사실을 발견하게 될 것이다. 특정 주에 살면서 높은 소득세를 내고 있다면 비과세 MMF는 세후 기준으로 대단히 매력적인 상품이 될 수 있다. 부록에서 소개하고 있듯이 소득세를 납부하는 주에서 발행한 채권에만 투자하는 MMF가 있는지 증권사에 전화를 걸어 확인해 볼 수 있다.

---

[24]♦♦♦ 2023년 4월 현재, 우리나라에는 비과세 MMF가 존재하지 않는다. - 감수인

과제 4: 세금 피하는 방법을 배우자

예전에 인터넷상에서 이런 농담이 떠돌았다.

78세의 남녀 커플이 성클리닉을 찾았다. 의사가 물었다. "무슨 문제가 있으신지요?" 남성이 대답했다. "우리가 섹스하는 것을 봐주실 수 있을까요?" 의사는 당황스러웠지만 그렇게 하겠다고 했다. 커플이 섹스를 마치자 의사는 말했다. "아무런 문제가 없습니다." 그리고는 50달러를 진료비로 청구했다. 커플은 다음 예약을 잡았고, 그렇게 일주일에 한 번씩 몇 주 동안 계속해서 병원을 찾았다. 그때마다 그들은 섹스를 하고 의사에게 진료비를 내고 병원을 떠났다. 결국 의사는 물었다. "대체 알고 싶으신 게 뭔가요?" 남성은 말했다. "뭘 알고자 하는 게 아닙니다. 그녀는 유부녀라 그녀의 집으로 갈 수도 없고, 나 역시 결혼한 몸이라 우리 집으로 갈 수도 없어요. 게다가 홀리데이인은 93달러고 힐튼 호텔은 108달러고요. 그런데 여기선 50달러만 내면되고, 게다가 의료보험으로 43달러를 돌려받을 수도 있죠."

물론 정부를 속이라는 게 아니다. 다만 세금공제를 받을 수 있는 모든 기회를 잘 활용해서 저축과 투자를 늘려가라는 말이다. 대부분의 경우 은퇴 준비를 위해 벌어들인 투자 수익에 대해서는 세금을 내지 않아도 된다. 금수저로 태어난 갑부를 제외하고 투자자들은 엉클 샘 ᵐⁱ국 정부-옮긴이 에게 많은 돈을 뜯기지 않고서 돈을 모을 수 있다. 이번 과제에서는 합법적으로

세금을 피하는 방법을 소개한다.

개인퇴직계좌(IRA)[25]◆◆◆

가장 단순한 형태의 퇴직연금인 개인퇴직계좌Individual Retirement Account, IRA 부터 살펴보자. 개인퇴직계좌를 통해 2022년부터 매년 6,000달러720만 원를 펀드와 같은 투자 상품에 넣는다고 해보자. 고소득자가 아니라면 6,000달러 전부에 대해 세금공제를 받을 수 있다.[26]◆◆◆ 소득세율이 28퍼센트라면 실제로는 4,320달러가 적립되는 셈이다. 여기서 세금공제 금액인 1,680달러는 정부 지원금이라고 생각해도 좋다. 이제 연 7퍼센트 투자 수익률로 45년간 매년 6,000달러를 납입한다고 해보자. 개인퇴직계좌를 통해 납입한 펀드에서 발생하는 수익에 대해서는 아무런 세금을 내지 않는다. 그렇기 때문에 개인퇴직계좌를 통해 세금 혜택을 누릴 수 있는 투자자는 만기 때 180만 달러21.6억 원가 넘는 돈이 쌓인다. 반면 개인퇴직계좌의 혜택을 누리지 못한 채 같은 금액을 투자한(발생한 수익에 대해 매년 28퍼센트의 세금을 납부한) 경우, 만기 때 쌓이는 돈은 100만 달러12억 원

---

25)◆◆◆ 미국의 IRA는 우리나라의 퇴직연금 제도 중(DB형, DC형, IRP)에서 IRP(개인형 퇴직연금)와 성격과 운용 면에서 동일하다. - 감수인
출처: 고용노동부, 보험연구원('한·미의 개인형 퇴직연금 운영 평가와 정책적 함의', 강성호, 류건식(2017))

26)◆◆◆ 우리나라 IRP(개인형 퇴직연금)에서는 원칙적으로 최대 매년 300만 원까지 세액공제를 받을 수 있다. - 감수인
출처 : 고용노동부

가 조금 넘는다. 나중에 개인퇴직계좌IRA에서 돈을 인출할 때 28퍼센트로 세금을 납부한다고 해도(은퇴 후에는 세율이 더 떨어진다) 훨씬 더 많은 돈을 손에 쥘 수 있다. 다음 도표에서 위와 같이 과세 유예 상품과 과세 상품에 각각 투자했을 때의 놀라운 차이를 확인할 수 있다.

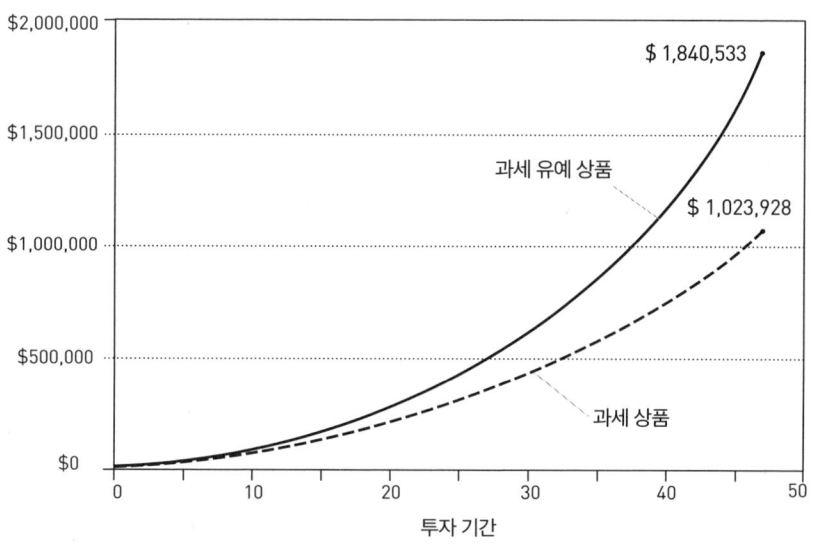

◀ 개인퇴직계좌의 투자 혜택
과세 유예 상품 vs. 과세 상품(연간 6,000달러 투자 시) ▶

출처: John J. Brennan, Straight Talk on Investing 자료를 수정.

젊은 시절에 저축을 게을리했던 사람도 쉽게 따라잡을 수 있도록 도움을 주기 위해, 50세 이상의 경우 연간 세금공제 납입 한도액이 7,000달러

840만 원로 더 높다.[27]♦♦♦

비과세 개인퇴직계좌(로스 IRA)(우리나라에는 해당하지 않는 내용임-감수인)

투자자는 로스 IRA Roth IRA 라고 하는 또 다른 형태의 개인퇴직계좌 상품을 선택할 수 있다. 기존 개인퇴직계좌IRA 는 (자격 조건에 해당할 정도로 소득이 낮다면) 즉각적인 세금공제로 '오늘의 이익'을 가져다준다. 그리고 일단 퇴직계좌에 돈을 납입했다면 원금과 투자에 따른 수익은 은퇴 시 인출할 때까지 과세 유예를 받는다. 반면 로스 IRA는 '내일의 이익'을 준다. 다시 말해 즉각적인 세금공제를 받지는 않지만 인출 시(투자 이익까지 포함하여) 세금을 한 푼도 물지 않는다. 게다가 전환도 가능하다. 소득이 특정 기준 미만일 경우 개인퇴직계좌IRA 를 로스 IRA로 바꿀 수 있다. 전환 시 자금 전액에 대해 세금을 내야 하지만, 이후의 투자 수익 및 은퇴 시 인출에 대해서는 세금을 물지 않는다. 게다가 로스 IRA에는 평생 최소인출 규정이 없다. 또한 75세 이후에도 납입이 가능하다. 그렇기 때문에 비과세로 많은 돈을 모아 상속이 가능하다.

어떤 형태의 개인퇴직계좌가 자신에게 적합한지, 그리고 전환이 필요한 것인지는 쉬운 결정이 아니다. 다행스럽게도 금융 기업들은 전환이 개인에게 유리한지 판단할 수 있는 소프트웨어를 무료로 제공하고 있다. 또

---

27)♦♦♦ 우리나라에서도 50세 이상 개인의 노후대비를 위해 2020년부터 3년 간 연금저축 세액공제 한도를 400만 원에서 600만 원(IRP와 합산하면 최대 900만 원)으로 확대하는 혜택을 주었다. 2023년부터는 전 연령으로 확대 시행되고 있다. - 감수인
출처: 기획재정부('2019년 세법개정안 상세본', '2022년 세법개정안 상세본')

한 투자회사나 증권사를 찾아가면 로스 분석가를 어렵지 않게 만날 수 있다. 퇴직이 머지않았고 세율이 은퇴 후 낮아질 가능성이 크다면 전환하지 않는 편이 낫다. 특히 전환으로 인해 적용받는 세율이 높아진다면 전환을 하지 말아야 한다. 반대로 은퇴가 멀었고 현재 적용받는 세율이 낮다면 로스 IRA로 갈아타는 편이 유리하다. 소득이 높아서 일반적인 개인퇴직계좌로 세금공제를 받을 수 없지만 로스 IRA에 가입할 수 있는 자격이 된다면 당연히 로스 IRA를 선택해야 한다. 무조건 세금을 먼저 낸 다음 분담금을 납입하기 때문이다.

퇴직연금

직장인이라면 다양한 퇴직연금 상품에 가입할 수 있다. 또한 자영업자도 직접 퇴직연금에 가입할 수 있다.

'직장 퇴직연금'[28]♦♦♦ 현재 직장 퇴직연금에 가입해 있다면, 대부분의 기업이 제공하는 401(k)이나 대부분의 교육기관이 제공하는 403(b)처럼 수익분배형 상품인지를 확인하자. 퇴직연금이야말로 최적의 저축 및 투자 상품이다. 돈을 만져보기도 전에 급여 통장에서 곧장 빠져나가기 때문이다. 퇴직연금의 납입 한도액은 2022년 기준으로 연 20,500달러이며 세금

---

28)♦♦♦ 우리나라 퇴직연금제도는 운영 주체에 따라 DB(확정급여형), DC(확정기여형), IRP(개인형 퇴직연금)로 나뉜다.
DB는 퇴직금을 회사가 운영하고, DC는 근로자가 직접 운영한다. IPR는 근로자가 재직 중 별도로 가입하여 직접 운영하거나 이직이나 퇴직할 때 쌓아둔 퇴직금을 IRP계좌로 받아 운영하거나 인출할 수 있다. - 감수인
출처: 고용노동부

공제를 받을 수 있다. 서둘러야 하는 50세 이상이라면 2022년 기준 납입 한도는 연 27,000달러다.[29]◆◆◆

'자영업자 퇴직연금'[30]◆◆◆ 미 의회는 자영업자를 대상으로 하는 SEP IRA Self-Employed Plans IRA 라는 자영업자 퇴직연금 상품을 만들었다. 회계사에서 화장품 방문판매원, 미용사, 부동산중개인, 의사, 인테리어 전문가에 이르기까지 자영업자들은 이 상품에 가입할 수 있다. 가입자는 2022년 기준으로 소득의 25퍼센트까지, 그리고 연 61,000달러까지 납입할 수 있다. 또한 업무시간 외 부업을 통해 소득을 올릴 경우, 그 소득에 대해서도 SEP IRA를 가입할 수 있다. SEP IRA에 납입하는 돈은 세금공제 대상이며, 이익에 대한 세금은 인출 시점까지 유예된다. SEP IRA는 가입자가 스스로 선택하는 방식이다. 즉, 가입자 마음대로 투자 방식을 선택할 수 있다. 부록에 실린 목록에 포함된 모든 뮤추얼펀드 기업을 통해 신청 가능하다.

---

[29]◆◆◆ 우리나라에서는 연금계좌(퇴직연금 + 연금저축)에 납입할 수 있는 연간 한도는 1,800만 원이며, 연간 900만 원까지 세액공제를 받을 수 있다. - 감수인
출처: 고용노동부('퇴직연금 과세체계'), 기획재정부('2022년 세법개정안 상세본')

[30]◆◆◆ 우리나라에서는 자영업자만이 가입할 수 있는 퇴직연금제도가 따로 있지 않다. 대신 2017년부터 IRP 가입대상자가 확대되어 자영업자도 가입이 가능하다.
또한 연금은 아니지만 중소기업중앙회에서 운용하는 저축상품인 노란우산공제를 살펴볼 필요가 있다.
노란우산공제 혜택은 1) 200~500만 원까지 소득공제 가능 2) 수급권보호: 압류, 양도, 담보 제공 등 불가능 3) 예금자보호 4) 폐업, 사망, 질병 등의 경우 일시금 수령 혹은 60세 이후 분할 수령 가능 5) 일반투자상품에 있는 사업운용비나 수수료 등은 없으며, 납입액 전체에 연복리가 적용된다. - 감수인
출처: 고용노동부, 노란우산공제 약관

오늘날 수백만에 이르는 납세자들이 정말로 좋은 기회를 놓치고 있다. 여기서 나의 조언은 이러한 세금 혜택을 제공하는 상품에 최대한 많은 돈을 넣어 두라는 것이다. 생활비에서 아낄 수 있는 부분이 있다면 아껴서 이러한 상품에 최대한도까지 납입하도록 하자.

학자금 저축: 529 학자금 계좌 (우리나라에는 존재하지 않는 제도임-감수인)

부모와 조부모라면, '529' 학자금 계좌를 통해 나중에 학자금으로 사용할 자금을 후손에게 물려줄 수 있다. 관련 세무 조항의 번호를 따서 이름붙인 529 학자금 계좌는 주식과 채권에 투자하며, 인정받은 고등교육의 목적으로 인출하는 경우에는 투자 수익에 대해 연방세를 물지 않는다. 게다가 2022년 기준으로 개인 증여자는 529 계좌에 최대 80,000달러까지 납입할 수 있으며, 증여세를 물지 않고 세금공제도 줄어들지 않는 혜택을 누릴 수 있다. 부부가 증여할 경우 한도액은 두 배로 총 160,000달러가 된다. 앞으로 대학에 들어갈 자녀나 손자가 있다면, 그리고 529 계좌에 가입할 여유가 있다면, 가입은 당연한 선택이다.

그런데 조심해야 할 부분이 있을까? 이러한 상품을 강권하는 영업사원들 대부분 투자 수익의 상당 부분을 수수료로 챙겨간다. 똑똑한 투자자라면 뱅가드처럼 수수료가 없는 저비용 상품을 직접 알아봐야 할 것이다. 세금을 피하는 것은 항상 좋은 일이지만 몇몇 고비용 529 상품에 가입할 경우 뜻하지 않게 많은 돈을 뜯기게 된다. 또한 529 계좌는 개별 주정부가 허가하는 상품으로서 일부 주는 납입금 일부에 대해 세금공제를 허용한다. 그러므로 그러한 지역에 살고 있다면 그 주에서 나온 상품에 가입하면 된다. 반면 자신이 살고 있는 주가 세금공제를 허용하지 않는다면, 유타주와 같은 지역에서 내놓은 상품을 선택하자. 또한 529 계좌에서 인출한 자금을 (경력 중간의 재교육이나 퇴직 후 교육까지 포함해서) 인정받은 교육비용으로 사용하지 않을 경우, 소득세뿐만 아니라 10퍼센트에 해당하는 벌금까지 물어야 하니 주의하자.

대학은 소득기준 장학금 대상을 선정할 때 529 상품 가입 여부를 참고한다. 그렇기 때문에 가구 소득 수준이 소득기준 장학금 대상에 해당되고 자녀가 대학에 들어갈 예정이라면 자녀 이름으로 상품에 가입하지 않는 편이 낫다. 조부모 명의로 가입하면 더 좋을 것이다. 물론 장학금 대상이 아니더라도 무조건 저비용 529 계좌에 가입하는 것이 좋다.

과제 5: 자신에게 맞는 투자 목표를 수립하자

분명한 목표를 수립하는 일은 투자 과정에서 대단히 중요한 부분이다. 하지만 많은 이들이 이 단계를 건너뛰는 바람에 재앙적인 결과를 맞이한다. 한 가지 음식으로 모두의 입맛을 충족시킬 수는 없다. 같은 이유로 금융시장에서는 다양한 취향과 기호를 만족시키기 위해 거대한 레스토랑과 같이 수많은 메뉴를 제공한다. 그러므로 어느 정도의 위험을 떠안을 것인지 자신의 소득 구간에 적합한 투자 유형이 무엇인지 먼저 결정해야 한다.

우리는 밤새 자산이 두 배로 늘어나길 원한다. 그런데 밤새 자산이 반토막 났을 때 버틸 수 있는 사람은 얼마나 될까? J. P. 모건에게는 주식 격정으로 밤잠을 설치는 친구가 있었다. 친구가 그에게 물었다. "주식을 어떻게 해야 할까?" 모건은 대답했다. "편하게 잠잘 수 있을 때까지 팔게나." 농담이 아니다. 모든 투자자는 뒤척이면서 자는 것과 잘 자는 것 사이에서 선택을 내려야 한다. 판단은 개인의 몫이다. 높은 보상은 높은 위험의 대가로만 얻을 수 있다. 숙면을 취할 수 있는 투자 균형점을 발견하는 것이야말로 투자에서 가장 중요한 단계다.

균형점을 발견하기 위해서는 위험에 대한 자신의 태도를 파악해야 한다. 그래서 성공적인 투자 계획은 과학보다는 예술에 더 가깝다. 오직 투자자 자신만이 위험에 대한 자신의 태도를 이해할 수 있다. 물론 투자자는 주식과 장기채권 투자에 따른 위험이 투자 기간이 길어질수록 줄어든다는 사실에 위안을 얻을 수 있을 것이다. 하지만 이를 위해서는 포트폴리오 가치에서 일어나는 단기적인 요동을 받아들일 수 있어야 한다. 가령 2008년에 시장이 절반 가까이 무너졌을 때 어떤 느낌이 들었는가? 2020년 3월 16일 하루에 13퍼센트가 폭락했을 때를 포함해서 2020년 2월에서 3월 사이 3분의 1이 폭락했을 때 당신은 얼마나 잠을 잘 잤는가?

이해를 돕기 위해 다음 도표에서 투자 위험에 따른 수면 기준과 기대 수익률을 표시했다. 스펙트럼상 제일 안전한 쪽에는 예금이나 MMF와 같은 단기 투자 상품이 있다. 이처럼 낮은 위험 수준에서만 잘 잘 수 있다면 과제3에서 소개한 현금성 자산 관리에 주목하자.

물가연동국채(TIPS)는 그 다음으로 안전하다. 이 채권은 연간 소비자 물가지수 증가율을 반영한 이자율을 보장한다. 장기 채권이므로 실질 이자율(표면금리에서 인플레이션율을 뺀 이자율)에 따라 가격이 달라지긴 해도

◀ 수면 기준에 따른 주요 투자 상품 ▶

수면 기준	자산 유형	2022년 세전 기대 수익률(%)	기대 수익률을 달성하기 위한 투자 기간	위험 수준
혼수상태에 가까운 숙면을 취함	은행 예금	0-2	기간 제한 없음	원금 손실 위험 없음. 정부가 일부 금액 보증. 인플레이션율이 높을 때 손실 발생 가능성 확실
깊은 잠을 잠	MMF	0-2	기간 제한 없음	국채와 은행 예금에 투자하므로 위험이 아주 낮음. 인플레이션에 따른 수익률 변동
깊은 잠을 잠	양도성 예금증서 (CD)	0-2½	높은 이자율을 적용받기 위해 만기까지 보유	중도해지 수수료. 이자율은 인플레이션에 따라 변동
깊은 잠을 잠	물가연동 국채 (TIPS)	0-1 +인플레이션	만기가 5년 이상인 장기증권. 기준 이자율은 만기에 따라 다름	만기 전 매도 시 가격 변동. 장기 보유 시 인플레이션 방어 가능
한두 번 꿈을 꿈	우량 등급 채권 (최고 등급 공익기업)	1	표면금리를 보장받기 위해서는 만기(5~30년)까지 보유(부도 위험 있음). 언제든 매도할 수 있으나 시장 가격이 금리에 따라 변동	만기 보유 시 위험이 아주 낮음. 만기 전 매도 시 실현 수익 변동 예상. 장기 인플레이션율에 따른 수익률 변동. '정크본드'는 더 높은 수익률을 약속하지만 그만큼 위험도 높음
뒤척이면서 코를 골고, 생생한 꿈을 꾸다가 깸	미국 및 선진국 우량주 분산투자	2	기간 제한 없으며 언제든 매도 가능. 평균 기대 수익률은 충분한 장기 보유를 전제로 한 것으로, 현재 상황을 기준으로 한 대략적인 수치임	상당히 위험. 실제 연 수익률이 마이너스로 떨어질 수 있음. 때로 25%가 넘는 손실 발생. 일부 의견과는 달리 장기적으로 인플레이션 대처에는 효과적
뒤척이면서 코를 골고, 생생한 꿈을 꾸다가 깸	부동산	주식과 유사	리츠를 통해 매수할 경우 전반적으로 주식과 유사	위와 동일. 리츠를 통해 효과적인 분산투자가 가능하며, 인플레이션 대처도 뛰어남

악몽을 종종 꾸지만, 장기적으로는 잘 잠	소형 성장주 분산투자	3	위와 동일. 평균 기대 수익률은 충분한 장기 보유를 전제로 한 것으로, 현재 상황을 기준으로 한 대략적인 수치임	상당히 위험. 실제 연 수익률이 마이너스로 떨어질 수 있음. 때로 50% 이상의 손실 발생. 인플레이션 대처에 효과적
생생한 꿈을 꾸고 자주 악몽을 꿈	신흥시장 주식 분산투자	6-9	10년 이상 보유. 정확한 수익률은 예측 불가	한 해에 50~75% 등락이 종종 발생
불면증에 시달림	금	예측 불가능	더 어리석은 바보가 있는 한 새로운 투기 열풍으로 높은 수익률 가능	상당히 위험. 최악의 시기와 초인플레이션에 대처할 것으로 기대. 분산 포트폴리오 균형에 도움

만기까지 보유하면 실질 구매력을 보장받을 수 있다.

다음으로 회사채는 좀 더 위험하다. 회사채에 투자한 사람들 중 일부는 자면서 꿈을 꾸기 시작한다. 만기 전에 매도할 경우 수익률은 시장 금리에 따라 달라진다. 금리가 상승하면 더 높은 이자율을 제시하는 새로운 채권과 경쟁할 정도로 채권 가격이 떨어질 것이다. 그렇게 발생하는 손실은 일 년 동안 발생한 이자와 맞먹거나 더 클 수도 있다. 다른 한편으로 금리가 떨어지면 채권 가격은 상승한다. 만기 이전에 매도할 경우 실제 연간 수익률은 아주 다양하게 나타날 수 있다. 그렇기 때문에 변동성이 낮은 단기 상품보다 더 위험하다. 일반적으로 채권의 만기가 길수록 위험은 높아지고 수익률도 함께 증가한다.[31]

---

31) 항상 그런 것이 아니다. 일시적으로 단기 채권 수익률이 장기 채권보다 높았던 때가 있었다. 그러나 중요한 사실은 단기 채권에 높은 이자율로 계속해서 재투자할 수 없었다는 점

주식 수익률이 정확하게 어떻게 흘러갈지는 아무도 알 수 없다. 주식 시장은 확률이 도박꾼에게 유리하게 조정된 도박장과 같다. 2000년 초와 2007년, 코로나19 팬데믹 시작 때인 2020년 초처럼 주가는 때로 폭락하지만 그럼에도 배당과 자본 이득을 모두 포함했을 때 20세기 전반에 걸쳐 연 9퍼센트의 수익률을 기록했다. 내 추측에, 2020년 초 상승했을 때를 기준으로 미국 주식 포트폴리오의 장기 수익률은 4~6.5퍼센트를 기록할 것으로 보인다. 다른 선진국 시장의 주요 주식들 역시 비슷한 수익률을 기록할 것으로 보인다. 물론 미래의 수익률은 이와는 아주 다르게 나타날 수 있다. 약세 시장에서는 25퍼센트가 넘는 손실이 발생할지도 모른다. 그럴 때 당신이라면 잠 못 드는 밤을 버틸 수 있는가?

과거에 개인 투자자가 쉽게 접근할 수 없는 분야였던 상업용 부동산의 투자 수익률은 주식만큼 좋았다. 여력이 있는 투자자는 상업용 부동산에도 관심을 가져라. 오늘날 개인 투자자가 상업용 부동산에 접근하기가 훨씬 더 쉬워졌고 부동산투자신탁REITs 상품이 분산투자 포트폴리오에 포함될 충분한 자격이 있어서다.

다음으로 4채널 사운드의 총천연색 꿈은 어떤가? 가령 공격적인 소형주 중심의 펀드처럼 보다 위험한(변동성이 더 큰) 주식으로 포트폴리오를 구성할 수 있다. 신기술 분야의 신생기업 주식은 성장 가능성이 대단히 높

이다. 이후 단기 채권 수익률은 크게 떨어졌기 때문이다. 그래서 단기 채권에 대한 지속적인 투자로 장기 채권 정도의 높은 수익률을 기대하기는 힘들다.
다시 말해, 단기 채권 수익률이 일시적으로 장기 채권보다 높을 때가 있기는 해도 장기 채권을 보유함으로써 수용하는 위험에 따른 보상은 얻을 수 없다.

다. 그리고 동시에 변동성도 크다. 나쁜 해에는 가치의 절반이 쉽게 날아가 버릴 것이다. 그럼에도 21세기 평균 미래 수익률은 연 5~7퍼센트가 될 것이다. 소형주는 근소한 차이로 시장 평균을 이기는 경향이 있다. 약세장에서도 잠을 잘 잔다면, 그리고 투자를 이어나갈 지구력이 있다면, 이러한 공격적인 주식 포트폴리오는 바로 당신을 위한 것이다. 더 높은 수익률과 변동성을 기반으로 한 투자는 가파르게 성장하는 신흥시장의 주식으로 구성된 포트폴리오로도 가능하다.

도표에서는 예술품이나 벤처캐피털, 헤지펀드, 원자재 및 기타 생소한 투자 대상은 생략하고 금만 다뤘지만, 이 중 상당 부분은 수익률이 꽤 높고 분산투자 포트폴리오의 균형을 효과적으로 잡아줄 수 있다. 하지만 높은 위험과 그에 따른 큰 변동성 때문에 수익률을 예측하기란 불가능에 가깝다.

자신에게 맞는 투자 목표를 수립하기 위해서는 손실이 재무 안정성에 영향을 미치는 정도 즉, 위험 수용도도 고려해야 한다. '남편을 여의고 병까지 든 고령의 여성'은 높은 위험을 감당하기 힘들다. 예상 수명도 길지 않고 소득도 높지 않을 것이기 때문이다. 그래서 포트폴리오에서 손실이 발생할 경우 회복이 쉽지 않다. 자본과 소득에서 발생한 손실은 생활 수준에 직접적인 영향을 미칠 것이다. 그 반대로 '적극적인 젊은 비즈니스 여성'은 예상 수명도 길고 재정 손실이 발생해도 생활 수준을 유지할 수 있을 충분한 소득을 올리고 있다. 그렇기 때문에 '생애주기'는 투자에서 대단히 중요한 요소다. (14장에서는 생애주기를 고려하여 투자 포트폴리오를 구성하는 방법에 대해 상세히 설명할 것이다.)

다음으로 수익 중 얼마가 세금(작년도 소득세 내역과 과세 대상 소득을 확인하자.)으로 나가고 어느 정도의 현금이 필요한지를 검토해보자.

한계 세율(소득에 적용되는 최고 세율)이 높은 사람은 비과세 채권을 통해 상당한 세금 혜택을 누릴 수 있다. 세율이 높고 현금이 크게 필요치 않다면 비과세 채권이나 배당수익률은 낮지만 장기적인 자본 이득이 예상되는 주식이 유리할 것이다(주식은 이득이 실현될 때까지 세금을 낼 필요가 없다. 유산으로 물려준다면 끝까지 피할 수 있다). 다른 한편으로, 세율이 낮고 현금이 필요하다면 과세 채권이나 배당수익률이 높은 주식이 유리하다. 그래야 현금을 정기적으로 마련하기 위해 주식을 매도하는 과정에서 발생하는 거래 비용을 줄일 수 있다.

자신의 위험 수용도를 파악하고 세율과 현금 수요를 확인하는 작업은 투자에서 대단히 중요하다. 그럼에도 놀랍게도 많은 투자자가 개인의 위험 수용도, 세율 및 현금 수요에 어울리지 않는 투자 상품을 선택해서 어려움을 겪고 있다. 그들은 종종 우선순위를 착각한다. 이러한 모습은 최근 한 런던 신문에 게재된 젊은 여성의 이야기를 떠올리게 한다.

공원에서 벌어진 낯 뜨거운 일
10월 30일, 런던
사건이 벌어졌을 때, 내연의 두 남녀가 한밤중에 꼭 껴안고 있었다.
의학 저널에 기고한 의사의 증언에 따르면, 알몸에 가까운 남성이 갑작스럽게 디스크 통증으로 몸을 움직일 수 없게 되자 두 사람은 작은

2인용 스포츠카에 갇혀버리고 말았다.

결국 남성 아래에 깔려 있던 여성이 절박한 마음에 발로 경적을 울려 도움을 요청했다. 의사와 응급구조원, 소방관, 그리고 호기심이 발동한 행인들이 모여들어 리젠트파크에 있던 커플의 차를 에워쌌다. 켄트에 사는 의사 브라리언 리처드는 이렇게 말했다. "고통으로 꼼짝 못하게 된 90킬로그램의 남성 아래에 여성이 깔려 있더군요. 두 사람을 구하기 위해 소방관들이 차체를 뜯어내야 했습니다."

이들의 도움으로 간신히 빠져나온 여성은 코트를 걸치면서 이렇게 흐느꼈다. "차가 이렇게 된 걸 남편에게 어떻게 설명하란 말이에요?"

-로이터

이 여성과 마찬가지로 투자자들 역시 무엇이 더 중요한지 종종 잊어버린다. 원금의 안전을 중요하게 생각하면서도 위험이 높은 주식에 무모하게 도전한다. 세율이 높은 사람이 6퍼센트 수익률의 과세 회사채에 장기간 돈을 묶어 놓는다. 실제로 얼마나 도움이 되는지 따져보지도 않고서 말이다. 투자 상담사의 일지에는 자신의 투자 목표와 상관없이 투자한 이들의 이야기로 넘쳐난다.

과제 6: 부동산에 관심을 가지자

「바람과 함께 사라지다」의 스칼렛 오하라가 기억나는가? 그녀는 남북 전쟁이 끝날 무렵에 가진 돈을 다 잃었지만 그래도 아름다운 농장인 타라가 남아 있었다. 좋은 땅에 지어진 좋은 집은 무슨 일이 일어나든 그 가치를 지킨다. 세계 인구가 계속해서 증가하는 한, 부동산에 대한 수요도 계속해서 증가할 것이다. 이러한 점에서 부동산은 인플레이션을 방어할 수 있는 가장 신뢰할만한 대안이라 하겠다.

계산이 좀 복잡하기는 하지만 주거용 부동산의 장기 수익률은 꽤 높았다. 2007년과 2008년 미국 주택시장에는 거품이 일었다. 그리고 2000년대 두 번째 십 년으로 접어들면서 주택 가격은 '정상' 수준으로 돌아왔다. 그러다 2021년 다시 한번 시장에 거품이 일었다. 이렇게 왔다 갔다 하는 부동산 시장은 주식시장보다는 덜 효율적이다. 주식시장에서는 수많은 똑똑한 투자자가 모든 주식의 가치를 분석한다. 그러나 특정한 부동산의 가치를 분석하는 사람은 몇 명의 잠재 구매자뿐이다. 그러므로 부동산의 가치 평가가 항상 적정하게 이루어지는 것은 아니다. 인플레이션이 발생할 때 부동산 수익률은 주식시장을 상회한다. 반면 디플레이션 기간에는 정반대 일이 벌어진다. 결론적으로 말해서, 부동산은 꽤 높은 수익률을 보여주면서 효과적인 인플레이션 대처 방안을 제공하는 훌륭한 투자 대상이다.

부동산 시장에서 사람들 대부분 단독주택이나 아파트에 투자한다. 인간은 어디에서든 살아야 하기 때문이다. 주택 구입은 임차에 비해 세금 면에서 여러 가지 혜택이 있다. (2021년 기준으로 75만 달러 이하9억 원 신규 주택 구매에 한해) 주택 구입을 위한 담보대출 이자, 재산세(1만 달러1,200만 원까지)는 세금공제 대상이다.[32] 또한 부부의 경우 주택 가치에서 실현된 수익은 50만 달러6억 원까지 비과세 혜택을 받을 수 있다.[33] 게다가 주택 소유는 저축을 독려하는 원동력이며 정서적인 안정감까지 가져다준다.

다음으로 REITs('리츠'라고 발음한다)를 통한 상업용 부동산 역시 고려 대상이다. '리츠' 포트폴리오에는 아파트에서 사무실 건물, 쇼핑몰에 이르기까지 다양한 상품이 포함되어 있으며, 전문 부동산 운영자가 관리한다. '리츠'는 주식과 비슷하며 주요 주식시장에서 활발하게 거래된다. 그렇기 때문에 개인 투자자도 상업용 부동산을 자신의 투자 포트폴리오에 쉽게 포함시킬 수 있다.

나는 포트폴리오에 부동산을 포함하고 싶다면 자산 일부를 '리츠'에 투자하라고 강력하게 권한다. 부동산을 개인의 투자 포트폴리오에 포함시켜야 할 이유는 다양하다. 첫째, 부동산은 주식 수익률과 맞먹는 높은 수익률을 기록했다. 또한 마찬가지로 중요한 사실은 부동산이 8장에서 설명했던 분산투자의 장점을 제공하는 훌륭한 투자 대상이라는 점이다. 부동산 수익률은 다른 자산과 상관관계가 높지 않기 때문에 투자 포트폴리오의 총 위

---

[32] 우리나라에서는 무주택 혹은 1주택 보유 세대주(일정 요건의 세대원 포함)가 취득 당시 기준 시가 5억 원(2019년 이후 차입 기준) 이하의 주택 을 취득한 경우, 상환기간 및 상환방식에 따라 연 300~1,800만 원까지 공제 대상이 된다. - 감수인
출처: 국세청('2022년 귀속 근로소득 연말정산 종합 안내')

[33] 우리나라에서는 비과세 대상이 되려면 1세대가 양도일 현재 국내에 1주택을 보유하고 있는 경우로서 2년 이상 보유해야 하며, 양도 당시 실거래가액 12억 원 이하 등의 조건을 갖춰야 한다. - 감수인
출처: 국세청 홈페이지('양도소득세란?')

험을 실질적으로 낮출 수 있다. 게다가 인플레이션에 대한 효과적인 대처 수단이기도 하다.

하지만 안타깝게도 수백 가지의 '리츠' 상품을 일일이 살펴보고 고르는 일은 너무도 힘든 작업이다. 게다가 한 종목으로만 이뤄진 '리츠'는 부동산의 유형과 지역에 따른 분산투자 효과를 제대로 나타내지 못한다. 자칫 잘못된 '리츠'를 매수했다가는 많은 어려움을 겪을 수 있다. 그러나 이제는 부동산 ETF가 등장해서 종목을 고르는 수고를 덜어주고 있다. 이러한 ETF에서는 여러 지역과 다양한 유형의 부동산을 선별해 분산 포트폴리오를 만든다. 게다가 투자자는 필요할 때마다 매도해서 현금을 확보할 수 있다. 또한 저비용 '리츠' 인덱스펀드도 나와 있다(부록에 소개).[34]♦♦♦ 나는 이러한 부동산 펀드가 최고의 수익률을 안정적으로 가져다줄 것으로

---

[34]♦♦♦ 우리나라에 리츠는 2001년 도입되었으나 사모리츠 중심으로 발전하여 성장에 한계를 보였다. 이에 정부는 2018년부터 공모리츠 활성화 정책을 추진하며 투자금액 5천만 원까지(3년 이상 투자 조건) 배당소득에 대하여 9%라는 낮은 세율로 분리과세하는 혜택 등을 제시했으며(2023년까지 혜택 적용), 확정급여형(DB) 퇴직연금에서만 허용되던 상장 리츠에 대한 투자를 2019년 12월 DC와 IRP에도 허용했다.
국내 리츠 시장 규모(2023년 2월 기준)는 87.4조 원으로 2017년 34.2조 원 대비 2배 이상, 리츠 수도 2017년 193개에서 351개로 크게 성장했다. 하지만 GDP 대비 비중(2022년 2월 말 기준)은 0.3%로 미국(6.9%)이나 일본(3.1%)에 비해 작아서 아직도 초기 단계로 평가받는다.
안정적인 배당과 인플레이션 헤지 효과로 최근 인기가 높다(2021년 운용중인 리츠 전체의 배당수익률 평균은 6.2%임). - 감수인
출처: 한국리츠협회, 교보증권('리츠(REITs) : 기초에서 전략까지...', 2019.11.18, 김지영, 백광제, 이영화), 매일경제('리츠 잘 나가네'…18개 종목 중 4개 신고가 껑충', 2022. 04. 11, 김현정), 한경('리츠가 인플레 '찐 피난처'…잇단 신고가' 2022.04.07, 배태웅), 한국리츠협회

기대한다.

과제 7: 채권에 관해 알아두자

솔직하게 말해서, 2차 대전부터 1980년대 초에 이르기까지 채권은 돈을 넣어두기에 그리 좋은 곳이 아니었다. 그 이유는 인플레이션이 채권의 실제 가치를 심하게 갉아먹었기 때문이다. 1970년대 초 미 정부가 발행한 채권을 18.75달러에 사서 5년 뒤 25달러를 돌려받은 투자자는 실망스럽게도 실질 구매력이 오히려 떨어졌을 것이다. 5년 전에는 18.75달러로 자동차에 기름을 두 번 넣을 수 있었지만, 만기 때 받은 25달러로는 한 번도 채울 수 없어서다. 실제로 채권의 실질 수익률은 마이너스였다. 이자 수익이 복리로 늘어나는 속도보다 인플레이션 상승 속도가 더 빨랐던 것이다. 많은 투자자가 채권에다가 욕설을 퍼부어 댄 것도 당연하다.

하지만 이후 30년 동안 채권 가격이 조정되면서 꽤 좋은 투자 수익률을 보였다. 게다가 1980년에서 2021년에 이르기까지 채권은 주식과의 상관관계가 낮거나 마이너스였기 때문에(즉, 따로 움직이거나 정반대로 움직였기에), 효과적인 분산투자 수단으로서도 그 가치를 입증했다. 투자자가 알아두어야 할 채권 종류에는 (1) 제로쿠폰Zero-Coupon 채권(정해진 기간 동안 수익률을 확정할 수 있다), (2) 채권 펀드(채권 포트폴리오를 주식처럼 살 수 있다), (3) 비과세 채권, (4) 물가연동국채(TIPS) 네 가지가 있다.

(1) 제로쿠폰 채권

제로쿠폰 채권은 제로쿠폰 혹은 그냥 제로라고 불린다.[35]♦♦♦ 그 이유는 일반 채권과는 달리 정기적으로 이자를 지급하지 않기 때문이다. 대신에 제로쿠폰 채권은 액면가에서 할인된 가격으로(가령 1달러짜리를 75센트에) 살 수 있다. 채권 가격은 세월이 흐르면서 점차 액면가에 근접한다. 만기까지 보유할 경우 채권에 표시된 금액을 온전히 지급받을 수 있다. 제로쿠폰 채권의 만기는 몇 달에서 20년에 이르기까지 다양하다. 이 채권은 미래의 특정 시점에 발생할 지출을 위해 자금을 마련하는 데 적합하다.

제로쿠폰의 중요한 장점은 투자 기간 동안 받은 이자의 재투자에 따라 수익이 달라지는 재투자 위험이 없다는 점이다. 주의해야 할 점도 있다. 채권을 만기까지 보유해야만 액면가로 상환받을 수 있는데, 중간에 매도하면 금리에 따라 가격이 큰 폭으로 변동한다.

(2) 채권 펀드

개방형 채권 Open-end bond 펀드는 제로쿠폰의 장기적 수익을 누리면서도 쉽게 사고팔 수 있으며 거래 비용도 낮다. 발생한 이자를 동일한 수익률로 재투자한다는 보증은 없지만 장기적으로 안정된 소득이 필요하고 이자 수입으로 살아가는 투자자에게 특히 적합하다.

채권 시장은 적어도 주식시장만큼 효율적이다. 그래서 나는 저비용 채권 인덱스펀드를 추천한다. 다양한 채권을 골라 보유하는 채권 인덱스펀

---

[35]♦♦♦ 우리나라에서는 제로쿠폰을 주로 무이표채 혹은 할인채라고 한다. - 감수인

드와 ETF는 대개 적극적으로 관리되는 채권 펀드보다 실적이 더 좋다. 그러나 어떤 경우에라도 따로 수수료를 부과하는 펀드는 사지 말자. 공짜로 살 수 있는데 굳이 돈을 낼 필요는 없다.

부록에 다양한 종류의 채권 펀드를 소개해 놓았다. 그중에는 회사채에 집중 투자하는 펀드, 정부저당금고GNMA 모기지담보부 채권으로 구성된 포트폴리오에 투자하는 펀드, 비과세 채권에 투자하는 펀드(바로 이어서 살펴볼 것이다)는 물론이고 수익률을 높이기 위해 추가 위험을 떠안고자 하는 투자자에게 적합한 몇몇 고위험 고수익 펀드도 있다.

(3) 비과세 채권[36]***(우리나라에는 해당하지 않는 내용임 - 감수인)

한계 세율이 높다면 과세 단기자금 펀드, 제로쿠폰 채권, 과세 채권 펀드는 퇴직연금으로만 투자하는 편이 적합하다. 그렇지 않다면 주와 지방정부, 혹은 항만공사나 도로공사와 같은 여러 다양한 정부기관이 발행하는 비과세 채권이 유리하다. 이러한 채권에서 발생한 이자는 연방세 대상이 아니며 특히, 투자자가 살고 있는 주에서 발행한 채권의 경우에는 일반적으로 주 소득세까지 면제받을 수 있다.

2021년 한 해 동안 우량등급 장기 회사채 수익률은 약 3퍼센트였고, 동급의 비과세 채권 수익률은 2.5퍼센트에 가까웠다. 여기서 한계 세율이 연방세와 주세를 포함해서 36퍼센트라고 가정해보자. 다음 도표에서 비

---

[36]*** 미국 세법을 활용한 채권 절세 방법에 대한 내용으로 채권에 대한 비과세 혜택이 없는 우리나라에는 해당 사항이 없다. - 감수인

과세 채권에 투자했을 때 투자 수입이 58달러 더 높다는 사실을 알 수 있다. 이러한 한계 세율을 적용받는 투자자에게는 더 나은 투자처임이 분명하다. 또한 한계 세율이 낮다고 해도 매수 시점의 시장 수익률에 따라 비과세 채권이 도움이 될 수 있다. 물론 2021년에는 물가 상승률이 2.5퍼센트보다 높아서 과세 채권과 비과세 채권 모두 실질 수익을 내지 못했다.

◀ 비과세 채권 vs. 과세 채권(액면가 1만 달러) ▶

채권 유형	지급 이자	세금(36%)	세후 소득
2½% 비과세 채권	$250	$0	$205
3% 과세 채권	300	108	192

만일 채권을 직접 매수하고자 한다면 유통 중인 채권보다는 신규 채권을 매수하길 권한다. 신규 채권은 일반적으로 기존 채권보다 수익률 면에서 조금 더 유리하며 거래 비용도 없다. 무디스와 스탠더드앤푸어스로부터 A 등급 이상을 받은 채권에 집중하면 위험을 크게 줄일 수 있다. 또한 소위 AMT 채권도 고려 대상에 넣자. 이 채권은 소득이 많은 납세자가 의무적으로 최소한의 세금이라도 내도록 하는 제도인 대체최소세금 Alternative Minimum Tax, AMT 적용을 받는데, 일반적으로 산정한 세액보다 세율이 낮다. 그러므로 소득의 많은 부분에서 세금 혜택을 받는 투자자에게는 큰 의미가 없지만 대체최소세금 대상이 아니기에 세금 부담이 크다면 AMT 채권에 투자함으로써 추가 수익을 올릴 수 있다.

채권에도 '동전 던지기'와 유사한 구석이 있다. 즉, 시장 금리가 오르면 채권 가격은 떨어진다. 반면 금리가 떨어지면 채권 발행자는 종종 '조기상환call'을 한 뒤에 더 낮은 이자율로 신규 채권을 발행한다. 이러한 위험을 피하려면 발행자가 더 낮은 이자율로 채권을 새로 발행하지 못하도록 하는 10년 콜-보호 조항이 들어 있는지 확인하자.

우수한 비과세 채권 펀드를 찾는다면 부록에 나와 있는 목록을 참조하자. 그러나 비과세 채권에 많은 돈을 투자할 생각이라면, 굳이 펀드를 통해 관리 비용을 지불할 필요는 없다. 채권보험의 보장을 받는 채권을 포함해서 우량등급 채권에 집중한다면 분산도 필요 없고 더 높은 수익률을 올릴 수 있다. 그렇지 않고 수천 달러 내에서 투자하고자 한다면 펀드가 유동성과 분산투자 측면에서 유리하다. 특정 주에서 발행한 채권만을 선택하는 펀드도 나와 있으며, 여기에 투자할 경우 주세와 함께 연방세도 면제받을 수 있다.

(4) 물가연동국채

예상치 못한 인플레이션은 채권 투자자에게 재앙과 같다. 인플레이션은 시장 금리를 끌어올리고 금리가 오르면 채권 가격은 떨어진다. 나쁜 소식은 여기서 끝이 아니다. 인플레이션은 또한 채권의 원금과 이자의 실제 가치도 떨어뜨린다. 그러나 물가연동국채(TIPS)를 이용하면 이러한 인플레이션 위험을 방어할 수 있다. 이 채권은 만기까지 보유할 경우 실질 구매력을 보장받는다. 2010년대 장기 물가연동국채의 기본 이자율은 1퍼센트였다. 기존 재무부 채권과는 달리 이자는 소비자물가지수에 따라 증가한 원금을 기준으로 지급된다. 물가가 내년에 3퍼센트 뛸 때 액면가 1천 달러의 채권은 1,030달러가 되고, 반기별로 지급되는 이자도 그에 비례하여 증가한다. 만기 시 투자자는 인플레이션으로 수정된 액면가에 해당하는 원금을 받을 수 있다. 그렇기 때문에 물가연동국채는 실질 수익률을 보장하고 실질 구매력이 보존된 원금을 돌려준다.

오늘날 인플레이션을 방어하기 위한 신뢰할만한 금융상품으로 이만한 게 없다. 물가연동국채는 또한 효과적으로 포트폴리오를 분산시켜준다. 인플레이션이 가속화될 때 일반적으로 주식과 채권 가격이 떨어지는 반면 물가연동국채는 더 높은 수익률을 제공한다. 그렇기 때문에 물가연동국채는 다른 자산과의 상관관계가 낮고 고유한 방식으로 포트폴리오를 분산시킨다. 이러한 점에서 걱정 많은 투자자를 위한 최적의 보험 상품이다.

그러나 세금에서는 불리한 측면이 있다. 미국 재무부 채권의 경우 만기 때까지 원금 증가분에 대해 세금을 낼 필요가 없지만 물가연동국채를 보유할 경우 이자뿐만 아니라 인플레이션을 반영하여 증가된 원금에 대해서도 세금을 물어야 한다.[37]♦♦♦ 또한 인플레이션이 지나치게 높을 경우 지급받은 이자만으로 원가 상승분에 대한 세금을 감당하지 못하는 일이 발생할 수 있다. 게다가 인플레이션이 이보다 더 높아지면 이런 불균형이 더 심화될 수 있다. 그러므로 물가연동국채는 세금 측면에서는 이상적인 투자처가 아니며, 세금우대가 되는 퇴직연금으로 투자할 때 가장 좋다. 2020년대 초반 인플레이션이 가속화되면서 물가연동국채의 기준 수익률

---

[37]♦♦♦ 국내에서도 2015년 1월 1일 이후 발행된 물가연동국고채는 이자소득뿐 아니라 원금 증가분도 '보유기간이자 등 상당액'에 해당하는 이자소득으로써 과세 대상이다. - 감수인
출처: 국세법령정보시스템 (질의회신 : '물가연동국채 원금증가분이 원천징수되는 이자소득에 해당하는 여부'), 소득세법 시행령(2019.06.25) 제22조의2 제3항.

은 마이너스로 떨어졌다. 2021년 말 인플레이션율이 6퍼센트 가까이 치솟으면서 10년 만기 물가연동국채는 마이너스 1퍼센트의 기준 수익률로 거래되었다.[38]♦♦♦

그 외 채권

재무부 I 채권(우리나라에는 존재하지 않는 제도임 - 감수인) 개인 투자자를 위해 표준 물가연동국채를 대체할만한 최고의 대안이 있다. 그것은 미 재무부 I 저축 채권U.S. Treasury I Savings Bonds 이다. 이 채권은 만기까지 고정 수익률에 연간으로 환산한 소비자물가지수 인플레이션율(일 년에 두 번 수정된다)을 더하여 지급한다. 2022년 초 I 채권은 총 7.12퍼센트의 이자율을 지급했으며, 이는 가용한 어떤 다른 안전 수익률을 훨씬 넘어서는 것이었다. I 채권의 이자에 대한 과세는 만기 혹은 매도 시점까지 유예된다. 그리고 주 소득세와 지방 소득세가 면제된다. 그 수익을 요구조건에 맞는 고등교육비에 사용하면 연방세도 면제받을 수 있다. 채권 만기는 30년이지만 (약간의 위약금을 물고) 1년 후 매도가 가능하다. 5년간 보유했다면 상환 위약금은 없다. 한 명의 사회보장급여 수령자가 구매할 수 있는 한도는 일 년에 1만 달러다. 그러므로 부부는 2만 달러의 I 채권을 구매할 수 있다. 게다가 소득세 환급을 활용하면 추가로 5천 달러의 채권을 구매할 수 있다. 재무부 웹사이트treasurydirect.gov 를 통해 살 수 있는 I 채권은 위험을 싫

---

[38]♦♦♦ 국내에서도 퇴직연금을 통해 물가연동국채에 투자할 수 있다. 자신의 퇴직연금 운용사에 문의해 가입 가능한 상품과 조건 등을 안내받을 수 있다. - 감수인

어하는 투자자를 위해 미 정부가 내놓은 최고의 상품이다.

정크본드 위험과 보상은 연결되어 있다는 격언이 채권 시장에도 통할까? 그렇다! 대부분의 기간 동안 소위 정크본드junk bond (신용등급이 낮은 대신 높은 수익률을 제공하는 채권)는 재무부 채권보다 약 3퍼센트 포인트 더 높은 수익률을 기록했다. 그러므로 비록 이자와 원금에 대한 정크본드의 채무 불이행률이 1퍼센트에 이르기는 하지만, 정크본드를 포함하여 잘 분산된 포트폴리오를 통해 재무부 채권보다 더 높은 순수익률을 얻을 수 있다. 그래서 많은 투자 자문사는 잘 분산된 고수익 채권 포트폴리오를 합리적 투자처로 권한다.

그러나 정크본드 권유를 '거절'하라고 말하는 사람도 있다. 그들은 대부분의 정크본드가 인수합병 및 LBO Leveraged Buy Out, 매수할 기업의 자산을 담보로 금융기관으로부터 매수자금을 조달하는 방법-옮긴이 의 물결이 한창일 때 발행되었다는 점을 지적한다. 정크본드 반대론자는 정크본드는 경기가 좋을 때는 아무런 문제가 없지만 경기가 나빠질 때에는 특히 주의해야 한다고 경고한다.

신중한 투자자라면 어떻게 해야 할까? 이 질문에 대한 대답 역시 상당한 투자 위험을 떠안은 상황에서 얼마나 잠을 잘 잘 수 있느냐에 달렸다. 고수익 정크본드 포트폴리오는 불면증이 있는 투자자에게 적합하지 않다. 분산 효과에도 불구하고 정크본드 투자에는 상당한 위험이 따른다. 특히 이자로 생활하는 투자자에게는 좋지 않다. 게다가 투자 자산을 적절하게 분산하지 않은 투자자에게도 좋지 않다. 그럼에도 적어도 역사적으로 정크본드의 총 위험 프리미엄은 실제 파산에 따른 손실을 메우고도 남는다.

해외 채권 일반적으로 신흥시장 채권을 추천하지 않는다. 위험이 높고 신용등급이 낮기 때문이다. 그럼에도 많은 신흥경제는 GDP 대비 부채가 낮고 재정 상황이 선진국보다 더 건전하다. 또한 신흥경제는 상승 속도가 빠르다. 위험을 감당할 수 있는 투자자에게는 신흥시장 채권을 포함하는 고수익 해외 채권 포트폴리오를 고정수입 포트폴리오에 편입시키는 것도 유용한 방법이다.

과제 7-1: 금융 억압 시기에 대한 대비책도 알아두자

낮은 금리는 채권 투자자에게 힘든 시절을 의미한다. 오늘날 선진국들 모두 과도한 부채를 짊어지고 있다. 미국을 비롯한 전 세계의 정부는 인구 고령화에 직면한 가운데 사회복지 프로그램을 추진하는 과정에서 힘든 시간을 보내고 있다.

이러한 상황에서 미국 및 각국 정부는 금리를 고의적으로 낮추는 방법을 선택하고 있다. 이를 통해 정부는 실질적으로 부채 부담을 줄이고 채권 투자자 집단을 기반으로 채무를 새롭게 재편할 수 있다. 우리는 이러한 시나리오를 이미 본 적이 있다. 2차 대전이 끝나갈 무렵, 미국 정부는 전쟁 기간 동안 누적된 채무 상환의 부담을 덜기 위해 금리를 아주 낮은 수준으로 유지했다. 이를 통해 미국은 GDP 대비 부채 비율을 1946년 122퍼센트에서 1980년 33퍼센트로 크게 낮췄다. 그러나 이는 채권 보유자의 희생으로 가능한 것이었다. 이것이 바로 '금융억압 financial repression' 금융시장이 자유로웠다면 다른 곳에 쓰였을 자금이 정부 정책에 의해 쓰임이 제한되는 상황을 이르는 말- 옮긴이 이 의미하는 바다.

이 문제를 해결하기 위한 한 가지 방법은 채권 포트폴리오 일부를 주식으로 전환하는 것이다. 배당이 안정적으로 증가하는 주식으로 구성된 포트폴리오는 동일 기업의 채권으로 이뤄진 포트폴리오보다 수익률이 높고 미래 성장 가능성 또한 밝다. 이러한 포트폴리오에 포함시킬 수 있는 마땅한 종목으로 베리존Vreizon 을 꼽을 수 있다. 베리존이 발행한 15년 만기 채권 수익률은 2021년 말에 약 3.25퍼센트다. 반면 그 주식의 배당 수익률은 4.375퍼센트인데, 배당금은 계속 증가해왔다. 배당과 이자 수입으로 생활하는 은퇴자라면 채권보다 베리존 주식으로 더 많은 보상을 얻을 수 있다. 게다가 배당이 증가하는 주식으로 이뤄진 포트폴리오라고 해서 같은 기업의 채권 포트폴리오보다 변동성이 더 큰 것도 아니다. 금융억압의 시기 동안 채권에 대한 투자는 신중해야 한다. 그리고 위험을 낮추기 위해 구성한 포트폴리오 일부를 주식으로 대체하는 방법은 좋은 전략이 될 수 있다.

과제 8: 낯선 투자 대상을 조심하자

이전 판에서 나는 금을 분산 포트폴리오에 포함시킬 것인지에 대해 각각 다른 입장을 보였다. 금값이 1온스에 800달러 이상 치솟았던 1980년대 초, 나는 금에 대해 대단히 부정적인 입장을 취했다. 그로부터 20년이 흘러 새천년이 시작될 무렵에 금 가격은 온스 당 200달러로 떨어졌고 나도 긍정적인 쪽으로 입장을 바꿨다. 그러나 최근 금 가격이 다시 온스 당 1,800달러를 돌파하면서 더 이상 긍정적인 입장을 고수하기 힘들게 되었다. 물론 금은 포트폴리오 안에서 어느 정도 긍정적인 역할을 할 수 있다. 금 수익률은 증권 자산 수익률과 상관관계가 매우 낮다. 그러므로 어느 정도(말하자면 전체 포트폴리오의 5퍼센트 정도) 보유한다면 전체 포트폴리오의 변동성을 낮출 수 있다. 그리고 높은 인플레이션이 다시 시작된다면 금은 만족스러운 수익률을 보여줄 것이다. 하지만 엄격하게 얘기하자면, 광범위한 분산투자 도구로서의 금의 역할은 제한적일 수밖에 없다.

그렇다면 모두의 친구라고 말하는 다이아몬드는 어떨까? 개인 투자자는 다이아몬드로부터 엄청난 위험과 불이익을 떠안을 수 있다. 우선 매수 과정에서 엄청난 수수료가 발생한다. 또한 개인이 다이아몬드의 품질을 평가하기란 대단히 힘들다. 그리고 장담하건대 다이아몬드를 팔기 위해 전화하는 사람이 다이아몬드를 사기 위해 전화하는 사람보다 훨씬 많을 것이다.

최근 유행하는 또 다른 전략은 수집품에 투자하는 것이다. 수많은 세일즈맨들이 르누아르 작품에서 양탄자, 티파니 램프, 희귀 우표, 아르데코 장식품, 심지어 비행기 구토 봉지에 이르기까지 다양한 수집품을 사라고 권유한다. 게다가 이베이 eBay 의 출현으로 수집품을 사고팔기가 대단히 쉬워졌다. 물론 자신이 좋아하는 물건을 수집하는 것이라면 아무런 문제가 없다. 사람마다 취향은 다른 법이니까. 그러나 취향이 아니라 단지 가격이 오를 것이라는 기대로 물건을 사들이지는 말라는 것이 내가 하고 싶은 조언이다. 무엇보다 가짜와 위조품이 넘쳐 난다. 또한 수집품 포트폴리오는 높은 보험료와 지속적인 유지비가 들어간다. 즉, 배당이나 이자를 받는 것이 아니라 오히려 추가 비용을 지불해야 한다. 수집품 투자로 돈을 벌려면 안목과 취향이 탁월해야 한다. 내 생각에 수익을 끌어안고 있다고 자부하는 사람들 대부분 사실은 문제를 끌어안고 있는 것이다.

다행스럽게도 걸작으로 판명된 예술 작품을 샀다고 해도 여전히 똑똑한 투자가 아닐 수 있다. 2017년 11월, 레오나르도 다빈치의 '살바토르 문디Salvator Mundi'가 크리스티 옥션에서 4억 5천만 달러가 넘는 금액으로 낙찰되었다. 「월스트리트저널」의 금융 칼럼리스트 제이슨 츠바이그Jason Zweig의 추산에 따르면 그 작품은 1500년대 초에 약 50만 달러에 팔렸다. 오늘날 "다빈치의 작품을 소장하고 있습니다"라며 자랑할 요량이면 그만한 가치는 있다. 하지만 금융 투자의 관점에서 볼 때 1519년에서 2018년에 이르기까지 그 작품의 수익률은 고작 1.35퍼센트에 불과했다.

요즘 인기를 모으고 있는 또 다른 투자 대상으로 상품 선물계약이 있다. 투자자는 금뿐만 아니라 곡물에서 금속, 외환에 이르기까지 다양한 상품의 배송 계약을 살 수 있다. 이 시장에서 전문가들은 크게 재미를 볼 수 있다. 하지만 자기가 뭘 샀는지도 알지 못하는 개인 투자자는 호되게 당하기 십상이다. 비전문적인 투자자를 위한 내 조언은 곡물을 멀리하라는 것이다.

"전 재산을 털어 이 '물건들'을 샀답니다."

©George Price/ New Yorker / Conde Nast.

나는 또한 헤지펀드와 사모펀드, 벤처캐피털 펀드도 가까이하지 않는다. 이러한 펀드는 엄청난 관리 비용과 더불어 펀드매니저에게 수익의 20퍼센트까지 챙겨줘야 한다. 그렇기 때문에 개인 투자자는 이익을 보기 힘들다. 게다가 평균 수익률 또한 대단히 실망스럽다. 물론 최고의 펀드는 좋은 실적을 보였다. 그러나 선택적 포지션을 확고하게 구축한 기관 투자자가 아닌 이상, 최고 펀드를 고를 가능성은 현실적으로 제로다. 이러한 낯선 투자 대상을 멀리하자. 당신을 위한 상품이 아니다.

그래도 헤지펀드 유혹을 떨쳐버리기 어렵다면 워런 버핏의 유명한 내기를 떠올려보자. 2007년 말 버핏은 다음 조건으로 백만 달러 내기를 제안했다. "다음 십 년 동안 S&P 500 지수보다 더 좋은 수익률을 기록할 헤지펀드 다섯 개를 선택하라." 그리고 이 내기의 승자는 자신이 선택한 자선단체에 상금을 기부하기로 했다. 버핏의 제안을 받아들인 곳은 미국 헤지펀드 운용사 프로테제 파트너스 Protégé Partners 였다. 그들은 버핏과의 내기에서 헤지펀드 포트폴리오에 투자한 다섯 개의 펀드를 선택했다. 마침내 내기가 끝난 2017년 마지막 날, S&P 500 인덱스펀드는 7.1퍼센트의 연 수익률을 기록했다. 반면 헤지펀드 포트폴리오의 평균 수익률은 2.2퍼센트에 불과했다. 버핏은 내기에서 딴 판돈을 자신이 설립한 자선단체인 걸즈Girls, Inc.에 기부했다. 걸즈는 5~18세 소녀들을 대상으로 방과 후 돌봄 및 여름방학 프로그램을 제공하는 비영리단체다. 이 내기에서 진정한 패자는 고비용 헤지펀드 포트폴리오에 투자한 사람들이었다.

결론적으로 나는 암호화폐나 대체 불가능한 토큰, 혹은 SNS에서 관심을 끄는 모든 것을 피할 것이다. 이들은 도박가를 위한 것이다. 노후자금 포트폴리오에 이를 포함시키는 일은 없을 것이다.

과제 9: 비용을 통제하자

오늘날 할인 증권사는 거의 수수료 없이 투자 주문을 처리해준다. 특히 PC나 스마트폰으로 하는 온라인 주식 거래는 더 쉽고 더 싸다. 하지만 여기에도 주의할 점이 있다. 그것은 매일 주식을 사고팔아서 수익을 올리는 투자자는 거의 없다는 사실이다. 값싼 수수료의 유혹에 넘어가서 실패한 투자자의 대열에 합류하지 않도록 각별히 주의하자.

수수료 비용에 대해 논의하는 참에 '랩어카운트wrap account'라고 하는 월스트리트가 내놓은 획기적인 상품에 대해서도 알아보자. 이 상품은 연간 한 번만 보수를 내면 증권사가 알아서 주식, 채권, 부동산에 이르기까지 전문 펀드매니저가 투자를 대신해주는 일임형 투자 방식이다.

하지만 그 보수 안에는 수수료와 자문 비용이 모두 포함되어 있다. 그렇기 때문에 랩어카운트 보수는 극단적으로 높다. 연 보수가 3퍼센트에 이르기도 한다. 게다가 펀드매니저가 뮤추얼펀드나 리츠REITs에 투자할 경우 추가 실행 수수료 및 비용이 발생할 수 있다. 이러한 비용을 짊어지고 시장을 이기기란 현실적으로 불가능하다. 내 조언은 이렇다. 랩어카운트를 멀리하라.

펀드나 ETF를 매수할 때 무엇보다 중요한 것은 비용이라는 점을 명심하자. 일반적으로 보수가 낮은 펀드가 최고의 순 수익률을 올린다. 가장 핵심적인 저비용 펀드는 인덱스펀드며 세금 측면에서도 아주 유리하다. 펀드 시장은 자신이 지불한 만큼을 얻어가는 곳이 아니다.

투자에는 개인이 통제할 수 없는 부분이 많다. 주식과 채권 시장의 상승과 하락은 그저 바라볼 도리밖에 없다. 하지만 투자 비용만큼은 통제할 수 있다. 또한 세금을 최소화하는 쪽으로 투자를 구성할 수 있다. 자신이 통제할 수 있는 것을 통제하려는 노력은 합리적인 투자 전략의 핵심이다.

과제 10: 분산투자를 하자

지금까지 실전 투자 준비 과제를 통해 다양한 투자 대상을 살펴봤다. 월스트리트 세상을 거니는 여정에서 가장 중요한 곳은 브로드스트리트 Broad Street 모퉁이인데, 주식을 중심으로 합리적인 투자 전략을 세우는 곳이다. 이 부분에 대한 지침은 13, 14, 15장에서 제시하겠다.

실전 투자 준비 과제를 마무리하면서 현대 포트폴리오 이론의 소중한 교훈, 즉 분산투자의 장점을 한 번 더 떠올려 보는 기회를 가졌으면 한다.

성경에 이런 구절이 있다. "중지를 모으면 지혜가 나오는 법이니라." 이 말은 투자에도 똑같이 해당된다. 우리는 분산투자를 통해 위험을 줄이고 장기 수익률을 높임으로써 투자 목표를 달성할 수 있다. 그렇기 때문에 각 투자 유형 안에서 다양한 개별 종목을 보유해야 한다. 물론 주식이 포트폴리오의 중심이 되어야 하지만 그렇다고 해서 주식이 유일한 투자 대상이 되어서는 곤란하다. 퇴직계좌에 엔론 주식밖에 남지 않은 전 엔론 직원의 글썽이는 눈망울을 떠올려보자. 엔론이 파산했을 때 그들은 일자리뿐 아니라 퇴직연금까지 몽땅 날려버렸다. 투자 목표가 무엇이든 현명한 투자자라면 분산투자를 해야 한다.

또한 10장에서 다뤘던 투자의 함정과 장애물을 떠올려보자. 여기서 우리는 행동재무학이 투자자에게 선사한 값진 교훈을 살펴봤다. 투자를 할 때 우리는 종종 자신의 최대 적이 되곤 한다. 인간이 심리적으로 얼마나 취약한 존재인지 이해하고 분산투자를 한다면 월스트리트를 걷다가 돌부리에 걸려 넘어지는 실수는 하지 않을 것이다.

◆ ◆ ◆

이로써 실전 투자 준비 과제를 마쳤다. 여기서 잠시 마지막 점검을 해보자. 경제학자들이 내놓은 가치평가 이론과 투자 전문가들이 기록한 실적을 살펴보건대, 결론은 하나다. 그것은 부자가 되기 위한 쉽고 확실한 길은 없다는 점이다. 높은 수익률은 높은 위험을 떠안아야만 가능하다(게다가 낮은 유동성까지 감수해야 한다).

13장에서는 주식과 채권 투자의 위험과 수익률에 대해 살펴볼 것이다. 이를 통해 투자 자산에서 얻고자 하는 기대 수익률을 결정할 수 있다.

14장에서는 개인이 수용할 수 있는 위험은 연령과 소득에 따라 크게 달라진다는 점을 알게 될 것이다. 또한 생애주기를 고려하여 어떤 비중으로 주식과 채권, 부동산, 단기 투자 상품에 집어넣을 것인지 결정하는 방법을 알아볼 것이다.

마지막 장에서는 일반 투자자도 똑똑한 전문가만큼, 혹은 그들보다 더 나은 실적을 올릴 수 있도록 해주는 구체적인 주식 투자 방식을 살펴볼 것이다.

13장
실전 투자 수익률 예측

과거를 제대로 알지 못하는 이는 현재를 비관적이고 절망적으로 바라보는 경향이 있다.

― 토머스 매컬레이, 『영국사』

이 장에서는 금융시장에 직접 뛰어들기 전에 현실적이고 쉽게 투자 수익률을 예측해보는 방법에 대해 알아볼 것이다. 물론 이 글을 읽는다고 해서 다음 달이나 내년에 시장이 어떻게 될 것인지 알 수는 없다(그걸 알 수 있는 사람은 아무도 없다). 그러나 포트폴리오 수익률을 좀 더 높이는 것은 가능하다. 투자 자산의 근간을 차지하는 주식과 채권의 가격은 틀림없이 우리의 통제를 벗어나 요동치겠지만, 여기서 내가 제시하는 원칙을 통해 장기적인 투자 수익률을 현실적으로 예측하여 자신의 재정 상황에 맞게 투자 목표를 세워볼 수 있을 것이다.

무엇이 주식과 채권의
수익률을 결정하는가

주식의 수익률은 두 가지 중요한 요인에 따라 결정된다. 그것은 매수 시점의 배당수익률, 이익이나 배당의 성장률이다.[39] 이론적으로 주식을 영원히 보유할 때 그 가격은 미래 배당 흐름에 대한 '현재' 가치 혹은 '할인된' 가치가 된다. 여기서 '할인'이란 내일 받을 돈이 오늘 손에 쥔 돈보다는 가치가 낮다는 사실을 반영한 개념이라는 점에 유의하자. 주식 투자는 한 기업의 소유권을 구매하는 것이다. 또한 주식 투자자는 앞으로 받을 배당금이 점점 증가하기를 바란다. 기업이 오늘 아주 작은 배당만 지급하고 이익의 대부분을(혹은 전부를) 비즈니스에 재투자한다고 해도 투자자는 그러한 재투자를 통해 앞으로의 배당 흐름이 크게 증가할 것이라고 기대하거나, 혹은 기업이 더 큰 이익을 올려 자사주를 매입하여 소각함으로써 주식 수를 줄여 한 주당 가격을 높여줄 것이라고 암묵적으로 기대한다.

이러한 배당 흐름의 할인된 가치(혹은 자사주 매입을 통해 주주에게 돌려준 가치)라는 개념을 기반으로, 우리는 다음과 같이 개별 주식 혹은 주식시장 전체의 장기 수익률을 구하는 아주 간단한 공식을 만들 수 있다.

---

[39] 배당수익률(dividend yield)은 현재 주가 대비 배당금의 비율(배당금/시가*100)을 뜻한다. 참고로, 배당률(dividend rate)은 액면가 대비 배당금의 비율이며, 시가배당률은 배당 기준일의 주가 대비 배당금의 비율을 말한다. - 감수인

> 장기 주식 수익률 = 초기 배당수익률 + 성장률

예를 들어 1926년 1월 1일 주식시장 전체의 배당수익률은 약 5퍼센트다. 1926~2022년 사이 이익 및 배당의 성장률은 연 5퍼센트다. 배당수익률과 성장률을 더하면 10퍼센트가 되는데, 1926~2022년 사이 실제 주식의 연 수익률이 약 10퍼센트다.

일 년이나 몇 년처럼 단기간의 수익률을 구할 때는 세 번째 요인인 가치평가의 변화도 고려해야 한다. 그런데 주식의 가치평가는 시장 금리에 영향을 받는다. 그래서 주식은 투자 자금을 놓고 채권과 경쟁을 벌이며 금리가 낮을 때에는 배당수익률(주가 대비 배당금의 비율)이 낮아지고 주가수익배수는 높아지는 편이다. 반대로 금리가 높을 때에는 주식의 배당수익률이 높아지고 주가수익배수는 낮아지는 경향이 있다.

1968~1982년 주식의 수익률은 장기 평균인 10퍼센트를 한참 밑도는 약 5.5퍼센트에 불과했다. 이 기간의 초반부에 주식은 연 3퍼센트의 배당수익률을 기록했고, 이익 및 배당의 성장률은 장기 평균인 5퍼센트보다 약간 높은 연 6퍼센트였다. 주가수익배수가 그대로 유지되었다면(배당수익률이 3퍼센트로 그대로 유지되었다면) 6퍼센트의 성장률은 연 6퍼센트의 가치 상승으로 이어졌을 것이기 때문에 주식은 연 9퍼센트 수익률을 기록했을 것이다. 그러나 실제로는 배당수익률이 크게 증가하면서(동시에 주가수익배수가 크게 하락하면서) 주식의 연 수익률이 약 3.5퍼센트 포인트만큼 내려가서 5.5퍼센트에 그친 것이다.

인터넷 거품이 한창이던 2000년 4월 초, S&P 500의 배당수익률은 1.2 퍼센트였다(주가수익배수는 30배를 넘어섰다). 이후 십 년 동안 성장률은 연평균 5.8퍼센트로 꽤 높았다. 만약 가치평가에서 변화가 없었다면 연 7퍼센트의 수익률을 기록했을 것이다(1.2퍼센트 배당수익률 + 5.8퍼센트 성장률). 그러나 그 십 년 동안 주가수익배수가 크게 떨어졌고 배당수익률은 올라갔다. 이런 가치평가 변화 때문에 주식의 수익률이 13.5퍼센트 포인트나 떨어졌다. 다시 말해 주식의 연 수익률이 7퍼센트가 아니라 마이너스 6.5 퍼센트가 되었다.

채권의 장기 수익률은 주식보다 더 계산이 쉽다. 채권의 장기 수익률은 매수 시점의 만기수익률로 대략 구할 수 있다.

(정기적인 이자 지급 없이 만기에 고정된 금액을 상환하는) 제로쿠폰 채권은 부도가 없고 만기까지 보유한다고 가정하면 매수 시점 수익률이 곧 투자 수익률을 의미한다.

정기적으로 이자를 지급하는 채권의 수익률은 보유기간에 발생하는 이자를 재투자하는지, 재투자할 경우 어떤 이자율을 적용하는지에 따라 약간의 변동이 있다. 다만 만기까지 보유하지 않을 경우 채권 수익률 측정은 힘들어진다. 금리가 바뀌면 보유 기간 동안에 얻게 될 수익률이 달라지기 때문이다. 시장 금리가 올라갈 때는 더 높은 이자율로 발행된 채권과 경쟁할 만큼 채권 가격이 떨어진다. 반대로 금리가 떨어질 때는 채권 가격이 상승한다. 여기서 명심해야 할 것은 만기 전 채권을 매도한다면 금리가 상승하는 만큼 손해를 보고 금리가 떨어지는 만큼 이익을 얻는다는 점이다.

인플레이션은 채권 수익률 계산을 더욱 어렵게 만드는 복병이다. 채권 시장에서 인플레이션율의 상승은 명백한 악재다. 이러한 사실을 이해하기 위해 인플레이션이 없는 상황에서 채권이 5퍼센트 수익률 기준으로 거래된다고 해보자. 즉, 이 채권은 투자자에게 5퍼센트의 실질 수익률을 제공한다. 이제 인플레이션율이 0에서 연 5퍼센트로 상승한다고 해보자. 여기서 투자자가 여전히 5퍼센트 실질 수익률을 요구한다면 채권 이자율은 10퍼센트로 뛰어야 한다. 그래야만 투자자는 인플레이션 조정 후 5퍼센트 수익률을 얻을 수 있다. 따라서 인플레이션율 상승은 채권 가격의 하락을 의미한다. 그러므로 인플레이션이 발생하기 전에 5퍼센트 수익률로 채권을 매수한 사람은 큰 자본 손실을 겪게 될 것이다. 12장에서 추천했던 인플레이션 방어 채권의 경우를 제외하고 인플레이션은 채권 투자자에게 치명적인 독이다.

그러나 주식은 인플레이션 위험을 분산한다. 인플레이션율이 상승한다고 해도 주식에는 나쁜 영향을 미치지 않는다. 또한 적어도 이론적으로 인플레이션율이 1퍼센트 포인트 높아질 때 공장, 시설, 재고를 포함하여 모든 가격이 1퍼센트 포인트 상승한다. 결과적으로 이익이나 배당의 성장률은 인플레이션율과 나란히 올라간다. 그렇기 때문에 투자자가 요구하는 수익률이 인플레이션율과 함께 올라간다고 해도 배당수익률에서는 어떤 변화도 일어나지 않는다. 이러한 일이 실제 현실에서도 일어나는지는 이어서 살펴보도록 하자.

과거 수익률 리뷰

향후 주식과 채권 수익률을 조망하기 전에 금융 시장의 역사적인 네 시기를 살펴보고 이어서 2010년대에서 2020년대로 가는 기간의 상승장에 대해서도 살펴볼 것이다. 먼저, 앞서 소개한 수익률 결정요인으로 그동안의 투자 실적을 어떻게 설명할 수 있는지 확인해보자. 여기서 소개할 네 시기는 1947년에서 2009년까지의 기간을 시장 수익률에서 드러난 네 번의 중대한 변동을 기준으로 구분한 것이다. 다음 도표에서 네 시기와 그동안 주식과 채권의 연평균 수익률을 확인할 수 있다.

◀ 미국 시장의 시기별 주식 및 채권 수익률(연평균 수익률) ▶

자산 유형	1기 (1947년 1월~ 1968년 12월, 평안기)	2기 (1969년 1월~ 1981년 12월, 불안기)	3기 (1982년 1월~ 2000년 3월, 풍요기)	4기 (2000년 4월~ 2009년 3월, 각성기)
주식(S&P 500)	14.0%	5.6%	18.3%	-6.5%
채권 (장기 우량 회사채)	1.8	3.8	13.6	6.4
연평균 인플레이션율	2.3	7.8	3.3	2.4

내가 평안기라고 이름 붙인 1기는 2차 대전 이후의 성장기를 말한다. 이 기간 동안 주식 투자자는 인플레이션을 감안하고서도 대단히 높은 수익을 올린 반면, 채권 투자자의 수익률은 평균 인플레이션율을 크게 밑돌 정도로 저조했다.

내가 2기에 불안기라고 이름을 붙인 이유는 베이비붐 시절에 태어나서 이때 십대가 된 세대의 저항, 베트남 전쟁으로 인한 정치·경제적 혼란, 석유와 식품 파동 들이 동시에 일어나면서 투자자에게 불리한 상황이 전개되었기 때문이다. 아무도 여기서 벗어날 수 없었고 주식과 채권 모두 좋은 실적을 올리지 못했다.

다음으로 풍요기인 3기 동안에는 베이비부머가 성인으로 성장하면서 사회적으로 평화가 찾아왔고 인플레이션 없는 번영이 시작되었다. 이 시기에 주식과 채권 투자자는 황금 시대를 누렸다. 다시 말해 투자자는 역사적으로 전례 없는 풍요로운 수익을 올렸다.

마지막으로 4기는 각성기로서 새천년의 거창한 전망이 주식 수익률에 전혀 반영되지 못했다. 하지만 이 시기에 주식의 수익률이 2020년대까지 극적으로 상승할 수 있는 여건이 조성되었다.

지금부터는 이렇게 대략적으로 나눈 시기를 기준으로 수익률 결정요인이 어떻게 작동했는지 살펴보도록 하자. 특히 무엇이 가치평가 변화를 촉발했는지 자세히 들여다보도록 하자. 주식 가격은 (1) 초기 배당수익률, (2) 이익 성장률, (3) 주가수익 변화에 따른 가치평가에 의해 결정된다. 반면 채권 수익률은 (1) 매수 시점의 만기 수익률, (2) 만기 전 매도 시 채권 가격과 금리(이자율)의 변동에 의해 결정된다.

1기: 평안기

2차 대전이 끝나자 사람들은 지출 확대로 이를 축하했다. 전쟁 중에 그들은 자동차와 냉장고를 비롯한 다양한 제품을 소비하지 않고 살았다. 그러나 전쟁이 끝나면서 사람들은 그동안 저축해 놓았던 돈을 아낌없이 쓰기 시작했고 약간의 인플레이션과 함께 작게나마 경제 붐이 일었다. 그럼에도 그들은 1930년대 경제공황의 트라우마로부터 완전히 벗어나지는 못했다.

수요가 조금이라고 위축되는 조짐을 보이면 경제학자들(비관적인 학자들)은 불황이나 전면적인 경기 침체가 머지않았다고 경고했다. 해리 트루먼 대통령은 유명하게도 불황과 경기 침체의 차이를 이렇게 정의했다. "당신이 해고를 당했다면 불황이다. 내가 해고를 당했다면 경기 침체다." 주식시장 투자자는 이러한 경제학자들의 암울한 전망에 귀 기울이며, 크게 걱정했다. 1947년 초 배당수익률은 보기 드물게 5퍼센트로 치솟았고 주가수익배수는 장기 평균인 15~16보다 낮은 12를 기록했다.

그러나 많은 이들의 우려와는 달리 경제는 침체 국면으로 접어들지 않았다. 약간의 불황은 있었지만 1950년대와 1960년대에 걸쳐 미국 경제는 꽤 빠른 속도로 성장했다. 게다가 1960년대 초 케네디 대통령이 내놓은 대규모 감세 정책이 그의 사후인 1964년에 입법화되었다. 대규모 감세 정책과 베트남 전쟁에 따른 정부 지출 증가가 맞물리면서 미국 경제는 활기를 띠기 시작했고, 고용률은 크게 증가했다. 이 시기에 인플레이션은 특별한 문제가 되지 않았다. 투자자들은 점차 자신감을 회복하여 1968년 주가수익 P/E은 18선을 상회했고 S&P 500의 배당수익률은 3퍼센트였다. 이 시기에는 이익과 배당 모두 6.5~7퍼센트에 이르는 높은 성장률을 기록했으며 시장의 가치평가가 더욱 후해지면서 자본 이득을 더욱 강화했다. 아래 도표에서 1947~1968년 동안 주식과 채권 수익률을 확인할 수 있다.

◀ 주식과 채권 수익률(1947년 1월~1968년 12월) ▶

주식	초기 배당수익률	5.0%
	이익 성장률	6.6
	가치평가의 변화(주가수익 변화)	2.4
	연평균 수익률	14.0
채권	초기 수익률	2.7
	금리 변동의 영향	-0.9
	연평균 수익률	1.8

그러나 아쉽게도 채권 투자 실적은 좋지 못했다. 가장 먼저, 1947년 당시 매수 시점의 채권 수익률은 아주 낮았다. 그래서 만기까지 보유한다고 해도 수익률은 낮을 수밖에 없었다. 2차 대전 동안에 미국 정부는 장기 국채 이자율을 최고 2.5퍼센트로 묶어 놨다. 이러한 정책의 목적은 미 정부가 전쟁 자금을 낮은 이자율로 값싸게 구하도록 하기 위함이었지만 종전 이후로도 그대로 이어져 1951년까지 계속되었다. 1951년이 되어서야 이자율 조정이 허락되었다. 그 과정에서 채권 투자자는 이중고를 겪었다. 이 시기의 초반부에는 인위적으로 낮은 이자율로 어려움을 겪어야 했지만 이후 이자율이 상승하면서 채권 가격이 떨어져 자본 손실을 떠안아야 했기 때문이다. 이로 인해 이 기간 동안 채권 보유자의 명목 수익률은 2퍼센트에도 미치지 못했고 인플레이션까지 고려한 실질 수익률은 마이너스를 기록했다.

2기: 불안기

이 시기는 머피의 법칙이 딱 어울리는 때로 불행이 잇달아 일어났다.

1960년대 말부터 1980년대 초에 이르기까지 예기치 못한 인플레이션이 나타나면서 증권 시장에 막대한 영향을 미쳤다.

1960년대 중반만 해도 인플레이션은 1퍼센트가 살짝 넘는 미미한 수준이었다. 그러나 1960년대 말 미국이 베트남 전쟁에 뛰어들면서 전형적인 '(수요가 공급을 초과하는) 수요견인demand-pull' 인플레이션이 나타나면서 인플레이션율은 4~4.5퍼센트로 급등했다.

1973년~1974년 석유수출기구OPEC는 담합을 통해 산출량을 인위적으로 줄였다. 같은 시기 북미지역에서는 곡물 수확이 감소했고 페루 멸치_{단백질의 주 공급원}의 수확량마저 원인 모를 이유로 급감했다. 아프리카 사하라 이남 지역과 소련에서는 재앙에 버금가는 일들이 일어났다. 그래서 이 시기에 "머피는 낙관주의자였다"라는 오툴의 경고가 주목받을 수밖에 없었다. 이러한 상황에서 인플레이션율은 6.5퍼센트로 뛰었다.

게다가 1978년과 1979년에 있었던 (특정 분야에서 과도한 초과 수요를 촉발한) 정책 혼선과 125퍼센트에 달하는 추가 유가 상승이 가세하면서 인플레이션율을 다시 한번 밀어 올렸고, 이에 따라 임금 상승이 이어졌다. 1980년대 초 인플레이션율은 10퍼센트를 넘어서며 경제에 대한 통제력을 상실한 게 아니냐는 우려의 목소리가 곳곳에서 터져 나왔다. 당시 폴 볼커Paul Volcker 의장이 이끄는 미 연방준비제도이사회는 결국 과감한 결정을 내리기에 이르렀다. 그들은 극단적인 긴축정책을 통해 경제 고삐를 단단하게 조이고 인플레이션 바이러스를 완전히 박멸하고자 했다. 이후 인플레이션은 다소 완화되었지만 경제 상황은 질식사의 위험에 처하고 말았다. 미국 사회는 1930년대 이후로 최악의 경기 침체를 겪었고 실업률은 크게 치솟았다. 1981년 말 미국 경제는 두 자릿수 인플레이션과 두 자릿수 실업률로 극심한 고통을 겪었다.

1969년~1981년 사이 주식과 채권 투자자의 명목 수익률은 대단히 낮았고, 7.8퍼센트에 달하는 인플레이션율까지 감안한다면 실질 수익률은 마이너스를 기록했다. 다음 도표에서 알 수 있듯이 이 시기에 금융 시장의 실적은 부진했다. 다른 한편으로 금이나 수집품, 부동산 등 실물 자산 시장은 두 자릿수의 풍족한 수익률을 누렸다.

◀ 주식과 채권 수익률(1969년 1월~1981년 12월) ▶

주식	초기 배당수익률	3.1%
	이익 성장률	8.0
	가치평가의 변화(주가수익 변화)	-5.5
	연평균 수익률	5.6
채권	초기 수익률	5.9
	금리 변동의 영향	-2.1
	연평균 수익률	3.8

인플레이션은 예측이 불가능했으므로 채권 투자의 결과는 재앙에 가까웠다. 예를 들어 1968년에 채권의 만기 수익률은 약 6퍼센트였다. 이는 3퍼센트의 인플레이션율을 감안해도 3퍼센트의 실질 수익률을 보장해 줄 것으로 보였다. 하지만 안타깝게도 1969~1981년 사이에 인플레이션율이 8퍼센트에 육박하여 실질 수익률을 완전히 갉아먹었다. 나쁜 소식은 여기서 끝이 아니었다. 채권 투자자는 자본 손실까지 떠안아야 했다. 인플레이션율이 두 자리를 기록했던 1970년대 말에 누가 6퍼센트 수익률 채권을

사려고 했겠는가.

그래도 채권을 팔려면 구매자 입장에서 높은 인플레이션율을 감안하고서도 수익을 올릴 수 있을 정도로 싼 가격에 내놓아야만 했다. 게다가 변동성이 커지면서 위험 프리미엄까지 높아진 것을 고려한다면 채권 가격은 더욱 낮아야 했다. 설상가상으로 조세 제도가 채권 투자자에게 최후의 일격을 가했다. 채권 투자자의 실질 수익률이 마이너스를 기록했음에도 지급받은 이자에 대해서는 꼬박꼬박 세금을 물어야 했다.

채권이 예기치 못한 인플레이션으로부터 투자자를 보호할 수 없다는 것은 당연한 이야기다. 채권은 그렇다 치더라도 주식의 경우는 다르다. 주식은 곧 실물 자산에 대한 소유권을 의미하며 실물 자산은 인플레이션에 따라 가치가 상승하기 때문에, 이러한 논리에 따른다면 주식의 가격은 인플레이션과 더불어 올라야 한다. 하지만 당시 상황은 처음으로 미술관에 간 꼬마의 이야기를 떠올리게 한다. 말을 그린 유명한 초상화라는 설명을 들었을 때 꼬마는 이렇게 물었다. "말을 그린 그림인데 왜 말이 아닌가요?" 마찬가지로 주식은 인플레이션 방어 수단인데 왜 인플레이션을 방어하지 못했을까?

당시 이익 및 배당의 성장이 주춤한 것에 대해 여러 설명이 쏟아져 나왔다. 한 가지 일반적인 설명은 인플레이션이 기업의 수익을 크게 위축시켰다는 것이다. 이러한 주장을 한 이들은 인플레이션을 중성자탄에 비유했다. 즉, 인플레이션이 기업의 비즈니스 뼈대만 남겨두고 수익이라는 원동력을 몽땅 파괴해버렸다고 주장했다. 당시 많은 이들이 자본주의 엔진이 통제를 벗어났기에 (랜덤워크든 아니든) 월스트리트에 뛰어드는 것은 대단히 위험한 일이라고 보았다.

하지만 1980년대 초 금융 분야의 일각에서 주장했던 것처럼 "가차 없는 인플레이션으로 인해 기업 이익이 기름칠한 기둥에서 미끄러지듯 떨어졌다"는 실질적인 증거는 없다. 오히려 기업 이익은 1969~1981년에 꾸준히 증가했고 8퍼센트에 육박했다. 이는 인플레이션과 맞먹는 수치다. 또한 배당 역시 인플레이션에 근접하는 속도로 성장했다.

영화 애호가라면 '카사블랑카Casablanca'의 인상적인 마지막 장면을 기억할 것이다. 거기서 험프리 보가트는 연기를 내뿜는 권총을 손에 들고서 독일 공군 장교의 시체 옆에 서 있다. 프랑스 식민지 경찰 역을 맡은 클로드 레인스의 시선은 보가트에서 연기를 뿜는 권총을 지나 장교의 시체로, 그리고 마지막으로 자신의 부관에게로 옮겨간다. 레인스는 말한다. "슈트라서가 총에 맞았다. 당장 용의자를 잡아들여."

당시 투자자들 역시 (주식이 인플레이션을 방어하지 못하게 한) 용의자를 마구 잡아들였다. 하지만 주식시장에 총을 쏜 범인은 밝혀내지 못했.

주식 수익률이 저조했던 핵심적인 이유는 투자자들이 주식의 가치평가(배당 및 이익 1달러에 대해 주식에 지불하려는 금액)를 크게 떨어뜨렸기 때문이다. 다시 말해 이익이나 배당의 성장률이 인플레이션을 따라잡지 못해서가 아니라 주가수익배수가 그 시기에 말 그대로 주저앉았기 때문이다.

실제로 S&P 500의 주가수익배수는 1969~1981년 사이 3분의 2 정도 떨어졌다. 일부 경제학자들도 1970년대와 1980년대에 주식시장이 비합리적으로 흘러가면서 주가수익배수가 지나치게 떨어졌다고 결론 내렸다. 물론 1980년대 초 주식 투자자들이 비합리적인 비관주의에 빠져 있었던 것일 수도 있다. 마치 1960년대 중반에 그랬던 것처럼 말이다. 1960년대에는 아무도 경제가 두 자릿수의 실업률과 두 자릿수 인플레이션을 겪을 것이라고 예상하지 못했다. 투자자들이 경제 상황이 예전에 우려했던 것보다 훨씬 더 불안정하다는 사실을 깨닫게 되면서 주식을 (안전을 의미하는 security보다 위험을 의미하는 insecurity라고 부르는 편이 더 나을 정도로) 더 위험한 투자 대상으로 보았기에 더 높은 보상을 요구했던 것이다.[40]

이에 대해 시장은 이익 및 배당에 대비해 주식 가격을 떨어뜨리는 방식으로 투자자에게 높은 위험 프리미엄을 제공했다. 즉, 보다 새롭고 위험해진 경제 환경과 조화를 이루는 방향으로 미래의 기대 수익률이 더 높아졌다. 그러나 역설적이게도 내가 이 책의 이전 여러 판에서 주장했듯이 1960년대 말과 1970년대에 걸쳐 수익률을 떨어뜨렸던 조정 국면은 1980년대 초 주식 가격을 대단히 매력적인 수준으로 만들어줬다.

내 생각에 10년간 수익률의 변동을 설명할 때 가장 중요한 역할을 한 것은 가치평가의 변화다. 이는 높아진 위험을 반영한 것으로, 이러한 변화야말로 주식시장에 총을 쏜 진범이다.

---

40) 경제학자들은 논의에서 종종 위험 프리미엄, 다시 말해 완벽하게 예측 가능한 단기 투자보다 위험한 투자를 통해 기대할 수 있는 추가 수익률을 거론한다. 이러한 관점에서 볼 때, 1960년대 위험 프리미엄은 1~2퍼센트 정도로 아주 낮았다.
반면 1980년대 초 투자자들이 주식과 채권에 요구한 위험 프리미엄은 4~6퍼센트 포인트로 높아졌다. 이에 대해서는 다음에 다시 살펴보기로 하자.

3기: 풍요기

이제 금융 자산 수익률의 황금기라 할 수 있는 1982년에서 2000년 초에 이르는 3기로 넘어가보자. 이 시기 초반부에 채권과 주식 모두 달라진 환경에 직면하여 완전한 조정(어쩌면 과잉 조정) 국면에 접어들었다. 주식과 채권의 가격은 인플레이션에 대해 적절하게 대응하는 수준을 넘어서서 예외적으로 풍족한 실질 투자 수익률을 제공하는 수준으로까지 올랐다.

앞에서 설명했듯이 불안기에는 채권의 인기가 최악이었다. 이런 추세는 1982년 말까지 이어졌다. 「보울스트리트저널 Bawl Street Journal」은 1981년 기사에서 이렇게 언급했다. "채권은 가격이 떨어지도록 개발된 고정 이자율 상품이다." 전투에 신물이 난 장수처럼 투자자들은 채권을 쳐다보기조차 싫어했다. 덕분에 채권 투자자가 향후 몇 년 동안 풍요로운 수익률을 기대할 수 있는 여건이 마련되었다.

그렇다면 주식은 어땠을까? 당시 주식은 낮은 주가수익배수로 거래되고 있었다. 게다가 평균 이하의 주가배당배수로, 그리고 자산의 대체가치에 한참 못 미치는 가격으로 거래되고 있었다. 이러한 점에서 1980년대에 기업의 인수합병이 활발하게 이뤄졌던 것도 당연한 일이다. 기업을 직접 인수하는 것보다 주식을 매수함으로써 더 저렴하게 자산을 사들일 수 있을 때, 기업이 자사주는 물론이고 다른 기업의 주식을 사들이고자 하는 경향이 뚜렷하게 나타나기 마련이다. 이런 이유로 나는 1980년대 초에 증권이 인플레이션과 더욱 커진 불확실성에 완전하게 혹은 지나치게 적응했다고 주장했다. 다음 도표를 보면 1982~2000년 사이 수익률이 어떻게 펼쳐졌는지 알 수 있다.

◀ 주식과 채권 수익률(1982년 1월~2000년 3월) ▶

주식	초기 배당수익률	5.8%
	이익 성장률	6.8
	가치평가의 변화(주가수익 변화)	5.7
	연평균 수익률	18.3
채권	초기 수익률	13.0
	금리 변동의 영향	0.6
	연평균 수익률	13.6

하지만 풍요기가 되면서 주식과 채권 모두 보기 드물게 높은 수익률을 기록했다. 주식시장 수익률을 끌어올린 요인은 두 가지다. 첫째, 초기 배당수익률이 예외적으로 높은 6퍼센트에 육박했다. 둘째, 시장 정서가 절망에서 열광으로 바뀌었다. 주식시장에서 주가수익배수는 8에서 30으로 네 배 가까이 증가했다. 주식의 수익률이 좋은 수준에서 아주 좋은 수준으로 성장할 수 있었던 것은 가치평가가 달라졌기 때문이다.

마찬가지로 채권 시장에서도 초기 수익률은 13퍼센트에 달했다. 이는 채권을 만기까지 보유할 경우 두 자릿수 수익률을 보장하는 것이다. 게다가 금리가 떨어지면서 수익률은 더 높아졌다. 또한 인플레이션율이 3퍼센트 수준에 머물렀다. 1982년에서 2000년 초에 이르는 기간은 금융 자산 투자와 관련하여 평생에 한 번 있을 절호의 기회였다. 반면 금이나 석유 같은 실물 자산의 수익률은 마이너스를 기록했다.

4기: 각성기

풍요기가 끝나고 주식시장에 최악의 십 년이 찾아왔다. 그 기간은 흔히 '잃어버린 십 년'이나 '골치 아픈 시절'로 널리 알려졌다. 주식 투자자 대부분은 어떻게든 그 시절을 잊어버리고 싶어 한다. 인터넷 거품이 꺼진 후 뚜렷한 약세 시장이 이어졌다. 그리고 그 십 년의 후반부에는 또 다른 거품이 주식시장을 흔들었다. 즉, 부동산 가격이 폭락하면서 주택가격 상승에 의존하고 있던 복잡한 담보부증권의 가치가 무너졌다. 투자자들은 다시 한번 세상이 아주 위험한 곳임을 상기하게 되었다. 그에 따라 투자자의 가치평가도 달라졌다.

주가수익배수가 떨어졌고 배당수익률은 올랐다. 그나마 채권은 어느 정도의 수익률을 올렸다. 다음 도표를 보면 각성기에 수익률이 어떻게 형성되었는지 알 수 있다.

◀ 주식과 채권 수익률(2000년 4월~2009년 3월) ▶

주식	초기 배당 수익률	1.2%
	이익 성장률	5.8
	가치평가의 변화(주가수익 변화)	-13.5
	연평균 수익률	-6.5
채권	초기 수익률	7.0
	금리 변동의 영향	-0.6
	연평균 수익률	6.4

2009년에서 2022년까지

시장이 저점을 기록했던 2009년, S&P 500의 주가수익배수는 장기 평균을 밑돌았고 배당수익률은 약 3퍼센트로 올랐다. 가치평가 변화로 다음 십 년 동안 긍정적인 주식시장 수익률을 위한 여건이 조성되었다.

이후 이익이 두 자릿수로 늘어남과 동시에 배당수익률이 하락하고 주가수익이 올라가면서 주식 가격이 더 많이 올랐다. 2022년 1월까지 주식의 연평균 수익률은 2020년 초 갑자기 코로나19 팬데믹이 경제를 덮쳤음에도 17.5퍼센트를 기록했다. 같은 기간 동안 평균 인플레이션율은 2.3퍼센트였다. 그래서 이 기간 동안 주식시장은 풍요기라고 이름 붙였던 3기에 필적할 만한 높은 실질 수익률을 기록했다.

채권 수익률 역시 괜찮았다. 2009년 미 재무부 채권 수익률은 3~4퍼센트였다. 그리고 2022년 1월 10년 만기 미 재무부 채권 수익률은 2퍼센트에 조금 못 미쳤다. 따라서 이 기간에 채권 이자율은 살짝 떨어졌고 가격이 소폭 상승하여 연평균 수익률은 3.8퍼센트(인플레이션을 감안한 실질 수익률은 약 2퍼센트)를 기록했다.

미래 수익률 전망

그렇다면 앞으로는 어떻게 될까? 우리는 금융 자산의 미래 수익률을 어떻게 예측할 수 있을까? 증권 시장에서 단기적 움직임은 아무도 예측할 수 없다는 믿음에는 여전히 변함없지만, 그럼에도 금융 자산에서 기대할 수 있는 수익률의 개략적인 범위는 충분히 예측할 수 있다고 생각한다. 그렇지만 2009~2022년의 풍족한 수익률을 그대로 이어나갈 수 있을 것이라는 기대는 비현실적인 소망에 불과하다.

그렇다면 합리적인 수익률은 얼마나 될까? 우리는 앞서 설명한 방법을 그대로 사용할 수 있다. 2022년 초를 기준으로 수익률을 예측해보자.

먼저 채권 수익률 예측해보자. 채권을 매수해 얻을 수 있는 수익률은 비교적 정확하게 확인할 수 있다. 우량 등급 회사채를 만기까지 보유한다면 약 3.5퍼센트의 연 수익률을 올릴 것이다. 그리고 10년 만기 미 재무부 채권을 매수한다면 만기 시 약 2.5퍼센트의 수익률을 올릴 것이다. 여기서 인플레이션율이 연준의 목표치인 2퍼센트를 넘지 않는다고 가정하면 회사채와 국채는 모두 투자자에게 그리 높지 않은 수익률을 가져다줄 것이다. 하지만 2021~2022년 사이 물가가 치솟은 것처럼 인플레이션율이 높아진다면 회사채의 수익률은 마이너스가 될 것이고 금리가 오른다면 회사채의 가격도 떨어져 수익률은 더 떨어질 것이다. 국채의 실질 수익률도 제로 혹은 마이너스가 될 것이다. 이러한 점에서 채권 투자자는 2022년을 매수 기준 시점으로 볼 때 만기 수익률대로 보상받기 힘들 것이라 예측된다.

다음으로, 주식의 수익률을 예측해보자. 주식의 수익률에 관한 두 가지 결정요인으로 합리적 예측을 해볼 수 있다. 먼저, S&P 500의 2022년 배당수익률이 1.3퍼센트에 못 미쳤다는 사실을 쉽게 찾을 수 있다. 다음으로, S&P 500의 이익이 역사적 평균에 가깝게 약 4.7퍼센트씩 성장한다고 가정해보자. 배당수익률 1.3퍼센트에 이익 성장률 4.7퍼센트를 더해서 S&P 500의 수익률을 연 6퍼센트로 예측할 수 있다. 이는 2022년 월스트리트에서 내놓은 예측과 비슷한 수치다. 이와 같이 앞으로 주식의 장기 수익률은 그리 높지 않은 수준으로 이어질 것이다.

앞서 설명했듯이 주식의 단기 수익률을 예측해보려면 시장이 주식 가치를 평가하는 방식의 변화 즉, 주가수익배수의 변화를 살펴봐야 한다. 예측 기간에 따라 다르겠지만 수익률 변동성에서 40퍼센트 정도는 초기 주가수익배수를 기반으로 설명할 수 있다. 다음 도표는 이런 분석 결과를 나타낸다. 도표에서 1926년 이후로 미국 주식시장의 주가수익배수를 분기마다 측정하고, 각 측정 시점에서 10년간의 수익률을 계산하여 주가수익배수에 따라 십 분위로 구분한 결과를 나타낸다. 전체적으로 낮은 주가수익배수로 주식을 매수했을 때 상당히 높은 수익률을 올린 반면, 높은 주가수익배수로 주식을 매수했을 때는 수익률이 상대적으로 낮다는 사실을 확인할 수 있다.

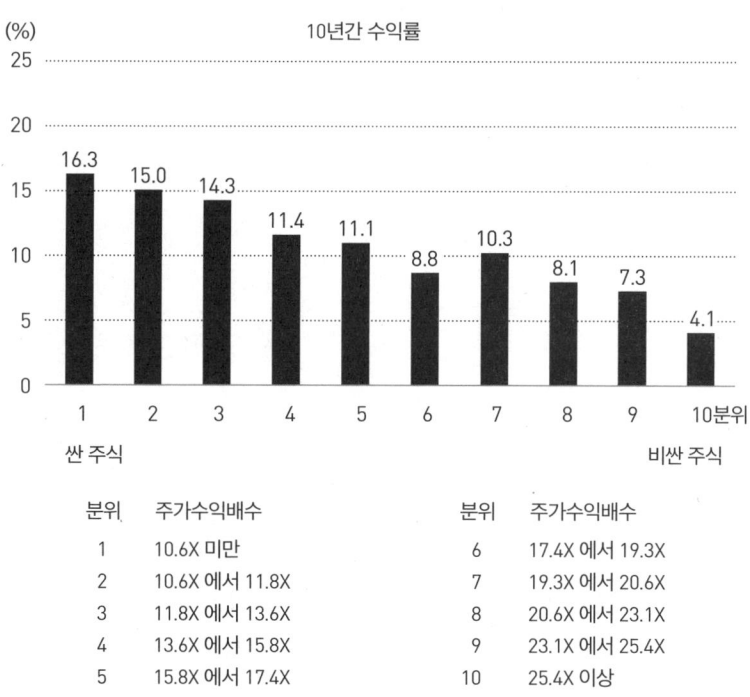

◀ 주가수익배수를 기준으로 한 10년간 수익률 (1926년 이후) ▶

분위	주가수익배수	분위	주가수익배수
1	10.6X 미만	6	17.4X 에서 19.3X
2	10.6X 에서 11.8X	7	19.3X 에서 20.6X
3	11.8X 에서 13.6X	8	20.6X 에서 23.1X
4	13.6X 에서 15.8X	9	23.1X 에서 25.4X
5	15.8X 에서 17.4X	10	25.4X 이상

출처: The Leuthold Group.

시장의 주가수익배수를 측정할 때는 실제 주당 순이익이 아니라 주기적으로 조정된 이익을 사용한다. 그래서 주가수익배수를 종종 CAPE cyclically adjusted P/E multiples 즉, '주기적으로 조정된 주가수익배수'라고 한다. 로버트 쉴러 교수가 개발한 CAPE는 향후 십 년간 수익률을 합리적으로 예측하는 데 좋은 성과를 보이고 있다. 지난 10년간 평균 이익을 통해 산출한 2022년 CAPE는 35가 넘었다. 이는 2000년 초의 30을 넘어서는 수치다. 도표를 다시 보면 35는 10분위보다도 높아서 앞서 제시한 주식의 장기 수익률인 6퍼센트보다 훨씬 더 낮아질 수 있다는 점을 알 수 있다.

또 한 가지 주가수익배수는 금리에 영향을 받는다는 점을 생각해야 한다. 앞서 금리가 높을 때 주가수익배수가 낮아지는 경향이 있다고 설명했는데, 2022년 초와 같이 계속해서 금리가 낮고 인플레이션이 미미할 것이라고 가정할 수는 없다. 예기치 못한 사건은 언제든 일어나기 때문이다.

◆ ◆ ◆

월스트리트의 랜덤워크를 믿는 사람으로서 나는 누군가 주식 가격의 단기적인 움직임을 예측할 수 있다거나 보다 정확한 예측을 내놓을 수 있다는 주장에 다분히 회의적이다. 예전 라디오 프로그램인 '나는 미스터리를 사랑해 I Love a Mystery'에 등장했던 한 재미있는 에피소드가 떠오른다. 그 에피소드는 탐욕적인 주식 투자자에 관한 이야기인데, 그의 소망은 단한 번이라도 내일 신문을 보고 주식 가격을 미리 아는 것이다. 그런데 어떤 불가사의한 힘에 의해 그의 소원이 이루어져 이른 저녁 내일 신문을 받아보게 된다. 그는 시장을 이기기 위해 밤을 새워 주식란을 들여다보면서 내일 아침 매수와 늦은 오후 매도 계획을 세운다. 그리고는 신문의 나머지 부분을 훑어보다가 충격에 빠진다. 그 신문에 자신의 부고 기사가 실려 있었던 것이다. 그리고 다음날 아침에 집사가 그의 주검을 발견한다.

다행스럽게도 나는 내일 신문을 볼 수 없기 때문에 주식과 채권 가격이 어떻게 움직일지 알지 못한다. 그럼에도 여기서 매우 보수적으로 제시한 채권과 주식의 수익률이 21세기를 계획하는 투자자를 위한 가장 합리적인 예측이라고 생각한다. 핵심은 백미러를 통해 과거로부터 미래를 들여다보면서 두 자릿수 수익률을 기대하며 투자하지 말라는 것이다. 당분간 우리는 수익률이 낮은 시장에서 살아가게 될 것이다.

14장
생애주기를 고려한 실전 투자

> 투기를 하지 말아야 할 때가 평생 두 번 있다.
> 그것은 자금이 없을 때, 그리고 자금이 있을 때다.
>
> — 마크 트웨인, 『19세기 세계일주』

투자 전략은 생애주기에 따라 세워야 한다. 34세인 사람과 68세인 사람이 노후를 대비해 돈을 모으려면 금융 목표 달성을 위해 서로 다른 전략을 선택해야 한다. 급여소득의 정점을 향해 나아가는 34세인 사람은 투자 손실이 발생하더라도 감당할 여력이 있다. 반면 투자 수입으로 급여소득을 보충하거나 완전히 대체해야 하는 68세인 사람은 투자 손실을 감당할 여력이 없다. 동일한 금융 상품이라고 해도 개인의 위험 수용도에 따라 그 의미가 다르다는 뜻이다. 가령 양도성 예금증서에 투자했다고 해도, 34세인 사람은 아마도 위험을 회피하는 태도 때문에 그랬을 것이며 68세인 사람은 위험을 감당할 능력이 없어서 그랬을 것이다. 또한 전자는 위험 수용도에 대해 폭넓은 선택권이 있지만 후자는 그렇지 않다.

평생 수많은 포트폴리오 수익률을 분석했던 로저 이봇슨Roger Ibbotson의 주장에 따르면 투자자가 어떤 자산 유형을 선택하는지 비중을 어떻게 배분하는지에 따라, 투자 수익의 90퍼센트 이상이 결정된다. 반면 개별 종목이나 펀드 선택은 투자 수익에서 10퍼센트도 영향을 주지 않는다. 그러므로 투자 결정을 내릴 때 삶의 시기에 따라 자산 유형(주식, 채권, 부동산, MMF 등)의 균형을 맞추는 일이 가장 중요하다. 이 장에서는 개인의 위험에 관한 태도가 어떻든(즉, 뒤척이면서 자더라도 높은 수익을 내는 것과 낮은 수익을 내면서 잘 자는 것 중 무엇을 선호하는지와는 무관하게) 투자자의 연령과 급여소득, 삶에서 져야 할 책임이 포트폴리오 구성을 결정하는 핵심 요인이라는 사실을 설명하고자 한다.

자산배분 기본 지침

자신의 생애주기에 맞는 포트폴리오를 구성하기 전에 먼저 투자 자산을 배분하는 기본 지침에 관해 알아보자.

1. 위험과 보상
2. 투자 기간
3. 정액분할투자

4. 리밸런싱

5. 위험 수용도

1. 위험과 보상. 위험을 높여야 보상을 끌어올릴 수 있다는 말은 이젠 듣기에도 지긋지긋할 것이다. 그럼에도 이는 투자에서 가장 중요한 지침이다. 90여 년에 걸친 역사적 데이터 역시 이 지침을 뒷받침한다. 이봇슨의 분석 자료를 요약한 다음 도표에서 그 사실을 살펴보자.

◀ 자산 유형별 연간 총 수익률 1926~2020 ▶

	평균 수익률	위험 지수 (수익률 변동성)
소형주	11.9%	28.2%
대형주	10.3	18.7
장기 국채	5.7	8.5
미 재무부 채권	3.3	3.1

출처: Ibbotson Duff & Phelps SBBI.

분명하게도 주식은 장기적으로 아주 풍족한 수익률을 기록했다. 만약 조지 워싱턴 대통령이 받은 첫 급여 중 1달러를 주식에 투자했다면 2021년에 그 후손은 억만장자가 되었을 것이다. 로저 이봇슨의 계산에 따를 때, 주식은 1790년 이후로 연 8퍼센트 이상의 복리 수익률을 기록했다(앞 도표에서 알 수 있듯이 1926년 이후로 대형주 수익률이 약 10퍼센트를 기록하면서 전체 수익률은 더 높아졌다). 하지만 이러한 보상은 상당한 위험을 감수했을 때 가능한 것이다. 총투자 기간이 10년이라면 3년은 마이너스 수익률을 기록했다. 높은 보상을 얻으려면 '공짜 점심은 없다'라는 말을 명심해야 한다. 위험이란 보상을 얻기 위해 반드시 지불해야 할 대가다.

2. 투자 기간. '지구력', 다시 말해 투자를 유지하는 기간은 위험 수용도를 결정짓는 데 중요한 역할을 한다. 그러므로 자신이 생애주기에서 현재 어느 단계에 있느냐는 자산배분에서 대단히 중요하다. 여기서는 투자 기간이 왜 위험 수용도를 결정짓는 중요한 요인인지 살펴보자.

앞의 도표에서 장기 국채가 지난 90년 동안 5.7퍼센트의 연 수익률을 올렸다는 사실을 확인할 수 있다. 또 위험 지수에서 특정 연도의 수익률이 연평균에서 크게 벗어날 수 있다는 사실도 알 수 있다. 실제로 수익률이 마이너스를 기록한 해도 있었다.

2022년에 30년 만기 국채의 수익률은 3퍼센트로 낮아졌다. 장기 국채 수익률이 2022년에 비해 높았던 이유는 과거에 전반적으로 금리가 높았기 때문이다. 물론 향후 30년간 이 국채를 보유하고 있다면 어쨌든 3퍼센트는 확실하게 받을 수 있다. 하지만 1년 뒤에 매도해야 할 경우 수익률은 0퍼센트가 될 수 있고 시장 금리가 치솟을 경우 기존 국채 가격이 상승한 금리에 맞춰 조정되는 과정에서 가격이 떨어져 큰 손실을 입을 수 있다. 이제 왜 연령이, 그리고 투자를 지속할 수 있는 지구력이 투자에서 위험 수용도를 결정짓는 중요한 요인인지 이해했을 것이다.

그렇다면 주식 투자는 어떨까? 주식 투자에 따른 위험 또한 투자 기간에 따라 낮아질까? 당연히 그렇다. 장기 보유 전략(앞서 강조했던 매수와 보유 전략)을 선택하고 배당을 재투자함으로써, 그리고 좋을 때나 안 좋을 때나 그 전략을 고수하면 투자자는 주식 투자에 따른 위험 전부는 아니라고 해도 상당 부분을 제거할 수 있다.

백 마디 말보다 도표 하나에서 더 많은 것을 알 수 있다. 다음 도표를 간략하게 살펴보자. 효과적인 분산 포트폴리오(가령 S&P 500 지수)를 1950년에서 2022년에 걸쳐 보유했다면, 평균적으로 약 10퍼센트에 달하는 꽤 좋은 수익률을 올렸을 것이다.

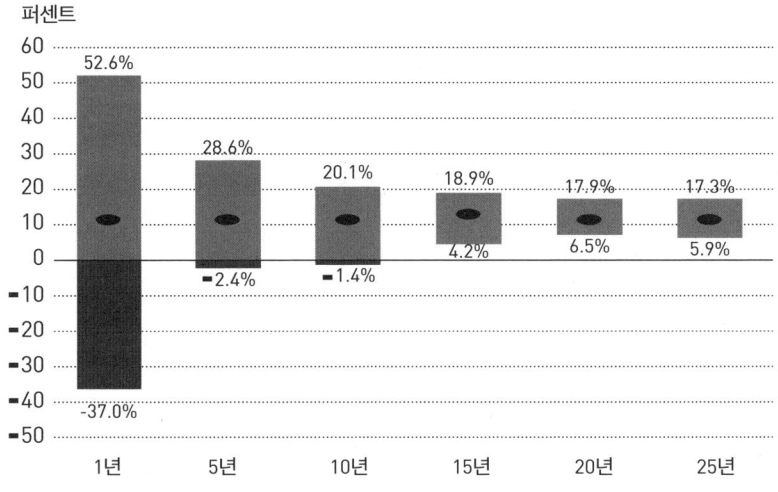

●는 보유기간 별 연평균 수익률을 나타낸다.

일반적인 주식 포트포리오 수익률은 어떤 해에는 52퍼센트를 넘어서기도 했던 반면 다른 해에는 마이너스 37퍼센트를 기록하기도 했다. 분명하게도 특정 연도에 어느 정도의 수익률을 올릴 것인지는 예측하기 힘들다.

그러나 25년간 주식 투자를 이어나갈 때 수익률이 어떻게 달라지는지 주목해보자. 25년을 어떻게 잡느냐에 따라 어느 정도 변동은 있겠지만 그래도 변동폭은 그리 크지 않다. 도표에서 확인할 수 있듯이 25년에 걸친 투자는 평균 10퍼센트를 살짝 상회하는 수익률을 보였다. 이러한 장기 기대 수익률은 1950년 이후 최악의 25년을 선택했을 때에도 약 4퍼센트밖에 줄어들지 않았다.

투자 기간이 중요한 이유는 바로 이러한 기본적인 진실 때문이다. 다시 말해, '투자 기간이 길수록 포트폴리오에서 주식이 차지하는 비중도 커져야 한다.' 일반적으로 주식 투자로 풍족한 수익률을 확실하게 올리기 위해서는 장기 투자를 해야 한다.[41]

다음 도표에서 확인할 수 있듯이 투자 기간이 20년이 넘으면 주식은 확고한 승자다. 이러한 데이터는 젊을수록 포트폴리오에서 주식 비중을 높여야 한다는 조언을 뒷받침한다.

---

41) 기술적인 측면에서 위험이 장기 보유에 따라 줄어든다는 결론은 11장에서 설명했던 평균회귀현상에 기반을 둔 것이다.
이에 대해 관심이 있다면, 다음 자료를 참조해라. Paul Samuelson, The Judgment of Economic Science on Rational Portfolio Management", Journal of Portfolio Management(1989년 가을).

◀ 주식이 채권을 이길 확률
(1802년 이후 주식 수익률이 채권 수익률을 앞섰던 기간의 비중) ▶

투자 기간	주식이 채권보다 실적이 좋았던 기간의 비중
1년	60.2
2년	64.7
5년	69.5
10년	79.7
20년	91.3
30년	99.4

그렇다고 해서 주식이 장기적으로 위험하지 않다는 뜻은 아니다. 분명하게도 주식을 오랫동안 보유할수록 포트폴리오의 최종 가치가 더 큰 폭으로 변할 수 있다. 주식 수익률이 0에 가까웠던 시절도 있었다. 그럼에도 25년 이상을 보유하면서, 특히 배당을 재투자하고 정액분할투자법을 활용한다면 안전한 채권이나 더 안전한 정기예금보다 주식을 통해 더 높은 수익률을 기록할 가능성이 높다.

3. 정액분할투자. 대부분의 경우처럼 매년 저축을 조금씩 늘려나가면서 서서히 투자 포트폴리오를 구축해 나가고자 한다면 정액분할투자법이 도움이 된다. 여전히 논란의 여지가 있지만 이 방법으로 당신의 투자 자금을 잘못된 시점에 주식과 채권에 몽땅 몰아넣는 위험을 피할 수 있다.

용어가 낯설다고 당황하지 말자. 정액분할투자법이란 정해진 금액을 인덱스펀드와 같은 상품에 정기적으로(매월 혹은 매 분기) 장기간에 걸쳐 납입하는 방법이다. 고정 금액을 주식에 정기적으로 투자함으로써 위험을 줄일 수 있다. 주식 가격이 일시적으로 부풀려졌을 때 매수하여 포트폴리오를 구성하는 실수를 하지 않도록 막아주기 때문이다.

다음 도표는 매년 1천 달러씩 투자하는 경우를 보여준다. 첫 번째 시나리오에서 시장은 투자 직후 떨어지기 시작한다. 이후 급격하게 반등했다가 마지막에 다시 떨어져서 5년 만에 원점으로 돌아온다. 두 번째 시나리오에서 시장이 계속 올라가 40퍼센트 상승으로 끝난다. 두 시나리오에서는 모두 5년에 걸쳐 5천 달러를 투자한다. 시장이 출렁이는 첫 번째 시나리오에서 최종 투자 결과는 6,048달러로 나왔다. 반면 시장이 40퍼센트까지나 성장한 두 번째 시나리오에서 투자의 최종 가치는 5,915달러밖에 되지 않았다.

◀ 정액분할투자법 ▶

연도	변동 시장			성장 시장		
	투자 금액	인덱스 펀드 가격	매수량	투자 금액	인덱스 펀드 가격	매수량
1	$1,000	$100	10	$1,000	$100	10
2	1,000	60	16.67	1,000	110	9.09
3	1,000	60	16.67	1,000	120	8.33
4	1,000	140	7.14	1,000	130	7.69
5	1,000	100	10	1,000	140	7.14
투자 금액	$5,000			$5,000		
총 매수량			60.48			42.25
평균 단가	$82.67 ($5,000 ÷ 60.48)			$118.34 ($5,000 ÷ 42.25)		
최종 가치	$6,048 (60.48 × $100)			$5,915 (42.25 × $140)		

워런 버핏은 자신의 에세이에서 정액분할투자법에 대해 지지하는 근

거를 다음과 같이 제시했다.

간단한 퀴즈 하나를 내보겠다. 당신은 축산업자가 아니며 평생 햄버거를 먹고산다. 소고기 가격이 앞으로 오르길 원하는가 아니면 떨어지길 원하는가? 다음으로 당신은 자동차 생산업자가 아니며 정기적으로 자동차를 구매한다. 자동차 가격이 오르기를 원하는가 아니면 떨어지길 원하는가? 물론 그 대답은 자명하다.

그런데 마지막 문제가 남았다. 앞으로 5년간 돈을 벌고 싶다면 그 기간 동안 주식시장이 오르길 원하는가 아니면 떨어지길 원하는가? 이에 대해 많은 투자자가 잘못된 대답을 내놓는다. 그들은 앞으로 몇 년 동안 주식을 순 매수하면서 주식시장이 상승하면 우쭐했다가 떨어지면 낙담할 것이다. 하지만 이는 조만간 사 먹을 '햄버거' 가격이 올랐다고 좋아하는 것과 마찬가지다. 그들의 우쭐함과 낙담은 앞뒤가 맞지 않는 반응인 셈이다. 주식이 오르는 것을 보고 기뻐해야 할 사람은 가까운 미래에 주식을 매도하려는 사람뿐이다. 당신이 잠재적 매수자라면 시장이 하락하는 쪽을 선호해야 할 것이다.

물론 정액분할투자법이 주식 투자의 모든 위험을 제거해주는 만병통치약은 아니다. 2008년 주식시장이 폭락했을 때 정액분할투자법을 선택했더라도 퇴직연금을 지킬 수는 없었다. 당시에는 어떤 전략도 치명적인 약세 시장에서 투자자를 보호할 수 없었다. 상황이 암울할 때에도 정기적으로 투자를 이어나가기 위해서는 현금과 자신감 둘 다 필요하다. 아무리

무시무시한 금융 뉴스가 터진다 해도, 시장 어디서도 낙관적인 조짐을 발견할 수 없다고 해도 정액분할투자법이라는 자동항법 장치를 꺼서는 안 된다. 그럴 경우 시장 급락 이후에 적어도 주식을 싼 가격으로 사들일 수 있는 이 방법의 최대 장점을 놓치게 될 것이기 때문이다.

그러나 일부 투자 자문가는 정액분할투자법을 별로 선호하지 않는다. 그들은 이 기법이 시장이 지속적인 상승세를 이어갈 때에는 최적의 전략이 아니라고 지적한다(그럴 경우 5천 달러를 초반에 몽땅 투자하는 게 더 낫다). 그럼에도 정액분할투자법은 실적이 저조한 미래 주식시장에 대비한 합리적 보험인 셈이다. 2000년 3월이나 2007년 10월처럼 시장이 정점을 찍은 이후에 모든 자금을 투자했을 때 필연적으로 따라오는 후회의 한숨을 줄일 수 있을 것이다. 정액분할투자법의 장점을 좀 더 설명하기 위해 가설에서 실제 사례로 넘어가 보자. 다음 도표를 보면 1978년 1월 1일에 뱅가드 500 인덱스펀드에 500달러를 투자하고, 그 이후로 매월 100달러씩 투자한 결과를 알 수 있다(세금은 무시). 이 투자에 들어간 총 투자액은 5만 3천 2백 달러였지만 그 최종 가치는 146만 달러를 넘어섰다.

◀ 뱅가드 500 인덱스펀드를 통한 정액분할투자 사례 ▶

연도(말일 기준)	총 누적 투자액	총 주식 가치
1978	$1,600	$1,669
1979	2,800	3,274
1980	4,000	5,755
1981	5,200	6,630
1982	6,400	9,487
1983	7,600	12,783
1984	8,800	14,864

1985	10,000	20,905
1986	11,200	25,935
1987	12,400	28,221
1988	13,600	34,079
1989	14,800	46,126
1990	16,000	45,803
1991	17,200	61,010
1992	18,400	66,817
1993	19,600	74,687
1994	20,800	76,779
1995	22,000	106,944
1996	23,200	132,768
1997	24,400	178,217
1998	25,600	230,619
1999	26,800	280,565
2000	28,000	256,271
2001	29,200	226,622
2002	30,400	177,503
2003	31,600	229,524
2004	32,800	255,479
2005	34,000	268,933
2006	35,200	312,318
2007	36,400	330,350
2008	37,600	208,941
2009	38,800	265,756
2010	40,000	306,756
2011	41,200	313,981
2012	42,400	364,932
2013	43,600	483,743
2014	44,800	550,388
2015	46,000	558,467
2016	47,200	625,764
2017	48,400	762,690
2018	49,600	729,295
2019	60,800	959,096
2020	62,000	1,135,535
2021	53,200	1,460,868

출처: Vanguard.

물론 앞으로 45년 동안에도 과거와 같은 수익률을 누릴 수 있을 것인지 아무도 장담할 수 없다. 그러나 이 도표에서 정액분할투자를 꾸준히 지속할 때 그 잠재적 이득이 어마어마하다는 사실을 잘 알 수 있다.

참고로, 주식시장에서 상승은 얼마든지 장기간에 걸쳐 나타날 수 있기 때문에 상속받은 재산과 같이 큰돈을 투자해야 할 때라면 이 기법이 최고의 전략은 아니라는 점에 주의해야 한다.

정액분할투자를 하면서도 MMF와 같은 곳에 일부 자금을 넣어뒀다가 시장이 떨어지는 기회를 활용할 수 있다. 즉, 시장이 급락한 후 주식을 추가적으로 더 많이 매수하는 것이다. 이 말은 절대 시장의 흐름을 예측해서 매수를 결정하라는 뜻은 아니다. 다만 시장이 급락했을 때가 일반적으로 매수에 적기라는 뜻이다. 희망과 탐욕이 때로 스스로 증식함으로써 투기 거품을 만들어내는 것처럼 비관주의와 절망도 스스로 증폭되어 공황 상태를 만들어낸다. 최악의 공황은 병리적인 투자 거품과 마찬가지로 아무런 이유 없이 발생하기도 한다. (개별 주식이 아니라) 시장 전체를 살펴 보건대, 뉴턴의 법칙은 언제나 작용한다. 다시 말해, 한번 떨어진 것은 틀림없이 반등한다.

4. 리밸런싱. 리밸런싱Rebalancing, 재조정이라는 아주 간단한 투자 기법으로 위험을 낮출수 있다. 게다가 상황에 따라서는 수익률을 올릴 수도 있다. 리밸런싱은 다양한 자산 유형(가령 주식과 채권)의 비중을 개인의 연령과 위험 수용도에 적합한 비율로 주기적으로 되돌리는 방법을 말한다. 가령 투자를 시작하면서 주식 60퍼센트와 채권 40퍼센트로 포트폴리오를

구성했다고 해보자. 그런데 일 년 후 주가가 올라가고 채권이 떨어지면서 포트폴리오 비중이 주식 70퍼센트, 채권 30퍼센트로 변동되었다고 해보자. 여기서 70:30 조합은 투자자의 위험 수용도를 기준으로 볼 때 다소 위험한 배분인 것으로 보인다. 그렇다면 리밸런싱을 통해 주식(혹은 펀드) 일부를 매도하고 채권을 매수함으로써 구성 비율을 다시 60:40으로 맞출 수 있다.

다음 도표에서 2017년 12월에 이르기까지 20년에 걸쳐 리밸런싱을 실행한 결과를 볼 수 있다. 여기서 투자자는 매년(최대 1년에 한 번) 자산 조합을 60:40의 초기 구성으로 되돌렸다. 리밸런싱이 없는 경우 포트폴리오 수익률은 7.71퍼센트, 변동성은 11.63퍼센트를 기록했다. 반면 리밸런싱을 한 경우는 변동성을 10.40퍼센트로 줄이면서도 동시에 연평균 수익률을 7.83퍼센트로 끌어올렸다.

◀ 1996년 1월~2017년 12월, 매년 포트폴리오 리밸런싱 ▶

	연평균 수익률	위험 * (변동성)
러셀 3000 60%/바클레이스 애그리게이트 채권 40%: 매년 리밸런싱**	7.83	10.40
러셀 3000 60%/바클레이스 애그리게이트 채권 40%: 리밸런싱 없음**	7.71	11.63

* 수익률 표준편차
** 주식은 러셀 3000 Total Stock Market Fund, 채권은 바클레이스 애그리게이트 Total Bond Market Fund(세금은 고려하지 않음).

무슨 마법이 작용했던 것일까? 그 기간 동안 주식시장에 무슨 일이 있었는지 떠올려보자. 1999년 말 주식시장에서는 전례 없는 거품이 일면서 주가는 급등했다. 당시 리밸런싱을 수행하던 투자자는 주식시장의 정점이 얼마 남지 않았다는 사실을 알지 못했다. 다만 포트폴리오에서 주식 비중이 목표인 60퍼센트를 크게 초과했다는 사실만 알았다. 그래서 원래 조합을 회복하기 위해 주식을 팔고 채권을 매수했다. 다음으로 주식시장이 저점에 진입했던(그리고 채권 시장이 크게 치솟았던) 2002년 말, 투자자는 주식 비중이 60퍼센트 아래로 떨어졌고 채권이 40퍼센트를 초과했다는 사실을 발견하고는 리밸런싱 작업에 들어갔다. 그리고 다시 한 번 2008년 말에 주식은 폭락했고 채권이 급등했을 때 채권을 매도하고 주식을 매수했다. 우리는 마술램프의 지니가 나타나 '언제 매도하고 언제 매수할지'를 알려주길 원한다. 그러나 체계적인 리밸런싱 작업이야말로 투자자에겐 바로 지니와 같은 존재다.

5. 위험 수용도. 이 장을 시작하면서 언급했듯이 투자 유형이 적절한가는 투자자의 수입 원천에 달렸다. 투자 이외에 수입을 올릴 수 있는 능력, 즉 위험 수용도는 일반적으로 연령과 관련 있다. 다음 사례를 통해 이러한 사실을 알아보자.

64세인 밀드레드는 얼마 전 남편과 사별했다. 그녀는 관절염이 악화되면서 간호사 일까지 그만뒀다. 자기 앞으로 자그마한 집이 있지만 아직 대출금이 많이 남아 있다. 대출 금리는 낮지만 매월 납입해야 할 금액이 적지 않다. 그녀는 사회보장급여 외에 25만 달러를 납입한 보험에서 나오는 연금과 남편이 남긴 소형주 5만 달러에서 나오는 수입으로 살아간다.

밀드레드의 위험 수용도는 재정 상황에 의해 크게 제한되어 있다. 그녀는 예상 수명도 길지 않고 근로소득을 올릴 여건도 되지 않는다. 게다가 담보대출로 인해 적지 않은 고정 지출이 발생한다. 만약 포트폴리오에서 손실이 발생한다면 이를 충당할 여력이 없다. 이러한 상황이라면 어느 정도 꾸준히 수입을 올릴 수 있는 안전한 투자 포트폴리오를 마련해야 한다. 가령 채권이나 배당이 높은 주식 혹은 리츠 인덱스펀드가 적절한 투자 유형이 될 것이다. 위험하면서 종종 배당이 없는 소형주 포트폴리오는 가격 면에서 매력이 있다고 하더라도 밀드레드의 포트폴리오로는 적합하지 않다.

다음으로 티파니는 얼마 전 스탠퍼드 MBA 과정을 마치고 뱅크오브아메리카의 연수 프로그램을 시작한 꿈 많은 26살 독신 여성이다. 그녀는 할머니에게서 5만 달러의 부동산을 물려받았다. 티파니는 포트폴리오를 크게 키워 나중에 집을 사고 노후자금으로도 활용할 생각이다.

티파니에게는 공격적인 포트폴리오를 적극 추천할 수 있다. 예상 수명도 길고 재정 손실이 발생해도 생활을 유지할 수 있는 충분한 수입이 있다. 물론 위험에 대한 태도가 그녀가 떠안을 위험 수용도를 결정짓는 데 중요한 역할을 하겠지만 티파니의 포트폴리오는 투자 스펙트럼 상에서 위험-보상의 끝 쪽에 위치할 것이다. 64세의 밀드레드가 소유한 소형주 포트폴리오가 티파니에게 훨씬 더 적합할 것으로 보인다.

이 책의 9판에서는 칼의 사례를 제시했는데, 그는 GM 공장에서 생산 감독으로 일하고 있는 43세의 남성이다. 그의 연봉은 7만 달러다. 그의 아내 조앤은 화장품 판매로 매년 12,500달러의 소득을 올린다. 부부에게는

6세에서 15세에 이르는 네 명의 자녀가 있다. 칼과 조앤은 자녀 모두가 대학에 진학하기를 원한다. 사립대학은 힘들더라도 미시건주립대학교는 현실적으로 충분히 가능해보인다. 다행스럽게 칼은 GM의 급여저축 프로그램에 정기적으로 납입하고 있으며, 이를 통해 GM 주식을 매수할 수 있는 권리를 얻었다. 그가 모아놓은 GM 주식의 총 가치는 21만 9천 달러다. 그밖에 자산으로는 대출금을 거의 다 갚은 소형 주택이 있다.

나는 칼과 조앤의 포트폴리오에 문제가 있다고 지적했는데, 그들의 수입과 투자의 상당 부분이 GM에 크게 의존하고 있기 때문이다. GM 주식이 급락할 경우 칼의 포트폴리오는 물론이고 그의 삶 전체가 망가질 위험이 있다. 실제로 이 이야기는 비극으로 끝났다. GM은 2009년 파산 신청을 했다. 이로 인해 칼은 일자리와 함께 투자 포트폴리오까지 잃었다. 이러한 일은 종종 일어난다. 엔론이 무너졌을 때 일자리와 함께 퇴직연금까지 날려버린 직원들이 깨달았던 가슴 아픈 교훈을 떠올려보자. 투자자의 주 수입원과 투자 포트폴리오를 한 군데에 집중하는 실수를 범하지 말자.

생애주기별 포트폴리오

탈무드에 등장하는 이삭이라는 랍비는 자산을 세 부분으로 나누라고 말한다. 그는 3분의 1은 토지에, 3분의 1은 상품(사업)에, 나머지 3분의 1은 현금(유동성 있는 자산)으로 나눌 것을 권한다. 이러한 자산분할 방법은 완전히 틀린 말은 아니지만, 오늘날 우리는 고대의 지혜로부터 더욱 발전된 방안을 마련할 수 있다. 투자 수단이 크게 발전했으며, 개인 상황에 따른 서로 다른 자산 분할 방법이 나와 있기 때문이다.

나는 20대에게는 지극히 공격적인 투자 포트폴리오를 권한다. 이 연령대의 투자자는 앞으로 수차례에 걸쳐 투자의 정점과 저점을 경험하게 될 것이다. 그리고 오랜 기간 동안 근로소득을 유지할 수 있을 것이다. 포트폴리오에서 주식이 차지하는 비중이 커야할 뿐 아니라 위험이 높은 신흥 시장을 포함하여 해외 주식을 상당량 포함해야 할 것이다. 8장에서 언급했듯이 국제적인 분산투자의 주요 장점은 위험을 낮출 수 있다는 점이다. 또한 투자자는 국제적인 분산투자를 통해 전 세계 다양한 성장 지역의 기회를 잡을 수 있다.

투자자는 나이가 들어가면서 위험한 투자에 대한 비중을 낮추고, 초저금리 시기를 대비하기 위해서 채권 혹은 배당 성장주처럼 채권을 대체할 만한 자산의 비중을 늘려나가야 한다. 또한 배당이 풍부한 리츠의 비중도 확대해야 한다. 퇴직을 고려해야 할 55세가 되면 투자자는 자신의 포트폴리오에서 소득이 더 많이 나오도록 해야 한다. 채권과 채권을 대체하는 자산의 비중을 늘려 주식 포트폴리오를 보다 보수적으로 조정하고 투자 수입을 늘려야 한다는 말이다.

퇴직 후에는 채권 및 채권 대체 자산의 비중을 크게 늘려야 한다. 일반적인 어림법으로는 포트폴리오에서 채권이 차지하는 비중을 투자자의 나이와 일치시켜야 한다. 하지만 나는 60대 후반에도 주식에 40퍼센트, 부동산 증권(REITs)에 15퍼센트를 투자하기를 권한다. 이는 예상 수명이 길어짐에 따라 인플레이션에 대처하기 위함이다. 1980년대에 처음으로 생애주기별 포트폴리오를 제시한 이후 실제로 나는 점점 주식 비중을 늘려서 제시하고 있다.

대부분의 사람에게 나는 개별 주식을 매수함으로써 포트폴리오를 구성하기보다 전체 주식시장에 잘 분산된 인덱스펀드로 투자를 시작할 것을 권한다. 거기에는 두 가지 이유가 있다. 첫째, 사람들 대부분 직접 주식을 매수함으로써 적절하게 분산된 포트폴리오를 구성할 만큼 충분한 투자 자금을 갖고 있지 않다. 둘째, 젊은 투자자 대부분은 충분한 투자 자금을 확보하고 있지 않기 때문에 매월 조금씩 적립함으로써 포트폴리오를 만들어나가야 한다. 그리고 적립을 통해 투자 자산이 점차 성장하면 미국 펀드와 더불어 신흥 시장을 포함하는 해외 인덱스펀드의 비중을 늘려나가야 한다. 물론 내가 권하는 인덱스펀드를 반드시 활용하지 않아도 된다. 그렇다고 해도 '판매 수수료가 없고' 거래비용이 낮은 펀드를 선택해야 한다.

또한 앞서 부동산에 관심을 가지라고 했듯이, 내 집을 마련하거나 리츠에 투자함으로써 상당한 자산을 부동산으로 보유하는 게 좋다. 다음 도표에 있는 생애주기별 포트폴리오를 참고해라.

◀ 생애주기별 포트폴리오 ▶

연령대: 20대 중반

생활패턴이 빠르고 적극적이다. 꾸준한 소득 흐름으로 위험 수용도가 아주 높다. 저축을 시작해 투자 자금을 마련해야 한다.

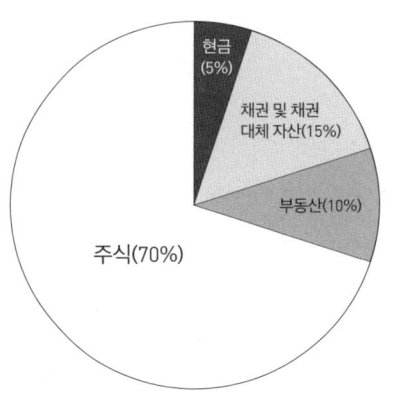

- 현금(5%): MMF 혹은 단기 채권 펀드(평균 만기는 1년~1년 6개월)

- 채권 및 채권 대체 자산 * (15%): 판매 수수료가 없는 우량등급 회사채 펀드, 재무부 물가연동국채, 해외 채권, 배당 성장주.

- 부동산(10%): 리츠 포트폴리오

- 주식(70%): 미국 소형 성장주 절반, 신흥시장을 포함하는 해외 주식 절반.

연령대: 30대 후반-40대 초

여러 어려움에 맞닥뜨린다. 자녀가 없다면 위험 수용도는 여전히 높지만, 자녀가 있다면 위험 수용도가 낮다. 대학 등록금 같은 현금성 자산을 마련해 두어야 한다.

- 현금(5%): MMF 혹은 단기 채권 펀드(평균 만기는 1년~1년 6개월)

- 채권 및 채권 대체 자산 * (20%): 판매 수수료가 없는 우량등급 회사채 펀드, 재무부 물가연동국채, 해외 채권, 배당 성장주.

- 부동산(10%): 리츠 포트폴리오

- 주식(65%): 미국 소형 성장주 절반, 신흥시장을 포함하는 해외 주식 절반.

* 채권 및 채권 대체 자산: 세금우대 퇴직계좌로 채권을 보유하는 편이 낫다. 초저금리 시기에는 채권 대체자산 비중을 높여야 함.

◀ 생애주기별 포트폴리오 ▶

연령대: 50대 중반

자녀 대학 등록금을 대느라 힘든 시기를 보낸다. 위험에 대한 태도와는 상관없이 퇴직에 대비해야 하고 꾸준한 투자 수입을 마련해야 한다.

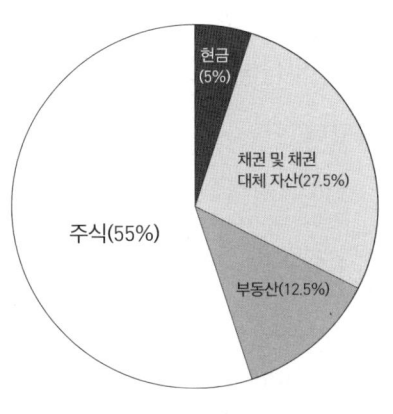

■ 현금(5%): MMF 혹은 단기 채권 펀드(평균 만기는 1년~1년 6개월)

▨ 채권 및 채권 대체 자산*(27.5%): 판매 수수료가 없는 우량등급 회사채 펀드, 재무부 물가연동국채, 해외 채권, 배당 성장주.

▨ 부동산(12.5%): 리츠 포트폴리오

□ 주식(55%): 미국 소형 성장주 절반, 신흥시장을 포함하는 해외 주식 절반.

연령대: 60대 후반 이후

여가 활동을 즐긴다. 위험 수용도는 낮거나 없다. 의료비에 목돈이 들어가지 않도록 주의해야 한다.

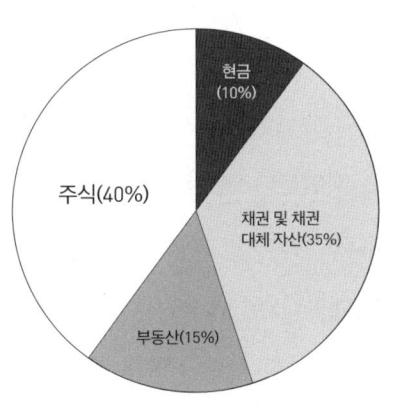

■ 현금(10%): MMF 혹은 단기 채권 펀드(평균 만기는 1년~1년 6개월)

▨ 채권 및 채권 대체 자산 * (35%): 판매 수수료가 없는 우량등급 회사채 펀드, 재무부 물가연동국채, 해외 채권, 배당 성장주.

▨ 부동산(15%): 리츠 포트폴리오

□ 주식(40%): 미국 소형 성장주 절반, 신흥시장을 포함하는 해외 주식 절반.

---

* 채권 및 채권 대체 자산: 세금우대 퇴직계좌로 채권을 보유하는 편이 낫다.
초저금리 시기에는 채권 대체자산 비중을 높여야 함.

생애주기펀드

나이가 들어감에 따라 포트폴리오를 조정하고 시장의 상승과 하락에 따라 다양한 유형에 분산된 자산 비중을 매년 리밸런싱해야 하는 번거로움에서 벗어나고 싶은가? 한번 투자를 해놓고 잊어버리고픈 투자자를 위해서 2000년대에 새로운 투자 상품이 나왔다. 이는 '생애주기펀드 Life-Cycle Fund' 혹은 '목표시점펀드 Target Date Fund, TDF'라고 하는 것으로, 자동적으로 리밸런싱하여 투자자의 연령에 따라 자산을 점차 안전하게 조율한다. 특히 개인퇴직계좌나 기업 퇴직연금 등 여러 비과세 퇴직계좌를 통해 매수하면 대단히 유리하다. 과세 계좌를 이용한다면 세금이 문제 될 수 있으니 유의해야 한다.

은퇴 시점을 예상할 수 있다면 그에 맞춰 생애주기펀드에 가입할 수 있다. 예를 들어 2025년에 40세인 사람이 70세에 은퇴할 계획을 세워두고 있다면 '목표 만기가 2055년'인 생애주기펀드에 가입하면 된다. 그리고 꾸준히 납입하면 된다. 이 펀드는 매년 리밸런싱이 이뤄지며 자산 포트폴리오는 시간이 흐를수록 보수적으로 재편된다. 뱅가드나 피델리티 Fidelity, 아메리칸센투리 American Century, 티로우프라이스 T. Rowe Price 와 같은 주요 증권사들 모두 생애주기펀드를 판매한다. 이들 증권사 웹사이트에 들어가면 만기 및 자산 분할과 관련된 세부 사항을 확인할 수 있다. 채권 수익률이 크게 낮은 경우라면, 나는 보다 공격적인 펀드 즉, 주식 비중이 높은 상태에서 출발하는 생애주기펀드를 추천한다. 노후자금을 쉽게 관리하려는 사람에게 생애주기펀드라는 자동항법 장치는 사용자 친화적인 기술이다. 그러나 가입에 앞서 향후 발생하게 될 수수료를 먼저 점검하

자. 당연한 말이지만 수수료가 낮을수록 노후자금 마련에 유리하다.

노후자금 관리

미국에서는 베이비붐 세대 중 만 명 이상이 매일 65세에 도달하고 있다. 이러한 패턴은 2030년까지 이어질 것으로 보인다. 미 인구조사국 발표에 따르면 백만 명 이상의 베이비부머가 100살을 넘길 것으로 예측한다. 평균 기대 수명을 놓고 보더라도 65세는 앞으로 약 20년간 더 살 것이다. 게다가 퇴직자 중 절반은 평균 기대 수명보다 더 오래 살 것이다.[42]♦♦♦ 그럼에도 많은 이들이 이 책에서 제시한 조언에 귀를 기울이지 않는다. 게다가 퇴직을 대비해 충분히 저축하고 있지도 않다.

미 연방준비제도이사회가 실시한 소비자 금융에 관한 조사 결과에 따르면 평균적인 미국 가구의 경우에 은행 잔고는 적고 신용카드 빚은 많다. 여러 가지 형태의 퇴직계좌를 갖고 있는 미국인은 전체 인구의 절반에 불과하다. 그리고 자산 기준으로 최저 사 분위 계층은 저축 및 퇴직계좌를 갖고 있는 비중이 11퍼센트밖에 안 된다. 55~64세 퇴직계좌에 평균 308,000달러를 보유하고 있다. 그러나 이는 퇴직 후 필요한 가구 소득에

---

[42]♦♦♦ 한국인의 평균 기대수명은 여성 86.5세, 남성 80.5세로, OECD(여성 83.2세, 남성 77.9세)와 미국 평균(여성 80.2세, 남성 75.5세)보다 높다. 60세 기준 남성의 기대여명은 23.4년, 여성은 28.2년이다. - 감수인
출처: 통계청 (2021년 12월 1일 발표한 '2020년 생명표 작성 결과')

서 15퍼센트밖에 되지 않는 수준이다. 결코 좋은 그림이라 할 수 없다. 많은 사람들에게 노년기는 대단히 암울해 보인다.[43]♦♦♦ 노후 준비를 제대로 하지 못한 채 은퇴 시점에 다가서고 있는 베이비부머에게는 현실적으로 두 가지 선택권밖에 없다. 그것은 본격적으로 저축을 시작하거나 아니면 확률을 이기고 일찍 죽는 것이다. 영화배우 헤니 영맨Henny Youngman은 종종 이렇게 말했다. "내겐 더 이상 돈이 필요 없다. 정각 네 시에 죽는다면 말이다."

이러한 상황에 처한 독자에게는 특별히 해줄 말이 없다. 퇴직 후에도 일을 하면서 최대한 아껴서 저축하라는 조언밖엔. 그래도 절망하지는 말자. 인터넷 덕분에 요즘에는 집에서도 할 수 있는 소일거리를 어렵지 않게 찾을 수 있다. 코로나19 이후에는 특히 더 집에서 할 수 있는 일이 많아졌다. 게다가 퇴직 후에 일을 하는 편이 심리적으로도 육체적으로도 도움이 된다. 계속해서 일을 하는 사람은 자존감이 더 높고 인간관계도 더 넓으며 더 건강하다. 나는 모두에게 은퇴 시점과 사회보장급여 수령 시점을 최대한 미뤄서 급여액을 최대한 높이라고 권한다. 가능한 한 빨리 사회보장급

---

[43]♦♦♦ 우리나라 고령층의 상대 빈곤율은 2011년 최고치인 48.8%를 기록한 이후 다소 하락세이기는 하나 43.8%로 OECD 평균인 14.8%나 미국의 22.9%보다 여전히 월등히 높다. 우리나라 개인연금 계약자 중에서 연간 수령액이 500만 원 이하인 경우가 82.5%이며, 공적연금의 실질 소득대체율(은퇴 전 평균 소득 대비 연금 소득의 비율)도 20%~30%대에 지나지 않는다. - 감수인
출처: 금융연구원(2019. 10. 12. '우리나라의 고령층 빈곤율 현황과 시사점', 장민), 금융감독원(2022. 4.12 '2021년 연금저축현황 및 시사점'), 백세시대(2022. 11. 21, '국민연금 전문가 포럼', "국민연금 실질 소득대체율은 20%대", 조종도)

여를 신청하라고 권하고 싶은 사람은 건강이 아주 좋지 않아서 긴 예상 수명을 기대할 수 없는 이들뿐이다.

올바른 투자와 저축으로 충분한 노후자금을 마련했다면 은퇴 후 어떤 투자 전략을 선택해야 할까? 기본적으로 두 가지 선택권이 있다. 첫째, 노후자금의 일부 혹은 전부를 연금보험에 가입하는 것이다. 둘째, 은퇴 후에도 투자 포트폴리오를 계속해서 이어나가는 것이다. 잔고가 바닥날 위험을 최소화하면서 편안한 노후 생활을 누리기 위해서는 인출율 withdrawal rate 을 적절하게 설정해야 한다. 두 전략 중 어느 게 더 나을까?

연금보험

공상 과학 작가 시어도어 스터전 Theodore Sturgeon 은 이렇게 말했다. "우리가 듣고 읽는 것의 95퍼센트는 쓰레기다." 투자 세상에서도 이 말은 적용된다. 하지만 여기서 내가 하는 이야기는 바로 그 5퍼센트에 해당한다고 확신한다. 그러나 연금보험과 관련하여 떠돌아다니고 있는 이야기 중 99퍼센트는 잘못된 것이다. 보험 설계사는 상냥한 얼굴로 다가와 연금보험이야 말로 은퇴 후 투자 문제에 대한 가장 합리적인 해결책이라고 설명할 것이다. 반면 재무상담사들은 이렇게 말할 것이다. "연금보험에는 절대 가입하지 마세요. 그건 돈을 그냥 갖다 바치는 겁니다." 이처럼 상반된 조언 사이에서 어떤 선택을 해야 할까?

먼저 연금보험이 무엇인지 알아보고 그 다음에 연금보험의 기본적인 두 가지 유형에 대해 살펴보자. 연금보험은 종종 '장수보험 long-life insurance'이라고 불린다. 연금보험이란 투자자가 보험사에 일정 금액을 넣어두고 살아있는 동안 정기적으로 보험급여를 받는 상품을 말한다. 예를 들어 2020년 초에 65세 남성이 정액 연금보험에 백만 달러를 넣어뒀다면 죽을 때까지 매년 61,250달러를 지급받는다. 그리고 65세 부부가 (부부 모두가 사망할 때까지 급여를 지급받는) 유족 생존 조건으로 백만 달러를 넣어뒀다면 매년 51,500달러를 지급받는다.

보험급여 기간을 확정할 수도 있다. 가령 20년 확정기간형을 선택하면 연금보험 가입 직후 사망하더라도 상속자가 20년 동안 보험급여를 받을 수 있다.

물론 인플레이션이 있을 때 보험급여액의 구매력은 시간이 흐를수록 떨어지므로 변액연금보험을 찾는 이도 있다. 변액연금보험은 선택한 투자 자산에 따라 보험급여액이 점점 더 증가할 수도 있으나 반대로 시장이 좋지 않다면 원금 손실이 날 수도 있다.

투자자가 직접 노후 자금을 관리하는 방식에 비해 연금보험은 장점이 많다. 우선 노후 자금이 바닥날 위험으로부터 지켜준다. 수령자가 운 좋게도 90대까지 건강하게 산다면 보험회사는 원금에 투자 수익을 더한 것보다 더 많은 돈을 지급해야 한다. 위험을 회피하는 투자자라면 은퇴 시점에 노후 자금의 전부나 일부를 연금보험에 넣는 방법을 고려해야 한다.

그렇다면 연금보험의 단점에는 뭐가 있을까? 네 가지를 꼽을 수 있다.

1. '유산과는 어울리지 않는다.' 은퇴 시점에 노후자금도 상당하고 투자로부터 나오는 배당과 이자만으로 여유 있게 살 수 있다고 해보자. 연금보험에 가입한다면 매년 더 많은 돈을 받을 수 있겠지만 수령자가 사망했을

때 남겨줄 돈은 그만큼 적어진다.

2. '목돈이 필요할 때 곤란을 겪을 수 있다.' 부부가 은퇴 후 유족생존 조건으로 매년 고정 금액을 지급받는 연금보험에 가입한다고 해보자. 이러한 연금보험은 부부가 은퇴 생활을 설계하는 일반적인 방식이다. 그런데 계약 직후 두 사람 모두 불치병에 걸려 살날이 얼마 남지 않았다는 사실을 알게 된다. 그래서 부부는 항상 꿈꿔왔던 세계 여행을 떠나고자 한다. 하지만 연금보험에 가진 돈을 전부 넣었다면 상황이 바뀌었을 때 소비 패턴을 바꿀 수 없다.

3. '비용이 많이 든다.' 많은 연금보험이 비싸다. 특히 보험 설계사가 판매하는 연금보험은 대개 아주 비싸다. 계약자는 보험사의 비용과 수수료는 물론이고 설계사 수당까지 지급해야 한다. 그렇기 때문에 일부 연금보험은 좋은 투자처라고 말하기 힘들다.

4. '세금에서 불리할 수 있다.' 일정한 이율로 지급하는 정액 연금보험은 비과세가 되지만 세액공제를 받지 못한다.

똑똑한 투자자라면 어떻게 할까? 적어도 노후자금 일부를 연금보험에 가입하는 것은 합리적 선택으로 보인다. 연금보험이야말로 노후자금이 바닥나버릴 위험을 막아줄 적절한 방법이다. 낮은 비용에다가 판매 수수료도 없이 연금보험 상품을 판매하는 회사들이 있다. 인터넷 상에서 다양한 연금보험 상품을 비교한다면 보다 합리적으로 선택할 수 있을 것이다. http://www.valic.com을 살펴보면 수수료 차이가 크다는 점을 확인할 수

있다.⁴⁴⁾♦♦♦

직접관리

많은 은퇴자가 노후자금으로 마련해둔 자산 일부를 직접 관리하고 싶어 한다. 427쪽의 도표처럼 자산을 구성하여 전체 자금의 절반 정도를 주식에, 나머지를 고정소득 자산에 투자했다고 해보자. 이제 퇴직을 하면서 생활 자금을 마련하기 위해 노후자금을 깨야 한다. 평생 자금이 마르지 않도록 하려면 그중 얼마를 소비해야 할까? 이 질문에 대해 나는 예전 판에서 '4퍼센트 지침'을 제시했다.⁴⁵⁾ 2022년 금리가 낮았던 시기를 고려하면 노후자금이 바닥나지 않도록 확실하게 보장받기 위해서 3.5퍼센트나 심지어 3퍼센트가 더 나을 것이다.

'3.5퍼센트 지침'이란 매년 노후자금 총 가치의 3.5퍼센트까지만 소비하라는 뜻이다. 이 지침을 따른다면 백 살까지 산다고 해도 자금이 바닥날 일은 없을 것이다. 또한 노후자금의 총액과 비슷한 구매력을 가진 자산을 유산으로 남길 수 있다. 3.5퍼센트 법칙을 따른다고 했을 때, 매월 1,500달러 180만 원 혹은 연간 18,000달러 2,160만 원 를 생활비로 지출하기 위해서는 총 514,286달러 6억 2천여만 원 의 노후자금이 필요하다.

---

44)♦♦♦ 금융감독원에서 운영하는 금융소비자 정보포털 파인(fine.fss.or.kr)에 나와 있는 연금저축통합공시에서 연금보험 등 다양한 연금 상품의 수익률 및 수수료율 등을 비교할 수 있다.- 감수인

45) 이 책의 9판에서는 4.5퍼센트 지침을 제안했다. 이는 당시 투자 수익률이 상당히 높았기 때문이다.

그런데 왜 3.5퍼센트일까? 주식과 채권으로 구성된 분산 포트폴리오는 앞으로 3.5퍼센트 이상의 수익률을 올릴 것이다. 그럼에도 지출을 3.5퍼센트로 묶어놔야 하는 데에는 두 가지 이유가 있다. 첫째, 투자해 놓은 노후자금이 인플레이션율만큼 증가하도록 해야 한다. 둘째, 앞으로 있을지 모를 주식 약세장에 대비해야 한다.

우선 노후자금이 인플레이션율만큼 증가하도록 하려면 왜 3.5퍼센트만 소비해야 하는지 알아보도록 하자. 13장에서 주식시장이 장기적으로 연 6퍼센트에 가까운 수익률을 올릴 것으로 예측했다. 그리고 채권과 큰 비중의 채권 대체 자산으로 구성된 채권 포트폴리오는 4퍼센트 정도의 수익률을 올릴 것으로 보인다. 그러므로 절반의 주식과 절반의 채권으로 분산된 포트폴리오는 대략 연 5퍼센트의 수익률을 올릴 것으로 보인다. 여기서 장기 인플레이션율을 1.5퍼센트로 가정하자. 이 말은 구매력을 유지하기 위해서 투자 원금이 연간 1.5퍼센트씩 늘어나야 한다는 뜻이다. 그러므로 투자 자금의 3.5퍼센트만 소비한다면 노후자금은 1.5퍼센트씩 증가할 것이다. 이처럼 포트폴리오의 총 수익률에서 일부만 지출한다면 은퇴자는 투자 원금은 물론이고 연간 소득의 구매력을 장기적으로 유지할 수 있다.

요약하자면 이렇다. 우선 투자 자금의 수익률을 예측한다. 그리고 그 수익률에서 구매력을 유지하기 위해 인플레이션율을 뺀다. 만약 인플레이션율을 (연방준비제도의 목표치인) 연 2퍼센트로 가정한다면 지출 비율은 3퍼센트로 낮춰야 할 것이다.

다음으로 앞으로 있을 주식 약세장에 대비하기 위해 3.5퍼센트만 소비해야 하는 이유에 대해 살펴보자. 주식과 채권의 실제 수익률은 매년 크게 다르게 나타난다. 주식의 수익률은 평균 6퍼센트 정도를 기록하겠지만 어떤 해에는 더 높게, 다른 해에는 마이너스로 나올 수도 있다. 65세에 은퇴를 하자마자 2008년이나 2009년처럼 심각한 약세장이 펼쳐지면서 주식 가치가 50퍼센트 하락했다고 해보자. 그럴 때 연간 6퍼센트씩 인출을 한다면 노후자금은 10년도 가지 못해 바닥을 드러낼 것이다. 반면 3.5퍼센트만 인출한다면 백 살까지 산다고 해도 자금이 마를 일은 드물 것이다. 투자자는 지출 비율을 최소화해 노후자금을 지킬 가능성을 최대화할 수 있다.

3.5퍼센트 법칙에 대해서 두 가지 추가적인 규칙이 필요하다. 첫째, 장기적으로 지출 규모를 일정하게 유지하기 위해서는 시장 상황과 관계없이 매년 전체 자금의 3.5퍼센트가 넘는 지출을 해서는 곤란하다. 시장은 언제나 출렁이기 때문에 기준에 따라 인출하더라도 매년 지출 가능 금액은 크게 달라질 것이다. 그러므로 '첫째 규칙'은 3.5퍼센트로 인출을 시작하되, 매년 남은 돈이 1.5퍼센트씩 늘어날 수 있도록 인출 금액을 조절하는 것이다. 이러한 방법으로 퇴직 후 소득을 일정하게 유지할 수 있다.

채권 이자와 채권 대체 상품의 이자, 주식의 배당으로부터 투자 수입이 전체 자산의 3.5퍼센트에 못 미칠 때가 있다. 그래서 '둘째 규칙'은 어떤 자산을 먼저 건드릴지 정하는 것이다. 무엇보다 자산 비중에서 상대적으로 초과된 자산을 먼저 매도해야 한다. 주식시장이 급격하게 오르는 바람에 50:50 포트폴리오가 60:40으로 달라졌다고 해보자. 주식이 올라서 기쁘기는 하겠지만 포트폴리오 위험성이 높아졌다는 점을 간과해서는 안

된다. 그럴 경우 포트폴리오에서 필요한 만큼 주식을 매도함으로써 현금을 마련하여 자산 비중을 조정하자. 혹은 현금 마련을 위해 굳이 포트폴리오에 손을 댈 필요가 없다고 해도 매년 리밸런싱을 통해 포트폴리오 위험을 개인의 위험 수용도에 맞게 유지하기를 권한다.

물론 3.5퍼센트 지침을 철저하게 따른다고 해도 노후자금이 절대 마르지 않을 것이라고 백퍼센트 장담할 수는 없다. 그러므로 개인의 건강 상태나 다른 소득 및 자산에 따라 이 규칙을 이리저리 바꿔보는 방법을 권한다. 80세 나이로 매년 3.5퍼센트를 지출하는데도 포트폴리오가 계속 증가한다면 과학이 언젠가 젊음의 묘약을 가져다주기를 기대하지 않는 이상, 지갑을 좀 더 여는 방법도 생각해 봄직하다.

15장

일반 투자자를 위한 실전 주식투자

> 연간 수입이 20파운드에 연간 지출이 19.6파운드라면 행복할 것이다.
> 연간 수입이 20파운드에 연간 지출이 20.6파운드라면 불행할 것이다.
> — 찰스 디킨스, 『데이비드 코퍼필드』

이 장에서는 주식을 매수하는 방식을 설명하고, 14장에서 소개한 포트폴리오를 따를 수 있도록 구체적인 상품을 소개하겠다.

지금까지 우리는 세금과 주택, 보험, 현금 보유고를 활용하여 최대한 이득을 볼 수 있는 합리적인 결정을 내렸다. 그리고 금융 목표와 생애주기 단계, 위험 수용도에 대해 살펴봤고 자산 중 얼마를 주식에 넣어야 할지 결정했다. 이제 월스트리트 길목에 위치한 트리니티 교회로 들어가 짧게 기도를 마친 뒤 용감하게 발걸음을 내디딜 때가 왔다. 자칫 길을 잘못 들어 묘지로 빠지는 일이 없도록 주의하자.

여기서 내가 제시하는 방식을 성실히 따라간다면 값비싼 실수와 불필요한 수수료를 피하는 것은 물론이고 지나친 위험을 떠안지 않고서 수익을 올릴 수 있을 것이다. 나라고해서 특별한 투자 비법을 알고 있는 것은 아니지만 적어도 투자 수익률 1~2퍼센트가 불행과 행복을 결정한다는 사실만큼은 잘 알고 있다.

주식을 살 때는 어떻게 해야 하는가? 기본적으로 세 가지 방식이 있다. 나는 그것을 단순한 방식, DIY 방식, 대리인 방식이라고 부른다.

첫 번째 방식은 투자자가 인덱스펀드나 다양한 종류의 주식을 추종하도록 설계된 ETF를 사는 것이다. 이 방식의 장점은 너무나도 간편하다는 점이다. 껌을 씹으며 제멋대로 걷는 일마저도 어렵게 느껴진다 해도 이 방식은 쉽게 따라 할 수 있다. 시장이 이끄는 대로 따라 가기만 하면 되기 때문이다. 쉽고 안전한 투자 방법을 선호하는 이들에게 나는 시장의 지혜에 무릎을 꿇고 미국 시장과 해외 시장의 인덱스펀드로 전체 포트폴리오를 구성하라고 말한다. 하지만 모든 투자자를 대상으로 말한다면 투자 포트폴리오의 핵심(특히 은퇴자금)을 인덱스펀드나 ETF로 투자하라고 권하고 싶다.

두 번째 방식은 월스트리트를 부지런하게 뛰어다니며 직접 종목을 선정하고 특정 산업이나 국가에 집중하는 것이다. 중요한 자금은 노후를 위해 인덱스펀드에 투자해 놓고, 위험을 감당할만한 여유 자금으로 추가 수익을 올릴 수 있다. 종목을 직접 고르는 게임을 좋아하는 이들을 위해 성공 가능성을 높일 수 있는 몇 가지 원칙을 여기서 제시할 것이다.

마지막으로 세 번째 방식은 자신을 대신해서 월스트리트를 활보해줄 전문 펀드매니저를 고르는 것이다. 펀드매니저는 위험을 받아들일 능력과 태도에 맞는 투자 조합을 투자자 대신 선택해줄 것이다. 동시에 분산투자의 장점도 안겨줄 것이다. 그러나 안타깝게도 이런 자문을 받으려면 비용이 많이 들고 종종 이해충돌이 일어난다. 그래도 다행스러운 소식은 요즘은 저비용으로 자문을 받을 수 있다는 사실이다. 주로 자동화 기법을 활용하여 인덱스펀드를 관리하기에 수수료가 매우 낮다. 이러한 자문 서비스에 대해서는 이 장 후반부에 자세히 설명할 것이다.

단순한 방식

미국 주식시장에서 거래되는 주식 가치의 4분의 3을 차지하는 500개 종목으로 구성한 S&P 500 지수는 장기적으로는 대부분의 전문가를 이겼다. 투자자는 이 인덱스펀드를 매수하는 것만으로 투자 포트폴리오를 손쉽게 구성할 수 있다. 1973년 나는 이 책의 초판에서 다음과 같이 인덱스펀드 접근방식이 특히 개인 투자자에게 중요하다고 강조했다.

> 우리에게 필요한 것은 승자를 따라잡기 위해 이 주식 저 주식 갈아타는 펀드가 아니라 주식시장의 평균을 구성하는 수백 가지 주식을 광범위하게 매수하는, 그리고 판매 수수료가 없는 저비용 펀드다. 일반적으로 펀드가 평균을 밑도는 실적을 기록할 때마다 증권사는 이렇게 해명한다. "평균을 살 수는 없습니다." 그렇다면 이제 대중이 나서서 평균을 사야 할 때가 온 것이다.

앞에서도 말했듯이 이 책의 초판이 나온 후 '인덱스펀드' 개념이 주목받았다. 자본주의의 한 가지 중요한 미덕은 어떤 수요가 있을 때 누군가 나타나 틀림없이 이를 충족시켜 준다는 점이다. 1976년 마침내 개인 투자자가 참여할 수 있는 펀드가 탄생했다. 뱅가드 500 인덱스트러스트 Vanguard 500 Index Trust 는 S&P 500에 포함된 500가지 종목을 차지하는 비중에 따라 매수했다. 여기에 참여한 투자자는 포트폴리오의 배당과 자본이득, 손실을 함께 공유했다. 오늘날 S&P 500 인덱스펀드는 뮤추얼펀드를 취급하는 여러 증권사를 통해 0.05퍼센트 이하의 비용으로 쉽게 살 수 있다. 그 비용은 적극적으로 관리되는 액티브펀드보다 훨씬 저렴하다. 심지어 수수료 없이 살 수 있는 인덱스펀드도 나와 있다.[46]♦♦♦ 이제 투자자는 스테이트스트리트 글로벌 어드바이저 State Street Global Advisors 나 블랙록 BlackRock, 뱅가드를 통해 주식시장에서 거래되는 S&P 500 인덱스펀드에 투자함으로써 편리하고 값싸게 시장 평균을 살 수 있게 되었다.

인덱스펀드 전략을 뒷받침하는 논리는 효율적 시장 가설이다. 그러나 시장이 효율적이지 않다고 생각해도 인덱스펀드 전략은 대단히 쓸모 있

---

[46]♦♦♦ 우리나라의 경우, 패시브펀드의 수수료는 0.3~0.5% 정도이며 적극적으로 관리되는 액티브펀드의 수수료는 1.0~1.5% 정도다. 펀드 수수료는 낮아지고 있는 추세며, 비대면 펀드 판매 서비스가 계속 늘어나고 있으므로 온라인 펀드슈퍼마켓이나 앱 등을 이용하면 수수료를 절감할 수 있다. - 감수인
출처: 한국FP학회(박광수, 김민정(2014) '온라인펀드슈퍼마켓도입에 따른 펀드시장전망 및 FP의 대응방안'), 자본시장연구실(2018.02. 이보미, '패시브 투자 증가의 현황 및 시사점'), 한국일보(2018.12.19. '수익률은 액티브펀드가 낫지만…올해 투자자 선택은 패시브펀드' 박세인), 이코노미(2019.06.10, '저렴한 온라인 전용펀드 판매 '1년 더'', 유희곤)

다. 시장에 나와 있는 모든 주식은 반드시 누군가 소유하고 있기 때문에 시장에 있는 투자자 집단 전체는 평균적으로 시장 수익률만큼 번다. 여기서 인덱스펀드는 최소 비용으로 시장 수익률을 실현한다. 그렇기 때문에 액티브펀드는 그 비용만큼 전체 시장에서 뒤처질 수밖에 없다.

뮤추얼펀드나 투자 기관들과 비교할 때 S&P 500 지수가 거둔 평균 이상의 장기 성과는 앞서 소개했던 다양한 연구에 의해 검증되었다.

인덱스펀드 전략

이제부터는 인덱스펀드를 주요 투자 수단으로 활용할 때 얻을 수 있는 장점에 대해 정리해보도록 하자.

일반적으로 인덱스펀드는 액티브펀드를 초과하는 수익률을 올린다. 여기에는 크게 두 가지 이유가 있다. 가장 먼저 수수료와 거래 비용이 낮기 때문이다. 일반적인 인덱스펀드나 ETF의 수수료는 거의 제로에 가깝다. 반면 액티브펀드의 수수료는 연 1퍼센트 정도다. 게다가 인덱스펀드는 종목을 갈아탈 필요가 없는 반면 액티브펀드 중 상당수는 회전율이 100퍼센트에 육박한다. 거래 비용을 아주 낮게 잡는다고 해도 회전율이 높으면 성과가 크게 떨어질 수밖에 없다. 주식시장이 완전히 효율적이지는 않다고 해도 적극적으로 관리되는 펀드는 시장 수익률을 넘어설 수 없다. 평균적으로 수수료와 거래 비용만큼 인덱스펀드에 뒤질 수밖에 없기 때문이다. 안타깝게도 펀드매니저들은 라디오 진행자 개리슨 케일러 Garrison Keillor 가 가상의 고향이라고 언급한 '모든 아이들이 평균 이상인' 워비곤 호수 출신이 아니다.

인덱스펀드가 액티브펀드를 초과하는 수익을 올리는 그 다음 이유는 세금 면에서도 유리하기 때문이다. 인덱스펀드 투자자는 자본 이득의 실현을 연기할 수 있다. 게다가 유산으로 물려줄 경우에는 끝까지 세금을 피할 수 있다. 주가가 장기적으로 상승할 때 계속해서 종목을 갈아타며 자산 이득을 실현하면 그에 따른 세금을 물어야 한다. 자본 이득의 조기 실현으로 발생하는 세금은 순 수익률을 크게 갉아먹기 때문에 금융 의사결정에서 대단히 중요한 고려사항이다. 반면 인덱스펀드는 종목을 갈아타지 않기 때문에 자본 이득에 따른 세금을 유예할 수 있다.

인덱스펀드는 투자금 중 일부를 현금으로 보유하지 않고 언제나 완전히 투자한다. 적절한 시점에 펀드를 현금으로 전환해야 좋다는 펀드매니저의 말을 곧이곧대로 믿어서는 곤란하다. 앞서 살펴본 것처럼 시점 선택은 효과가 없다.

인덱스펀드는 평가하기도 쉽다. 현재 5천 가지 이상의 뮤추얼펀드가 시장에 나와 있다.[47]♦♦♦ 그중에서 어떤 것이 앞으로 더 좋은 성과를 보일지 예측할 수 있는 객관적인 방법은 없다. 반면 인덱스펀드의 경우에는 그 결과를 비교적 정확하게 알 수 있고 투자 과정 또한 매우 단순하다.

---

[47]♦♦♦ 국내 액티브펀드 수는 2023년 03월 기준으로 2,868개에 달하는데, 전체 펀드 수 중 75.47%(설정액 기준으로는 33.33%)에 해당하며 점차 감소하는 추세에 있다. - 감수인
출처: FnIndex.co.kr

"고층 빌딩을 단숨에 뛰어넘다니 정말 대단하군요. 그런데 S&P 500 지수도 뛰어넘을 수 있을까요?"

© 2002 by Thomas Cheney. 허락을 얻어 게재.

    많은 반대 증거에도 불구하고 어떤 투자자가 여전히 우월한 투자 관리법이 존재한다고 믿는다고 해보자. 그래도 두 가지 문제가 남아 있다. 첫째, 그러한 기술은 대단히 드물다. 둘째, 그 기술이 시장에 알려지기 전에 발견하기가 어렵다. 7장에서 살펴본 것처럼 특정 기간에 최고 성과를 올렸다고 해서 다음 기간에도 최고 성과를 올릴 수 있는 것은 아니다. 이러한 문제를 폴 새뮤얼슨은 다음의 이야기로 잘 설명했다. "알코올 중독자 스무 명 중 한 명꼴로 술을 적절하게 조절하며 마시는 방법을 배울 수 있다는 사실이 밝혀졌습니다. 하지만 그게 사실이라고 해도 잊어버리는 게 좋습니다. 그 한 명이 누구인지 알아내기도 힘들뿐더러, 그 한 명을 찾는 과정에서 나머지를 술독에 빠뜨릴 테니까요." 새뮤얼슨의 결론은 건초더미에서 바늘 찾기를 그만해야 한다는 것이다.

투자 기관들끼리 주고받는 주식 거래는 벽처럼 고정된 물체에 힘을 가하는 운동인 등척 운동을 연상시킨다. 그들은 많은 에너지를 소비하지만 힘은 서로 상쇄되고, 남는 것은 그 과정에서 발생하는 거래 비용뿐이다. 자동으로 움직이는 모형 토끼를 뒤쫓아 트랙을 달리는 사냥개처럼 펀드매니저들은 경주에서 절대 이길 수 없다. 이러한 점에서 많은 투자 기관 역시 자산의 상당 부분을 인덱스펀드에 넣어두고 있는 것은 어찌 보면 당연한 일이다.

그렇다면 당신은 어떤가? 인덱스펀드에 투자했다면 멋진 종목을 골라서 환상적인 수익을 올렸다고 골프클럽에서 자랑스럽게 떠벌릴 기회를 포기한 셈이다. 폭넓은 분산을 통해 시장 전체와 비교하여 손실이 크게 발생할 위험을 없앨 수 있다. 동시에 높은 이익을 올릴 가능성도 함께 사라진다. 그래서 많은 월스트리트 비평가들은 인덱스펀드를 '보장된 평범함'이라 부른다. 하지만 과거 데이터에서 인덱스펀드 수익률이 높은 자문 보수와 엄청난 포트폴리오 회전율로 인해 투자 수익을 갉아먹는 액티브펀드의 수익률을 앞으로도 가볍게 뛰어넘을 것이라는 전망을 분명히 확인할 수 있다. 아마도 많은 이들이 투자할 때마다 평균을 보장받는다는 게 얼마나 매력적인 일인지 깨닫게 될 것이다.

인덱스펀드는 보유 주식에서 발생한 배당을 모아서 이를 매 분기 투자자에게 수익으로 나눠주는 수고까지 맡아준다(원한다면 발생한 수익을 재투자할 수도 있다). 간단하게 말해서, 인덱스펀드는 아무런 노력을 들이지 않고서 낮은 비용으로 시장의 수익률을 따라잡을 수 있는 합리적이고 간편한 투자 수단이다.

인덱스펀드에 대한 폭넓은 정의

다시 말하지만, 이 책의 초판이 나왔던 1973년부터 나는 인덱스펀드를 훌륭한 투자 전략이라고 주장해왔다. 사실 그때는 인덱스펀드라는 용어도 나오기 전이었다. 그러나 지금은 인덱스펀드 시대가 도래했다. 그중에서도 가장 인기 있는 펀드는 S&P 500 지수로 미국 주식시장의 주요 기업을 잘 대표하는 지표다. 물론 나는 여전히 인덱스펀드를, 그리고 흔히 말하는 패시브 투자 전략을 강력하게 추천하고 있지만, 그럼에도 인덱스펀드에 대한 정의가 지나치게 협소하다는 비판에는 동의하는 바이다. 많은 사람이 인덱스펀드 투자를 그저 S&P 500 지수를 매수하는 것이라고 잘못 생각한다. 시장에는 그보다 더 많은 게임이 있다. 특히 S&P 500에는 시장에서 가장 활발히 움직이는 수천 개의 중소기업 종목이 누락되어 있다. 만약 오직 하나의 미국 인덱스펀드를 사야한다면 나는 S&P 500이 아니라 러셀 3000이나 월셔 토털마켓 인덱스Wilshire Total Market Index, CRSP 인덱스CRSP Index나 MSCI 미국 브로드마켓 인덱스MSCI U.S. Broad Market Index 중 하나를 선택하라고 권하고 싶다.

앞서 90년에 걸친 주식시장 역사에서 전반적으로 소형주가 대형주를 앞섰다는 사실을 보여줬다. 과거 긴 기간을 돌아보면 소형주 포트폴리오는 연 12퍼센트의 수익률을 기록했던 반면 S&P 500에 포함된 주식처럼 대형주 포트폴리오는 약 10퍼센트에 머물러 있다. 물론 소형주가 주요 블루칩보다 더 위험한 것은 사실이지만 그럼에도 잘 분산된 포트폴리오를 통해 위험을 낮추면서 수익률을 높일 수 있다. 이러한 이유로 나는 수많은 역동적인 중소기업 주식이 포함되어 있는 인덱스펀드에 대한 투자를 선호한다.

S&P 500이 미국 주식시장 가치의 75~80퍼센트를 차지하고 나머지 20~25퍼센트는 수천 곳의 중소기업이 차지하고 있다. 그리고 이중 상당 비중이 신생기업으로서 이들 종목은 높은 투자 보상(더불어 더 높은 위험)을 제공한다. CRSP 인덱스는 미국 주식시장에서 공식적으로 거래되는 모든 주식을 포함한다. 그리고 러셀 3000과 MSCI 인덱스는 가장 작은 규모의 (유동성이 떨어지는) 주식을 제외한 모든 주식을 포함한다. 오늘날 많은 펀드가 이와 같은 광범위한 지수를 기준으로 삼고 있으며, 이러한 펀드에는 종종 '총 주식시장 포트폴리오Total Stock Market Portfolio'라는 이름이 붙는다. 그리고 액티브펀드보다 더 높은 수익률을 지속적으로 보여준다.

더 나아가 앞에서 주장했듯이 투자자는 국제적인 분산을 활용하고, 포트폴리오에 부동산과 같은 자산 유형을 포함하고, 채권 포트폴리오에 물가연동국채와 같은 자산을 집어넣음으로써 위험을 낮출 수 있다. 이는 다름 아닌 현대 포트폴리오 이론에서 들을 수 있는 핵심 교훈이다. 그러므로 투자자는 미국 주식시장의 인덱스펀드에만 주목할 필요가 없다. 최근 인덱스펀드의 범위가 점차 확대되고 있다. 실제로 다양한 국제 지수를 좇는 인덱스펀드가 등장했다. 대표적으로 유럽, 호주, 극동(EAFE) 주식을 대상으로 한 인덱스펀드인 MSCI EAFE와 신흥시장을 대상으로 한 인덱스펀드인 MSCI EM이 있다. 이에 더하여 부동산 투자신탁(REITs)은 물론이고 회사채와 국채에 투자하는 인덱스펀드도 있다.

투자자가 저지르는 한 가지 흔한 실수는 국제적인 분산을 충분히 활용하지 않는 것이다. 세계 경제에서 미국이 차지하는 비중은 3분의 1에 불과하다. 물론 미국의 많은 다국적 기업은 해외에서도 폭넓은 비즈니스를 벌이기 때문에 미국의 전체 주식시장 펀드는 부분적으로 국제적 분산 기능을 제공하기는 한다. 하지만 중국과 인도 같은 신흥시장은 선진 경제보다 훨씬 빠른 속도로 성장하고 있으며 이 흐름은 당분간 쭉 이어질 것으로 보인다. 그렇기 때문에 나는 포트폴리오의 상당 부분을 신흥시장에 투자해야 한다고 생각한다.

중국을 제외한 신흥시장은 또한 선진시장 세상에 비해 더 젊은 인구로 구성되어 있다. 인구 구성이 젊을수록 경제는 더 빨리 성장하는 경향이 있다. 게다가 2022년을 기준으로 신흥시장은 미국보다 더욱 매력적인 가치 평가를 보여줬다. 앞서 우리는 '주기적으로 조정된 주가수익배수(CAPE)'가 선진시장에서 장기적인 주식 수익률을 예측하는 강력한 힘을 갖고 있다는 사실을 살펴봤다. 이는 신흥시장에도 해당된다. 2022년 신흥시장 CAPE는 미국의 절반에도 미치지 못한다.

그러나 신흥시장은 선진시장에 비해 비효율적이며 접근하고 거래하는 과정에서 많은 비용이 발생한다. 액티브펀드의 비용률도 선진시장에 비해 훨씬 높다. 게다가 신흥시장에서 액티브펀드는 유동성이 낮고 거래 비용은 높다. 이러한 모든 비용을 감안할 때 신흥시장에서는 인덱스펀드야말로 훌륭한 투자 전략이다. 2021년 스탠더드앤푸어스 보고서에 따르면 신흥시장에서 액티브펀드의 92퍼센트가 지난 20년 동안 S&P/IFCI 지수의 실적에 미치지 못했다.

인덱스펀드 포트폴리오의 구체적 사례

다음 도표에서 투자자가 포트폴리오 구성 시 선택할 수 있는 구체적인 인덱스펀드를 확인할 수 있다. 자산 비중은 50대 중반 투자자를 기준으로 한 것이다. 다른 연령대라면 개인의 나이에 맞게 조정해도 좋을 것이다. 또한 위험에 대한 개인의 태도나 수용도에 따라 비중을 조정할 수 있다.

◀ 50대 중반을 위한 인덱스펀드 포트폴리오 ▶

현금(5%) *		
	피델리티 MMF(SPAXX)	
	혹은 뱅가드 MMF(VMFXX)	
채권 및 채권 대체 자산(27.5%) **		
7.5%	미국 뱅가드 장기 회사채펀드 ETF(VCLT)	
	혹은 아이셰어 iShares 회사채 ETF(LQD)	
7.5%	뱅가드 신흥시장 국채 펀드(VGAVX)	
12.5%	위즈덤 트리 Wisdom Tree 퀄리티 배당 펀드(DGRW)	
	혹은 뱅가드 배당 성장 펀드(VDIGX)**	
부동산(12.5%)		
	뱅가드 REIT 인덱스펀드(VGSLX)	
	혹은 피델리티 부동산 인덱스펀드(FSRNX)	
주식(55%)		
27%	미국 주식	
	슈왑 Schwab 총 주식시장 인덱스펀드(SWTSX)	
	혹은 뱅가드 총 주식시장 인덱스펀드(VTSAX)	
14%	선진국 시장	
	슈왑 국제 인덱스펀드(SWISX)	
	혹은 뱅가드 국제 인덱스펀드(VTMGX)	
14%	신흥 시장	
	뱅가드 신흥시장 인덱스펀드(VEMBX)	
	혹은 피델리티 신흥시장 인덱스펀드(FPADX)	

* 도표에 실린 MMF 대신 단기 채권 펀드를 선택해도 좋다.
** 인덱스펀드 포트폴리오라는 제목과는 어울리지 않지만, 채권 포트폴리오에 재무부 물가연동국채를 포함시키는 방법도 고려하자. 배당 성장 및 회사채 펀드 또한 예외다. 표준 인덱스펀드가 아니기 때문이다.

여기서 증권의 대부분을 세금우대 혜택이 있는 퇴직연금 계좌를 통해 보유하는 것이 좋다. 특히 채권은 반드시 퇴직연금 계좌를 통해 보유해야 한다. 또한 주식을 과세 계좌로 보유해야 할 때는 뒤에서 소개할 손실수확 전략tax-loss harvesting 을 고려하자.

앞의 도표에 여러 증권사에서 출시한 인덱스펀드를 소개했다. 또한 도표에 소개한 펀드는 적절한 비용률에 판매 수수료도 없다. 이들 펀드와 관련하여 전화번호나 웹사이트 등 자세한 정보는 부록에서 확인할 수 있다.

ETF

앞서 언급했듯이 (인덱스펀드를 매수해서 보유하는) 패시브 포트폴리오의 한 가지 장점은 세금과 거래 비용을 최소화할 수 있다는 점이다. 스탠퍼드 대학교의 경제학자 조엘 딕슨Joel Dickson 과 존 쇼븐John Shoven 이 세금은 금융과 관련된 의사결정에서 대단히 중요한 요소임을 밝혀냈다. 두 사람은 62개 뮤추얼펀드를 표본으로 활용하여 1962년에 투자한 1달러가 1992년에 세전 21.89달러로 성장했다는 사실을 확인했다. 그러나 배당과 자본이득에 대한 세금을 고려했을 때에는 9.87달러에 불과했다.

'스파이더spider'(S&P 500 펀드)나 '바이퍼viper'(총 주식시장 펀드)와 같은 ETF는 일반적인 인덱스펀드보다 세금 면에서 유리하다. 이러한 펀드는 '현물' 상환이 가능하기 때문이다. 현물 상환은 상환 요구에 대해 저비용 주식을 인도함으로써 이뤄진다. 이는 세금이 발생하는 펀드 거래가 아니므로 다른 보유자에게 나눠줘야 할 자본 이득은 발생하지 않는다.[48]♦♦♦ 게다가 ETF를 상환하려는 보유자는 펀드에 기초해서가 아니라 애초에 주식을 취득할 때 들어간 비용을 기준으로 세금을 물게 된다.[49]♦♦♦

ETF는 또한 비용이 저렴하다. 많은 ETF에서 미국 주식뿐 아니라 해외 주식도 포함한다. ETF는 특히 목돈을 인덱스펀드에 투자하는 경우에도 적합하다.

그러나 ETF도 거래 수수료나 중개 보수가 발생하기 때문에 단타매매의 대상으로 생각해서는 곤란하다.[50] 이와 관련하여 나는 뱅가드그룹 설립자 존 보글의 말에 전적으로 동의한다. "투자자가 ETF를 거래하려는 것은 자살 행위와 같다." 그런 유혹을 도무지 떨쳐버릴 수 없다면 '꼬마 숙녀 머핏Little Miss Muffet'이 한 것처럼 거미spider 와 그 형제들로부터 멀리 달아나는 게 상책이다.

---

[48]♦♦♦ 국내에서도 ETF는 일반 주식처럼 거래되는 상품이므로 기간을 채우지 못하고 거래하는 펀드에서는 물어야 하는 환매수수료가 없다. - 감수인
출처: 우영표, 길벗, 『월급쟁이 재테크 상식사전』 p.491

[49]♦♦♦ 국내에서 거래되는 모든 ETF의 분배금(배당금)에 대해서는 배당소득세(15.4%)를 원천 징수한다. 매매차익에 대해서는, 국내 상장 주식형 ETF는 국내 주식과 마찬가지로 5천만 원까지는 공제가 되며, 초과되는 차익에 대해서는 20%의 양도소득세가 부과된다. 국내 기타 ETF(채권이나 상품 등에 투자)와 해외 상장 ETF는 250만 원까지 기본 공제가 되고 초과 차익에 대해서는 양도소득세 20%가 부과된다. 단, S&P 500 지수 등과 같은 해외 지수를 추종하는 국내 상장 해외 ETF의 경우 분배금과 매매차익을 모두 분배금으로 보고 배당소득세를 부과한다. - 감수인

[50] 많은 할인 증권사는 ETF 거래에 수수료를 면제해준다. 수수료가 면제되는 경우 ETF 투자가 적합할 것이다. ETF보유로 받은 배당은 자동으로 재투자되도록 해놓는 게 좋다.

다음 도표에서 포트폴리오 구성을 위해 활용할 수 있는 ETF를 확인할 수 있다. 최대한 주식을 쉽게 매수하려는 투자자라면, 한 번의 쇼핑으로 국제적인 분산 효과를 얻을 수 있는 전 세계 인덱스펀드와 ETF가 나와 있다는 사실에 주목하자.

◀ 상장지수펀드(ETF) ▶

	종목 기호	비용률
미국 주식시장 Vanguard Total Stock Market SPDR Total Stock Market	 VTI SPTM	 0.03% 0.03
선진국 시장(EAFE) Vanguard Europe Pacific iShares Core MSCI Intl Developed Markets SPDR Developed World ex-US	 VEA IDEV SPDW	 0.05 0.07 0.04
신흥시장 Vanguard Emerging Markets SPDR Emerging Markets iShares Core MSCI Emerging Markets	 VWO SPEM IEMG	 0.10 0.11 0.11
전 세계 시장(미국 제외) Vanguard FTSE All World ex-US SPDR MSCI ACWI ex-US iShares Core MSCI Total International Stock	 VEU CWI IXUS	 0.08 0.30 0.09
전 세계 시장(미국 포함) Vanguard Total World iShares MSCI ACWI	 VT ACWI	 0.04 0.32
미국 채권 시장 * Vanguard Total Corporate Bond Fund iShares Investment Grade Corporate Bond Schwab US Aggregate Bond	 VTC LQD SCHZ	 0.05 0.14 0.04

* 과세 투자자는 부록에 소개된 폐쇄형 지방채 펀드를 고려하자.

세월의 검증을 거쳤고 쉬우면서도 우월한 투자 전략을 아직도 찾고 있다면 지금이라도 책을 덮는 게 나을 것이다. 도표에서 소개하는 인덱스펀드와 ETF는 폭넓은 분산 효과와 세금 절약 효과, 낮은 비용 혜택을 제공한다. 개별 주식이나 특정한 분야에 집중하는 펀드를 매수하길 원한다고 해도 최근 기관 투자자들이 하는 것처럼 포트폴리오의 핵심을 인덱스펀드로 구성하고, 그러고 나서도 여유 자금이 있다면 공격적인 투자에 나서도록 하자.

DIY 방식

나는 개인 투자자와 기관 투자자 모두에게 인덱스펀드 투자를 권한다. 특히 은퇴자금처럼 중요한 돈을 투자해야 하는 경우라면 더욱 강력하게 추천한다. 그럼에도 나는 많은 이들이 전체 포트폴리오를 인덱스펀드로 구성하는 방법을 지루한 전략으로 생각한다는 것도 잘 안다. 여유 자금이 있어 어느 정도 위험을 무릅쓸 여력이 있다면 많은 투자자가 자기 자신의 힘으로 종목을 골라보려고 한다. 이처럼 직접 게임에 뛰어들고자 하는 투자자에게 지금부터 소개할 DIY 방식은 더욱 매력적으로 다가올 것이다.

나는 어릴 적부터 내기를 좋아했기 때문에 왜 그토록 많은 투자자가 스스로 종목을 선택하려고 하는지, 시장 평균을 보장하는 투자 전략에 별 감흥을 얻지 못하는지 잘 알고 있다. 그러나 직접 투자하는 방식의 문제는 일단 수고가 많이 들고 꾸준히 이기기가 대단히 어렵다는 사실에 있다. 그래도 투자를 게임으로 생각하는 사람을 위해 여기서는 적어도 위험을 낮출 수 있는 합리적 투자 전략을 소개하고자 한다.

이 전략을 실행하기에 앞서 투자 정보의 원천을 알아둘 필요가 있다. 우리는 투자와 관련된 대부분의 정보를 공공도서관에서 찾을 수 있다. 다음으로 일간지 금융란을 열심히 탐독할 필요가 있다. 특히 「뉴욕타임스」와 「월스트리트저널」은 물론이고 「배론즈」와 같은 주간지도 '필독' 목록에 넣어둬야 한다. 또한 「블룸버그 비즈니스」, 「포천」, 「포브스」 또한 투자 아이디어를 얻기에 좋은 비즈니스 잡지다. 주요 투자 서비스도 고려해볼 만하다. 예를 들어 스탠더드앤푸어스의 '아웃룩 Outlook', 밸류라인 Value Line의 '인베스트먼트 서베이 Investment Survey', '모닝스타 Morningstar'의 서비스는 충분히 신청해볼 만하다.

나는 50년 전에 나온 이 책의 초판에서 성공적인 종목 선택을 위한 네 가지 원칙을 제시한 바 있다. 나는 이 원칙이 오늘날에도 유효하다고 생각한다.

'원칙 1: 적어도 향후 5년간 평균 이상의 이익 성장률을 기록할 것으로 보이는 기업의 주식을 매수할 것.' 물론 대단히 힘든 일이기는 하지만 이익이 성장하는 주식을 골라내는 것이야말로 이 게임의 관건이다. 꾸준한 성장은 기업의 이익과 배당은 물론이고 시장이 그 이익에 대해 지불하고자 하는 가격인 주가수익배수까지 높인다. 그러므로 이익이 가파르게 성장하기 시작한 종목을 선택한다면 잠재적으로 이중 혜택을 누릴 수 있다. 다시 말해, 이익이 높아지면서 동시에 주가수익배수도 높아진다.

'원칙 2: 견고한 토대 가치보다 비싼 종목을 고르지 말 것.' 주식의 내재 가치를 정확하게 판별할 수 없다는 믿음에는 변함이 없지만 그럼에도 나는 특정 주식의 가격이 적정선에서 형성되어 있는지 개략적으로 가늠해 보는 것은 얼마든지 가능하다고 생각한다. 이를 위한 좋은 출발점은 시장의 주가수익배수다. 주가수익배수가 적절하거나 그리 높이 않은 종목을 선택하자. 즉, 시장이 아직 성장 가능성을 인식하지 못해서 높은 프리미엄이 가격에 반영되지 않은 종목을 찾자. 그러면 성장이 실제로 이뤄질 때 투자자는 이중 보너스를 얻게 된다. 다시 말해, 이익과 주가수익배수가 동시에 상승한다. 반대로 주가수익배수가 대단히 높고 수년간의 성장이 이미 가격에 반영되어 있는 주식은 경계하자. 이런 주식을 매수했다가는 성장이 예상보다 더딜 때 투자자는 이중고를 겪게 된다. 즉, 주가수익배수가 이익과 함께 추락한다. 원칙 2를 따랐더라면 2000년 초 첨단 기술주가 천문학적인 주가수익배수로 거래되었을 무렵에 투자자들은 막대한 손실을 피할 수 있었을 것이다.

원칙 2는 그저 주가수익 P/E 이 낮은 종목만을 매수하는 전략과는 다르다. 내가 제시하는 원칙 2는 기업의 성장 가능성이 평균보다 꽤 높다면 시장 평균보다 주가수익배수가 약간 높아도 매력적인 주식이라는 말이다. 이러한 점에서 우리는 이 원칙을 수정된 낮은 주가수익 전략이라 부를 수도 있겠다. 또는 '합리적 가격의 성장주 Growth At A Reasonable Price, GARP' 전략이라고도 부를 수 있을 것이다.

피터 린치는 바로 이 기술을 활용하여 성장률 대비 주가수익(혹은 Price Earning to Growth, PEG 비율)이 낮은 종목만 매수했다. 예를 들어 성장률이

50퍼센트이고 주가수익배수가 25(PEG 비율=1/2)인 주식은 성장률이 20퍼센트이고 주가수익배수가 20(PEG 비율=1)인 주식보다 훨씬 더 좋다.

중요한 것은 주가수익이 성장 가능성에 비해 상대적으로 낮은 주식을 선택하는 것이다. 평균 이상의 성장을 실현할 기업을 선택할 수 있다면 투자자는 실제로 평균 이상의 수익률을 거두게 될 것이다.

'원칙 3: 공중누각을 지을 만한 매력적인 이야기를 지닌 종목을 선택할 것.' 2장에서는 주식의 가격 결정에서 심리적 요인이 중요한 역할을 한다는 사실을 살펴봤다. 투자자는 주가수익배수를 엄격하게 계산해서 매수와 매도 결정을 내리는 컴퓨터가 아니다. 그들은 탐욕과 도박 본능, 희망, 두려움을 갖고 의사결정을 내리는 감정적인 인간이다. 그렇기 때문에 성공적인 투자를 위해서는 합리적이면서도 심리적인 통찰력이 필요하다. 이를 위해 특정 주식에 관한 이야기가 군중의 마음을 사로잡을 만큼 매력이 있는지 곰곰이 생각해보자. 그 이야기는 전파력이 강한가? 투자자들은 정말로 그 이야기로 공중누각을 지을까? 그리고 동시에 견고한 토대가 그 누각을 지탱해줄 것인가?

'원칙 4: 거래 횟수를 최대한 줄일 것.' 월가에는 "승자에 편승하고 패자는 버려라"라는 말이 있다. 나도 이 말에 동의한다. 하지만 그건 기술적 분석을 신뢰해서가 아니다. 잦은 매매로 이익이 실현된 경우 세금 부담만 가중시킬 뿐이기 때문이다. 그렇다고 해서 '오른 주식은 절대 팔지 말라'는 말이 아니다. 상황은 변하기 마련이다.

1999~2000년 인터넷 거품 시절처럼 시장에서 튤립 축제가 시작되면

모든 주식은 포트폴리오에서 과한 비중을 차지할 것이고 이때는 매도하는 게 낫다. 물론 적절한 매도 시점을 결정하기란 무척 힘든 일이다. 또한 이익이 실현된다면 많은 세금을 물어야 한다. 여기서 나의 원칙은 거래 횟수를 최대한 줄이라는 것이다. 그럼에도 나는 패자에게는 가차 없다. 드문 예외를 제외하고 손실이 발생한 주식은 해를 넘기지 않고 처분한다. 해를 넘기지 않는 것은 손실이 특정 한도 내에서 세금공제 대상이기 때문이다. 또한 손실은 이미 발생한 자본 이득을 상쇄시켜준다. 그러므로 손실을 실현함으로써 세금을 줄일 수 있다. 물론 기대했던 성장이 시작될 조짐을 보인다거나 그 주식이 결국에는 성공할 것이라는 확신이 있는 경우에는 손실이 발생하더라도 팔지 않는다. 그렇지만 손실이 발생한 상황에서 지나치게 인내심을 발휘하지는 말라고 권하고 싶다. 특히 매도를 통해 세금 혜택을 즉각적으로 얻을 수 있다면 말이다.

효율적 시장 가설에 따르면 이와 같은 합리적 원칙을 따른다고 해도 더 나은 성과를 올릴 수 없다. 특히 개인 투자자는 더욱 불리한 상황에서 싸울 수밖에 없다. 일단 주식에 관련된 이야기가 언론을 통해 퍼져나가면 시장은 즉각적으로 그 정보를 가격에 반영한다. 기업의 이익 보고서도 믿을 게 못 된다. 그러므로 개별 주식을 고르는 일은 순종 고슴도치를 기르는 일처럼 까다롭다. 열심히 공부하고 힘들게 결정을 내려서 신중하게 행동에 착수해야 한다. 결론적으로 나는 많은 투자자들이 내 원칙에 따라 좋은 성과를 거두기를 바라지만 그럼에도 종목 선택이라는 게임의 승자는 행운의 여신으로부터 가장 많은 은총을 받은 사람이라는 생각을 지울 수 없다.

그럼에도 불구하고 종목을 스스로 고르고 싶다면 나는 혼합 전략을 강력하게 추천한다. 다시 한번 강조하지만, 포트폴리오 핵심은 인덱스펀드로 구성하고, 다음으로 큰 위험을 감수할 여력이 되는 자금을 가지고 종목 선택 게임에 뛰어들라는 말이다. 노후자금의 상당한 비중을 인덱스펀드를 통해 주식과 채권, 부동산에 잘 분배해 놓았다면 보다 과감하게 종목 선택에 뛰어들 수 있을 것이다.

대리인 방식

더 쉽게 투자에 뛰어드는 방법이 있다. 그것은 최고의 선수(주식)를 선택하는 것이 아니라 최고의 감독(펀드매니저)을 선택하는 것이다. 투자 경기의 '감독'에 해당하는 적극적인 펀드매니저들은 무수히 많고 투자자는 이들을 고를 수 있다.

예전 판에서 나는 장기적으로 성공적인 포트폴리오 관리 기록을 보여준 펀드매니저를 소개하면서 그들의 투자 방식에 대해 간략한 일대기로 보여줬다. 이들 펀드매니저는 장기적으로 시장을 이긴 능력을 보여준 아주 드문 사례다. 하지만 이번 판에서는 그들에 대한 소개를 생략하기로 결정했다. 그건 두 가지 이유에서다.

첫째, 워런 버핏을 제외한 이들 펀드매니저 대부분은 적극적인 포트폴리오 관리 일선에서 은퇴했다. 버핏 역시 2022년을 기준으로 90이 넘어

은퇴 시점을 훌쩍 넘겼다. 게다가 버핏은 2022년에 이르기까지 10년 동안 S&P 500 지수를 투자의 기준으로 삼았고 현재 인덱스펀드의 열렬한 지지자이기도 하다. 둘째, 나는 펀드매니저의 과거 기록이 미래를 예측하는 데 별 쓸모가 없다는 사실을 깨닫게 되었다. 이들의 성공 사례는 확률의 법칙에서 벗어나지 않는다.

나는 지난 50년 이상의 기간을 대상으로 뮤추얼펀드의 실적을 분석해봤다. 그리고 최근 실적이 뛰어난 펀드에 가입하더라도 시장을 이기는 것은 거의 불가능하다는 결론에 도달하게 되었다. 나는 또한 12개월, 5년, 10년에 걸친 펀드 기록을 기준으로 상위 10개나 20개, 그 이상의 펀드에 투자하는 경우에 대해서도 실적을 분석했다. 그러나 과거에 좋은 실적을 올린 뮤추얼펀드를 매수하는 방식으로는 시장을 지속적으로 이길 수 없는 것으로 드러났다.

주요 금융지나 자문 서비스 업체들이 선정한 '최고' 펀드를 매수하는 전략에 대해서도 검증해봤다. 2부에서 소개한 학자들의 연구 결과와 마찬가지로 우수한 실적이 장기적으로 지속될 것이라고 기대할 수 없다는 사실을 확인했다. 오히려 특정 기간에 각광받았던 펀드가 다음 기간에 최악의 성적을 기록하는 경우가 훨씬 더 많았다.

나는 수년간에 걸쳐 뮤추얼펀드 수익률을 여러 차례 분석함으로써 일부 펀드가 다른 펀드보다 실적이 더 좋은 이유를 설명하고자 했다. 그러나 앞서 언급했던 것처럼 과거 성과는 미래 성과를 예측하는 데 별 도움이 되지 않았다.

투자 전문가의 자문을 구하는 데 따르는 문제는 일단 비용이 많이 들고 이해관계 충돌이 종종 일어난다는 점이다. 투자 자문가는 총 투자 자산 대비 연 1퍼센트의 보수를 요구하며 더 나아가 분산 포트폴리오를 구축하는 서비스를 제공하면서 더 높은 보수를 요구하기도 한다. 프라이스메트릭스PriceMetrix, Inc의 조사에 따르면, 자문 보수는 평균 1퍼센트를 살짝 넘으며 최소한 1,000~1,500달러에 이르는 연 보수를 챙겨간다. 이 말은 곧 소규모 투자자는 투자 자문 서비스를 현실적으로 받을 수 없거나 투자 포트폴리오의 1퍼센트가 훨씬 넘는 돈을 보수로 지불하고 서비스를 받아야 한다는 뜻이다.

다음으로 일부 자문가는 이해관계에서 충돌을 빚는다는 점도 문제다. 그들은 추가적인 수수료 수입을 챙길 수 있는 투자 상품으로 고객을 유도한다. 그 결과, 투자자가 만나게 되는 것은 저렴한 인덱스펀드가 아니라 비싸고 적극적으로 관리되는 포트폴리오다.

자동화된 표준 자문 서비스

투자 전문가의 자문과는 달리 완전히 자동화된 투자 서비스는 자동화된 자문을 제공할 뿐 아니라 오로지 인터넷을 통해 고객을 유치하고 계좌를 개설해 준다. 자문가를 직접 만나서 이야기를 나눌 기회는 없다. 납입과 인출, 전환, 보고는 물론 투자 관리까지 웹이나 모바일 장치를 통해 전자적인 방식으로 이뤄진다. 여기서 잠깐, 이해관계 충돌이 일어날 수 있는 부분에 대해 밝히고 넘어가야겠다. 나는 완전히 자동화된 투자 자문 기업인 웰스프론트Wealthfront에서 최고투자책임자로 일하고 있다. 그리고 자문가와 전화로 상담을 받는 서비스를 제공하는 자문 기업인 리밸런스

Rebalance의 투자위원회 일원으로 몸담고 있다.

자동화 자문 서비스 기업은 개인 투자자의 요구에 따라 여러 자산 유형으로 구성된 분산 포트폴리오를 새롭게 조율해 준다. 이들은 투자 관리 채널을 간소화함으로써 서비스 수수료를 크게 낮췄다. 가령 500달러와 같은 소규모 자금에 대해서도 0.25퍼센트의 수수료로 자문 서비스를 제공한다. 특히 밀레니얼 세대는 이러한 서비스에 높은 만족감을 보인다. 그밖에 다양한 서비스도 인터넷을 통해 신청한다. 많은 젊은이는 자문가와 직접 대화를 나누는 것을 그리 좋아하지 않는다. 그들은 인간적인 관계보다 편의성 차원에서 서비스를 선택하는 경향이 강하다.

자동화 자문 서비스는 먼저 온라인 문답으로 시작한다. 고객은 인터넷 화면에서 자신의 연봉과 세금, 재무 상황, 자산, 부채 등을 기입한다. 그리고 투자 목적, 위험 수용도, 시장의 변동성을 감당할 태도와 관련된 다양한 질문에 답한다. 또한 투자 목적이 노후자금 마련인지, 주택 마련이나 질병에 대한 대비와 같은 특정한 목적이 있는지를 묻는 질문에 답한다. 태도와 관련된 질문에 대한 답변에서 일관성이 떨어질수록 개인의 위험 회피성이 높은 것으로 판단한다. 전반적인 위험 평가는 객관적인 점수와 주관적인 점수를 조합하고 여기에 위험 회피성을 가중하는 방식으로 이뤄진다. 자동화 서비스는 이러한 방법을 통해 일반적으로 많은 사람들(특히 남성)이 자신의 진정한 위험 회피성을 과소평가하는 경향을 완화시킨다.

다음으로 자동화 자문 서비스는 고객에게 저축과 퇴직, 투자와 관련된 계좌를 자동화 서비스에 모두 연결하도록 권한다. 이를 통해 자동화 서비스 업체는 개인의 전반적인 재정 상황에 적합한 서비스를 제공할 수 있다.

또한 고객의 금융 계좌를 하나로 연결함으로써 금융 계획 수립은 물론이고 맞춤화된 투자 관리 서비스까지 제공한다. 또한 자동화 서비스는 개인의 은퇴 목표에 따라 필요한 저축 액수에 대해 조언을 해준다. 이와 같은 금융 서비스를 위한 모든 정보 수집은 인터넷을 통해 이뤄진다.

개인의 금융계좌 및 과거 투자 활동과 관련된 데이터에서 투자자의 실제 지출 습관과 위험에 대한 태도를 분명하게 확인할 수 있다. 이 데이터는 투자자가 투자 자문가에게 말로써 설명하는 것보다 훨씬 정확하다. 자동화 서비스는 이러한 모든 데이터를 바탕으로 개인의 위험 점수를 평가해서 가용한 포트폴리오 집합에서 최적의 포트폴리오를 선택한다. 그리고 8장에서 설명한 현대 포트폴리오 이론을 기반으로 최적의 투자 조합을 구성한다.

자동화 자문 서비스는 기존 서비스에 비해 투자 관리에서 다양한 장점이 있다. 자동화 서비스에서 추천하는 포트폴리오 대부분은 인덱스펀드로 구성된다. 그리고 ETF를 통해 접근이 가능한 가장 저렴한 인덱스펀드만 선택한다. 또한 맞춤형 프로그램을 통해 포트폴리오를 자동적으로 리밸런싱함으로써 고객의 기호에 맞게 위험 수위를 조절한다. 리밸런싱은 배당을 재투자하거나 추가로 현금을 납입하여 비중이 줄어든 자산 유형을 보충하는 방식으로 이뤄진다. 또한 자동화 서비스를 통해 언제 리밸런싱을 해야 할지 어떻게 진행해야 할지 쉽게 결정할 수 있다.

자동화 서비스가 추천하는 펀드는 세금 면에서도 유리하다. 이는 펀드매니저처럼 적극적으로 자본 이득을 실현하지 않고 펀드를 수동적으로 관리하기 때문이다. 그리고 손실수확전략Tax-loss harvesting, TLH 을 통해서도 투자자의 세후 수익률을 크게 높일 수 있다. 기존 자문가는 손실수확전략을 부유한 고객에게 한정적으로 공급했다. 그러나 자동화 서비스는 포트폴리오를 지속적으로 관찰해서 보다 효율적으로 손실을 이용하고 보다 넓은 고객층에게 제공한다.

손실수확전략은 세금 관리의 핵심이다. 이 전략은 손실이 발생한 종목을 매도하고 상관관계가 높은 다른 종목을 매수하는 방식이다. 이를 통해 포트폴리오의 위험과 수익 특성을 그대로 유지하는 동시에 발생한 손실을 활용하여 세금을 줄일 수 있다.

손실수확전략은 본질적으로 과세를 유예하는 것에 불과하다. 하지만 투자자는 그렇게 유예한 세금을 장기에 걸쳐 복리로 재투자할 수 있다. 게다가 장기적인 자본 이득에 적용받게 될 최종 세율은 아마도 단기 자본 손실을 활용한 시점에 적용받았던 세율보다 더 낮을 것이다. 더 나아가, 포트폴리오를 상속하거나 자선단체에 기부한다면 현재 법률에 따라 세금을 영원히 피할 수 있다.

손실수확전략에서는 자본 손실을 실현하기 위해 증권에서 증권으로 갈아타는 작업이 필요하다. 가령 대형 제약 주식이 떨어졌다고 해보자. 이때 우리는 머크Merck 주식을 매도해서 손실을 실현하고 화이자Pfizer 주식을 매수함으로써 그 지수를 지속적으로 추종할 수 있다. 자동차 산업이 하락할 경우 포드를 매도하고 GM을 매수하면 된다. 실제로 손실수확전략은 투자자의 연 세후 수익률을 크게 끌어올릴 수 있다는 사실이 입증되었다.

이러한 손실수확전략은 인덱스펀드와 양립하면서 투자자에게 상당한 혜택을 가져다준다. 투자자는 자동화 서비스를 활용함으로써 손실수확전략의 장점을 극대화할 수 있다. 자동화 자문 서비스는 매일 24시간 포트폴리오를 감시함으로써 시장의 일시적인 하락까지 이용한다.[51]

완전한 자동화 서비스 외에도 자동화 기술을 일부 활용하면서도 동시에 자문가와의 제한적인 접촉을 허용하는 혼합형 서비스도 나와 있다.

◆ ◆ ◆

이제 우리 여정은 막바지로 접어들었다. 잠시 걸어왔던 길을 되짚어보면서 지금 어디에 와있는지 생각해보자. 분명하게도 시장 평균을 계속해서 이기는 것은 대단히 어려운 일이다. 기업 가치에 대한 기본적 분석도, 공중누각을 짓는 시장의 성향에 대한 기술적 분석도 신뢰할 만큼의 좋은 결과를 보여주지 못했다. 다트를 던져 종목을 선정하는 방식과 실적을 비교한다면 금융 전문가들은 차마 얼굴을 들지 못할 것이다.

개인을 위한 합리적 투자 전략은 두 가지에 초점을 맞춰야 한다. 첫째, 가능한 위험-수익 교환을 이해하고, 개인의 태도와 상황에 따라 증권 선택을 조정하는 일이 무엇보다 중요하다.

---

51) 자동화 서비스를 이용하지 않더라도 개인이 직접 손실수확전략을 실행에 옮길 수 있다. 예를 들어 MSCI 신흥시장 ETF가 떨어졌다면, 이를 매도하고 뱅가드 EM ETF를 매수함으로써 위험 노출을 유지할 수 있다. 여기서 두 ETF는 서로 다른 기반의 지수를 활용하기 때문에, 이 거래는 국세청 규제를 어긴 것이 아니다.

둘째, 적어도 모든 투자 포트폴리오의 중심에는 인덱스펀드가 자리 잡아야 한다. 하지만 과도한 진실이 삶에서 생기를 빼앗아 가듯, 나는 투자자에게 시장 평균을 이길 희망은 없다고 말하는 것이 여섯 살 꼬마에게 산타클로스 같은 건 없다고 말하는 것과 같다는 사실을 깨달았다. 하여 투자 열병이라는 불치병에 걸려 스스로 개별 종목을 골라서 시장을 이겨보겠다고 덤비는 이들을 위해 나는 네 가지 원칙을 제시했다. 투자자가 시장을 이길 가능성은 희박하지만, 그래도 만약 행운이 따른다면 큰돈을 벌 수도 있을 것이다.

나는 가끔 시장 바닥에 굴러다니는 100달러 지폐를 찾아내는 비범한 재능을 지닌 펀드매니저를 발견할 수 있다는 주장에 대해서 무척 회의적이다. 과거 실적이 미래 성과에 대한 신뢰할만한 지표가 될 수 없기 때문이다.

투자는 연애와 닮은 구석이 있다. 기술도 필요하지만 행운이라는 신비로운 힘도 작용해야 한다. 실제로 시장 평균을 이긴 극히 드문 성공 사례는 99퍼센트 행운으로 이뤄졌다. 프랑스 작가 라로슈푸코 La Rochefoucauld 는 이렇게 말했다. "인간은 위대한 일을 일구어냈다며 스스로를 뽐내지만 사실은 행운의 위대한 작품일 때가 많다."

투자라는 게임이 연애와 닮은 구석은 또 있다. 그것은 너무 흥미로워서 끊을 수 없다는 것이다. 가치가 높은 주식을 알아보고 사람들의 마음을 사로잡을 이야기를 가려내는 탁월한 안목이 있는 투자자라면 자신의 선택이 옳았음을 시장으로부터 인정받을 때 엄청난 희열을 느낄 것이다.

물론 그렇게 운이 좋지는 않다고 해도 내 원칙을 따른다면 위험을 줄이고 게임을 하는 과정에서 불가피하게 나타나는 고통의 상당 부분을 덜 수 있을 것이다. 자신이 이기거나 적어도 크게 지지는 않을 거라고 생각한다면, 그리고 적어도 포트폴리오 핵심을 인덱스펀드로 구성해 놓았다면 보다 편안한 마음으로 게임에 임할 수 있을 것이다. 나는 이 책이 투자라는 게임을 더욱 즐겁게 만들어 주기를 바란다.

맺는 글

이 책을 13판까지 쓰는 동안 가장 기뻤던 점은 많은 투자자에게서 감사의 편지를 받았다는 것이다. 그들은 내게 50년이 지난 지금에도 단순한 조언에서 얼마나 많은 도움을 받았는지 들려준다. 세월의 검증을 거친 그 교훈에서 투자자는 폭넓은 분산, 연간 리밸런싱, 인덱스펀드 전략을 바탕으로 투자 궤도를 유지하는 방법을 배울 수 있었던 것이다.

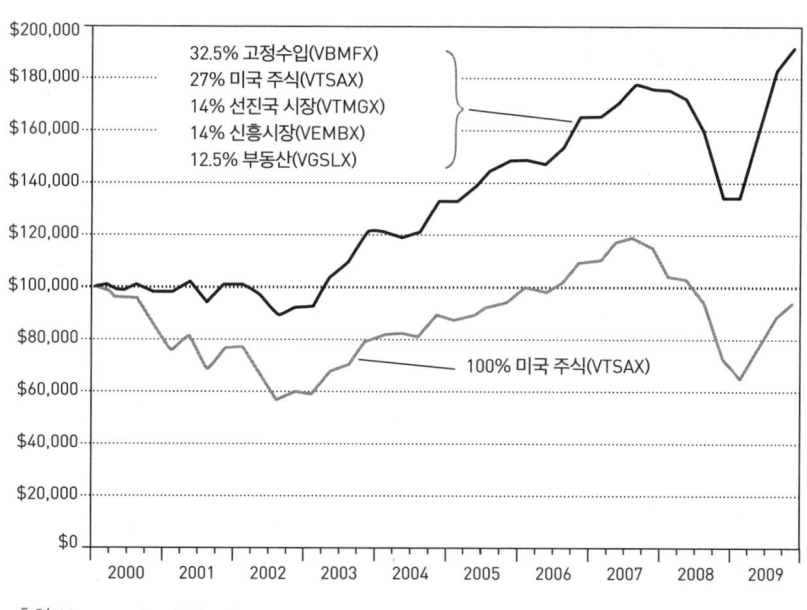

◀ 잘 분산된 포트폴리오(연간 리밸런싱)는 2000년대 첫 십 년 동안에도 만족스러운 수익률을 기록했다 ▶

출처: Vanguard and Morningstar.

새천년의 첫 십 년은 투자자에게 대단히 힘든 시기였다. 미국 주식에 초점을 맞춘 잘 분산된 총 주식시장 펀드도 손실을 기록했다. 하지만 그 힘든 십 년 동안에도 내가 제시한 교훈을 따랐다면 만족할만한 결과를 얻었을 것이다.

도표에서 VTSAX Vanguard Total Stock Market Index Fund Admiral Shares 뱅가드 총 주식시장 인덱스펀드가 '잃어버린' 십 년 동안에 마이너스 수익률을 기록했다는 사실을 확인할 수 있다. 하지만 내가 449쪽에서 50대 중반 투자자를 위해 제시했던 다소 보수적인 분산 포트폴리오에 투자했다면 많은 투자자가 경험했던 최악의 십 년 동안에도 꽤 만족스러운 수익률을 올렸을 것이다. 게다가 정액분할투자법을 활용해서 소액을 장기적으로 꾸준히 투자했다면 결과는 더욱 좋았을 것이다. 이 책에서 제시한 단순한 원칙과 불변의 교훈을 따른다면 힘든 시절도 거뜬히 이겨낼 것이다.

감사의 글

이 책의 권고사항을 뒷받침하는 객관적인 근거를 제공해준 많은 이들에게 특히 감사를 드리고 싶다. 『랜덤워크 투자수업』 첫 번째 판이 나오고 50년의 세월이 흐른 지금, 나는 이 책의 원래 이론을 더욱더 강력하게 신뢰하게 되었다. 지난 반세기의 투자 경험으로부터 나온 데이터는 분명하게도 광범위한 인덱싱 기법이 자산 관리를 위한 최적의 전략이라는 주장을 분명하게 지지하고 있다.

이전 판에서 언급한 이들에 대한 고마움은 여기서도 그대로 이어진다. 이에 더하여, 나는 이 기념비적인 판에 특별한 이바지를 해준 많은 이의 이름도 언급해야겠다. 로이트홀드 그룹의 크리스텐 펄레버그는 증권 수익률의 역사적 패턴을 잘 보여주는 분석 자료를 업데이트 해줬다. 다음으로 래리 스웨드로는 증권 수익률의 요인 구조에 대한 데이터, 그리고 포트폴리오 투자의 환경적, 사회적, 구조적 측면을 고려함으로써 얻어낸 역사적 결과를 공유해줬다. 그리고 제러미 슈워츠와 제러머 시겔은 장기적인 차원에서 주식 수익에 관한 분석 자료를 업데이트 해줬다. 스콧 도널드슨은 연간 수익률에 대한 최신 자료를 제공해줬다. 또한 뱅가드 그룹의 앤드류 슈먼은 이 책에서 소개한 투자 추천을 뒷받침하는 다양한 도표와 시뮬레이션을 위한 분석의 기반이 되는 뮤추얼펀드 데이터를 수집해줬다. 프린스턴 대학 조교 샤즈라 라자는 연구 과정에서 많은 도움을 줬다. 그리고 제임스 랑게는 다양한 차원에서 이 기념비적인 판에 힘을 실어 줬다.

W. W. 노튼은 여전히 나와 특별한 협력 관계를 유지하고 있다. 그리

고 이 판을 펴내는 과정에서 무엇보다 소중한 도움을 준 브렌든 커리와 캐롤라인 애덤스에게 감사드린다.

아내 낸시 와이스 말킬은 개정 작업을 할 때마다 많은 도움을 줬다. 아내는 내게 변함없는 격려와 지원을 보냈고, 원고를 주의 깊게 읽어줬으며, 문장을 다듬는 과정에서 중요한 역할을 했다. 또한 나와 교정자, 편집자조차 발견하지 못한 실수까지 찾아줬다. 가장 고마운 점은 아내가 내 삶에 엄청난 기쁨이 되어주었다는 사실이다. 아내와 아내의 절친한 친구 파이퍼에게 고마운 마음을 전하려면 책 한 권으로도 모자랄 듯하다.

버턴 말킬

프리스턴 대학에서

덧붙이는 글

투자자들은 이 책의 조언대로 적극적으로 관리되는 액티브펀드에서 수천억 달러를 인출해 인덱스펀드에 투자하고 있다. 이제 인덱스펀드는 뮤추얼펀드와 ETF에 들어간 전체 투자 자본에서 40퍼센트 이상을 차지하고 있다. 모닝스타의 발표에 따르면 2022년 초 뱅가드 총 주식시장 인덱스펀드 Total Stock Market Index Fund 의 자산 규모는 1조 3천억 달러를 돌파했으며, 현재 전체 투자펀드 자산에서 10퍼센트를 차지하고 있다.

월스트리트 유명 조사 기관인 샌포드 번스타인 Sanford C. Bernstein 에서 47쪽짜리 보고서를 발표했다. 보고서의 제목은 '노예의 길: 패시브 투자가 마르크시즘보다 더 나쁜 이유 The Silent Road to Serfdom: Why Passive Investing is Worse than Marxism'로 다분히 자극적이었다. 그들은 이 보고서에서 투자자가 인덱스펀드에 수동적으로 투자하는 자본주의 시장 시스템은 모든 자본 투자를 정부가 지시하는 중앙 집중적인 계획경제보다 더 나쁘다고 주장했다. 또한 인덱스펀드는 수익성과 성장 기회와 같은 요인에 대한 고려 없이 자금을 투자 상품으로 무작정 집어넣어 버리도록 한다는 주장도 했다. 이러한 비판을 제기하는 자들은 액티브 펀드매니저들의 활동이 있어야 새로운 정보가 주가에 적절하게 반영된다고 말한다. 인덱스펀드는 록펠러트러스트 Rockefeller Trust 이후로 종적을 감췄던 소유의 집중 현상을 새롭게 등장시킨다는 비판도 받는다.

모두가 인덱스펀드에 투자한다면 그 규모가 지나치게 커져서 주식 가격에 심각한 오류가 발생하는 현상이 나타날 것인가? 그리고 펀드매니저가 사라진다면 누가 주식 가격이 기업 전망에 관한 다양한 정보를 반영하도록 할 것인가? 또한 누가 주식과 주식을 거래함으로써 시장의 효율성을 유지하겠는가? 인덱스펀드에 제기된 비판의 핵심은 새로운 정보를 분석하고 이에 따라 행동하는 적극적인 거래자가 있어야만 주식 가격이 효율적으로 책정되고 투자자가 주식을 쉽게 사고팔 수 있을 만큼 충분한 유동성이 확보된다는 것이다. 이러한 비판을 제기하는 자들은 적극적 거래자가 주식 가격을 결정하고 투자 자본을 분배하는 과정에서 중요한 역할을 수행한다고 말한다.

이는 효율적 시장 가설을 뒷받침하는 논리적 근간이다. 정보의 이동에 아무런 제약이 없을 때 가격은 모든 정보를 즉각적으로 반영하여 신속하게 움직인다. 여기서 적극적 거래자는 활발한 활동을 통해 비정상적인 수익을 계속해서 올릴 수 있는 예외적인 기회가 남아 있을 가능성을 제거하는 기능을 한다.

앞에서 나는 재무학 교수와 그 제자들이 길을 걷다가 100달러짜리 지폐를 우연히 발견한 이야기를 한 적이 있다. 그 교수가 말했다. "저게 정말로 100달러 지폐라면 누군가 이미 주워갔을 거야." 다행스럽게도 제자들은 교수의 말을, 그리고 월스트리트 전문가의 말을 믿지 않았고 곧바로 돈을 주웠다.

물론 교수의 주장에도 일리는 있다. 똑똑한 사람들이 가치를 좇아다니는 시장에서 아무도 100달러 지폐를 줍지 않고 영원히 내버려두는 일은 없을 것이다. 하지만 역사에서 그런 기회가 드물게 존재한다는 사실을 확인할 수 있다. 마찬가지로 가격이 이유 없이 치솟는 투기적인 기회도 존재한다. 우리는 네덜란드 사람들이 튤립 구근에 천문학적인 가격을 지불했다는 사실을 알고 있다. 그리고 영국인들이 믿기 힘든 거품에 엄청난 돈을 쏟아부었다는 사실도 알고 있으며, 또 전문 투자자들이 인터넷 주식은 다른 종목과 달리 얼마든지 가격이 상승할 수 있다고 믿었다는 사실도 알고 있다. 반면 시장이 비관주의에 빠졌을 때 투자자들은 폐쇄형 펀드와 같은 기본적인 투자 기회도 잡지 못했다. 그러나 결국에는 급격하게 치솟았던 가격은 급격하게 떨어졌고 투자자들은 헐값에 나온 폐쇄형 펀드를 낚아챘다. 그렇다면 그 교수는 학생들에게 이렇게 말했어야만 했다. "돈을 즉각 주워야 한다. 그게 정말로 100달러짜리 지폐라면 다른 누군가가 틀림없이 가져갈 테니."

액티브 펀드매니저는 돈을 바로 줍는 일을 하는 사람이다. 그들은 이런 일을 통해 상당한 수수료 수입을 올린다. 그들은 개리슨 케일러가 말한 신화 속 워비곤 호수에 살고 있지 않으면서도, 다시 말해 시장 평균을 이길 능력이 없음에도 자신에게는 시장을 이길 비범한 통찰력이 있다고 주장하면서 끊임없이 그들의 서비스를 홍보한다. 비록 액티브 펀드매니저의 비중이 전체의 5~10퍼센트 정도로 크게 줄었다고는 하나, 정보를 반영하기에는 여전히 충분하다. 아직 우리 사회에는 적극적인 펀드매니저가 너무 많다.

한 가지 사고 실험으로, 모든 투자자가 인덱스펀드에 투자하는 바람에 개별 주식이 더 이상 새로운 정보를 반영하지 못하게 되었다고 생각해보자. 가령 한 제약회사가 매출과 이익을 두 배로 늘려줄 새로운 암 치료제를 개발했음에도 주식 가격이 정보를 반영하지 못해 그대로 머물러 있다고 해보자. 그럴 경우 자본주의 시스템에서는 틀림없이 어떤 거래자나 헤지펀드가 나타나 그 주식의 가격을 끌어올림으로써 가격 오류에 따른 수익을 취할 것이다. 아무리 많은 투자자가 인덱스펀드에 투자한다고 해도 자유 시장 시스템이 그대로 유지되기만 한다면 반드시 누군가 나타나 차익거래 기회를 활용할 것이다. 최근 인덱스펀드 시장이 점점 더 커지는 현상에서 많은 액티브 펀드매니저들이 인덱스펀드에 계속해서 뒤지고 있다는 사실을 알 수 있다. 또한 인덱스펀드가 크게 성장하고 있음에도 주식시장의 효율성은 더욱 높아지고 있다.

엄밀하게 말해서 인덱스펀드 투자자는 무임승차자다. 그들은 비용 분담 없이 활발한 거래로부터 나온 혜택을 공유한다. 그러나 다른 이들이 제공한 가격 시스템에 무임승차하는 것은 자본주의 시스템의 결함이 아니다. 오히려 이는 자본주의 시스템의 본질적인 특성이다. 자유 시장 경제 속에서 모든 구성원은 다른 이들이 구축해 놓은 시장 시스템을 활용함으로써 얼마든지 이익을 얻을 수 있다.

다음으로 인덱스펀드 투자가 증가하면서 인덱스펀드 사업자를 중심으로 소유의 집중이 나타나 그들의 경제적 영향력이 막강해질 것이라는 지적에 대해 생각해보자. 정말로 그렇다면 그들은 마땅히 자신에게 주어진 막대한 권력을 활용하여 주주의 이익을 도모해야 할 것이다. 인덱스펀드 혁명의 개척자이자 리더로 7.5조 달러 규모의 자금을 운용하는 뱅가드그룹에서 오랫동안 임원으로 있었던 내 경험에 비춰볼 때, 인덱스펀드 사업자가 경쟁을 억제하는 쪽으로 실력을 행사한 적은 단 한 번도 없었다. 나는 그들이 위력을 행사하여 특정 산업의 담합을 도모했다는 이야기를 들어본 적이 없다.

실제로 블랙스톤Blackstone 이나 뱅가드 혹은 스테이트스트리트State Street 와 같은 금융 기업이 특정 산업 내 주요 기업에 대한 소유권을 휘둘러 그런 일을 꾸몄다는 증거는 어디에도 없다. 그것은 그들의 이익에도 도움이 되지 않는다. 투자 기업은 여러 분야에 속한 기업이 발행한 주식의 상당 부분을 관리한다. 가령 항공사들이 담합해서 항공료를 올리도록 부추긴다면 항공 산업의 주식을 보유한 주주에게는 도움이 될 것이다. 그러나 이는 동시에 잦은 비즈니스 출장을 위해 항공 서비스를 이용해야 하는 많은 기업에게는 비용 상승을 의미하는 것이다. 여기서 인덱스펀드 사업자가 특정 산업을 비호해야 할 이유는 없다. 실제로 인덱스펀드 사업자는 기업 경영진이 절대적인 기준이 아니라 상대적인 실적을 기반으로 하는 보상 시스템을 채택하도록 하기 때문에 분명하게도 모든 산업 내 기업이 활발하게 경쟁을 벌이도록 자극한다.

특히 개인 투자자는 인덱스펀드에서 엄청난 혜택을 본다. 투자 기업들 사이에서 경쟁이 치열하게 벌어지면서 인덱스펀드 수수료는 0으로 수렴하고 있다. 덕분에 개인 투자자는 예전보다 더 효과적으로 노후자금을 관리할 수 있게 되었다. 수많은 사람의 투자 경험이 인덱스펀드 투자로 바뀌고 있다. 개인 투자자는 인덱스펀드에서 분산 포트폴리오를 구축하기 위한 효과적인 금융 수단을 취할 수 있기에 노후자금 마련을 비롯한 다양한 투자 목표를 달성에 실질적인 도움을 얻는다. 나는 이 책을 통해 더 많은 투자자가 인덱스펀드를 활발하게 활용하기를 기대한다. 우리 사회는 인덱스펀드에서 많은 혜택을 선사 받을 수 있을 것이다.

부록:
주요 펀드, ETF, 채권

◀ 주요 과세 MMF(2022년 1월) ▶

	종목 기호	설정 연도	순자산(십억 달러, 2022)	평균 만기 (일)	최근 비용률 (%)
Blackrock Government Money Market Fund www.blackrock.com 800-441-7450	MNRSV	1986	$0.11	31	0.50
Fidelity Government Money Market Fund www.fidelity.com 800-544-6666	SPAXX	1990	$228.58	37	0.15
TIAA-CREF Government Money Market Fund www.tiaa-cref.org 800-223-1200	TIRXX	2006	$1.40	48	0.22
Vanguard Prime Money Market Fund www.vanguard.com 877-662-7447	VMFXX	1981	$203	44	0.11

◀ 주요 비과세 MMF(2022년 1월) ▶

	종목 기호	설정 연도	순자산(십억 달러, 2022)	평균 만기 (일)	최근 비용률 (%)
Fidelity Municipal Money Market Fund www.fidelity.com 800-343-3548	FTEXX	1980	$4.49	35	0.16
T. Rowe Price Tax-Exempt Money Market Fund www.troweprice.com 800-371-4613	PTEXX	1981	$0.42	27	0.22
Vanguard Tax-Exempt Money Market Fund www.vanguard.com 877-662-7447	VMSXX	1980	$15.73	11	0.15

◀ 주요 주식 인덱스펀드 및 ETF(2022년 1월) ▶

펀드	종목 기호	지수	설정 연도	최근 비용률 (%)	순자산(십억 달러, 2022)
Fidelity Total Market Index Fund www.fidelity.com 800-544-6666	FSTVX	Dow Jones U.S. Total Stock Market	1997	0.04	$54.68
Schwab Total Stock Market Index www.schwab.com 800-435-4000	SWTSX	Dow Jones U.S. Total Stock Market	1999	0.03	$17.24
iShares Total U.S Stock Market Index Fund www.blackrock.com 800-441-7762	BKTSX	Russell 3000 Index	2015	0.03	$2,143.67
Vanguard 500 Index Admiral www.vanguard.com 877-662-7447	VFIAX	S&P 500	2000	0.04	$453.24
Vanguard Total Stock Market Index Admiral www.vanguard.com 877-662-7447	VTSAX	CRSP U.S Total Market	2000	0.04	$1,400
ETF					
iShares Core S&P Total Stock Market www.ishares.com 800-474-2737	ITOT	S&P Total Market	2004	0.03	$41.97
Schwab U.S. Large-Cap www.csimfunds.com 800-435-4000	SCHX	Dow Jones U.S. Large-Cap Total Stock Market	2009	0.03	$30.89
SPDR S&P 500 ETF Trust www.spdrs.com 866-787-2257	SPY	S&P 500 Index	1993	0.09	$455.22

SPDR Total Stock Market www.spdrs.com 617-786-3000	SPTM	SSGA Total Stock Market Index	2000	0.03	$6.09
Vanguard Total Stock Market Index www.vanguard.com 877-662-7447	VTI	CRSP U.S Total Market	2001	0.03	$1,260

◀ 주요 부동산 뮤추얼펀드와 ETF(2022년 1월) ▶

펀드	종목 기호	설정 연도	최근 비용률 (%)	순자산(십억 달러, 2022)
Cohen & Steers Realty Shares Fund www.cohenandsteers.com 212-832-3232	CSRSX	1991	0.88	$9.16
TIAA-CREF Real Estate Securities Fund www.tiaa-cref.org 800-842-2252	TIREX	2002	0.50	$3.87
Vanguard Real Estate Index Fund www.vanguard.com 877-662-7447	VGSLX	2001	0.12	$91.36
ETF				
Fidelity MSCI Real Estate www.fidelity.com 800-343-3548	FREL	2015	0.09	$2.31
Schwab U.S REIT www.csimfunds.com 800-435-4000	SCHH	2011	0.07	$7.29
iShares Cores U.S REIT www.ishares.com 800-474-2737	USRT	2007	0.08	$2.75
Vanguard Real Estate www.vanguard.com 877-662-7447	VNQ	2004	0.12	$83.20

주요 펀드, ETF, 채권

◀ 주요 국제 인덱스펀드와 ETF(2022년 1월) ▶

펀드	종목 기호	지수	설정 연도	최근 비용률 (%)	순자산(십억 달러, 2022)
DFA International Core Equity Fund www.dfafunds.com 512-306-7400	DFIEX	MSCI World Ex USA	2005	0.25	$34.68
Fidelity International Index Fund www.fidelity.com 800-544-6666	FSPSX	MSCI EAFE	2011	0.04	$41.18
Schwab International Index Fund www.schwab.com 800-435-4000	SWISX	MSCI EAFE	1997	0.06	$8.91
Vanguard Developed Markets Index Fund www.vanguard.com 877-662-7447	VTMGX	FTSE Developed ex-North America	1999	0.07	$157.26
Vanguard Total International Stock Index Admiral www.vanguard.com 877-662-7447	VTIAX	FTSE Global All-Cap ex-U.S.	2010	0.11	$404.28
Fidelity Emerging Markets Index Fund www.fidelity.com 800-544-6666	FPADX	MSCI Emerging Markets	2011	0.75	$6.87
ETF					
iShares Core MSCI Intl Developed Markets www.ishares.com 800-441-7450	IDEV	MSCI World Ex USA	2017	0.05	$6.79
Schwab International Equity www.csimfunds.com 800-435-4000	SCHF	FTSE Developed ex-U.S.	2009	0.06	$29.17

펀드						
SPDR Developed World ex-US www.spdrs.com 617-786-3000	SPDW	S&P Developed ex-U.S. BMI	2007	0.04	$12.74
Vanguard Total International Stock ETF www.vanguard.com 877-662-7447	VXUS	FTSE Global All Cap ex-U.S	2011	0.08	$404.73
Vanguard FTSE All-World ex-US Index Fund www.vanguard.com 877-662-7447	VEU	FTSE All-World ex-U.S	2007	0.08	$53.64
Vanguard Emerging Markets www.vanguard.com 877-662-7447	VWO	FTSE Emerging	2005	0.10	$117.28

◀ 회사채와 해외 채권 및 ETF(2022년 1월) ▶

펀드	종목 기호	최근 비용률(%)	순자산(십억 달러, 2022)
Fidelity Corporate Bond Fund www.fidelity.com 800-343-3548	FCBFX	0.45	$1.37
Vanguard Emerging Markets Government Bond Index Fund Admiral www.vanguard.com 877-662-7447	VGAVX	0.25	$235.36
Vanguard High-Yield Corporate Fund Admiral www.vanguard.com 877-662-7447	VWEAX	0.13	$24.95
Vanguard Intermediate Term Corporate Bond Index Fund www.vanguard.com 877-662-7447	VICSX	0.07	$1.51

ETF			
Invesce Emerging Markets Sovereign Debt Portfolio www.invesce.com 800-959-4246	PCY	0.50	$25.55
SPDR Long Term Corporate Bond www.spdrs.com 617-786-3000	SPLB	0.07	$1.05
Vanguard Emerging Markets Government Bond www.vanguard.com 877-662-7447	VWOB	0.25	$3.27
Vanguard Total Corporate Bond www.vanguard.com 877-662-7447	VTC	0.05	$705.33

◀ 배당 성장 주식 펀드와 ETF(2022년 1월) ▶

펀드	종목 기호	최근 비용률(%)	순자산(십억 달러, 2022)
WisdomTree U.S. Quality Dividend Growth Fund www.wisdomtree.com 866-909-9473	DRGW	0.28	$7.10
Vanguard Dividend Appreciation Index Fund www.vanguard.com 877-662-7447	VDAIX	0.08	$13.58
Vanguard Dividend Growth Fund www.vanguard.com 877-662-7447	VDIGX	0.26	$56.42
Vanguard Equity Income Fund www.vanguard.com 877-662-7447	VEIRX	0.19	$52.74

ETF			
iShares Core High Dividend www.ishares.com 800-474-2737	HDV	0.08	$7.48
ProShares S&P 500 Dividend Aristocrats www.proshares.com 866-776-5125	NOBL	0.35	$6.83
Schwab US Dividend Equity www.csimfunds.com 800-435-4000	SCHD	0.06	$31.28
Vanguard High Dividend Yield www.vanguard.com 877-662-7447	VYM	0.06	$48.50
WisdomTree U.S. LargeCap Dividend Fund www.wisdomtree.com 866-909-9473	DLN	0.28	$3.36

◀ 주요 "스마트베타" 뮤추얼펀드와 ETF(2022년 1월) ▶

펀드	종목 기호	설정 연도	최근 비용률(%)	순자산(십억 달러, 2022)
DFA US Large Cap Value Portfolio	DFLVX	1993	0.02	$25.47
DFA US Small Cap Value Portfolio	DFSVX	1994	0.39	$12.70
Vanguard Value Index Fund	VVIAX	2000	0.05	$140.20
Vanguard Small-Cap Index Fund	VSMAX	2000	0.05	$154.08
ETF				
PowerShares FTSE RAFI US 1000 Portfolio	PRF	2005	0.40	$5.65
PowerShares S&P 500 Equal Weight Portfolio	RSP	2003	0.20	$31.26
Goldman ActiveBeta US Large Cap Equity	GSLC	2015	0.09	$13.25
iShares Core S&P US Value	IUSV	2000	0.05	$11.47

AQR Momentum Fund	AMOMX	2009	0.40	$1.15
PowerShares S&P 500 Low Volatility Fund	SPLV	2011	0.25	$9.15
iShares S&P SmallCap 600 Value	IJS	2000	0.25	$4.07
PowerShares S&P 500 Pure Value Portfolio	RPV	2006	0.35	$3.15
Principal US Mega-Cap Multi-Factor Index	USMC	2017	0.12	$1.55
Vanguard US Multifactor	VFMF	2018	0.19	$0.12

◀ 할인된 자산 가치로 판매되는 주요 신흥시장 폐쇄형 펀드(2022년 1월) ▶

펀드명(종목 기호)	순자산 가치(NAV)	가격	할인율 (%)	비고
Templeton Dragon (TDF)	$18.17	$16.64	-8.5	Hong Kong, China, Taiwan
Morgan Stanley China (CAF)	$21.64	$19.78	-9.4	China
India Fund (IFN)	$24.33	$22.20	-8.8	Indian securities
China Fund (CHN)	$20.00	$18.54	-7.3	Equity securities of Greater China companies
Mexico Equity Index Fund (MXE)	$11.31	$9.09	-19.6	Mexican securities
Aberdeen Emerging Market (AEF)	$8.87	$8.10	-8.7	All emerging markets
Templeton Emerging Fund (EMF)	$18.21	$16.30	-10.5	All emerging markets

◀ 할인된 자산 가치로 판매되는 주요 폐쇄형 지방채 펀드(2022년 1월) ▶

펀드명(종목 기호)	순자산 가치(NAV)	가격	할인율 (%)	비고
Blackrock Municipal Income Investment (BBF)	$15.63	$14.67	-6.1	National
Invesco Municipal Trust (VKQ)	$13.03	$12.16	-6.7	National
Nuveen Enhanced Municipal Value Fund (NEV)	$15.61	$15.06	-3.5	National
Blackrock CA Municipal (BFZ)	$15.60	$14.08	-9.7	California
Nuveen AMT-Free Municipal Credit Income Fund (NVG)	$17.13	$16.66	-2.7	National
Nuveen Ohio Qualified Muni Income Fund (NVO)	$17.20	$15.61	-2.6	Ohio
Blackrock PA Municipal Yield (MPA)	$16.02	$15.61	-2.6	Pennsylvania
Nuveen NY Quality Municipal Income Fund (NAN)	$15.27	$14.11	-7.6	New York
Nuveen NJ Quality Municipal Income Fund (NXJ)	$16.21	$14.61	-9.9	New Jersey

옮긴이 박세연

고려대 철학과를 졸업하고 글로벌 IT 기업에서 마케터와 브랜드 매니저로 일했다. 현재 파주출판단지 번역가 모임, '번역인'의 공동대표를 맡고 있다. 『실리콘밸리의 팀장들』, 『죽음이란 무엇인가』, 『팀 하포트의 경제학 팟캐스트』, 『지금 당장 이 불황을 끝내라!』 등 인문학과 비즈니스가 만나는 곳에서 지금까지 60여 권의 책을 우리말로 옮겼다.

랜덤워크 투자수업

12판 1쇄 발행일 2020년 04월 13일　|　12판 8쇄 발행일 2022년 10월 11일
13판(50주년 특별 개정판) 1쇄 발행일 2023년 06월 20일
13판(50주년 특별 개정판) 2쇄 발행일 2023년 09월 05일

지은이 버턴 말킬(Burton Malkiel)
옮긴이 박세연
감수 이영구

기획 (주)퓨처스비즈
책임편집 김민석
교정교열 대한아
디자인 박마리아

펴낸곳 골든어페어(Golden Affair Books)
출판등록 2013년 8월 16일 제2013-000178호
대표전화 070-7533-2021
팩스 0303-3441-2020
전자우편 contact@gabooks.kr
홈페이지 www.gabooks.kr

ISBN 979-11-88225-73-6 (12320)

*이 책 내용의 전부 또는 일부를 이용하려면 반드시 저작권자와 골든어페어의 서면동의를 받아야 합니다.

일상(everyday affairs)을 대하는 관점이 바뀌면 천재일우의 기회(golden affair)가 찾아올 수도 있습니다.
관점의 변화를 출판합니다. - 골든어페어(Golden Affair Books)

골든어페어가 출간한 인생의 전환점이 되는 책
『랜덤워크 투자수업』, 『진화된 마케팅 그로스 해킹』, 『맘(mom)이 편해졌습니다』, 『다이어트 말고 직관적 식사』, 『직관적 식사 실천 워크북』, 『학습천재가 되는 11가지 공부 비결』